HENAN SURVEY YEARBOOK

2023

国家统计局河南调查总队 编

Compiled by Survey Office of the
National Bureau of Statistics in Henan

图书在版编目（CIP）数据

河南调查年鉴. 2023 = Henan Survey Yearbook 2023 / 国家统计局河南调查总队编. -- 北京：中国统计出版社，2023.8
ISBN 978-7-5230-0187-5

Ⅰ. ①河… Ⅱ. ①国… Ⅲ. ①统计资料—河南—2023—年鉴 Ⅳ. ① C832.61-54

中国国家版本馆 CIP 数据核字（2023）第 148709 号

河南调查年鉴-2023

作　　者 / 国家统计局河南调查总队
责任编辑 / 许立舫
装帧设计 / 李雪燕　王国定
出版发行 / 中国统计出版社
地　　址 / 北京市丰台区西三环南路甲 6 号　邮政编码 / 100073
电　　话 / 邮购（010）63376909　书店（010）68783171
网　　址 / http://www.zgtjcbs.com
印　　刷 / 郑州豫兴印刷有限公司
经　　销 / 新华书店
开　　本 / 880mm×1230mm　1/16
字　　数 / 820 千字
印　　张 / 23.5　彩页 0.25 印张
版　　别 / 2023 年 8 月第 1 版
版　　次 / 2023 年 8 月第 1 次印刷
定　　价 / 280.00 元

本书附同版本 CD-ROM 一张，光盘内容以书面文字为准。
如有印装差错，由本社发行部调换。

《河南调查年鉴－2023》
编委会和编辑人员

编者说明

一、《河南调查年鉴—2023》是一部全面反映河南省经济社会发展情况的抽样调查资料年刊。本书收录了全省和市、县（区）2023年经济和社会发展有关方面大量的调查统计数据，以及重要历史年份的全省主要调查统计数据。

二、本年鉴正文内容分为9个部分，即1.调查工作报告；2.农业；3.畜牧业；4.消费价格；5.生产价格；6.农产品价格；7.人民生活；8.全国及各省区市指标；9.大事记（2022）。第2-7部分篇末附有《主要统计指标解释》。

三、资料中所使用的度量衡单位均采用国际统一标准计量单位。

四、本年鉴部分数据合计数或相对数，由于单位取舍不同产生的计算误差未作机械调整。

五、本年鉴各表中，有关对全表的注解均在该表上方，对表中部分指标的注解则在该表下方。凡带续表的资料，对部分指标的注解一律在最后续表的下方。

六、本年鉴表中的符号使用说明："空格"表示该项统计指标数据不详或无该项数据；"#"表示其中的主要项。

七、本年鉴的编辑出版，得到了国家统计局的大力支持和帮助，值此出版之际，特致谢忱！

八、由于编者水平所限，加之编辑时间仓促，本年鉴中不当之处，敬请读者批评指正。

河南调查年鉴编辑部

二〇二三年七月

目　　录

一、调查工作报告

二、农　　业

三、畜牧业

四、消费价格

五、生产价格

六、农产品价格

七、人民生活

八、全国及各省区市指标

九、大事记(2022)

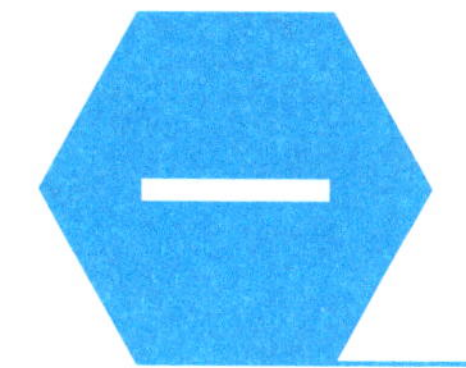

调查工作报告

资料整理：李　静

守正创新　团结奋斗
全力推动河南国家调查工作再上新台阶

——在河南国家调查工作会议上的讲话

（2023 年 2 月 7 日）

同志们：

这次会议的主要任务是，以习近平新时代中国特色社会主义思想为指导，全面贯彻党的二十大精神和中央经济工作会议部署，深入学习贯彻习近平总书记关于统计工作重要讲话指示批示精神，认真落实全国统计工作会议暨国家统计局党建工作会议精神，全面总结 2022 年工作，准确把握当前使命任务，研究部署 2023 年重点工作。下面，我代表总队党组讲四点意见。

一、圆满完成 2022 年工作

2022 年，是意义非凡的一年，我们迎来了党的二十大胜利召开，共同庆祝新中国政府统计机构成立 70 周年。河南国家调查队系统在国家统计局和省委省政府的领导下，高效统筹疫情防控和国家调查工作，锚定迈向全国“第一方阵”目标，深入开展“能力作风建设年”活动，全面推进统计现代化改革和国家调查队改革发展，各项工作取得新成效，呈现稳步前行的良好态势。

一年来，我们坚持政治统领，强化理论武装，党的建设坚强有力。深入学习宣传贯彻党的二十大精神。第一时间组织全系统党员干部收看党的二十大报道，开展 3 期党组理论学习中心组专题研讨，举办 4 期培训班和专题讲座，组织红歌展演、党建知识技能竞赛、主题征文等活动，编发专题简报 16 期，刊发学习心得体会 150 余篇、征文 160 余篇，推动党的二十大精神入脑入心。严格落实“第一议题”制度。召开 40 次党组会议、24 次党组理论学习中心组会议，深入学习习近平新时代中国特色社会主义思想，跟进学习习近平总书记最新重要讲话指示批示精神。严守党的政治纪律和政治规矩，牢牢把握意识形态工作领导权，严格执行重大事项请示报告制度，全年报告重大事项 40 余项。持续推进模范机关创建。召开 4 次推进会，高标准推进模范机关创建。举办 100 余次学习活动，总队党组成员累计宣讲党课 17 次。作为全省唯一受邀中直单位，在全国党建课题研讨会上作典型发言。广泛开展特色党建活动。总队开展 20 余次联合主题党日活动，各市县队也开展了丰富多样的主题党日活动。深入推进“党建 +”，开展夏秋粮实割实测、青年走基层等实践活动,结合统计执法、住户调查大样本轮换督导和“三项清理”专项治理检查,推动党建与业务深度融合。平顶山队探索创建“党建红+统计蓝”党建品牌,漯河队开展辅调员“党员先锋岗”评选,信阳队成立青年党员课题研究小组,周口队积极推行“1+4”党建模式。

一年来,我们突出严的基调,守牢纪律底线,从严治党持续深化。健全完善监督机制。制定《党组履行党建主体责任清单》,定期召开市级队党组书记、纪检组长履职汇报会,组织召开内部监督贯通协同机制会议。落实落细日常监督。综合运用谈心谈话、约谈提醒、督查检查等形式加强日常监督,组织召开4次系统警示教育会议,观看3次警示教育片,派出4个“回头看”检查组、2个巡察回访工作组开展专项检查,完成21家单位审计工作。动态更新全系统213名处级及以上领导干部廉政档案,督促指导18个市级队建设完成科级领导干部廉政档案。持续规范执纪审查。全年共接收信访举报20件,转化为问题线索13件,办结10件,共处分处理3人,其中诫勉谈话1人,党内警告2人。深入开展“三项清理”专项治理检查。制定专项检查工作方案,总队领导带队,细查深挖存在问题,及时组织职能处室开展联席审议,精准研判定性,严肃规范处理,确保所有问题清仓见底。

一年来,我们夯实基层基础,推进改革创新,调查业务扎实推进。圆满完成调查任务。严格执行国家统计调查制度,各项常规调查监测高质量开展,文明城市测评等专项调查任务顺利推进。推动住户调查大样本轮换工作列入省政府督办事项,省长王凯亲自部署,督促各地成立以市长、常务副市长为组长的工作领导小组,高质量完成全省22660户样本轮换,得到国家统计局的高度认可,在全国统计工作会议上作典型发言。经省政府授权,成立农作物对地调查工作领导小组,组建6个督导组对全部地市开展多轮督办,顺利完成样本轮换工作。洛阳队住户小区图电子化率达到100%,许昌队通过部门联动、社区配合高标准推进样本轮换。奋力推进统计现代化改革。采购经理调查扩样工作高效完成,分市劳动力调查工作顺利推进,粮食整割整测国家试点圆满完成。农业调查智慧大数据平台、畜牧业手持智能终端、住户E调查E记账、劳动力“智慧提醒”APP、移动办公系统等现代化技术手段全面应用,在线问卷调查系统建设完成,无人机多光谱长势监测试点、CPI电子扫描数据应用试点等工作创新推广。大力夯实基层基础。狠抓报表“节点”管理,建立“3+1”数据审核体系,创新“数学模型+”数据评估方式,提升数据生产效能和评估质量。制定分专业辅调员最低补贴标准,建立辅调员动态管理系统,拨付近10万元对90名优秀辅调员进行表彰,有力提升辅调员积极性。

一年来,我们发挥职能优势,加强调研分析,调查服务亮点纷呈。信息分析有新突破。累计开展各类调研 97 项，获国家统计局批准重大专项课题 1 项，分析报告被国家统计局《每日调查》采用 40 余篇，“两办”采用 30 余篇次，党中央、国务院领导批示 20 余篇次，省领导批示 138 篇次。网络信息被国家统计局工作网采用 1872 篇，位居全国第二。洛阳、安阳、鹤壁、漯河、三门峡、信阳等队均完成目标任务 6 倍以上。数据服务有新成果。累计对外提供数据咨询服务 55 次，参加新闻发布会 2 次，编印《党的十八大以来河南民生领域发展成就报告》，独立出版《河南调查年鉴》，联合省统计局出版《河南统计年鉴》。精心组织高质量综合绩效评价，建立完善协调联动机制，做好考核评价指标的常态化跟踪监测。新闻宣传有新提升。通过“两微一端”《河南日报》《中国信息报》等媒体平台，全方位多渠道开展宣传报道。7 月 16 日，河南国家调查数据首次登上央视“新闻联播”。全系统利用新媒体平台发布作品 2600 余篇。开封队联合电视台制作 3 期《大样本轮换知识小课堂》，安阳队、焦作队与本地主流媒体合作打造宣传阵地，河南国家调查队的知名度和影响力不断扩大。

一年来，我们厚植法治理念，优化法治环境，依法治统巩固提升。深化统计监督。切实抓好中央重要统计改革文件的贯彻落实，协调推动省委省政府印发《关于更加有效发挥统计监督职能作用的通知》，贯彻落实任务分工，扎实推进工作台账，全面落实《监督意见》五大任务。加强执法队伍建设。积极组织全国统计执法资格考试，全系统应报尽报，组织 7 轮“闭卷”演练，提升备考成效。创新执法培训方式，开展全过程情景模拟培训，提高实战能力。7 名人员取得公职律师证书，率先在全国调查队系统实现公职律师“零”突破。执法检查全覆盖。组织开展两轮统计执法监督检查，实现了对重点专业和 62 个市县队的“全覆盖”。

一年来，我们积极沟通协调，唱响国调品牌，环境优化取得突破。党委政府支持有力。推动省政府印发《关于进一步加强河南国家调查工作的通知》，为河南国家调查工作的整体发展提供了历史机遇、创造了有利条件。各地党委政府加大对国家调查工作的保障力度，47 个市县发文加强本地国家调查工作。全系统累计解决经费 4000 余万元，配备无人机 100 余架，建设 700 余平方米样本粮中心，市县队办公用房和业务用房面积增加 2200 余平方米。部门合作不断深化。与省发改委、财政厅、人社厅、农业农村厅等单位开展座谈交流 20 余次，加强与河南农业大学、河南财经政法大学等高校合作，实现资源共享、优势互补。服务成效日益凸显。鹤壁队被评为“2022 年度服务地方工作突出贡献奖”第一名，许昌队荣获“服务许昌经济社会发展优秀驻许单位”。港区队、祥符队、濮阳县队被授予服务地方发展先进单位称号。

一年来，我们强化能力作风，加强干部培养，队伍建设激发活力。加强能力作风建设。按照省委统一部署，印发实施方案，积极推动“能力作风建设年”活动。建立应知应会题库，组织短视频、无人机等6项技能竞赛，举办10期“调查学堂”、3期课题研究分享沙龙、6期统计建模大赛集训班，3期无人机培训班，120人取得无人机驾驶证，获得全国统计建模竞赛二等奖和优秀组织奖。郑州队打造业务精英讲堂、微党课等学习品牌，漯河队搭建“青年思享汇”平台，促进干部队伍作风转变和能力提升。加大干部队伍建设力度。探索建立《业绩清单管理办法》，树立鲜明业绩导向。推动干部选拔交流，全系统共选拔处级以上领导干部15人、县级队科级领导干部16人，晋升二级巡视员职级6人、四级调研员及以上职级35人。进一步拓宽选人用人渠道，从地方交流9名干部任市、县队主要负责人。加强年轻干部培养锻炼，总队机关遴选6名年轻干部，市级队遴选8名年轻干部，选派5名年轻干部开展援疆工作、接收4名新疆干部来豫学习锻炼，从市县队选调24名干部到总队机关锻炼培养，接收11名国家统计局赴基层锻炼青年干部。做好群团工作。发挥工会职能，关心关爱干部职工，组织干部职工健康体检。成立系统青工委，召开青年工作推进会、青年干部座谈会、豫疆两地青年交流会。高标准建设总队机关职工之家，完成退休干部党支部换届，组织50余次群团活动，开展3次思想状况调查，干部职工满意度逐步提升。

一年来，我们聚焦安全稳定，加大督办力度，综合管理科学高效。科学统筹疫情防控。积极应对多轮疫情影响，第一时间启动应急预案，压实各级疫情防控责任，统筹做好疫情防控和国家调查工作。积极与省疫情防控部门沟通协调，将总队相关人员列入疫情管控“白名单”，确保专业人员能够及时深入调查一线。疫情暴发期间，全省各级调查队领导班子24小时带班值守，确保了全系统安全稳定、各项工作有序推进。全系统党员干部疫情防控“双报到”累计400余人次，下沉社区160余个，志愿服务2000余小时。稳步推进系统管理。出台《关于授权市级国家调查队对辖区内县级国家调查工作管理职责的意见》，进一步理顺省市县三级管理职责。通过工作推进会、《要情通报》等渠道，总结经验做法、通报问题短板、指出改进措施，不断深化对市县调查队的一体化管理。全程跟踪重点督办。印发任务分解意见，以重点工作督办、统计执法检查、巡察等形式，紧盯重点任务，加大督促检查力度。累计召开41次周调度会、下发15期《要情通报》、42期督办单对重点任务进行分析研判、跟踪督办。

同时，总队在政务管理、财务审计、机要保密、网络和数据安全、信息技术保障、对口帮扶及各类创建等方面也做了大量工作，取得显著成效。先后荣获河南省法治政府建设优秀单位、平安河南建设优秀单位、服务河南经济社会发展优秀中央驻豫单位，连续保持“河南省文明单位（标兵）”称号。康义局长、毛有丰副局长等国家统计局领导对河南国家调查工作作出批示15次，省委书记楼阳生、省长王凯等省委省政府领导作出批示12次，对总队取得的成绩和作出的贡献给予充分肯定。在2022年国家统计局28项专业考核中，总队共获得18个优秀、7个良好，基本实现了我们年初制定的迈向全国“第一方阵”的目标！

事非经过不知难，成如容易却艰辛。上述成绩的取得，是以习近平同志为核心的党中央坚强领导的结果，是国家统计局直接领导和省委省政府大力支持的结果，是地方各级统计机构密切协作、社会各界充分理解、广大调查对象积极配合的结果，更是全系统上下一心、攻坚克难的结果，饱含着河南国调人辛勤耕耘、默默奉献的实干和汗水，倾注着河南国调人自我加压、争先创优的执着和情怀！在此，我代表总队党组向大家致以诚挚的问候和衷心的感谢！

二、保持接续奋斗的精神状态

经过全系统共同努力，河南国家调查工作已经站在了新的历史起点上，进入了新的发展阶段，迎来了非常好的发展机遇期。面对新形势，我们不能骄傲自满、放松懈怠，认为可以“歇一歇等一等、吃老本儿”了。当前各省工作都在你追我赶，竞争形势日趋严峻，进则赶超跨越、退则掉队落伍，守摊子是永远也守不住的。过去取得的经验和成果，能够帮助我们更好地面对和解决前进中的问题，但不能成为我们骄傲自满的理由，更不能成为我们继续前进的包袱。

一切过往，皆为序章。所有将来，皆是可期。站位新时代，对照在更高水平上改革发展的新要求，全省国家调查工作还存在一些躲不过、绕不开的突出问题和潜在风险，需要我们直面应对。基础尚不牢固。两年来，全省上下善作善成，办成了一批打基础、补短板、利长远、增后劲的大事要事，但这也只是弥补了一些历史欠账，各方面的基础还不牢固、工作的品质还有待提高。对比高质量发展的新要求，我们在基层基础、统计执法、信息化支撑保障以及系统治理等领域，都还有欠缺。服务水平仍有差距。目前的统计分析服务仅是停留在完成国家和地方任务的层次，常规性的进度分析较多，高质量服务产品稀缺。各专业缺乏“专家型”领军人才，在统计建模、课题研究、技能竞赛等方面表现尤为突出。干部队伍建设还有不足。历史遗留的干部队伍结构不合理问题仍未完全解决，部分市县队干部梯次断层，“60后”干部进入密集退休期，领导班子、干部队伍急需补充。经过“能力作风建设年”的锤炼，干部队伍能力作风有了很大提升，但与新时代新征程的要求相比，一些党员干部或能力不足、本领恐慌，或作风不实、状态不佳，影响了工作的推进和落实。党风廉政建设还有风险隐患，从严管党治队依然任重道远。点出以上问题，并不是否定我们取得的成绩，而是让大家更加清醒地认识到，抓工作如“逆水行舟”，不进则退。有些问题和现象尽管是少数的、局部的，但影响是系统的、长远的，看不到问题才是真问题，不回避问题才是真担当。面对问题和挑战，我们必须要立足自身、保持清醒，躬身入局、接续奋斗。

——要政治坚定。国家调查队首先是政治机关，第一责任是履行政治责任。新征程上，实现河南国家调查工作再上新台阶，应对前进道路上的各种风险挑战，必须坚定不移坚持和维护党中央集中统一领导，旗帜鲜明讲政治，确保党始终成为河南国家调查事业发展的坚强核心。要矢志不渝讲政治，坚持用党的创新理论凝心铸魂，把深入学习宣传贯彻党的二十大精神作为首要政治任务，深刻领悟“两个确立”的决定性意义，增强“四个意识”、坚定“四个自信”、做到“两个维护”。要围绕中心讲政治，把讲政治的责任，体现到贯彻党中央决策部署上，体现到落实国家统计局工作要求上，体现到推进全省国家调查工作改革发展上。要以实际行动讲政治，把讲政治的要求，落实到每位党员干部履职尽责、令行禁止上，落实到数据质量和服务水平持续提升上，落实到破解矛盾、推进工作的具体成效上。

——要胸怀大局。党的二十大明确提出了以中国式现代化全面推进中华民族伟大复兴的中心任务，国家统计局持续推动统计现代化改革，省委提出了锚定“两个确保”、实施“十大战略”的奋斗目标。河南国家调查工作要始终与国家发展大局、统计改革目标、河南发展重点，密切关联、同频共振。要牢固树立国家队意识、调查队意识，发扬“为民调查、崇法唯实”的新时代国家调查队精神，紧紧围绕全国全省发展大局明确方向、找准定位，紧紧围绕推动高质量发展、国家重大战略部署、应对重大风险挑战、社会民生需求搞准数据、提供服务，紧紧围绕推进统计现代化改革目标任务谋划工作、推动发展。要始终把围绕中心、服务大局作为基本职责，想事情、做工作、谋发展，展现国家调查人的担当和作为，体现国家调查队的价值。

——要自信自强。两年来，我们一步一个脚印，一年一个台阶，打赢了“翻身仗”“攻坚战”，迈向了全国“第一方阵”，这充分证明了我们这支队伍的凝聚力、战斗力。我们要有足够的自信心和自豪感，在河南国家调查工作高质量发展的新起点上，继续发扬自我革命、自我斗争精神，始终保持自我奋斗、自强不息的昂扬状态，牢固树立“五个导向”（政治导向、业绩导向、问题导向、结果导向、清廉导向），持续深化能力作风建设，努力造就一支堪当时代重任的高素质干部队伍。要加强业务建设，查好民生实情、算好调查数据、写好精品分析、讲好调查故事，不断提升服务的能力和水平，筑牢自信的底气和根基，在更高水平上实现业务自强、队伍自强、能力自强、作风自强，奋力打造一支敢打必胜的“国调豫军”。

——要守正创新。行百里者半九十。经过两年的共同努力，我们实现了“走在前”的目标。站位新时代，既要总结好、坚持好我们这两年好的经验做法，还要深入查找当前工作中存在的难点、痛点、堵点。要以自信自强为目标守正创新，要以固本强基为目标守正创新，要以提升服务为目标守正创新，要以推动高质量发展为目标守正创新，不断增强守正创新的使命感、紧迫感，集思广益、群策群力，加大信息化建设力度，加快专业人才队伍培养，积极争取国家统计局各项改革创新试点，有力有序推进统计现代化改革，在守正创新中形成“河南经验”，贡献“河南智慧”。

——要依法治队。法治是治国理政的基本方式。依法治队是破解治理难题、提升治理水平的有效手段。全系统要牢固树立崇尚法治、尊重法律、遵守规则的意识，加强法治监督，努力推动形成办事依法、遇事找法、解决问题用法、化解矛盾靠法的良好法治环境，确保河南国家调查工作在法治框架下规范有序、高效运行。各级领导干部要严格执行国家和党内法规、统计部门规章以及各项制度要求，善于运用法治思维和法治方式组织工作、管理队伍、推动发展、维护稳定。广大调查工作者要恪守法律底线，准确运用与工作相关的法律、法规、制度，按照法定权限履行职责，依法依规开展调查，按照制度要求约束行为，在法治轨道上推动各项工作。

——要团结奋斗。习近平总书记指出，团结奋斗是我们党取得百年辉煌成就的奥秘所在，更是创造新的历史伟业的重要法宝。近年来，河南国家调查事业取得历史性突破就是全系统团结奋斗的结果。不团结就会一盘散沙、一事无成，不奋斗就会止步不前、掉队落伍。只有团结奋斗，才能不忘初心、勇毅前行。全系统各级领导班子要牢记空谈误国、实干兴邦，大力发扬团结奋斗的精神，以“想在一起”的共识，激发“干在一起”的动力，加强沟通协作、加大互帮互助，围绕共同目标，汇聚共同力量，形成共同意志，攻坚克难、接续奋斗，推动河南国家调查工作在新征程上开新局谱新篇。

三、扎实做好2023年重点工作

2023年是贯彻党的二十大精神的开局之年，是推进统计现代化改革承上启下的关键之年，也是河南国家调查工作接续奋斗、再上新台阶的重要之年。河南国家调查工作的总体思路是：坚持以习近平新时代中国特色社会主义思想为指导，全面贯彻党的二十大精神，认真落实党中央、国务院重大决策部署和国家统计局各项工作安排，坚持稳中求进工作总基调，全面加强党的领导，以提高数据质量为中心，持续深化统计现代化改革，全面强化统计法治监督，不断夯实基层基础，大力加强分析研究，扎实推进能力作风建设常态化长效化，推动河南国家调查工作在新的历史起点上再上新台阶。重点做好以下几方面工作：

（一）全力推进重点任务

聚焦主责主业，高质量完成各项调查任务，统筹推进重点改革任务落地落实。抓好主要指标监测。扎实开展粮食产量、畜牧业等农业农村调查，就业、收入、农民工等民生调查，房地产、工业生产者、流通消费、服务业等价格类调查，采购经理、新设立小微企业和个体经营户、服务零售结构等企业类调查。实施重大专项调查。精心组织文明城市测评、全面从严治党、社会心态、网购用户等专项调查，继续做好国际比较项目和邮政快递价格调查，规范开展地方调查项目。做好重点领域改革。扎实开展分市劳动力调查，有序推进采购经理调查样本扩充及指数编制工作。做好高质量发展综合绩效评价监测，开展大豆玉米带状复合种植等乡村振兴指标监测，加强重点人群就业监测。

（二）加快信息技术应用

以《“十四五”时期统计现代化改革规划》为统领，积极探索现代信息技术应用，推动全系统信息化建设取得更大进展。深化现代技术应用。持续推进农业智慧大数据平台、畜牧业手持智能终端、住户E调查E记账、劳动力“智慧提醒”APP、移动办公系统等建设。深化卫星遥感和无人机技术在农业农村调查中的应用，综合运用遥感底图、地块图斑、定位技术，扩大测量覆盖范围，提升对地遥感质效。拓展大数据应用。积极推动行政记录和大数据在农业、就业、价格、住户等调查工作中的应用。加大扫描数据、网络交易数据和二手住宅网签数据的应用力度。加快推进在河南设立全国农业统计调查遥感中心。强化信息技术保障。推进信创终端在全系统的应用，提升替代率和单轨使用率。推动市级调查队视频会议系统及会场环境更新改造，探索应用云视频会议系统。

（三）大力提升服务水平

抓好《加强分析研究类工作实施方案》和《分析研究工作督查督办制度》的贯彻落实，提升调查服务水平和品牌影响力。强化监测分析。突出稳增长稳就业稳物价，做好民生重点领域统计分析。以“河南国调系统综合调研问卷平台”为抓手，增强快速调查能力。发挥部门联席会议机制作用，加强对调查监测情况的分析研究。打造“拳头产品”。开好有影响力的季度经济形势分析会，优化完善《河南调查数据服务仓》，建设“河南国家调查数据库”，做优做强《调查专报》《调查资料》等服务产品。深化课题研究。积极承接国家重点调研课题，紧紧围绕党和国家重大决策部署开展实证研究。加强分析研究人才队伍建设，以技能竞赛、建模大赛等为载体，培养造就一批“专家型”领军人物。加大高校合作力度，提升分析研究水平。加强新闻宣传。通过新闻发布会、发布解读文章等形式，做好调查数据解读。加大《河南日报》《中国信息报》等主流媒体宣传报道力度，提升“河南调查”微信公众号等新媒体宣传质效。

（四）持续夯实基层基础

严格执行国家统计调查制度，统筹组织开展数据质量检查，不断提高源头数据质量。强化质量控制。认真落实国家统计质量保证框架和统计业务流程规范，健全数据质量控制长效机制，加大数据质量审核评估力度，强化质量追溯环节的追责问责。加强国家调查工作管理。持续落实省政府3号文件，不断夯实基层基础。依据总队授权，落实市管县各项管理职责，压实各级管理责任。完善与地方统计局协作配合机制，加强对国家调查工作的安排部署和监督检查，确保县级统计局与国家调查队以统一的质量标准完成国家调查任务。做好辅调员管理。落实辅调员管理规定，强化培训指导，组织全省辅调员管理现场经验交流活动，提升辅调员业务能力。开展优秀辅调员评选表彰，做好优秀辅调员先进事迹宣传。提升规范化水平。加强住户、农作物对地调查等新一轮调查样本管理，筑牢样本基础。加强基层基础工作检查指导，持续推进基层基础工作考核。

（五）全面加强法治监督

坚持依法统计依法治统，充分发挥统计法治监督作用，确保调查数据真实可信。推进法治建设。认真落实法治政府建设各项任务，健全领导干部集体学法制度，持续深入学习《意见》《办法》《规定》《监督意见》和统计法律法规，推动各级落实防惩统计造假弄虚作假责任。加大执法力度。统筹运用执法力量，拓展执法领域，推动执法监督融入调查业务全过程，实现对国家调查工作全覆盖。严肃查处统计违法案件，强化追责问责。加强法治宣传。落实“八五”统计普法规划，抓好关键对象、关键环节的普法宣传，精心组织统计法颁布40周年系列宣传活动。创新方式手段开展法治教育，加大案件查处警示教育力度。建强执法队伍。壮大统计执法骨干人才库，全力以赴组织好全国统计执法资格考试，提高参考人员考试通过率。加强执法培训和实战锻炼，提高持证人员用证频次，积极参与国家统计督察和统计执法。

（六）不断强化综合管理

坚持系统观念，强化底线思维，确保政令畅通、安全高效。强化安全管理。树立“大安全”观念，持续抓好国家安全、意识形态、平安建设等工作，全面排查消防、信访、保密、保卫等领域的风险隐患，确保全系统安全稳定。严格履行网络和数据安全责任，认真落实统计数据分级保护制度和目录管理制度，加大关键信息基础设施安全防护力度，全力抓好网络和数据安全。加强政务管理。及时梳理完善现有制度体系，提升制度科学化、规范化水平。强化制度执行，维护制度刚性，提高制度执行力。坚持周调度会、半年工作推进会等重点工作推进调度机制，完善《要情通报》制度，加大典型问题通报力度。建立督办台账，加强重点任务落实情况督察督办。推动移动办公系统向基层调查队延伸应用。严格规范政府采购，加强固定资产管理，持续做好政务公开、援疆等工作。规范财务管理。强化预算刚性约束，严格预算绩效管理，健全内部控制体系，提高资金使用绩效。加大内部审计和财务检查力度，提升财务管理规范化水平。

四、坚定不移推进全面从严治党

全面加强党的建设是做好河南国家调查工作的根本保证。全系统各级党组织和广大党员干部要深入学习贯彻党的二十大精神，扎实推进新时代党的建设新的伟大工程，驰而不息深化全面从严治党，确保河南国家调查事业行稳致远。

（一）全力抓好党的二十大精神学习宣传贯彻

要进一步增强政治责任感和历史使命感，自觉用党的二十大精神统一思想、统领全局、统揽工作，在全面学习、全面把握上持续用功，在贯彻落实上走在前、作表率。要扎实开展集中学习研讨、集中宣讲活动，组织多形式、分层次、全覆盖的集中轮训和全员培训。党员领导干部要积极行动起来，不仅要学好，还要宣讲好，不仅要给干部职工宣讲，更要深入基层，给一线调查人员宣讲、给调查对象宣讲。要将学习宣传贯彻党的二十大精神，与学习贯彻习近平总书记关于统计工作重要讲话指示批示精神结合起来，与贯彻落实党中央关于统计工作重大部署结合起来，把党的二十大精神转化为指导实践、推动工作的强大力量，确保学习宣传贯彻党的二十大精神起好步、开好头。

（二）坚持不懈加强党的建设

要始终把党的政治建设放在首位，强化政治机关意识，严明政治纪律和政治规矩，严格落实“第一议题”制度，严格执行民主集中制和“三会一课”制度，定期组织制度落实情况集中检查。充分发挥“五级联动”学习机制作用，不断用党的创新理论武装头脑、推动实践。要持续深化模范机关创建，争创全国文明单位，用创建工作的实际成效，助推党建、业务工作高质量发展。坚持大抓基层鲜明导向，不断加强“四强支部”建设，强化党建工作督导，提升基层党组织标准化规范化水平。要加强党建品牌建设，在推动党建业务深度融合上出实招、闯新路。强化群团建设，团委青工委要积极谋划、搭建平台，充分发挥青年干部生力军作用。要压实意识形态工作责任制，严格落实谈心谈话制度，高标准完成思想政治工作责任清单各项任务，扎实做好干部职工思想状况调查。加大“我为群众办实事”力度，切实解决干部职工实际困难。积极开展志愿服务，继续做好驻村帮扶工作。

（三）全面落实从严管党治党责任

要严格执行全面从严治党各项制度，督促各级领导干部履行好“一岗双责”职责，落实好中央关于加强对“一把手”和领导班子监督的意见。推进政治监督具体化、精准化、常态化，增强对“一把手”和领导班子监督实效。用好监督执纪“四种形态”，抓早抓小、防微杜渐。要持之以恒正风肃纪，强化整治群众反映强烈的突出问题和国家调查队易发多发问题。严格落实中央八项规定精神，进一步规范公务出差管理。持续深化“三项清理”专项治理，对于今后发生的违规公务接待、公款吃喝和违规套取资金等问题，一律顶格处理。要全面加强党的纪律建设，保持反腐败斗争高压态势，严肃查处利用职权谋取个人利益问题。发挥巡察利剑作用，适时启动新一轮巡察工作。着力加强新时代廉洁文化建设，开展常态化警示教育，做好处级及以下领导干部廉政档案动态更新。

（四）着力加强干部队伍建设

要坚持党管干部原则和新时代好干部标准，树立正确选人用人导向，努力打造忠诚干净担当的高素质干部队伍。持续选优配强各级领导班子，稳步推进干部职级晋升。建立实施业绩清单管理办法，激励干部职工敢担当、善作为、出实绩。完善干部考核评价体系，加强领导干部监督，推动干部能上能下、能进能出，形成能者上、优者奖、庸者下、劣者汰的良好局面。要探索推进市级调查队与驻地县级调查队同城合并。加强市县队优秀年轻干部库动态管理，加大年轻干部培养锻炼力度，推动干部选拔交流，拓展年轻干部成长空间。要持续加强能力作风建设，编印《领导干部履职手册》，不断提升履职能力。分层分类组织开展教育培训，继续用好“调查学堂”“技能竞赛”“分享沙龙”等载体，全面提高干部队伍素质。

同志们！征程万里风正劲，重任千钧再奋蹄。站在新的历史起点上，我们要更加紧密地团结在以习近平同志为核心的党中央周围，认真贯彻党中央、国务院重大决策部署和国家统计局各项工作安排，以更加奋发有为的精神状态和一往无前的奋斗姿态，自信自强、守正创新，全力以赴把今年的事情做好，为实现党的二十大确定的目标任务贡献河南国家调查力量！

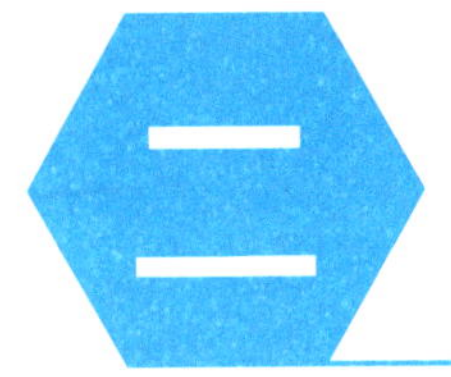

农业

资料整理：朱松涛

2－1 历年农业生产情况

年 份	粮食播种面积（千公顷）	棉花播种面积（千公顷）	油料播种面积（千公顷）	粮食产量（万吨）	#小麦	棉花产量（万吨）	油料产量（万吨）
1978	9123.30	612.00	465.33	2097.40	868.18	22.42	24.16
1979	9066.70	555.33	632.67	2134.50	969.00	19.84	36.87
1980	8858.90	626.67	710.00	2148.68	890.37	40.62	46.20
1981	9029.30	641.33	744.67	2314.50	1083.50	35.50	55.99
1982	8923.30	754.00	709.33	2217.10	1220.10	32.04	44.16
1983	9286.70	794.00	607.33	2904.00	1455.75	63.24	51.52
1984	8996.70	1162.00	579.33	2893.50	1653.00	86.89	52.50
1985	9029.30	814.30	793.70	2710.53	1528.23	54.73	96.18
1986	9372.20	619.33	921.33	2545.67	1567.90	39.86	98.99
1987	9365.20	717.33	977.33	2948.41	1626.00	57.00	136.57
1988	9053.80	916.03	952.84	2663.00	1520.95	63.71	96.17
1989	9262.00	836.15	915.43	3149.44	1695.13	52.72	118.48
1990	9316.10	823.00	876.40	3303.66	1639.86	67.61	152.29
1991	9040.40	1193.20	896.00	3010.30	1554.28	94.77	127.62
1992	8804.70	1247.90	908.60	3109.61	1650.67	65.85	133.63
1993	8969.00	974.00	1075.00	3639.21	1922.13	66.01	204.50
1994	8810.90	966.70	1242.00	3253.80	1798.42	62.81	225.00
1995	8810.00	1000.10	1271.50	3466.50	1754.18	77.00	298.00
1996	8965.30	933.30	1181.10	3839.90	2026.76	73.57	278.46
1997	8879.90	868.30	1208.50	3894.66	2372.35	79.00	276.66
1998	9101.98	800.00	1235.90	4009.61	2073.53	72.84	312.13
1999	9032.30	733.30	1316.10	4253.25	2291.46	70.73	349.25
2000	9029.60	779.33	1492.54	4101.50	2235.95	70.38	392.55
2001	8822.79	858.20	1443.97	4119.88	2299.71	82.77	362.49
2002	8975.10	793.10	1537.00	4209.98	2248.39	76.49	420.68
2003	8923.30	926.67	1569.90	3569.47	2292.50	37.67	309.91
2004	8970.07	951.80	1554.96	4260.00	2480.93	66.67	408.75
2005	9153.41	781.47	1605.83	4582.00	2577.69	67.70	449.60
2006	9455.80	748.20	1489.10	5112.30	2936.50	81.00	460.07
2007	9528.52	653.16	1464.65	5252.92	2958.31	69.98	478.27
2008	9746.87	527.62	1452.62	5405.80	3036.20	56.66	493.48
2009	9890.62	436.53	1442.27	5506.87	3092.20	42.03	514.34
2010	10027.00	354.23	1431.68	5581.82	3121.00	33.89	515.66
2011	10244.43	280.57	1413.60	5733.92	3144.90	27.04	501.69
2012	10434.56	169.40	1378.05	5898.38	3223.07	16.95	530.38
2013	10697.43	114.96	1361.87	6023.80	3266.33	11.68	542.13
2014	10944.97	88.11	1339.01	6133.60	3385.20	8.44	531.41
2015	11126.30	64.34	1311.84	6470.22	3526.90	6.77	538.99
2016	11219.55	50.03	1302.35	6498.01	3618.62	4.88	549.82
2017	10915.13	40.00	1397.49	6524.25	3705.21	4.40	586.95
2018	10906.08	36.68	1461.40	6648.91	3602.85	3.79	631.03
2019	10734.54	33.80	1533.93	6695.36	3741.77	2.71	645.45
2020	10738.79	16.20	1597.53	6825.80	3753.13	1.77	672.57
2021	10772.31	11.50	1604.37	6544.20	3802.86	1.40	657.28
2022	10778.35	10.90	1592.45	6789.37	3812.71	1.40	684.03

2－2 主要粮食作物播种面积

单位:千公顷

指　　标	2000年	2005年	2010年	2015年	2017年	2018年	2019年	2020年	2021年	2022年
粮食作物	**9029.60**	**9153.41**	**10027.00**	**11126.30**	**10915.13**	**10906.08**	**10734.54**	**10738.80**	**10772.31**	**10778.35**
夏收粮食	4997.97	5027.33	5390.69	5648.60	5741.31	5770.11	5718.65	5676.28	5695.56	5683.76
秋收粮食	4031.63	4126.08	4636.31	5477.70	5173.82	5135.97	5015.89	5062.52	5076.75	5094.59
谷物	7743.72	8093.85	9274.24	10498.94	10412.61	10367.18	10193.87	10168.26	10193.12	10183.58
稻谷	459.59	511.07	610.84	616.35	615.03	620.41	616.60	617.07	595.30	601.70
小麦	4922.33	4962.67	5364.56	5623.14	5714.64	5739.85	5706.65	5673.67	5690.74	5682.45
玉米	2201.33	2508.31	3233.50	4189.91	3998.94	3918.96	3801.33	3818.01	3865.78	3857.52
谷子	80.33	41.31	35.52	33.83	36.00	36.36	36.62	37.33	28.03	25.94
高粱	12.87	6.41	3.69	10.25	21.33	21.34	20.67	19.33	12.73	15.49
豆类	683.43	616.53	487.56	370.35	389.85	424.00	428.00	406.13	355.24	390.97
大豆	564.73	533.58	444.78	343.56	345.17	385.55	394.67	375.17	330.49	363.56
绿豆	90.39	66.16	42.78	26.78	40.00	38.45	33.33	24.43	20.08	22.30
红薯	602.45	443.03	265.19	257.02	112.67	114.90	112.67	164.40	223.96	203.80

2－3　主要粮食作物产品产量

单位:万吨

指　　标	2000年	2005年	2010年	2015年	2017年	2018年	2019年	2020年	2021年	2022年
粮食作物	**4101.50**	**4582.00**	**5581.82**	**6470.22**	**6524.25**	**6648.91**	**6695.36**	**6825.80**	**6544.20**	6789.37
夏收粮食	2268.05	2609.21	3129.48	3537.70	3715.98	3613.70	3745.40	3753.75	3804.50	3813.05
秋收粮食	1833.45	1972.79	2452.34	2932.52	2808.27	3035.21	2949.96	3072.05	2739.70	2976.32
谷物	3669.73	4277.48	5393.55	6331.75	6382.89	6483.41	6528.85	6631.76	6333.05	6582.60
稻谷	318.82	359.77	458.51	499.88	485.25	501.41	512.50	513.71	479.69	479.15
小麦	2235.95	2577.69	3121.00	3526.90	3704.98	3602.85	3741.77	3753.13	3802.86	3812.71
玉米	1074.97	1298.00	1795.31	2288.50	2170.14	2351.38	2247.37	2342.37	2033.93	2275.05
谷子	7.86	11.17	9.81	4.17	7.57	9.00	15.42	14.73	9.34	9.74
高粱	2.00	1.93	0.37	1.29	3.32	7.92	8.19	7.41	7.05	5.76
豆类	140.13	74.44	88.93	48.84	53.36	101.70	102.00	97.87	78.25	88.55
大豆	115.78	58.07	83.91	46.75	50.36	95.57	98.21	93.42	74.21	84.85
绿豆	13.11	10.00	5.03	2.09	3.00	6.13	3.79	3.15	3.21	2.57
红薯（按折粮薯类计算）	291.64	230.08	99.34	89.63	88.00	63.80	64.51	96.17	132.90	118.23

2－4　主要粮食作物单位面积产量

单位:公斤/公顷

指　　标	2000年	2005年	2010年	2015年	2017年	2018年	2019年	2020年	2021年	2022年
粮食作物	**4542**	**5006**	**5567**	**5815**	**5977**	**6097**	**6237**	**6356**	**6075**	**6299**
夏收粮食	4538	5190	5805	6263	6472	6263	6549	6613	6680	6709
秋收粮食	4548	4781	5289	5354	5428	6242	5881	6068	5397	5842
谷物	4739	5285	5816	6031	6130	6254	6405	6522	6213	6464
稻谷	6937	7040	7506	8110	7890	8082	8312	8325	8058	7963
小麦	4542	5194	5818	6272	6483	6277	6557	6615	6683	6710
玉米	4883	5175	5552	5462	5427	6000	5912	6135	5261	5898
谷子	978	2704	2761	1234	2103	2475	4211	3946	3334	3755
高粱	1554	3011	1011	1263	1557	3711	3962	3833	5539	3719
豆类	2050	1207	1824	1319	1369	2399	2383	2410	2203	2265
大豆	2050	1088	1886	1361	1459	2479	2488	2490	2246	2334
绿豆	1450	1511	1175	779	750	1594	1137	1289	1599	1152
红薯（按折粮薯类计算）	4841	5193	3746	3487	7811	5553	5726	5850	5934	5801

2－5　各市粮食作物播种面积和产量(2022年)

地　区	粮食作物			夏收粮食		
	播种面积（千公顷）	总产量（万吨）	公顷产量（公斤）	播种面积（千公顷）	总产量（万吨）	公顷产量（公斤）
省辖市						
郑州市	275.36	137.76	5002.86	130.87	68.15	5207.27
开封市	527.50	313.40	5941.14	302.53	197.82	6538.93
洛阳市	496.01	245.61	4951.66	231.46	122.46	5290.94
平顶山市	446.39	228.34	5115.18	220.95	122.36	5537.60
安阳市	561.45	379.32	6756.08	289.31	211.16	7298.81
鹤壁市	170.75	126.21	7391.30	89.65	69.29	7729.18
新乡市	723.29	478.45	6614.92	387.94	282.26	7275.96
焦作市	281.00	209.21	7445.05	149.25	117.15	7848.77
濮阳市	431.31	301.85	6998.61	231.11	171.91	7438.37
许昌市	450.29	298.09	6620.10	230.57	171.75	7448.88
漯河市	274.83	190.63	6936.42	147.39	113.73	7716.38
三门峡市	164.28	74.31	4523.08	75.11	35.93	4783.89
南阳市	1308.29	715.53	5469.20	729.39	433.66	5945.60
商丘市	1100.19	740.43	6729.97	605.88	455.29	7514.61
信阳市	840.71	581.50	6916.76	312.19	151.01	4837.17
周口市	1377.77	932.32	6766.92	734.84	556.54	7573.55
驻马店市	1304.67	811.87	6222.80	793.59	519.41	6545.05
济源市	44.28	24.46	5523.99	21.80	13.19	6048.82
省直管县						
巩义市	36.45	15.65	4293.64	16.79	7.57	4507.92
兰考县	101.46	57.19	5637.26	59.48	36.21	6088.48
汝州市	95.51	46.45	4863.49	48.36	25.54	5280.71
滑　县	207.42	174.10	8393.65	120.68	95.97	7952.48
长垣市	110.10	80.26	7289.51	57.97	45.87	7912.90
邓州市	218.99	127.87	5839.27	139.47	87.38	6265.22
永城市	213.56	142.06	6652.00	114.32	86.83	7594.96
固始县	154.36	113.99	7385.14	36.03	16.63	4614.15
鹿邑县	143.83	98.38	6839.74	73.25	55.58	7587.23
新蔡县	154.73	96.12	6212.40	87.63	58.48	6673.26

2－5　续表1

地　区	秋收粮食			谷物合计			稻谷		
	播种面积（千公顷）	总产量（万吨）	公顷产量（公斤）	播种面积（千公顷）	总产量（万吨）	公顷产量（公斤）	播种面积（千公顷）	总产量（万吨）	公顷产量（公斤）
省辖市									
郑州市	144.50	69.61	4817.73	259.85	129.96	5001.44	0.01	0.01	6225.00
开封市	224.97	115.57	5137.24	493.92	300.69	6087.88	4.34	2.99	6885.49
洛阳市	264.55	123.14	4654.81	441.31	222.90	5050.78	1.22	0.65	5339.15
平顶山市	225.44	105.98	4701.16	418.89	217.96	5203.37	1.14	0.64	5587.65
安阳市	272.14	168.16	6179.11	548.55	373.88	6815.75	0.01	0.00	4769.70
鹤壁市	81.10	56.91	7017.77	168.40	125.52	7454.14	0.00	0.00	0.00
新乡市	335.35	196.19	5850.21	706.88	472.66	6686.57	8.01	5.16	6446.84
焦作市	131.75	92.06	6987.69	277.04	207.70	7497.13	0.73	0.54	7398.15
濮阳市	200.20	129.95	6490.95	403.62	293.26	7265.57	17.02	12.35	7255.09
许昌市	219.71	126.34	5750.36	388.44	276.53	7118.88	0.00	0.00	0.00
漯河市	127.44	76.90	6034.37	240.79	180.94	7514.74	0.00	0.00	0.00
三门峡市	89.17	38.37	4303.39	137.43	65.96	4799.54	0.00	0.00	0.00
南阳市	578.91	281.87	4868.96	1238.42	689.59	5568.33	32.73	21.78	6653.64
商丘市	494.32	285.13	5768.26	1047.29	722.32	6897.05	0.00	0.00	0.00
信阳市	528.52	430.49	8145.14	832.84	578.07	6940.93	501.13	415.60	8293.23
周口市	642.92	375.79	5844.96	1281.35	904.89	7062.05	0.03	0.02	5133.66
驻马店市	511.09	292.47	5722.42	1256.25	795.79	6334.68	27.42	19.22	7009.80
济源市	22.48	11.27	5015.04	42.41	23.80	5611.50	0.02	0.02	7800.00
省直管县									
巩义市	19.66	8.08	4110.71	34.95	15.21	4352.06	0.01	0.01	6225.00
兰考县	41.98	20.98	4997.98	97.27	55.17	5671.64	0.08	0.06	7570.92
汝州市	47.15	20.91	4435.51	92.45	45.26	4896.11	0.00	0.00	0.00
滑　县	86.74	78.13	9007.46	206.25	173.64	8418.80	0.00	0.00	0.00
长垣市	52.13	34.39	6596.36	106.32	79.20	7449.41	0.63	0.39	6176.35
邓州市	79.52	40.49	5092.13	212.64	125.86	5918.93	0.98	0.53	5401.40
永城市	99.24	55.24	5565.77	183.71	133.77	7281.59	0.00	0.00	0.00
固始县	118.32	97.37	8228.95	154.07	113.87	7390.85	116.00	96.26	8298.24
鹿邑县	70.58	42.80	6063.90	133.12	95.63	7183.52	0.00	0.00	0.00
新蔡县	67.09	37.64	5610.46	148.70	94.37	6346.00	0.46	0.23	5058.98

2－5　续表2

地　区	小麦			玉米		
	播种面积（千公顷）	总产量（万吨）	公顷产量（公斤）	播种面积（千公顷）	总产量（万吨）	公顷产量（公斤）
省辖市						
郑州市	130.87	68.15	5207.27	127.64	61.38	4808.89
开封市	302.53	197.82	6538.93	186.41	99.58	5342.27
洛阳市	231.46	122.46	5290.94	194.40	93.87	4828.74
平顶山市	220.74	122.31	5541.21	196.73	94.92	4824.74
安阳市	289.31	211.16	7298.81	253.29	161.08	6359.61
鹤壁市	89.65	69.29	7729.18	77.76	55.94	7194.85
新乡市	387.94	282.26	7275.96	310.12	184.98	5964.87
焦作市	149.25	117.15	7848.77	126.96	89.97	7087.13
濮阳市	231.11	171.91	7438.37	155.33	108.90	7011.06
许昌市	230.57	171.75	7448.88	155.24	103.60	6673.22
漯河市	147.39	113.73	7716.38	93.40	67.21	7196.55
三门峡市	75.11	35.93	4783.89	60.20	29.18	4846.56
南阳市	728.63	433.49	5949.48	470.35	231.69	4925.89
商丘市	605.75	455.26	7515.64	439.51	265.46	6039.94
信阳市	312.19	151.01	4837.17	18.90	11.17	5911.80
周口市	734.84	556.54	7573.55	544.11	347.40	6384.75
驻马店市	793.32	519.29	6545.78	434.85	257.01	5910.22
济源市	21.80	13.19	6048.82	20.53	10.57	5150.55
省直管县						
巩义市	16.79	7.57	4507.92	17.88	7.56	4229.70
兰考县	59.48	36.21	6088.48	37.53	18.81	5013.71
汝州市	48.36	25.54	5280.71	43.95	19.69	4479.38
滑　县	120.68	95.97	7952.48	85.47	77.64	9084.29
长垣市	57.97	45.87	7912.90	47.70	32.94	6904.68
邓州市	139.47	87.38	6265.22	67.76	36.22	5345.00
永城市	114.30	86.82	7595.84	68.96	46.53	6746.74
固始县	36.03	16.63	4614.15	1.93	0.93	4833.01
鹿邑县	73.25	55.58	7587.23	59.84	40.03	6690.65
新蔡县	87.63	58.48	6673.26	60.55	35.64	5885.40

2－5　续表3

地　区	豆类合计			大豆			红薯		
	播种面积（千公顷）	总产量（万吨）	公顷产量（公斤）	播种面积（千公顷）	总产量（万吨）	公顷产量（公斤）	播种面积（千公顷）	总产量（万吨）	公顷产量（公斤）
省辖市									
郑州市	4.85	0.88	1812.40	3.66	0.73	1997.68	10.66	6.92	6487.65
开封市	14.28	2.91	2039.45	13.74	2.83	2056.06	19.31	9.79	5072.21
洛阳市	23.48	4.67	1988.43	17.11	3.80	2222.40	31.21	18.04	5779.95
平顶山市	15.29	3.45	2253.65	14.01	3.27	2332.77	12.21	6.93	5673.60
安阳市	6.30	1.60	2543.93	5.90	1.54	2602.87	6.60	3.84	5814.75
鹤壁市	1.68	0.36	2167.78	1.13	0.30	2643.45	0.67	0.32	4721.35
新乡市	12.63	3.51	2781.85	12.28	3.43	2789.22	3.78	2.28	6022.65
焦作市	3.08	0.84	2740.46	3.08	0.84	2741.31	0.88	0.66	7519.80
濮阳市	24.70	6.81	2759.17	24.62	6.78	2755.89	2.98	1.78	5979.78
许昌市	42.03	9.93	2362.79	42.03	9.93	2362.80	19.81	11.64	5873.40
漯河市	30.53	7.50	2458.16	30.17	7.46	2472.85	3.52	2.18	6210.38
三门峡市	19.52	3.59	1839.42	14.85	2.95	1987.77	7.33	4.76	6486.12
南阳市	37.48	6.93	1848.30	30.41	5.98	1967.13	32.39	19.01	5869.05
商丘市	42.86	11.20	2612.97	42.18	11.05	2619.60	10.04	6.91	6877.05
信阳市	3.13	0.61	1949.23	2.33	0.52	2253.15	4.73	2.81	5951.70
周口市	76.67	16.63	2168.95	75.02	16.41	2187.50	19.75	10.80	5468.64
驻马店市	30.59	6.49	2120.43	29.62	6.31	2129.68	17.83	9.59	5379.18
济源市	1.32	0.30	2257.40	1.30	0.29	2269.05	0.55	0.36	6616.59
省直管县									
巩义市	0.80	0.17	2148.81	0.61	0.15	2429.67	0.71	0.27	3820.88
兰考县	1.82	0.50	2744.72	1.63	0.47	2910.28	2.37	1.53	6450.17
汝州市	1.28	0.30	2329.16	1.20	0.29	2370.55	1.78	0.89	4994.63
滑　县	0.83	0.26	3188.13	0.78	0.25	3222.78	0.34	0.20	5817.89
长垣市	3.42	0.82	2390.89	3.25	0.75	2319.30	0.37	0.24	6568.67
邓州市	4.27	0.83	1936.64	3.31	0.67	2024.73	2.08	1.19	5704.61
永城市	28.61	7.23	2527.30	28.60	7.23	2527.39	1.24	1.06	8542.96
固始县	0.12	0.02	2080.68	0.09	0.02	2333.93	0.17	0.10	5935.10
鹿邑县	9.85	2.34	2370.35	9.80	2.33	2376.56	0.86	0.41	4820.23
新蔡县	2.56	0.55	2134.57	2.50	0.54	2146.08	3.46	1.21	3491.82

2－6 主要粮食产品产量与历史最高年份比较

指 标	单 位	2022年	建国以来历史最高年		2022年为建国以来最高的%
			年份	产量	
粮食产品					
粮食总产量	万吨	6789.37	2020	6825.80	99.47
夏收粮食	万吨	3813.05	2022	3813.05	100.00
#小麦	万吨	3812.71	2022	3812.71	100.00
秋收粮食	万吨	2976.32	2020	3072.05	96.88
#稻谷	万吨	479.15	2016	542.15	88.38
红薯	万吨	118.23	1973	478.00	24.73
玉米	万吨	2275.05	2018	2351.38	96.75
大豆	万吨	84.85	1981	154.00	55.10

2－7 各市气候情况（2022年）

城 市	年平均气 温（摄氏度）	年极端最高气温（摄氏度）	年极端最低气温（摄氏度）	年平均相对湿度（%）	全年日照时 数（小时）	全 年降水量（毫米）
省 辖 市						
郑 州	16.70	42.30	-5.60	59.10	1882.10	472.00
开 封	16.29	41.20	-5.00	63.78	1813.70	547.00
安 阳	14.92	41.90	-6.60	60.38	2055.50	706.40
新 乡	15.22	41.50	-10.60	67.82	2052.50	561.10
焦 作	16.79	43.30	-6.40	57.93	1912.00	524.00
濮 阳	15.09	39.20	-9.30	64.43	1893.60	518.80
许 昌	15.20	42.10	-10.20	70.65	1806.70	515.80
漯 河	16.35	41.50	-9.10	67.57	1743.80	520.50
三 门 峡	14.26	38.00	-8.50	60.94	2079.90	474.50
南 阳	16.32	40.50	-7.50	67.97	2161.60	544.70
商 丘	15.19	40.50	-9.60	70.04	2127.40	716.90
信 阳	17.38	40.20	-3.10	67.35	1935.90	1112.80
周 口	17.25	40.50	-3.90	63.02	1910.70	589.10
驻 马 店	16.09	39.60	-7.80	72.20	1971.40	802.30
济 源	15.83	42.30	-7.70	64.00	2059.10	611.60

注：因撤站，故无洛阳、平顶山、鹤壁三市资料。

2－8 108个粮食大县

地　区	全年粮食		夏收粮食		秋收粮食	
	播种面积（千公顷）	总产量（吨）	播种面积（千公顷）	总产量（吨）	播种面积（千公顷）	总产量（吨）
荥阳市	38.81	224111.25	17.82	115256.73	20.99	108854.52
新密市	52.65	212902.72	25.96	114218.81	26.69	98683.91
新郑市	38.77	232543.57	20.10	124603.82	18.67	107939.75
登封市	51.62	201999.70	25.24	91363.26	26.38	110636.44
祥符区	107.60	637913.07	63.46	419063.99	44.14	218849.08
杞　县	122.06	738014.95	64.96	439794.91	57.09	298220.05
通许县	67.27	417261.36	39.55	266679.25	27.72	150582.11
尉氏县	108.80	660045.17	65.61	435255.27	43.19	224789.90
兰考县	101.46	571934.53	59.48	362122.21	41.98	209812.32
孟津区	53.30	268176.45	27.22	154859.77	26.08	113316.68
新安县	47.07	232579.81	20.97	104591.66	26.10	127988.15
嵩　县	47.65	199008.47	19.59	89005.37	28.06	110003.09
宜阳县	89.19	437346.98	41.78	202886.65	47.41	234460.34
洛宁县	62.03	289014.99	29.27	142512.64	32.75	146502.35
伊川县	79.03	402073.65	39.19	228825.61	39.83	173248.04
偃师区	40.75	240377.39	21.23	140697.71	19.52	99679.68
宝丰县	52.31	284355.20	26.75	160460.00	25.56	123895.20
叶　县	123.21	687431.93	59.49	360350.00	63.72	327081.93
鲁山县	62.69	235626.48	30.78	122669.58	31.91	112956.90
郏　县	62.99	364447.74	31.05	189970.00	31.94	174477.74
汝州市	95.51	464510.67	48.36	255392.26	47.15	209118.42
殷都区	38.29	195159.07	14.47	89328.72	23.82	105830.35
安阳县	64.24	403971.43	31.23	234125.64	33.01	169845.79
汤阴县	73.20	425133.82	36.48	261435.30	36.72	163698.52
滑　县	207.42	1740984.17	120.68	959705.82	86.74	781278.35
内黄县	95.54	645551.35	59.67	431929.02	35.86	213622.33
林州市	56.00	253747.50	16.84	79549.35	39.17	174198.15
浚　县	101.05	789306.50	55.38	445727.34	45.67	343579.17
淇　县	41.00	304553.90	20.38	159673.61	20.62	144880.29
新乡县	38.06	266731.00	20.39	153727.00	17.67	113004.00
获嘉县	57.41	388180.00	27.41	200804.00	30.00	187376.00
原阳县	109.99	706860.00	55.17	382352.00	54.81	324508.00
延津县	82.65	534888.00	56.12	393441.00	26.53	141447.00
封丘县	117.40	766228.00	67.69	501638.00	49.71	264590.00
卫辉市	66.76	416404.00	32.48	226866.00	34.28	189538.00
辉县市	93.05	599436.00	46.65	329841.00	46.41	269595.00
长垣市	110.10	802579.38	57.97	458688.69	52.13	343890.69

粮食生产情况(2022 年)

主要粮食品种播种面积(千公顷)				主要粮食品种总产量(吨)			
稻谷	小麦	玉米	大豆	稻谷	小麦	玉米	大豆
	17.82	19.37	0.21		115256.73	101705.11	445.33
	25.96	23.28	0.83		114218.81	84221.94	1090.66
	20.10	16.14	0.57		124603.82	95940.50	1604.10
	25.24	23.82	0.28		91363.26	95517.91	546.28
2.95	63.46	31.38	1.14	22858.81	419063.99	158629.63	1580.22
	64.96	48.52	4.94		439794.91	267174.28	11737.48
	39.55	24.91	1.52		266679.25	141609.68	1857.75
	65.61	36.55	3.92		435255.27	201416.09	7317.15
0.08	59.48	37.53	1.63	606.18	362122.21	188139.55	4730.74
1.00	27.22	19.66	3.35	5505.67	154859.77	93939.89	5967.82
	20.97	21.10	1.46		104591.66	104867.33	3800.06
	19.59	20.41	2.19		89005.37	81496.32	3268.02
	41.78	31.08	2.94		202886.65	170179.73	7847.29
0.03	29.27	24.31	3.09	152.03	142512.64	111644.13	7534.21
0.13	39.19	25.00	1.09	621.38	228825.61	107047.91	2334.04
	21.23	17.35	0.93		140697.71	92077.58	2628.54
0.01	26.75	24.97	0.25	44.30	160460.00	121913.19	505.86
	59.49	57.40	4.62		360350.00	306179.42	10677.62
0.45	30.56	28.73	0.57	2433.59	122266.00	98512.30	1340.44
	31.05	20.03	5.07		189970.00	124084.44	12711.63
	48.36	43.95	1.20		255392.26	196869.86	2852.87
	14.47	21.74	0.33		89328.72	97278.89	656.37
	31.23	32.34	0.54		234125.64	168007.52	1188.58
	36.48	35.02	1.19		261435.30	157629.66	3872.97
	120.68	85.47	0.78		959705.82	776416.56	2497.78
	59.67	34.21	0.68		431929.02	204468.35	1905.63
0.01	16.84	30.42	2.05	48.33	79549.35	141459.00	4249.93
	55.38	44.85	0.78		445727.34	340917.87	2427.49
	20.38	19.94	0.18		159673.61	142897.05	308.24
0.00	20.39	15.63	1.87	33.00	153727.00	107187.08	5077.00
2.02	27.41	24.62	3.34	13755.28	200804.00	164129.40	9432.52
3.98	55.17	50.23	0.36	24940.93	382352.00	297542.24	680.03
	56.12	25.22	0.14		393441.00	133932.15	298.00
0.08	67.69	47.36	1.26	538.28	501638.00	253895.41	4530.22
	32.48	33.66	0.10		226866.00	187054.43	289.72
0.08	46.65	44.36	0.86	504.00	329841.00	261251.26	2887.62
0.63	57.97	47.70	3.25	3865.57	458688.69	329384.94	7529.68

2－8　续表 1

地　区	全年粮食		夏收粮食		秋收粮食	
	播种面积（千公顷）	总产量（吨）	播种面积（千公顷）	总产量（吨）	播种面积（千公顷）	总产量（吨）
修武县	29.73	215900.96	14.83	114280.26	14.91	101620.71
博爱县	27.68	205909.98	13.44	107162.83	14.23	98747.16
武陟县	73.86	566865.27	40.17	322522.15	33.69	244343.12
温　县	40.47	321404.30	22.16	182750.00	18.30	138654.30
沁阳市	45.28	340886.53	22.91	181324.54	22.37	159561.99
孟州市	36.55	278029.10	21.61	172692.01	14.94	105337.09
清丰县	85.25	634685.57	49.43	384580.85	35.82	250104.73
南乐县	68.22	518872.32	35.63	289348.61	32.59	229523.71
范　县	62.34	418858.90	31.06	216708.49	31.29	202150.41
台前县	38.42	236894.19	18.90	134821.02	19.52	102073.17
濮阳县	154.88	1052442.25	83.64	600918.30	71.24	451523.95
建安区	97.02	636074.58	51.24	385861.19	45.78	250213.38
鄢陵县	77.00	558544.35	42.69	336924.76	34.31	221619.58
襄城县	91.45	585115.39	45.55	346879.43	45.91	238235.96
禹州市	98.84	606455.21	48.14	319168.75	50.70	287286.46
长葛市	80.75	566186.91	40.30	310428.04	40.46	255758.88
郾城区	44.18	289096.68	23.55	182749.42	20.63	106347.26
召陵区	42.71	304119.61	23.62	181607.18	19.09	122512.43
舞阳县	81.38	581485.37	42.91	327395.97	38.47	254089.40
临颍县	77.34	521697.90	42.49	330483.25	34.85	191214.66
灵宝市	55.40	251572.37	24.53	121875.00	30.87	129697.37
宛城区	86.14	531212.97	52.40	357457.51	33.74	173755.46
卧龙区	64.04	354535.65	34.94	210140.58	29.10	144395.07
方城县	161.02	732704.26	82.27	406823.72	78.75	325880.54
镇平县	100.71	533382.40	53.40	292982.28	47.31	240400.12
内乡县	73.79	394132.88	35.54	206274.93	38.24	187857.95
淅川县	64.76	293852.21	35.58	165933.32	29.18	127918.89
社旗县	126.91	651773.58	64.55	314187.92	62.36	337585.66
唐河县	230.07	1353608.40	142.30	986869.84	87.77	366738.56
新野县	81.31	535370.94	53.53	378515.90	27.77	156855.05
桐柏县	46.78	250166.10	15.97	69373.09	30.81	180793.02
邓州市	218.99	1278733.89	139.47	873831.51	79.52	404902.37
梁园区	55.52	367875.72	30.08	223387.25	25.44	144488.47
睢阳区	96.02	635675.39	51.02	377560.02	45.00	258115.37
民权县	108.77	740849.70	68.08	503594.10	40.69	237255.60
睢　县	102.82	689902.67	57.66	428320.41	45.16	261582.26
宁陵县	76.92	524774.90	48.42	360700.49	28.50	164074.40
柘城县	119.38	819058.33	66.57	506438.86	52.81	312619.47
虞城县	148.10	1005366.37	77.30	583980.22	70.80	421386.15

主要粮食品种播种面积(千公顷)				主要粮食品种总产量(吨)			
稻谷	小麦	玉米	大豆	稻谷	小麦	玉米	大豆
	14.83	13.46	1.34		114280.26	97185.00	3635.18
	13.44	13.96	0.13		107162.83	97429.88	401.80
0.73	40.17	32.74	0.17	5425.31	322522.15	238010.82	501.00
	22.16	18.13	0.03		182750.00	137490.67	91.79
	22.91	20.98	1.17		181324.54	154584.00	3149.93
	21.61	14.67	0.06		172692.01	103783.01	169.92
	49.43	34.70	0.19		384580.85	244200.67	397.38
	35.63	31.75	0.75		289348.61	226286.00	2471.57
15.71	31.06	11.54	3.88	112581.23	216708.49	79643.69	9275.59
0.00	18.90	13.79	5.59	13.18	134821.02	87567.04	13570.52
1.30	83.64	55.57	13.83	10865.58	600918.30	395674.12	41121.07
	51.24	28.03	15.14		385861.19	201703.82	34402.75
	42.69	30.89	1.93		336924.76	208700.23	4573.27
	45.55	15.97	16.72		346879.43	114682.02	42444.76
	48.14	43.30	3.18		319168.75	261306.90	6583.45
	40.30	36.13	3.55		310428.04	243358.28	7885.43
	23.55	11.03	9.23		182749.42	80876.54	23258.63
	23.62	16.57	2.10		181607.18	115245.08	4766.58
	42.91	32.89	4.64		327395.97	238933.26	10622.85
	42.49	20.02	12.91		330483.25	146795.03	32752.37
	24.53	24.00	3.61		121875.00	111686.49	4841.17
1.54	52.39	28.61	3.12	10675.09	357420.00	152119.30	9130.51
1.14	34.87	23.88	1.42	6849.54	209960.62	119805.56	2539.31
0.00	82.27	71.10	3.36	0.00	406823.72	302804.61	6670.72
0.17	53.32	44.45	0.33	1258.83	292797.24	223269.49	722.02
0.00	35.54	34.57	0.16	16.71	206274.93	168632.79	123.79
0.03	35.22	21.41	3.37	189.17	165170.13	93555.67	5452.36
0.00	64.49	54.60	4.54	0.00	314047.40	307536.59	10078.81
4.78	142.30	66.72	5.75	12739.90	986855.29	298579.75	9118.41
0.00	53.53	24.12	1.96	0.00	378515.90	144948.54	4187.89
16.75	15.97	11.78	1.02	134064.32	69373.09	40632.87	1417.18
0.98	139.47	67.76	3.31	5276.97	873831.51	362193.73	6694.28
	30.08	25.00	0.41		223387.25	143215.42	1024.57
	51.02	43.40	0.89		377560.02	249873.94	2188.29
	68.08	37.23	1.63		503594.10	220896.48	4540.99
	57.66	41.31	2.17		428320.41	247151.73	6454.93
	48.42	24.96	1.65		360700.49	145876.81	4892.89
	66.56	50.51	1.60		506427.86	302219.13	5350.05
	77.30	66.50	2.52		583980.22	400408.61	6278.74

2－8 续表2

地 区	全年粮食		夏收粮食		秋收粮食	
	播种面积（千公顷）	总产量（吨）	播种面积（千公顷）	总产量（吨）	播种面积（千公顷）	总产量（吨）
夏邑县	161.15	1082753.88	82.48	627958.90	78.67	454794.98
永城市	213.56	1420627.21	114.32	868267.56	99.24	552359.66
平桥区	75.16	508800.18	33.01	146282.53	42.15	362517.65
罗山县	96.56	725304.23	28.46	119110.76	68.10	606193.47
光山县	67.35	552272.53	8.13	34462.54	59.22	517810.00
商城县	37.44	294753.04	2.42	9635.17	35.01	285117.88
固始县	154.36	1139939.63	36.03	166253.98	118.32	973685.65
潢川县	99.54	705641.91	37.27	160528.22	62.26	545113.69
淮滨县	102.22	592614.54	56.01	286087.54	46.21	306526.99
息 县	179.43	1071306.22	107.13	574897.04	72.30	496409.19
淮阳区	150.36	1030850.64	77.67	589742.98	72.68	441107.66
扶沟县	105.20	693459.21	65.22	492989.78	39.98	200469.43
西华县	136.10	897340.78	74.60	563745.78	61.50	333595.00
商水县	162.78	1110183.89	80.46	610579.95	82.31	499603.94
沈丘县	137.95	953359.07	73.07	556278.56	64.88	397080.51
郸城县	178.93	1218916.69	91.11	693572.50	87.81	525344.19
太康县	202.07	1389484.56	111.73	846965.81	90.34	542518.75
鹿邑县	143.83	983757.50	73.25	555785.43	70.58	427972.07
项城市	139.37	920293.81	75.89	573864.22	63.48	346429.60
驿城区	87.15	475156.00	46.44	266650.00	40.71	208506.00
西平县	142.69	967011.00	72.52	520775.00	70.17	446236.00
上蔡县	169.68	1104501.00	98.82	713300.00	70.86	391201.00
平舆县	132.81	881420.19	80.93	583300.00	51.88	298120.19
正阳县	159.12	944708.67	130.79	755250.00	28.33	189458.67
确山县	99.16	574340.00	57.45	342300.00	41.71	232040.00
泌阳县	127.00	718860.00	76.51	435499.85	50.50	283360.15
汝南县	129.53	845158.00	88.11	612300.00	41.41	232858.00
遂平县	102.80	646336.00	54.39	379890.00	48.41	266446.00
新蔡县	154.73	961229.00	87.63	584800.00	67.09	376429.00
济源市	44.28	244601.70	21.80	131863.51	22.48	112738.18

主要粮食品种播种面积(千公顷)				主要粮食品种总产量(吨)			
稻谷	小麦	玉米	大豆	稻谷	小麦	玉米	大豆
	82.37	73.64	2.71		627662.59	434991.60	7464.53
	114.30	68.96	28.60		868225.60	465279.78	72287.40
38.71	33.01	2.36	0.29	344228.43	146282.53	13450.06	579.00
67.31	28.46	0.09	0.13	602683.32	119110.76	562.38	277.94
57.73	8.13	0.37	0.41	510581.07	34462.54	2510.94	1136.89
32.99	2.42	0.77	0.53	276771.07	9635.17	3989.21	1083.00
116.00	36.03	1.93	0.09	962596.40	166253.98	9343.82	211.61
61.95	37.27	0.17	0.06	543610.62	160528.22	1101.38	160.05
42.57	56.01	2.50	0.13	287257.49	286087.54	14226.29	301.00
60.36	107.13	10.45	0.44	425493.45	574897.04	64645.04	958.79
	77.67	61.57	6.35		589742.98	404442.16	12390.08
0.03	65.22	31.43	8.12	141.17	492989.78	182829.55	15555.81
	74.60	52.48	7.13		563745.78	311061.95	14038.22
	80.46	75.07	5.39		610579.95	475910.66	11925.82
	73.07	53.35	7.03		556278.56	353848.50	17524.53
	91.11	77.42	6.47		693572.50	493539.28	15047.37
	111.73	77.90	10.11		846965.81	508272.32	21717.46
	73.25	59.84	9.80		555785.43	400336.56	23290.32
	75.89	47.08	13.39		573864.22	303889.97	29303.18
	46.44	39.24	0.60		266650.00	203210.24	1000.08
	72.52	68.50	1.21		520775.00	441404.16	2194.51
	98.82	62.25	6.90		713300.00	371781.00	11102.00
	80.93	49.03	1.59		583300.00	291258.19	2778.05
20.35	130.79	3.81	3.18	154641.88	755250.00	21845.40	6662.90
4.52	57.44	28.94	5.18	25138.03	342278.00	169431.41	14434.35
2.07	76.25	42.64	1.28	9996.55	434360.00	245051.20	2979.92
0.01	88.11	33.98	5.78	68.63	612300.00	208987.00	14140.67
	54.39	45.91	1.39		379890.00	260749.23	2407.36
0.46	87.63	60.55	2.50	2344.00	584800.00	356363.66	5375.22
0.02	21.80	20.53	1.30	156.00	131863.51	105716.72	2946.24

2－9 各月份气候情况(2022 年)

单位:气温:摄氏度;降水量:毫米;日照:小时

站名	项目	1 月	2 月	3 月	4 月	5 月	6 月	7 月	8 月	9 月	10 月	11 月	12 月	全年
郑州市	平均气温	1.8	4.2	12.3	18.8	23.0	31.0	28.1	28.7	24.1	15.3	10.9	2.2	16.7
	最高气温	14.8	19.2	26.5	34.5	38.3	42.3	37.4	37.6	36.0	26.6	21.4	13.1	42.3
	最低气温	-4.0	-4.2	2.1	5.4	7.4	20.0	19.4	16.5	10.5	3.9	-2.2	-5.6	-5.6
	相对湿度	75.9	50.3	56.8	49.2	46.3	46.1	78.2	70.3	56.2	64.3	71.2	44.4	59.1
	降 水 量	29.5	0.3	14.4	8.5	8.1	22.8	242.4	70.0	4.0	53.3	17.2	1.5	472.0
	日照时数	73.6	128.7	132.9	192.4	244.4	269.5	152.6	141.4	189.2	112.2	89.4	155.8	1882.1
开封市	平均气温	1.4	4.2	11.9	18.0	22.0	29.9	27.5	28.2	24.0	15.6	10.8	2.0	16.3
	最高气温	14.7	19.2	24.5	31.5	35.4	41.2	36.4	37.0	34.7	27.5	21.4	12.2	41.2
	最低气温	-3.7	-2.8	2.0	6.5	8.5	17.8	19.9	16.1	13.5	4.9	-3.0	-5.0	-5.0
	相对湿度	79.1	49.6	60.7	57.6	53.9	53.9	81.3	74.5	60.2	67.3	76.1	51.2	63.8
	降 水 量	25.1		23.9	8.0	3.5	23.1	362.3	25.3	0.9	52.4	20.2	2.3	547.0
	日照时数	63.1	124.8	120.9	187.9	247.5	263.8	149.0	151.1	187.0	103.8	67.8	147.0	1813.7
安阳市	平均气温	0.3	2.6	10.4	17.2	21.7	28.4	25.8	25.9	22.7	14.3	9.4	0.3	14.9
	最高气温	12.3	19.2	24.1	33.9	37.3	41.9	35.8	35.9	33.2	24.4	21.3	11.3	41.9
	最低气温	-4.8	-4.9	-0.2	6.2	6.7	17.3	18.9	15.0	12.0	4.8	-6.3	-6.6	-6.6
	相对湿度	71.1	48.4	56.5	51.4	47.1	50.9	80.3	79.3	60.6	63.8	69.4	45.7	60.4
	降 水 量	10.8		20.1	8.6	10.1	57.1	413.5	73.6	0.9	90.9	20.8		706.4
	日照时数	95.6	168.1	130.6	196.7	265.2	259.6	168.3	112.5	212.4	136.6	107.1	202.8	2055.5
新乡市	平均气温	1.0	2.6	10.7	16.8	21.1	29.4	26.8	27.4	22.8	14.2	9.9	-0.1	15.2
	最高气温	13.0	19.3	23.5	32.2	35.8	41.5	36.1	36.7	35.1	26.7	21.1	12.0	41.5
	最低气温	-6.2	-7.4	-0.6	3.6	7.0	16.5	19.8	16.0	9.1	1.5	-3.6	-10.6	-10.6
	相对湿度	77.3	54.8	65.6	64.2	58.0	54.5	88.6	83.3	66.9	71.0	75.7	53.9	67.8
	降 水 量	17.3		8.6	8.6	8.0	104.3	339.2	27.0	2.2	26.8	17.0	2.1	561.1
	日照时数	82.5	149.1	140.2	201.1	264.3	285.4	181.7	143.3	217.2	130.1	93.9	163.7	2052.5
焦作市	平均气温	2.1	4.4	12.5	18.8	23.0	30.9	27.9	28.3	24.6	15.6	11.1	2.3	16.8
	最高气温	15.3	20.3	25.4	34.3	38.2	43.3	38.4	38.2	36.6	27.7	21.2	12.7	43.3
	最低气温	-3.1	-3.8	2.3	7.4	9.6	20.2	19.7	16.5	15.2	6.2	-2.6	-6.4	-6.4
	相对湿度	74.2	46.4	53.2	47.6	45.1	43.7	76.6	73.7	52.8	65.1	72.5	44.2	57.9
	降 水 量	18.6	0.7	11.6	11.0	12.6	60.8	255.8	65.5	6.8	49.9	29.3	1.4	524.0
	日照时数	84.9	138.0	124.6	182.7	243.9	281.7	166.4	119.8	197.0	117.8	92.9	162.3	1912.0

注:因撤站,故无洛阳、平顶山、鹤壁三市资料。

2－9　续表 1

单位:气温:摄氏度;降水量:毫米;日照:小时

站名	项目	1 月	2 月	3 月	4 月	5 月	6 月	7 月	8 月	9 月	10 月	11 月	12 月	全年
濮阳市	平均气温	0.6	2.6	10.6	17.0	20.8	29.0	26.9	27.4	22.7	14.4	9.8	-0.7	15.1
	最高气温	11.2	19.6	23.8	31.0	33.3	39.2	36.1	36.1	32.8	24.9	20.8	11.1	39.2
	最低气温	-6.2	-7.5	-0.3	3.7	6.3	16.7	20.6	16.0	10.5	2.2	-4.9	-9.3	-9.3
	相对湿度	73.1	51.6	59.5	57.8	55.9	53.7	82.1	77.0	64.1	67.5	75.6	55.2	64.4
	降水量	9.7	0.0	15.2	6.1	7.2	137.3	267.7	27.3	1.1	28.6	16.5	2.1	518.8
	日照时数	69.9	150.1	130.7	193.2	255.2	252.7	139.2	125.0	201.9	129.0	80.9	165.8	1893.6
许昌市	平均气温	0.7	2.6	10.5	16.9	21.0	29.1	27.4	27.2	21.9	14.4	10.3	0.4	15.2
	最高气温	14.2	19.5	25.0	31.1	39.5	42.1	36.2	37.8	35.2	33.1	22.1	12.4	42.1
	最低气温	-6.2	-6.5	-0.9	2.1	5.1	17.3	19.2	16.2	9.1	1.5	-1.6	-10.2	-10.2
	相对湿度	82.3	65.7	71.3	65.6	58.7	56.9	80.6	80.0	71.6	74.9	80.0	60.2	70.7
	降水量	24.4	1.3	13.0	9.1	5.5	61.9	215.7	77.4	5.3	76.4	24.2	1.6	515.8
	日照时数	59.4	118.7	116.1	196.9	218.3	247.4	153.9	161.9	181.3	123.4	81.1	148.3	1806.7
漯河市	平均气温	1.7	4.1	11.8	18.0	22.0	30.2	28.3	28.5	23.0	15.4	11.3	1.9	16.4
	最高气温	13.5	20.1	25.9	32.7	37.8	41.5	37.2	39.2	36.5	37.1	23.6	13.6	41.5
	最低气温	-4.8	-4.7	2.3	4.0	8.3	18.3	19.6	16.5	11.9	3.5	-1.3	-9.1	-9.1
	相对湿度	81.0	62.2	66.9	60.9	55.1	53.1	81.8	75.8	67.1	73.8	78.7	54.4	67.6
	降水量	33.6	2.7	12.2	13.2	7.9	86.4	136.0	64.1	0.0	140.1	23.1	1.2	520.5
	日照时数	48.7	109.7	126.0	187.7	202.4	233.1	145.5	164.0	165.1	126.5	89.1	146.0	1743.8
三门峡市	平均气温	0.3	2.1	11.0	16.6	19.7	26.8	25.8	25.3	20.7	13.0	9.1	0.7	14.3
	最高气温	9.8	17.0	24.6	31.9	32.4	37.6	38.0	37.5	30.5	23.5	18.6	11.0	38.0
	最低气温	-5.2	-6.7	0.6	6.5	6.6	16.8	15.9	12.7	10.3	2.5	-6.0	-8.5	-8.5
	相对湿度	68.6	53.7	53.8	49.4	51.7	52.2	74.3	79.0	65.9	70.2	71.7	40.8	60.9
	降水量	10.6	3.5	13.1	28.6	21.9	82.4	115.3	76.5	4.7	86.3	29.1	2.5	474.5
	日照时数	111.7	145.1	143.5	207.8	241.3	300.3	229.2	147.5	174.1	107.0	89.3	183.1	2079.9
南阳市	平均气温	2.2	3.6	12.3	17.6	20.7	29.1	28.1	28.3	23.4	16.1	11.9	2.5	16.3
	最高气温	12.4	19.8	26.0	30.4	37.0	40.5	37.2	38.9	37.2	36.9	22.9	12.9	40.5
	最低气温	-4.4	-4.2	2.1	5.6	7.7	18.6	20.3	16.8	11.6	3.6	-1.5	-7.5	-7.5
	相对湿度	82.9	65.2	66.4	62.5	61.7	58.4	79.5	71.6	61.7	66.6	80.7	58.4	68.0
	降水量	18.3	3.6	17.7	41.2	2.0	51.9	139.2	99.6	4.1	145.2	20.3	1.6	544.7
	日照时数	76.2	135.1	167.7	215.4	237.7	256.7	206.6	226.0	197.3	154.3	105.4	183.2	2161.6

2－9 续表2

单位:气温:摄氏度;降水量:毫米;日照:小时

站名	项目	1月	2月	3月	4月	5月	6月	7月	8月	9月	10月	11月	12月	全年
商丘市	平均气温	1.2	2.4	10.6	16.5	20.5	29.0	27.5	27.4	21.7	14.8	10.7	0.0	15.2
	最高气温	10.7	19.1	24.5	30.5	35.5	40.5	36.6	37.0	33.1	32.2	21.7	12.1	40.5
	最低气温	－6.2	－7.4	－0.8	2.8	2.8	16.5	19.5	15.9	9.2	1.4	－4.6	－9.6	－9.6
	相对湿度	80.4	62.4	67.0	64.7	59.1	56.0	82.6	80.1	73.9	73.3	79.6	61.4	70.0
	降 水 量	19.8	1.4	28.7	6.1	5.1	148.9	363.5	53.3	0.0	61.7	25.2	3.2	716.9
	日照时数	72.2	148.1	162.6	218.1	253.7	270.6	168.0	197.2	212.2	159.3	98.4	167.0	2127.4
信阳市	平均气温	3.4	4.9	13.5	18.9	21.2	28.8	29.6	29.6	24.6	17.0	13.0	4.0	17.4
	最高气温	15.3	21.0	28.4	32.4	33.0	36.8	38.2	40.2	37.5	38.2	25.9	16.2	40.2
	最低气温	－2.0	－2.9	3.6	8.3	11.2	21.4	20.4	17.4	14.8	7.9	－1.6	－3.1	－3.1
	相对湿度	78.6	65.6	64.5	58.9	65.4	66.4	77.7	71.7	58.1	66.3	79.5	55.5	67.4
	降 水 量	48.5	16.1	222.7	84.7	6.6	148.3	394.9	29.6	0.0	111.7	49.1	0.6	1112.8
	日照时数	72.2	95.3	143.6	175.9	161.9	227.5	220.0	223.9	179.1	164.9	121.0	150.6	1935.9
周口市	平均气温	2.8	4.9	12.5	18.7	22.4	30.2	29.1	29.2	24.9	16.8	12.4	3.1	17.3
	最高气温	13.0	19.9	26.1	31.9	37.7	40.5	37.0	38.6	35.6	37.0	24.9	13.6	40.5
	最低气温	－2.5	－2.0	3.3	8.2	9.6	19.6	20.6	16.9	15.9	6.1	－1.3	－3.9	－3.9
	相对湿度	77.3	56.8	62.7	57.2	53.0	54.8	77.9	73.7	53.4	63.7	75.2	50.5	63.0
	降 水 量	24.6	2.4	21.6	8.9	6.1	157.5	137.5	67.1	0.0	139.9	23.3	0.2	589.1
	日照时数	69.5	133.9	148.9	192.2	196.1	223.9	149.8	177.0	200.6	159.8	107.6	151.4	1910.7
驻马店市	平均气温	1.8	3.6	11.9	17.9	21.1	29.1	28.3	28.4	22.6	15.2	11.3	1.9	16.1
	最高气温	14.1	20.3	26.1	33.8	35.8	39.6	37.1	39.2	36.2	37.5	22.4	14.5	39.6
	最低气温	－4.3	－4.6	1.4	3.9	9.7	18.2	19.8	16.6	10.4	2.4	－1.4	－7.8	－7.8
	相对湿度	86.8	73.4	73.1	66.2	62.0	61.6	84.1	77.3	65.0	74.2	82.7	60.0	72.2
	降 水 量	45.8	7.4	70.3	34.3	19.2	195.2	161.0	44.7	2.4	193.8	27.3	0.9	802.3
	日照时数	56.9	110.1	149.2	193.8	195.5	251.7	200.7	208.7	173.1	156.4	109.5	165.8	1971.4
济源市	平均气温	1.2	3.2	11.6	17.6	21.8	30.0	27.4	27.3	23.1	14.8	10.7	1.3	15.8
	最高气温	14.9	19.9	25.4	33.8	37.3	42.3	38.3	36.8	35.6	28.3	21.2	12.4	42.3
	最低气温	－6.3	－5.4	0.4	4.5	6.3	18.1	18.5	16.1	10.6	3.0	－2.3	－7.7	－7.7
	相对湿度	76.5	58.7	61.3	58.9	52.2	47.8	74.6	76.0	64.4	71.9	75.3	50.4	64.0
	降 水 量	31.8	0.8	8.3	16.3	12.0	25.9	288.4	136.0	1.5	56.7	33.7	0.2	611.6
	日照时数	95.2	144.3	139.5	191.6	262.0	295.9	183.3	129.9	209.3	132.4	101.8	173.9	2059.1

主要统计指标解释

粮食播种面积　是指全年各季各种粮食作物播种面积的总和。现行农业统计报表制度规定全年粮食作物总播种面积是指应该在本日历年度内收获粮食产品的作物的播种面积之和。其计算公式为:

本年粮食播种面积 = 上年秋冬播种粮食作物面积 + 本年春播粮食作物面积 + 本年夏播粮食作物面积

或:本年粮食播种面积 = 本年夏收粮食作物播种面积 + 本年秋收粮食作物播种面积

粮食产量　指全社会的产量。包括全民所有制经营的、集体统一经营的和农民家庭经营的粮食产量。粮食除包括稻谷、小麦、玉米、高粱、谷子及其他杂粮外还包括薯类和大豆。其产量的计算方法:豆类按去豆荚后的干豆计算;薯类按五公斤鲜薯折粮一公斤计算。其他粮食一律按脱粒后的原粮计算。

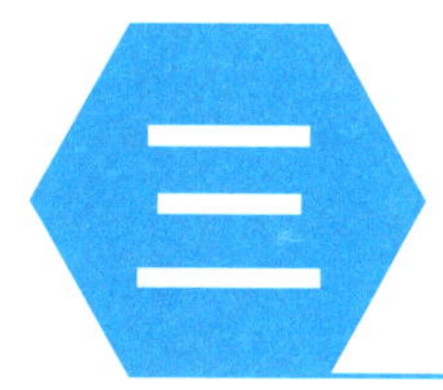

畜牧业

资料整理：王　铮

3－1 主要畜产品产量

指　标	单　位	2000年	2005年	2010年	2015年	2017年	2018年	2019年	2020年	2021年	2022年
猪牛羊出栏头数											
肉猪出栏头数	万头	4180.00	5568.00	5382.80	6151.36	6220.00	6402.38	4502.10	4311.12	5802.77	5918.83
占年初存栏头数比重	%	117.50	142.10	119.00	139.60	145.70	145.80	103.80	136.00	149.30	134.76
肉用牛出栏头数	万头	578.00	702.64	390.08	251.29	232.95	231.16	238.43	241.25	235.94	243.49
占年初存栏头数比重	%	43.10	50.30	49.40	57.80	66.90	100.30	63.90	62.60	60.20	60.80
肉用羊出栏只数	万只	2903.80	4225.00	1959.16	1790.23	2145.00	2208.19	2301.11	2342.65	2359.05	2370.84
占年初存栏头数比重	%	104.20	114.50	98.10	94.90	139.70	131.30	132.70	123.40	120.00	117.82
肉用禽出栏只数	万只			81530.72	83132.35	90681.61	92767.28	108816.02	110828.12	112158.06	115859.28
占年初存栏只数比重	%			142.4	145.6	159.3	142.7	165.4	159.2	159.2	160.53
肉类总产量	万吨	517.00	689.00	608.96	647.22	655.84	669.41	560.42	544.05	646.81	660.03
#猪肉产量	万吨	337.90	441.20	407.72	466.45	466.90	479.04	344.43	324.80	426.78	434.89
牛肉产量	万吨	83.00	102.75	58.67	37.84	35.04	34.80	36.22	36.71	35.53	36.71
羊肉产量	万吨	32.00	47.38	23.35	21.81	26.10	26.90	28.11	28.64	28.87	29.05
驴肉产量	万吨	2.30	1.96	3.40	1.52	0.29	0.30	0.24	0.17	0.21	0.20
骡肉产量	万吨	1.10	0.80	0.43	0.10	0.03	0.02	0.02	0.01	0.01	0.01
马肉产量	万吨	1.50	1.13	1.05	0.39	0.15	0.14	0.10	0.09	0.06	0.04
禽肉产量	万吨	55.00	87.51	101.32	108.97	118.97	121.94	145.24	148.05	149.98	154.63
兔肉产量	万吨	4.20	5.66	9.46	6.23	4.85	4.41	4.20	3.77	3.60	3.01
平均每头肉猪产肉量	公斤/头	80.80	79.20	75.74	75.83	75.10	74.82	76.50	75.34	73.55	73.48
平均每头肉牛产肉量	公斤/头	144.70	146.20	150.47	150.42	150.21	150.52	151.90	152.17	150.61	150.76
平均每只肉羊产肉量	公斤/只	11.00	11.20	11.89	12.18	12.17	12.18	12.21	12.23	12.24	12.25
其他畜产品产量											
奶类总产量	万吨	20.20	108.50	207.04	233.66	212.87	208.90	208.55	214.72	216.77	217.80
牛奶产量	万吨	16.10	104.00	190.06	223.57	202.86	202.65	204.07	210.05	212.10	213.17
羊奶产量	万吨	4.10	4.50	16.98	10.10	10.01	6.24	4.47	4.67	4.67	4.63
羊毛总产量	吨	10844.00	14335.00	11983.87	7245.69	9214.42	6848.85	6447.00	6631.77	5115.50	4383.70
山羊毛产量	吨	2858.00	2873.00	4297.34	2245.31	3449.52	2718.64	2797.65	2863.53	1997.64	1782.20
绵羊毛产量	吨	7986.00	11462.00	7686.53	5000.38	5764.90	4130.21	3649.34	3768.24	3117.86	2601.50
羊绒产量	吨	277.00	433.00	180.53	310.73	580.54	312.54	330.63	371.30	232.93	154.24
蜂蜜产量	吨	23105.00	27441.00	61819.94	27907.26	71486.89	61392.54	61092.60	68913.93	65206.16	48410.07
禽蛋产量	万吨	270.00	375.30	372.29	372.30	401.18	413.61	442.42	449.42	446.42	457.17

3－2　主要畜禽年末存栏数量

指　标	单　位	2000年	2005年	2010年	2015年	2017年	2018年	2019年	2020年	2021年	2022年
大牲畜总头数	**万头**	**1445.70**	**1508.80**	**719.19**	**411.70**	**376.09**	**377.01**	**388.27**	**394.88**	**403.11**	**403.01**
#从事农事劳役的头数	万头	482.80	412.90	296.16	183.71	108.50	107.96	92.21	85.00	72.48	37.20
牛	万头	1340.20	1447.00	695.05	402.68	372.67	373.41	385.13	391.68	400.30	400.74
肉牛	万头	282.80	514.06	346.53	181.76	230.51	231.12	257.32	270.04	289.34	322.81
乳牛	万头	6.70	31.22	52.35	37.22	33.66	34.33	35.60	36.64	38.48	40.73
马	万头	29.30	17.29	8.05	2.80	0.97	0.91	0.72	0.75	0.45	0.24
驴	万头	49.50	29.60	12.34	5.13	2.18	2.33	2.11	2.18	2.27	1.98
骡	万头	26.80	14.91	3.76	1.09	0.28	0.35	0.30	0.27	0.11	0.05
猪	万头	3787.70	4439.00	4540.55	4361.95	4390.00	4337.15	3170.46	3886.98	4392.29	4260.52
#能繁殖的母猪	万头	365.00	517.00	473.59	459.31	440.54	417.19	301.21	402.61	400.62	397.79
羊	万只	2961.40	3988.00	1895.40	1926.00	1682.02	1734.07	1898.81	1965.12	2012.29	2030.40
山羊	万只	2730.10	3509.00	1662.88	1552.77	1412.88	1473.96	1620.22	1672.50	1710.55	1680.24
绵羊	万只	231.30	479.00	232.52	373.23	269.14	260.11	278.60	292.63	301.74	350.16
家禽	万只	42529.00	61958.00	56708.51	57070.49	65019.50	65799.73	69601.71	70436.65	72172.92	71090.33

3－3　各市主要畜禽出栏数量和畜产品产量(2022年)

地　区	猪出栏头数（万头）	牛出栏头数（万头）	羊出栏只数（万只）	家禽出栏只数（万只）
郑州市	84.59	4.08	26.17	944.43
开封市	379.81	16.31	207.88	4510.79
洛阳市	187.40	15.99	79.95	3401.09
平顶山市	327.18	13.80	146.27	3168.67
安阳市	223.64	2.91	69.83	7800.00
鹤壁市	108.66	1.22	29.40	11604.62
新乡市	355.17	8.32	91.45	6371.22
焦作市	105.29	6.19	37.02	2887.90
濮阳市	140.26	4.51	122.53	12919.16
许昌市	282.91	7.35	79.90	2570.40
漯河市	323.35	2.35	27.05	7430.45
三门峡市	104.74	7.30	42.69	863.00
南阳市	787.83	50.74	327.46	4427.00
商丘市	451.30	23.95	379.20	12590.23
信阳市	340.31	8.81	82.21	11098.90
周口市	725.36	17.51	355.60	17559.25
驻马店市	948.02	50.57	258.55	5487.17
济源市	43.01	1.58	7.68	225.00

3-3 续表

地 区	肉类总产量（万吨）	猪肉（万吨）	禽蛋产量（万吨）	奶类总产量（万吨）
郑州市	8.39	6.22	9.99	8.10
开封市	39.31	27.77	35.32	33.51
洛阳市	22.42	14.29	17.28	16.93
平顶山市	32.66	23.99	17.56	23.00
安阳市	27.83	16.74	18.37	9.92
鹤壁市	22.39	8.24	15.56	6.63
新乡市	36.73	25.79	30.15	17.10
焦作市	13.21	7.79	14.74	9.44
濮阳市	28.52	10.64	27.23	1.79
许昌市	26.07	20.89	18.20	3.46
漯河市	33.50	23.84	17.66	1.53
三门峡市	10.44	7.67	6.52	2.97
南阳市	75.47	57.54	39.01	24.93
商丘市	57.96	33.06	58.46	21.02
信阳市	50.70	24.77	40.57	0.36
周口市	81.10	52.62	50.55	3.90
驻马店市	89.80	69.81	37.20	25.16
济源市	4.01	3.21	2.80	8.04

3-4 各市主要畜禽存栏数量(2022年)

地 区	猪年末头数（万头）	牛年末头数（万头）	羊年末只数（万只）	家禽年末只数（万只）
郑州市	57.16	5.55	32.38	830.27
开封市	290.23	32.67	180.72	4247.33
洛阳市	146.67	30.29	80.09	2499.79
平顶山市	234.06	20.35	125.21	2403.35
安阳市	178.68	5.25	58.85	3854.00
鹤壁市	78.28	2.00	34.61	2561.21
新乡市	213.40	17.47	69.57	3224.28
焦作市	70.06	8.55	36.07	1423.08
濮阳市	115.00	5.34	68.74	8060.15
许昌市	201.84	9.95	61.77	1911.01
漯河市	191.67	3.44	24.81	4020.00
三门峡市	72.65	18.05	43.08	790.50
南阳市	603.18	78.07	296.00	5910.00
商丘市	311.03	38.45	310.37	8421.04
信阳市	258.89	15.31	87.77	6171.16
周口市	536.06	29.55	315.76	9162.45
驻马店市	674.27	76.94	190.34	5362.71
济源市	27.39	3.51	14.25	238.00

3－5　生猪大县生产情况

地　区	年末生猪存栏(万头)													
	2006年	2010年	2011年	2012年	2013年	2014年	2015年	2016年	2017年	2018年	2019年	2020年	2021年	2022年
杞　县	66.35	78.12	79.00	72.68	73.50	76.55	78.34	77.12	79.83	79.99	66.23	85.28	99.62	96.58
通许县		44.36	45.69	45.74	46.11	46.02	46.94	46.25	50.19	53.01	33.69	51.20	53.18	54.44
尉氏县	62.24	74.20	74.50	75.50	69.99	70.13	69.63	69.84	71.98	69.90	43.21	68.85	70.01	68.17
祥符区		50.88	52.41	52.46	53.68	54.62	54.44	54.18	54.83	57.02	42.14	55.91	53.76	50.97
叶　县	58.41	81.62	82.40	81.41	86.00	85.02	84.31	83.60	85.04	81.58	56.05	73.48	76.50	63.28
汝州市	52.51	70.21	70.46	71.60	72.82	71.73	71.33	70.45	73.55	70.87	53.01	60.48	75.23	72.36
林州市		63.24	65.14	65.14	64.36	61.71	60.63	60.28	61.03	55.00	30.48	27.10	21.36	22.51
浚　县		38.55	39.71	39.83	40.10	38.35	38.52	38.04	40.66	39.72	26.87	45.09	40.93	38.78
封丘县		44.22	45.55	45.64	47.28	47.83	48.64	48.27	49.09	50.28	32.77	51.16	56.86	49.72
卫辉市	49.13	45.40	46.00	46.40	45.24	46.58	46.51	46.84	46.87	47.51	15.07	32.14	30.08	28.05
辉县市	58.57	71.10	72.50	71.78	72.60	71.14	69.91	69.10	70.79	69.80	29.47	43.02	40.83	40.56
许昌县	49.65	64.55	64.20	60.41	61.10	56.23	55.00	54.62	56.28	52.28	33.87	43.53	24.09	21.06
鄢陵县	47.85	56.80	56.90	56.60	56.00	56.35	55.69	55.27	56.17	54.17	35.40	48.31	53.50	52.15
襄城县	57.56	51.40	51.60	51.70	49.99	51.28	50.76	50.19	51.01	52.36	26.86	40.03	43.08	44.22
禹州市	38.06	52.10	52.50	51.61	52.20	52.43	52.07	51.44	52.74	52.08	41.65	49.94	45.32	42.36
长葛市	34.93	44.50	44.80	43.59	44.00	43.42	43.07	42.37	43.38	43.86	30.11	50.52	43.46	42.05
郾城区	38.19	42.66	42.60	43.00	43.60	43.25	43.10	42.51	43.40	44.28	38.02	54.27	45.52	44.08
召陵区	50.27	41.00	41.50	41.40	42.00	41.14	40.23	39.60	40.77	40.32	31.12	46.36	43.46	42.17
舞阳县		44.72	46.06	46.11	45.60	45.80	45.61	45.14	46.55	47.01	38.14	51.56	46.88	46.00
临颍县	44.41	56.20	56.20	55.80	56.20	54.28	53.22	52.62	53.05	53.97	40.42	57.96	47.91	47.92
内乡县	46.79	49.20	51.20	51.97	58.46	55.31	55.71	65.89	67.43	71.67	68.07	88.94	153.06	146.21
社旗县		50.53	52.05	52.10	52.80	53.00	53.15	52.16	55.75	54.78	48.43	49.30	63.55	62.22
唐河县	71.28	82.20	82.50	82.60	83.01	82.80	82.20	80.80	82.15	80.38	76.87	78.95	86.01	81.58
邓州市	93.54	108.80	106.80	106.98	107.62	105.12	104.70	104.20	105.98	102.59	91.92	88.63	95.92	93.32
睢阳区		43.74	45.05	45.10	46.00	46.10	46.05	45.30	45.71	46.13	32.05	44.16	40.94	40.20
睢　县		29.82	30.72	30.81	30.04	30.34	30.35	29.87	32.81	32.80	22.22	32.31	25.35	24.90
柘城县		28.49	29.34	29.40	30.66	30.01	30.92	30.41	33.40	34.06	25.55	31.55	34.54	33.91
夏邑县		49.27	50.75	50.80	51.20	52.85	53.96	53.93	55.21	55.28	40.57	48.47	45.07	44.26
固始县	57.93	72.10	72.20	70.54	72.00	72.53	72.42	71.49	71.99	68.91	42.04	53.07	71.48	67.31
潢川县		48.63	49.12	51.00	50.34	49.19	49.51	49.00	50.18	49.59	23.93	40.90	38.65	37.54
西华县	49.71	64.40	64.35	64.60	64.80	66.22	66.32	65.69	66.86	69.14	50.35	76.08	67.30	68.83
商水县	52.15	68.80	68.90	67.38	64.35	65.20	64.83	65.97	67.98	69.18	54.70	63.11	72.22	72.58
沈丘县	49.18	50.60	51.30	52.00	53.35	54.19	54.62	54.06	55.01	55.10	42.72	52.81	47.16	46.78
淮阳县	62.88	55.98	56.80	57.10	56.36	57.02	56.80	56.64	58.20	58.07	44.61	43.44	45.82	46.95
太康县	59.00	72.20	72.25	73.20	68.44	68.63	68.48	67.28	69.45	73.55	64.94	84.69	86.78	89.55
鹿邑县		58.73	59.08	59.40	57.97	57.86	57.56	56.36	57.05	55.99	51.59	60.37	67.31	70.78
西平县	86.12	95.85	96.90	97.60	93.50	92.74	91.90	90.32	92.92	90.42	59.15	84.68	94.53	80.96
上蔡县	61.34	68.50	68.90	64.08	64.14	66.23	67.16	66.49	67.04	66.31	50.24	70.79	103.79	99.86
平舆县		49.29	50.77	50.82	49.04	46.54	46.59	46.92	47.21	47.83	37.45	53.81	73.54	65.73
正阳县	90.29	114.65	114.80	107.91	103.38	104.74	105.44	106.90	110.00	107.34	73.03	103.39	110.54	100.33
确山县	47.72	58.68	58.58	53.89	53.95	54.26	54.41	54.36	55.97	55.99	43.16	60.58	59.88	53.62
汝南县	58.66	66.65	67.00	68.00	65.82	66.16	65.74	65.14	66.44	65.75	46.75	65.22	62.30	53.01
遂平县	55.10	70.25	70.50	70.48	70.62	70.22	69.60	69.31	70.94	71.94	47.79	63.21	57.84	55.69
新蔡县	58.83	70.80	72.00	68.40	65.53	65.78	65.90	65.29	66.55	65.85	50.79	68.00	61.05	54.73
济源市		36.02	37.10	37.17	35.05	33.89	33.63	32.99	36.00	36.38	17.96	31.57	28.93	27.39

3-5 续表1

地 区	#能繁殖母猪(万头)													
	2006年	2010年	2011年	2012年	2013年	2014年	2015年	2016年	2017年	2018年	2019年	2020年	2021年	2022年
杞 县	5.04	7.99	8.30	8.31	8.36	8.63	8.43	8.07	8.33	7.87	6.74	7.87	9.00	8.95
通许县		4.91	5.00	5.01	5.40	5.41	5.28	5.12	5.52	5.32	3.59	5.61	4.71	5.15
尉氏县	4.72	7.48	7.70	8.00	8.60	8.51	8.20	7.86	8.00	7.61	5.15	6.35	6.40	6.24
祥符区		5.45	5.55	5.56	5.66	5.69	5.53	5.34	5.35	5.40	4.52	5.41	5.02	5.04
叶 县	4.78	9.18	9.25	8.98	9.22	9.20	8.83	8.43	8.55	8.01	5.27	5.61	6.52	6.71
汝州市	2.95	7.06	7.10	7.20	7.28	7.08	6.87	6.66	6.85	6.70	4.34	6.48	6.21	7.73
林州市		8.04	8.20	8.20	7.80	7.46	7.02	6.80	6.74	6.01	3.68	2.20	2.00	1.95
浚 县		4.69	4.79	4.80	4.60	4.48	4.31	4.24	4.53	4.29	3.08	3.93	3.75	3.56
封丘县		4.40	4.49	4.50	5.40	5.35	5.27	5.11	5.18	4.96	3.17	5.02	5.07	4.75
卫辉市	2.56	4.80	4.80	4.94	5.01	5.11	4.94	4.83	4.90	4.62	1.82	3.30	2.70	2.57
辉县市	4.62	8.11	8.10	8.10	8.00	7.89	7.51	7.23	7.32	6.93	3.84	4.14	3.97	3.83
许昌县	3.94	6.12	6.60	6.43	6.41	5.99	5.68	5.52	5.63	5.22	3.90	4.21	2.29	1.92
鄢陵县	4.01	6.55	6.68	6.64	6.10	6.05	5.81	5.66	5.71	5.39	3.95	4.91	4.92	4.51
襄城县	4.32	5.45	5.46	5.50	5.51	5.64	5.43	5.35	5.42	5.16	3.51	4.65	3.99	4.42
禹州市	2.57	5.96	6.00	5.83	5.76	5.85	5.68	5.52	5.58	5.30	4.07	4.57	4.33	3.69
长葛市	2.69	4.72	4.80	4.71	4.70	4.52	4.36	4.29	4.34	4.10	2.60	4.55	3.95	3.90
郾城区	6.90	4.50	4.50	4.54	4.50	4.40	4.25	4.09	4.14	4.14	3.65	4.63	4.19	4.04
召陵区	4.71	4.80	4.95	4.90	4.68	4.69	4.59	4.39	4.40	4.20	3.17	3.58	4.02	4.23
舞阳县		4.70	4.80	4.80	4.82	4.73	4.61	4.51	4.58	4.37	3.42	4.05	4.25	4.59
临颍县	3.96	6.89	6.85	6.40	6.20	6.24	6.02	5.79	5.82	5.55	4.02	4.66	4.34	4.59
内乡县	2.85	6.25	6.34	6.41	7.20	7.01	6.94	8.08	8.00	7.64	7.26	8.03	13.49	14.19
社旗县		5.48	5.59	5.60	5.60	5.63	5.53	5.41	5.64	5.38	4.84	5.09	5.55	5.89
唐河县	7.69	7.84	8.2	8.34	8.40	8.48	8.21	7.87	7.96	7.50	6.73	7.94	7.71	8.17
邓州市	5.25	9.62	10.2	10.39	12.80	12.42	12.11	11.66	11.72	10.86	8.12	9.69	8.39	8.67
睢阳区		4.91	5.00	5.01	5.00	4.98	4.80	4.67	4.74	4.53	3.27	4.31	3.81	3.91
睢 县		3.52	3.59	3.60	3.60	3.53	3.43	3.33	3.62	3.41	2.49	2.99	2.42	2.48
柘城县		3.52	3.59	3.60	3.55	3.36	3.33	3.26	3.56	3.41	2.49	3.18	3.27	3.36
夏邑县		5.97	6.09	6.10	6.02	6.15	6.00	5.87	5.95	5.65	4.48	4.75	4.30	4.42
固始县	4.02	6.26	6.90	6.76	7.10	7.22	7.01	6.79	6.82	6.48	4.28	4.79	6.93	4.94
潢川县		4.95	5.09	5.18	5.20	5.00	4.95	4.78	4.85	4.61	2.37	3.88	3.76	3.99
西华县	3.61	6.33	6.60	6.50	6.52	6.69	6.57	6.38	6.53	6.39	4.71	6.08	6.12	6.25
商水县	5.32	7.85	8.00	7.90	7.20	7.14	6.88	6.67	7.01	6.66	5.66	7.70	6.38	4.69
沈丘县	5.23	5.80	6.00	6.20	6.10	6.21	6.07	5.93	6.01	5.75	4.46	4.65	4.50	4.37
淮阳县	8.20	6.46	6.50	6.70	6.40	6.50	6.30	6.14	6.23	5.95	4.35	4.54	4.20	5.87
太康县	4.12	7.11	7.30	7.50	7.50	7.52	7.36	7.10	7.21	6.83	6.00	9.59	7.99	6.22
鹿邑县		5.68	5.83	5.94	6.10	6.14	5.92	5.80	5.83	5.60	5.00	5.33	6.07	4.33
西平县	7.62	9.76	10.02	9.91	9.90	9.72	9.38	8.93	9.17	8.58	6.53	8.90	8.32	7.92
上蔡县	4.60	7.40	7.42	7.50	7.40	7.62	7.47	7.20	7.31	6.92	5.52	8.01	9.80	8.70
平舆县		5.09	5.19	5.20	5.26	5.01	4.85	4.73	4.75	4.55	3.46	5.89	6.88	6.10
正阳县	7.91	13.66	14.00	14.00	12.00	11.99	11.76	11.27	11.54	10.70	7.44	9.19	10.18	9.80
确山县	5.37	6.12	6.26	6.26	6.10	6.08	5.85	5.73	5.85	5.60	4.36	4.76	5.25	4.94
汝南县	4.54	6.88	7.10	7.30	7.30	7.14	6.86	6.65	6.73	6.40	4.78	5.88	5.37	5.22
遂平县	4.80	8.02	8.12	8.00	7.88	7.62	7.33	7.07	7.18	6.80	4.98	5.61	5.27	5.07
新蔡县	4.11	7.06	7.22	7.38	7.30	7.22	7.00	6.77	6.86	6.51	5.31	6.56	5.64	5.71
济源市		4.36	4.45	4.46	4.40	4.11	3.95	3.83	4.09	3.90	2.21	2.90	2.74	2.73

3－5 续表2

地 区	生猪出栏(万头)													
	2006年	2010年	2011年	2012年	2013年	2014年	2015年	2016年	2017年	2018年	2019年	2020年	2021年	2022年
杞 县	71.53	85.10	86.00	87.12	95.66	102.04	100.82	99.26	103.64	107.39	74.14	85.28	119.38	125.77
通许县		61.56	62.79	62.85	65.60	63.78	63.60	62.98	70.45	72.90	54.04	51.20	70.47	70.34
尉氏县	68.94	84.50	85.00	87.38	96.55	105.33	103.41	103.98	108.12	111.44	78.76	68.85	90.36	92.61
祥符区		65.13	66.43	66.50	70.20	68.80	67.81	68.21	70.51	72.26	57.81	55.91	67.87	71.11
叶 县	81.91	106.32	106.80	108.72	116.80	122.82	120.28	119.35	123.13	127.06	91.30	73.48	93.48	98.49
汝州市	62.18	86.12	87.00	88.31	90.00	91.08	89.94	89.80	92.24	94.31	62.60	60.48	101.91	100.80
林州市		83.35	85.01	85.10	86.20	84.29	82.02	81.47	84.65	77.26	45.04	27.10	32.18	29.07
浚 县		70.57	71.99	72.13	75.20	70.00	68.53	67.37	70.98	73.04	50.00	45.09	58.07	54.33
封丘县		72.74	74.20	74.27	82.20	83.00	81.50	80.92	84.82	86.54	59.30	51.16	73.67	78.14
卫辉市	62.25	56.80	57.00	57.80	61.60	60.13	59.51	59.97	61.73	63.95	49.92	32.14	42.52	43.61
辉县市	87.16	108.00	107.80	107.80	113.20	120.22	116.81	115.06	117.20	119.57	74.14	43.02	53.73	59.20
许昌县	78.20	88.89	89.20	87.24	90.60	95.94	92.34	90.63	93.24	79.22	51.42	43.53	37.34	32.51
鄢陵县	72.95	81.52	82.00	82.98	82.40	87.90	85.85	85.50	87.97	81.14	51.80	48.31	61.29	72.50
襄城县	61.47	69.50	69.60	70.23	70.00	69.57	68.25	67.68	68.47	63.89	39.83	40.03	53.47	58.10
禹州市	72.35	74.00	74.60	74.50	78.40	82.94	81.16	80.57	83.05	79.32	51.28	49.94	61.32	61.15
长葛市	60.30	77.56	77.80	74.30	76.60	79.00	77.32	76.72	79.68	73.02	54.57	50.52	65.71	58.63
郾城区	74.63	72.26	72.40	72.40	75.60	78.74	77.03	76.22	78.66	79.21	55.38	54.27	74.07	74.37
召陵区	79.77	69.00	69.40	67.25	68.80	72.16	70.18	69.40	72.11	72.96	48.81	46.36	69.00	73.00
舞阳县		67.83	69.18	69.32	72.20	72.34	72.07	71.39	74.52	77.52	54.45	51.56	67.79	69.18
临颍县	80.69	91.10	92.00	89.79	94.10	94.85	92.21	91.01	94.44	99.04	58.74	57.96	79.23	83.78
内乡县	64.90	80.50	81.20	81.77	92.23	92.87	91.79	105.25	112.87	119.17	91.90	88.94	147.51	204.09
社旗县		66.34	67.66	67.73	71.20	74.19	74.10	73.63	76.77	78.90	53.24	49.30	73.70	83.95
唐河县	91.35	99.50	99.80	100.20	105.30	110.94	108.03	106.55	109.43	113.53	81.69	78.95	115.48	123.48
邓州市	106.39	118.66	118.78	119.37	132.00	136.78	133.65	133.02	136.87	142.62	93.99	88.63	134.36	126.70
睢阳区		67.53	68.88	69.02	73.00	74.93	75.22	73.79	75.01	78.04	51.26	44.16	57.83	56.75
睢 县		43.29	44.16	44.20	48.00	50.51	49.82	49.07	53.59	54.82	37.70	32.31	44.13	35.14
柘城县		39.33	40.12	40.24	43.38	45.93	46.72	46.31	50.62	53.17	35.26	31.55	48.01	47.88
夏邑县		78.05	79.61	79.61	82.00	84.85	83.80	83.34	86.06	88.75	59.33	48.47	68.86	62.48
固始县	93.18	102.66	101.60	99.57	104.80	109.35	107.05	105.81	107.54	109.52	69.04	53.07	74.64	81.61
潢川县		67.02	67.82	68.50	72.00	76.53	76.77	76.34	78.76	81.01	52.45	40.90	53.06	50.83
西华县	75.72	81.11	81.15	81.56	84.00	87.78	86.34	85.71	89.77	94.68	73.06	76.08	94.98	89.72
商水县	69.47	79.33	79.50	78.23	84.10	89.27	88.24	89.02	92.17	95.23	55.50	63.11	94.51	98.90
沈丘县	72.46	67.80	67.90	68.44	72.60	83.00	82.78	82.27	85.01	87.64	57.68	52.81	65.97	62.88
淮阳县	85.76	76.98	77.50	78.04	82.20	87.42	86.26	85.93	89.35	92.23	59.48	43.44	52.63	54.79
太康县	88.58	84.45	85.00	85.51	89.20	90.58	89.33	89.16	92.51	98.59	75.45	84.69	124.44	115.71
鹿邑县		74.41	75.00	75.53	78.60	78.71	77.43	76.94	79.67	82.37	63.83	60.37	90.30	93.74
西平县	104.83	121.21	122.00	120.17	126.00	132.46	129.93	127.80	132.16	136.82	94.47	84.68	122.63	127.69
上蔡县	60.25	76.65	77.00	77.85	81.60	86.21	87.14	86.86	89.23	92.66	62.23	70.79	121.68	132.04
平舆县		70.62	72.03	72.10	76.20	72.00	70.76	70.02	72.17	74.93	48.73	53.81	80.08	85.42
正阳县	107.26	129.89	130.00	130.78	138.00	145.25	144.71	146.75	150.00	156.42	112.08	103.39	141.19	137.61
确山县	63.50	63.60	63.50	64.71	68.39	71.86	70.73	70.18	72.40	75.27	50.08	60.58	85.13	80.89
汝南县	72.24	86.68	86.60	87.38	91.40	91.84	90.36	89.05	91.00	92.16	62.59	65.22	90.21	84.14
遂平县	70.60	85.69	85.74	86.43	93.25	97.58	95.47	95.02	98.56	100.58	69.85	63.21	80.81	69.13
新蔡县	68.79	80.26	82.00	82.49	86.80	86.90	86.09	85.75	88.72	91.57	60.04	68.00	89.02	82.47
济源市		51.68	52.72	52.77	55.20	52.56	51.61	50.95	55.54	56.39	38.15	31.57	42.08	43.11

3-5 续表3

地区	猪肉产量(万吨)													
	2006年	2010年	2011年	2012年	2013年	2014年	2015年	2016年	2017年	2018年	2019年	2020年	2021年	2022年
杞　县	5.71	6.30	6.38	6.49	7.20	7.68	7.54	7.41	7.72	8.00	5.53	6.44	8.79	9.25
通许县		4.43	4.57	4.57	4.80	4.77	4.74	4.67	5.19	5.37	3.99	3.86	5.19	5.17
尉氏县	5.36	6.50	6.54	6.72	7.43	7.97	7.84	7.88	8.18	8.43	5.96	5.23	6.68	6.82
祥符区		4.84	4.99	4.99	5.29	5.18	5.11	5.15	5.34	5.46	4.37	4.24	5.01	5.24
叶　县	5.96	7.72	7.80	7.98	8.61	9.23	9.05	8.97	9.28	9.57	6.88	5.58	6.90	7.25
汝州市	4.53	6.27	6.35	6.48	6.63	6.85	6.75	6.75	6.94	7.10	4.72	4.60	7.54	7.48
林州市		6.20	6.38	6.39	6.60	6.45	6.26	6.23	6.46	5.91	3.45	2.06	2.38	2.15
浚　县		5.09	5.24	5.25	5.56	5.31	5.22	5.14	5.44	5.58	3.83	3.43	4.29	4.07
封丘县		5.25	5.40	5.41	6.05	6.18	6.08	6.04	6.30	6.43	4.41	3.90	5.46	5.62
卫辉市	4.36	4.20	4.23	4.29	4.58	4.52	4.48	4.50	4.63	4.78	3.73	2.44	3.14	3.32
辉县市	6.50	7.71	7.70	7.91	8.40	9.01	8.73	8.59	8.76	8.93	5.54	3.26	3.96	4.47
许昌县	5.76	6.54	6.56	6.44	6.76	7.17	6.90	6.75	6.95	5.94	3.86	3.30	2.76	2.39
鄢陵县	5.37	6.02	6.06	6.13	6.12	6.60	6.45	6.43	6.59	6.07	3.88	3.68	4.54	5.35
襄城县	4.49	5.21	5.22	5.27	5.28	5.25	5.13	5.09	5.14	4.79	2.99	3.04	3.95	4.31
禹州市	5.32	5.45	5.50	5.49	5.78	6.18	6.04	6.00	6.18	5.90	3.82	3.79	4.53	4.53
长葛市	4.44	5.42	5.46	5.45	5.64	5.94	5.81	5.78	5.99	5.48	4.10	3.83	4.85	4.31
郾城区	4.58	4.65	4.66	4.73	5.06	5.37	5.37	5.32	5.50	5.54	3.88	4.11	5.46	5.48
召陵区	6.25	4.70	4.75	4.74	5.01	5.36	5.21	5.14	5.33	5.38	3.60	3.51	5.09	5.39
舞阳县		4.89	5.04	5.05	5.28	5.42	5.41	5.34	5.57	5.78	4.07	3.91	5.00	5.09
临颍县	5.68	6.27	6.50	6.45	6.86	7.06	6.84	6.74	6.98	7.32	4.35	4.41	5.87	6.16
内乡县	4.70	6.11	6.18	6.22	7.02	7.22	6.93	7.97	8.58	9.01	6.96	6.77	10.93	15.19
社旗县		4.90	5.04	5.05	5.40	5.63	5.63	5.57	5.79	5.95	4.02	3.74	5.44	6.18
唐河县	6.73	7.48	7.50	7.53	7.92	8.35	8.13	8.01	8.23	8.52	6.15	5.98	8.53	9.09
邓州市	7.84	8.95	8.96	9.00	9.94	10.33	10.08	10.02	10.29	10.70	7.07	6.74	9.95	9.34
睢阳区		5.07	5.22	5.23	5.54	5.68	5.68	5.57	5.67	5.89	3.87	3.35	4.27	4.18
睢　县		3.20	3.30	3.30	3.56	3.81	3.77	3.69	4.03	4.12	2.84	2.45	3.26	2.61
柘城县		2.95	3.04	3.05	3.30	3.48	3.55	3.49	3.83	4.02	2.67	2.40	3.55	3.54
夏邑县		5.85	6.03	6.03	6.24	6.43	6.35	6.32	6.54	6.75	4.51	3.67	5.08	4.60
固始县	7.71	8.21	8.21	7.93	8.32	8.54	8.18	8.09	8.21	8.36	5.27	4.03	5.52	6.01
潢川县		5.08	5.14	5.19	5.46	5.81	5.82	5.78	5.98	6.15	3.98	3.10	3.92	3.74
西华县	5.71	6.16	6.18	6.21	6.40	6.69	6.58	6.53	6.80	7.16	5.53	5.76	7.01	6.61
商水县	5.24	6.03	6.06	6.02	6.34	6.74	6.67	6.74	6.98	7.21	4.21	4.79	6.99	7.29
沈丘县	5.20	5.52	5.53	5.57	5.85	6.55	6.31	6.29	6.51	6.71	4.42	4.01	4.87	4.63
淮阳县	6.32	6.18	6.25	6.29	6.50	6.81	6.57	6.55	6.80	7.02	4.53	3.29	3.88	4.05
太康县	6.68	6.42	6.46	6.50	6.72	6.84	6.77	6.76	7.01	7.44	5.70	6.43	9.19	8.52
鹿邑县		5.64	5.69	5.72	5.96	5.97	5.88	5.83	6.05	6.22	4.82	4.60	6.69	6.96
西平县	7.98	9.11	9.18	9.13	9.54	10.04	9.87	9.74	10.08	10.42	7.20	6.46	9.10	9.43
上蔡县	4.58	5.75	5.78	5.84	6.10	6.50	6.56	6.54	6.72	6.95	4.67	5.42	9.05	9.83
平舆县		5.31	5.46	5.47	5.78	5.44	5.35	5.27	5.45	5.62	3.66	4.10	5.94	6.32
正阳县	8.17	9.77	9.80	9.86	10.40	10.96	10.88	11.06	11.60	12.06	8.65	7.91	10.49	10.17
确山县	4.83	4.81	4.80	4.89	5.10	5.45	5.38	5.33	5.52	5.67	3.78	4.63	6.33	6.00
汝南县	5.50	6.52	6.52	6.58	6.88	6.91	6.84	6.72	6.85	6.93	4.71	4.97	6.69	6.21
遂平县	5.38	6.46	6.68	6.73	7.09	7.38	7.24	7.19	7.44	7.59	5.28	4.83	6.01	5.15
新蔡县	5.24	6.03	6.20	6.24	6.56	6.57	6.52	6.50	6.73	6.95	4.56	5.18	6.60	6.15
济源市		3.79	3.91	3.91	4.10	3.95	3.89	3.82	4.17	4.23	2.86	2.41	3.13	3.21

3－6 历年牧渔业产量

年 份	肉类产量（万吨）	#猪肉	#牛肉	#羊肉	大牲畜年末存栏头数（万头）	猪年末存栏头数（万头）	禽蛋产量（万吨）	水产品产量（万吨）
1978	45.64	42.20			515.03	1724.90		2.47
1979	55.14	50.00			521.50	1592.30		2.30
1980	55.03	49.45	0.69	2.88	541.99	1474.24	15.86	2.91
1981	51.58	44.30	0.60	3.36	607.00	1386.50	16.31	3.00
1982	54.26	47.60	0.52	3.46	671.50	1310.70	16.75	3.25
1983	51.33	43.70	0.88	3.41	704.70	1195.70	21.41	3.78
1984	58.59	49.60	1.83	3.31	794.70	1327.00	31.38	4.89
1985	71.83	61.08	3.01	3.38	886.35	1621.74	37.15	6.37
1986	79.42	65.00	5.50	3.70	957.44	1539.41	37.32	6.61
1987	86.63	66.10	8.90	5.00	1000.82	1404.72	43.55	7.62
1988	103.75	76.87	12.24	6.48	1069.20	1586.18	50.43	9.39
1989	121.53	88.11	15.26	7.89	1111.56	1680.22	53.62	9.83
1990	134.86	97.45	18.16	8.05	1116.33	1750.32	59.58	10.48
1991	157.95	108.73	24.82	7.76	1102.10	1820.80	73.81	10.77
1992	171.66	119.23	25.67	7.96	1135.50	1959.70	79.29	11.55
1993	203.51	137.60	32.64	9.90	1211.00	2085.00	95.58	13.83
1994	253.31	165.81	44.00	12.57	1329.18	2325.17	125.28	15.84
1995	333.00	210.37	64.39	21.10	1420.45	2667.72	140.01	18.09
1996	347.72	225.63	59.45	21.72	1089.14	2229.67	154.54	20.51
1997	403.00	256.12	64.88	25.23	1420.87	2931.91	201.40	23.88
1998	461.63	297.86	76.71	28.00	1416.84	3439.66	229.34	27.02
1999	485.11	313.95	82.21	29.96	1448.42	3556.43	251.82	28.83
2000	517.00	337.88	83.00	32.00	1445.73	3787.69	270.00	32.17
2001	540.65	343.77	89.23	34.51	1435.93	3672.07	286.00	31.46
2002	570.01	366.49	89.20	37.85	1409.78	3800.00	302.00	36.22
2003	603.55	386.00	93.00	42.00	1469.45	3917.80	326.20	38.95
2004	643.00	412.37	98.33	44.06	1491.19	4152.87	347.40	42.70
2005	689.00	441.20	102.75	47.38	1508.80	4439.00	375.30	51.68
2006	584.60	391.30	82.00	23.80	1114.24	3953.30	329.50	61.43
2007	545.87	338.88	75.28	24.82	985.75	4184.00	333.14	74.74
2008	573.35	366.84	70.70	25.51	910.09	4458.81	363.82	85.68
2009	591.61	389.18	64.75	24.46	814.97	4524.05	370.74	92.94
2010	608.96	407.72	58.67	23.35	719.19	4540.55	372.29	99.41
2011	604.28	405.67	53.14	22.54	619.07	4560.84	370.13	102.90
2012	632.84	431.57	47.80	22.07	537.56	4577.45	379.00	109.75
2013	648.97	452.99	43.89	21.66	487.16	4415.68	380.58	116.65
2014	622.02	476.63	41.02	21.80	447.59	4407.38	370.81	120.39
2015	647.22	466.45	37.84	21.81	411.70	4361.95	372.30	125.36
2016	625.94	449.04	34.87	21.85	353.67	4268.82	379.56	128.35
2017	655.84	466.90	35.04	26.10	376.09	4390.00	401.18	128.23
2018	669.41	479.04	34.80	26.90	377.01	4337.15	413.61	98.38
2019	560.06	344.43	36.22	28.11	388.27	3170.46	442.42	99.08
2020	538.21	324.80	36.71	28.64	394.88	3886.98	449.42	98.05
2021	646.81	426.78	35.53	28.87	403.11	4392.29	446.42	94.32
2022	660.03	434.89	36.71	29.05	403.01	4260.52	457.17	94.25

主要统计指标解释

全国主要畜禽养殖场户分类标准

品种	大型养殖场(户) (年饲养量)	中型养殖场(户) (年饲养量)	小型养殖场(户) (年饲养量)
生猪	5000 头以上	100 - 5000 头	100 头以下
牛	1000 头以上	10 - 1000 头	10 头以下
羊	1000 只以上	50 - 1000 只	50 只以下
禽	100000 只以上	200 - 100000 只	200 只以下

生猪期末存栏　指本调查期末饲养生猪的总量,包括 15 公斤以下仔猪、待育肥猪(架子猪)和种猪等数量之和。

能繁殖母猪　是指猪龄约在 9 个月(包括 9 个月)以上的、具备繁殖能力的母猪。

猪肉产量　指本调查期内出栏肥猪头数折算出的鲜、冷鲜、冷冻猪肉总量,按胴体重计算。

牛期末存栏　指本调查期末饲养各类型的牛总量,包括牛犊、待育肥牛(架子牛)、奶牛和种牛等数量之和。

能繁殖母牛　指牛龄在 16 个月左右,具备繁殖能力的母牛。

牛肉产量　指本调查期内出栏肉牛头数折算出的鲜、冷鲜、冷冻牛肉产量,按胴体重计算。

牛肉产量 = 出栏肉牛头数 × 平均每头肉牛出售重量 × 肉牛产肉率(%)

羊期末存栏　指本调查期末饲养各种羊只总量。包括羊羔、待育肥羊(架子羊)、奶羊和种羊等数量之和。

能繁殖母羊(山羊或绵羊)　指羊龄在 6 个月左右,具备繁殖能力的母羊。

羊肉产量　指本调查期内出栏肥羊头数折算出的鲜、冷鲜、冷冻羊肉产量,按胴体重计算。

家禽期末存栏　指本调查期末饲养家禽的总量,包括幼禽、肉用家禽、蛋用家禽和种家禽等。

禽肉产量　指本调查期内出栏肉用家禽产出的禽肉总量。

禽蛋产量　指本调查期内饲养的蛋用家禽生产的禽蛋总重量。包括出售的和农民自产自用的部分。品种主要为鸡鸭鹅。

肉类总产量　指调查期内各种牲畜及家禽、兔等动物肉产量总计。猪、牛、羊、马、驴、骡、骆驼肉产量按去掉头蹄下水后带骨肉的胴体重量计算,兔禽肉产量按屠宰后去毛和内脏后的重量计算。猪牛羊禽四个品种肉产量由主要畜禽监测抽样调查获得,马、驴、骡、骆驼、兔肉产量由全面统计获得,其他特种养殖肉产量可用住户调查资料推算获得。

消费价格

资料整理：刘　鼎

4－1　历年居民消费和商品零售价格总指数

（上年＝100）

年　份	居民消费价格总指数			商品零售价格总指数		
	全　省	城　市	农　村	全　省	城　市	农　村
1957				102.3	101.7	102.7
1958	99.6	98.0	100.3	99.4	97.9	100.3
1959	100.3	100.9	100.0	100.3	100.9	100.0
1960	100.8	102.0	100.3	101.0	102.0	100.3
1961	118.3	128.5	113.9	118.7	129.8	113.9
1962	96.4	86.1	100.8	100.5	84.4	100.8
1963	96.2	86.5	100.4	99.7	85.1	100.4
1964	98.5	96.2	99.5	99.5	96.1	99.5
1965	97.0	96.3	97.3	96.8	96.0	97.3
1966	99.5	98.6	99.9	99.7	98.6	99.9
1967	100.2	100.8	100.0	100.2	101.0	100.0
1968	99.9	100.0	99.9	99.9	100.0	99.9
1969	99.4	100.0	99.2	99.5	100.1	99.2
1970	99.0	99.8	98.5	98.8	99.8	98.5
1971	99.5	99.9	99.3	99.5	99.9	99.3
1972	99.7	100.0	99.6	99.7	100.0	99.6
1973	100.0	100.1	99.9	99.9	100.0	99.9
1974	100.1	100.1	100.1	100.1	100.1	100.1
1975	100.1	100.2	100.1	100.2	100.2	100.1
1976	100.2	100.3	100.1	100.1	100.3	100.1
1977	99.9	99.9	99.9	99.9	99.9	99.9
1978	100.1	100.0	100.1	100.1	100.0	100.1
1979	100.4	100.3	100.4	100.4	100.3	100.4
1980	104.6	106.0	103.8	104.9	106.4	103.8
1981	101.4	102.4	100.8	101.6	102.6	100.8
1982	101.4	101.8	101.2	101.5	101.8	101.2
1983	101.6	102.9	100.9	101.7	102.8	100.9
1984	100.8	102.2	100.1	100.9	102.0	100.0
1985	104.6	106.5	103.6	105.4	106.4	103.5
1986	105.5	106.8	104.3	105.0	106.5	104.0
1987	106.3	107.8	105.3	106.3	108.0	105.1
1988	119.4	121.5	118.1	119.7	122.1	118.2
1989	118.7	114.9	122.0	118.7	114.5	122.2
1990	100.7	100.5	100.9	100.1	99.8	100.4
1991	102.3	105.1	100.0	102.0	105.0	99.6
1992	105.4	107.7	102.9	105.0	107.5	102.2
1993	110.4	110.6	110.3	108.3	108.5	108.1

4-1 续表

（上年=100）

年 份	居民消费价格总指数			商品零售价格总指数		
	全 省	城 市	农 村	全 省	城 市	农 村
1994	125.2	127.4	123.5	120.6	118.2	122.3
1995	116.5	116.9	116.3	114.9	113.3	116.5
1996	110.5	109.5	110.9	107.9	106.2	109.4
1997	103.5	102.4	103.9	100.5	99.8	101.2
1998	97.5	97.9	97.1	96.6	96.6	96.5
1999	96.9	96.6	97.1	96.2	95.7	96.6
2000	99.2	99.1	99.2	98.5	98.8	98.3
2001	100.7	100.7	100.7	99.8	99.5	100.1
2002	100.1	99.8	100.6	99.2	99.0	99.3
2003	101.6	101.7	101.4	101.3	101.2	101.4
2004	105.4	105.4	105.4	105.7	105.3	106.0
2005	102.1	102.1	102.1	101.7	101.8	101.6
2006	101.3	101.2	101.5	100.9	100.7	101.1
2007	105.4	105.4	105.4	104.4	103.8	105.1
2008	107.0	106.5	107.9	107.5	107.4	107.5
2009	99.4	98.8	100.4	99.4	99.6	99.2
2010	103.5	103.4	103.8	103.7	103.5	104.0
2011	105.6	105.4	106.1	105.7	105.4	106.1
2012	102.5	102.6	102.4	102.3	102.4	102.1
2013	102.9	102.9	102.9	101.9	101.6	102.3
2014	101.9	102.0	101.6	101.0	101.0	101.0
2015	101.3	101.3	101.2	99.8	99.6	100.0
2016	101.9	101.9	102.0	100.3	100.3	100.3
2017	101.4	101.5	101.2	101.3	101.3	101.6
2018	102.3	102.4	102.0	102.9	103.0	102.9
2019	103.0	102.9	103.1	102.4	102.5	102.2
2020	102.8	102.5	103.3	100.9	100.9	101.2
2021	100.9	101.0	100.8	101.5	101.5	101.6
2022	101.5	101.4	101.7	102.7	102.6	103.0

4-2 居民消费和商品零售价格总指数(2022年)

以下列年份为100	居民消费价格总指数			商品零售价格总指数		
	全 省	城 市	农 村	全 省	城 市	农 村
1952	719.4	860.8	648.2	554.2	644.2	533.2
1957	630.2	749.2	570.0	515.7	564.6	472.0
1965	580.3	678.3	531.5	455.5	501.7	439.0
1970	591.6	679.7	547.2	475.1	501.6	452.6
1975	592.8	679.2	550.7	476.3	501.4	455.4
1978	588.2	659.6	551.2	464.1	486.7	455.5
1980	558.6	619.7	526.5	440.5	455.3	436.9
1985	507.8	531.2	495.1	393.9	391.2	410.2
1990	317.5	328.9	310.2	248.1	244.2	258.4
1995	182.9	176.4	190.4	154.9	148.6	164.8
2000	170.7	167.8	176.4	156.0	153.6	162.6
2005	154.9	152.6	159.6	144.7	143.7	149.8
2006	152.9	150.9	157.2	143.5	142.8	148.2
2007	145.0	143.1	149.2	137.4	137.5	141.0
2008	135.6	134.4	138.3	127.8	127.9	131.1
2009	136.4	136.0	137.7	128.7	128.6	132.1
2010	131.8	131.5	132.6	124.1	124.2	127.1
2011	124.7	124.7	125.1	117.3	117.9	119.8
2012	121.8	121.7	122.1	114.7	115.1	117.3
2013	118.2	118.2	118.7	112.5	113.3	114.7
2014	116.1	115.9	116.8	111.4	112.1	113.5
2015	114.6	114.4	115.4	111.6	112.6	113.5
2016	112.5	112.2	113.1	111.3	112.2	113.2
2017	110.9	110.7	111.4	110.9	110.9	111.3
2018	108.5	108.1	109.2	107.8	107.7	108.3
2019	105.3	104.9	105.9	105.2	105.1	105.9
2020	102.4	102.4	102.5	104.2	104.1	104.6
2021	101.5	101.4	101.7	102.7	102.6	103.0

4－3 居民消费价格分类指数(2022 年)

(上年＝100)

类　别	全　省	城　市	农　村
总指数	**101.5**	**101.4**	**101.7**
一、食品烟酒	102.1	101.9	102.5
1. 食品	102.3	102.0	103.0
(1)粮食	106.0	106.1	105.8
(2)薯类	110.9	108.7	114.9
(3)豆类	103.7	102.8	105.7
(4)食用油	106.9	105.9	108.4
(5)菜	98.2	98.5	97.6
(6)畜肉类	95.7	95.6	95.9
(7)禽肉类	102.9	102.0	104.7
(8)水产品	96.2	94.9	100.0
(9)蛋类	107.2	106.6	108.3
(10)奶类	100.3	99.9	101.0
(11)干鲜瓜果类	110.3	109.8	111.6
(12)糖果糕点类	102.4	103.7	100.4
(13)调味品	104.0	103.6	104.7
(14)其他食品类	102.9	102.3	104.0
2. 茶及饮料	101.8	101.0	103.2
3. 烟酒	100.2	99.8	100.9
4. 在外餐饮	102.0	102.3	101.1
二、衣着	100.4	100.5	100.4
1. 服装	100.5	100.5	100.4
2. 鞋类	100.2	100.3	100.2
三、居住	100.1	99.5	101.3
1. 租赁房房租	99.1	98.7	100.7
2. 住房保养维修及管理	102.0	102.3	101.5
3. 水电燃料	102.3	101.1	104.5
4. 自有住房	98.9	98.4	100.1
四、生活用品及服务	101.1	101.2	100.9
1. 家具及室内装饰品	101.5	102.1	100.4
2. 家用器具	100.8	100.8	100.7
3. 家用纺织品	99.5	99.5	99.6
4. 家庭日用杂品	100.1	99.9	100.5
5. 个人护理用品	102.7	102.6	103.4
6. 家庭服务	101.8	102.0	101.2
五、交通和通信	104.4	104.6	104.1
1. 交通	106.3	106.4	106.2
2. 通信	99.3	99.2	99.3
六、教育文化和娱乐	101.3	101.8	100.3
1. 教育	101.8	102.5	100.4
2. 文化娱乐	100.3	100.3	100.1
七、医疗保健	100.7	100.7	100.8
1. 药品及医疗器具	100.8	101.1	100.2
2. 医疗服务	100.7	100.5	101.1
八、其他用品和服务	101.4	101.2	101.9
1. 其他用品类	101.9	101.7	102.3
2. 其他服务类	100.8	100.7	101.4

4-4 居民消费价格

（上年同月＝100）

类　别	年平均	1月	2月	3月	4月	5月
总指数	**101.5**	**100.4**	**100.2**	**101.0**	**101.6**	**101.7**
一、食品烟酒	102.1	98.1	97.0	99.4	101.7	102.3
1.食品	102.3	96.7	95.1	98.5	101.8	102.7
(1)粮食	106.0	103.5	103.2	104.9	105.8	107.0
大米	100.3	100.2	100.6	100.5	99.8	100.2
面粉	109.5	104.2	104.2	108.2	109.3	111.4
其他粮食	102.6	105.0	102.8	102.3	102.6	103.0
粮食制品	108.4	104.7	104.4	106.4	108.3	109.7
(2)薯类	110.9	103.3	96.3	100.4	114.4	120.7
薯类	110.9	103.3	96.3	100.4	114.4	120.7
(3)豆类	103.7	106.0	103.3	102.7	103.4	103.7
干豆	103.7	105.1	103.6	103.5	104.0	104.1
豆制品	103.8	106.1	103.3	102.6	103.3	103.7
(4)食用油	106.9	104.4	104.8	105.1	105.5	106.2
食用植物油	107.3	105.1	105.6	105.8	106.3	106.9
食用动物油	84.0	72.0	70.8	70.1	70.9	72.4
(5)菜及食用菌	98.2	104.0	95.4	116.4	120.8	109.2
鲜菜	97.5	104.1	94.5	117.6	122.7	110.2
鲜菌	105.0	104.0	107.4	110.9	113.0	102.1
干菜干菌及制品	103.2	102.8	102.6	103.1	103.1	103.4
(6)畜肉类	95.7	71.7	72.1	72.6	78.2	86.2
猪肉	93.5	55.6	55.7	55.4	63.6	77.5
牛肉	100.7	102.5	101.0	101.0	101.1	100.8
羊肉	93.3	95.7	92.6	90.7	89.6	88.8
其他畜肉及副产品	92.2	74.2	74.4	75.8	76.8	79.2
畜肉制品	100.6	98.2	97.9	97.8	98.7	99.0
(7)禽肉类	102.9	98.8	96.2	97.1	99.2	101.1
鸡	102.8	97.0	93.4	94.8	98.0	100.6
鸭	100.0	98.1	95.4	95.0	94.9	97.8
其他禽肉及制品	103.6	102.5	102.6	102.3	102.5	102.9
(8)水产品	96.2	109.1	100.8	99.0	94.5	88.0
淡水鱼	88.6	114.2	100.0	95.5	85.9	76.6
海水鱼	102.9	104.6	102.9	103.0	103.1	102.8
虾蟹类	101.3	104.3	97.7	98.7	103.2	99.5
其他水产品及制品	109.4	104.4	105.2	106.5	107.2	107.6
(9)蛋类	107.2	100.5	102.2	106.0	111.8	110.9
鸡蛋	107.3	100.0	102.0	106.2	112.5	111.4
其他蛋及制品	106.5	105.6	104.3	104.5	104.6	106.0
(10)奶类	100.3	101.0	101.1	100.6	100.3	100.1
鲜奶	101.4	102.6	102.9	102.6	101.6	101.4
酸奶	102.2	101.0	101.7	101.0	101.0	101.0
奶粉	97.6	99.2	98.7	97.9	98.2	97.6

分月同比指数(2022 年)

6 月	7 月	8 月	9 月	10 月	11 月	12 月
102.0	**102.3**	**101.8**	**102.3**	**102.1**	**101.2**	**101.1**
102.6	104.8	103.5	105.5	105.6	102.6	102.4
103.1	106.5	104.6	107.4	107.4	103.1	102.7
107.3	107.4	107.6	107.3	107.3	105.7	105.0
100.3	100.2	100.6	100.7	100.6	100.0	100.3
111.4	111.2	111.9	112.1	112.6	109.3	108.5
102.9	102.9	102.6	102.4	102.6	101.0	100.8
110.4	110.7	110.8	110.0	109.8	108.3	106.9
115.4	115.2	110.1	110.7	113.1	115.2	118.9
115.4	115.2	110.1	110.7	113.1	115.2	118.9
104.0	104.2	103.8	103.9	104.0	103.4	102.5
104.1	104.1	103.9	104.0	104.0	102.0	101.7
104.0	104.2	103.8	103.9	104.0	103.5	102.6
107.3	108.2	108.5	108.8	109.1	107.4	106.7
107.8	108.6	108.8	109.1	109.2	107.4	106.7
78.5	87.1	91.1	94.1	104.3	109.0	109.1
98.1	106.1	97.1	100.9	88.2	73.2	80.8
97.3	106.1	95.7	100.0	86.6	70.7	78.1
102.7	109.2	112.0	112.4	98.0	85.5	104.5
103.3	103.3	103.1	103.4	103.8	103.3	103.1
96.3	110.5	110.4	118.5	129.6	120.7	112.0
95.7	123.2	121.8	140.1	164.4	141.5	124.4
100.5	100.6	100.7	100.6	100.2	99.6	99.2
90.6	93.1	94.8	95.7	96.1	97.0	95.5
87.2	99.5	103.2	106.9	116.9	120.2	116.4
100.4	101.6	102.4	102.6	103.4	102.6	102.2
102.6	105.7	106.3	106.9	107.2	107.9	106.4
102.4	107.0	107.7	108.3	109.0	110.1	107.6
101.3	103.5	104.9	104.7	102.5	100.9	101.9
103.3	103.6	103.9	104.6	104.6	105.0	104.9
87.5	88.6	91.5	97.6	99.5	101.4	101.9
75.4	76.3	80.0	88.9	93.4	97.1	97.7
102.2	102.0	102.7	103.3	102.8	103.0	102.3
100.9	101.4	102.8	105.0	100.6	100.8	101.6
108.6	111.1	112.1	112.8	113.3	112.2	112.2
105.5	105.1	99.3	107.3	114.7	112.1	111.2
105.3	104.8	98.6	107.3	115.5	112.5	111.5
106.9	107.5	106.6	107.3	107.7	108.3	108.3
100.7	100.2	100.5	100.2	99.9	99.5	99.1
101.6	101.1	101.1	101.4	101.0	100.9	98.6
101.9	103.3	103.7	103.7	103.2	102.4	102.7
99.1	97.3	98.0	96.7	96.6	95.7	96.8

4－4　续表1

（上年同月＝100）

类　　别	年平均	1月	2月	3月	4月	5月
其他奶制品	99.8	99.5	99.6	99.9	99.7	100.1
（11）干鲜瓜果类	110.3	108.6	106.4	104.4	111.3	117.6
鲜果	112.6	111.0	107.8	105.4	113.9	121.9
坚果	101.7	99.2	100.7	100.2	100.4	101.2
瓜果制品	99.3	98.5	98.7	98.2	98.8	98.4
（12）糖果糕点类	102.4	100.9	100.4	100.7	100.6	101.2
食糖	101.6	100.7	100.9	101.3	102.1	102.0
糖果	101.7	101.7	102.1	103.1	101.3	101.2
糕点	102.8	100.6	99.6	99.9	100.0	101.1
其他糖果糕点	101.5	102.0	102.5	102.0	102.5	101.8
（13）调味品	104.0	101.7	102.8	103.3	103.4	103.9
食用盐	100.3	99.0	99.3	100.0	100.3	100.1
酱油	105.8	100.9	102.8	103.6	104.9	105.9
食醋	102.1	99.8	101.0	102.8	100.9	100.5
增味剂	106.8	104.7	105.7	106.3	106.5	106.8
其他调味品	103.2	102.9	103.6	102.8	102.7	103.5
（14）其他食品类	102.9	100.5	101.4	102.0	102.8	102.6
方便食品	102.6	99.2	100.7	101.5	102.7	102.2
淀粉及制品	103.0	102.6	102.6	102.7	103.2	103.1
其他食品	104.1	102.0	102.0	102.3	102.7	103.3
2. 茶及饮料	101.8	101.4	101.8	102.3	102.3	101.6
茶叶	100.6	99.8	99.7	100.4	100.5	100.7
固体咖啡	102.3	100.4	100.5	100.5	100.5	101.2
其他固体饮料	101.4	101.1	100.6	101.3	101.5	101.3
饮用水	101.0	99.1	99.7	100.5	101.1	101.3
果汁饮料	104.3	103.2	105.1	105.0	104.9	104.5
其他液体饮料	102.3	102.9	103.3	103.7	103.6	101.8
3. 烟酒	100.2	99.8	100.1	100.2	99.9	99.9
（1）卷烟	100.4	100.2	100.3	100.3	100.4	100.4
卷烟	100.4	100.2	100.3	100.3	100.4	100.4
（2）酒类	100.0	99.3	99.9	100.0	99.2	99.2
白酒	99.8	99.0	99.5	99.8	98.6	98.8
葡萄酒	99.1	98.3	99.2	98.6	98.6	99.4
啤酒	100.7	100.2	101.1	101.0	101.2	100.1
其他酒类	101.8	100.3	100.2	101.6	101.8	101.5
4. 在外餐饮	102.0	102.3	102.1	102.1	102.5	102.0
餐馆餐饮	101.7	102.4	102.2	102.3	102.1	101.3
饮品店餐饮	99.8	100.8	100.1	99.5	99.8	99.1
外卖	102.7	102.1	102.1	102.0	104.2	104.0
其他在外餐饮	102.7	102.2	102.3	102.2	102.6	102.6
二、衣着	100.4	100.4	100.7	100.8	100.6	100.7
1. 服装	100.5	100.5	100.8	100.9	100.6	100.7

6月	7月	8月	9月	10月	11月	12月
100.1	99.5	99.7	99.5	99.4	99.3	101.6
117.7	113.8	110.8	112.3	109.6	107.4	106.2
122.0	117.1	113.2	115.3	111.6	108.6	107.0
102.8	102.9	102.9	102.2	102.5	102.8	103.0
99.0	98.9	99.4	99.8	100.1	101.0	101.1
101.5	104.0	104.1	104.1	103.7	103.9	103.4
101.4	101.8	102.0	101.9	102.1	101.6	101.4
101.5	102.0	102.5	101.4	101.2	101.0	101.6
101.5	105.2	105.2	105.3	104.9	105.2	104.5
101.1	100.7	101.0	101.5	100.8	101.4	100.8
104.5	104.9	104.9	104.7	105.2	105.1	104.0
101.3	101.0	100.5	100.2	100.5	100.4	100.5
107.1	107.1	107.3	107.3	108.2	108.3	106.2
101.3	101.6	103.1	102.8	104.0	104.0	103.0
107.2	107.5	107.4	108.2	107.4	108.4	105.7
103.6	104.4	103.7	103.1	103.2	102.8	102.7
103.2	103.7	103.9	104.0	104.0	103.7	103.6
103.2	103.8	103.7	103.7	103.4	103.2	103.9
103.1	103.2	103.2	103.4	103.8	103.3	101.8
103.1	104.5	105.5	105.9	106.3	106.0	105.7
101.8	101.7	101.4	102.0	102.1	101.2	101.4
101.0	100.5	100.4	100.4	100.8	101.3	101.3
102.8	103.6	103.6	103.6	103.5	103.3	103.7
100.9	101.4	102.2	101.9	101.5	101.7	101.6
101.5	101.8	101.3	101.2	101.7	101.3	101.7
104.1	104.3	104.5	104.7	104.2	104.2	103.1
102.0	102.0	101.4	102.7	102.6	100.6	101.1
100.2	100.0	100.0	100.1	101.0	100.8	101.0
100.4	100.4	100.4	100.4	100.6	100.5	100.5
100.4	100.4	100.4	100.4	100.6	100.5	100.5
99.9	99.6	99.5	99.8	101.5	101.2	101.5
99.6	99.2	99.1	99.8	101.8	101.1	101.5
98.7	98.7	98.6	98.0	100.6	100.0	100.4
100.5	100.8	100.3	100.0	100.4	101.5	101.3
101.8	102.1	102.4	101.9	102.3	102.7	103.2
102.0	102.0	101.6	101.9	101.8	101.8	102.0
101.2	101.3	101.3	101.5	101.6	101.7	101.5
98.7	99.4	99.6	100.2	99.9	100.6	100.1
104.4	103.9	101.3	102.4	101.5	101.8	103.1
102.6	103.0	103.1	103.2	103.1	102.9	102.8
100.8	100.7	100.6	100.4	100.3	99.6	99.3
100.8	100.7	100.6	100.5	100.5	99.7	99.4

4－4 续表2

（上年同月＝100）

类　别	年平均	1月	2月	3月	4月	5月
(1)男式服装	100.5	99.9	100.4	100.5	100.4	100.6
男式外套	100.9	99.7	100.6	101.1	100.9	101.0
男式针织衫	101.1	99.8	100.4	101.1	101.1	101.2
男式衬衫T恤	100.0	100.0	99.9	99.6	99.8	99.6
男式裤子	100.2	100.6	100.6	99.7	99.7	100.6
男式内衣	100.1	99.5	99.7	99.9	99.8	100.3
(2)女式服装	100.7	101.2	101.5	101.6	101.0	101.0
女式外套	101.3	101.8	102.2	102.1	101.4	101.3
女式针织衫	100.7	100.4	100.7	101.3	100.4	101.0
女式衬衫T恤	101.5	103.8	103.8	104.3	102.8	102.4
女式裤子	100.2	100.0	100.3	100.5	100.6	100.8
女式裙子	99.0	99.3	99.7	99.9	100.0	100.1
女式内衣	99.9	100.4	100.3	100.2	100.1	99.9
(3)儿童服装	99.6	99.4	100.0	99.7	99.5	99.7
婴儿服装	99.6	98.2	99.0	99.1	99.5	99.6
儿童上衣	99.9	99.7	100.5	100.4	100.0	100.1
儿童裤子	99.3	100.0	100.1	99.1	98.6	98.8
儿童裙子	99.9	99.9	100.5	100.2	99.6	100.3
儿童内衣	98.9	99.4	98.3	98.8	99.6	99.7
(4)衣着材料及配件	100.1	100.3	100.0	100.0	100.3	100.9
袜子	99.9	100.2	100.1	100.1	100.2	101.2
帽子	101.4	100.6	100.3	100.7	101.6	101.9
其他衣着材料及配件	98.6	100.0	99.2	98.9	98.6	98.4
(5)衣着服务费	101.8	102.1	101.8	101.7	101.8	101.7
衣着洗涤保养	102.5	103.1	102.5	102.4	102.7	102.5
其他衣着服务	100.7	100.7	100.7	100.7	100.5	100.5
2.鞋类	100.2	100.1	100.3	100.5	100.8	101.0
(1)鞋	100.2	100.0	100.3	100.6	100.8	101.0
男鞋	100.6	100.5	100.8	101.1	101.2	101.2
女鞋	100.1	99.6	99.8	100.3	100.6	101.0
童鞋	100.0	100.4	100.5	100.1	100.3	100.2
(2)鞋类服务	100.6	101.2	100.3	100.4	100.4	100.4
鞋类服务	100.6	101.2	100.3	100.4	100.4	100.4
三、居住	100.1	100.9	100.7	100.7	100.5	100.3
1.租赁房房租	99.1	100.3	100.0	99.9	99.6	99.3
公房房租	100.0	100.0	100.0	100.0	100.0	100.0
私房房租	99.0	100.3	100.0	99.8	99.6	99.2
2.住房保养维修及管理	102.0	102.9	102.8	102.9	102.9	102.6
(1)住房装潢材料	101.9	103.4	103.2	103.2	103.2	102.7
木地板	102.4	103.3	103.0	103.2	103.4	102.8
瓷砖	100.4	100.6	100.7	101.1	100.9	100.6
水泥	102.0	104.7	105.3	105.7	107.0	106.2

6月	7月	8月	9月	10月	11月	12月
100.7	100.8	100.7	100.9	100.9	100.4	100.2
101.1	101.0	101.0	101.1	101.3	100.9	100.7
101.4	101.4	101.5	101.7	102.0	100.9	100.5
100.1	100.4	100.4	100.6	100.1	99.7	99.5
100.5	100.4	99.9	100.1	100.4	100.0	99.5
100.3	100.3	100.4	100.8	100.3	100.0	100.1
101.1	100.8	100.7	100.7	100.5	99.4	98.9
101.4	101.4	101.8	101.5	101.3	100.0	99.4
101.2	101.1	100.9	101.1	101.3	99.9	98.9
101.1	100.7	100.6	100.6	100.0	99.1	99.0
101.0	100.9	100.9	100.1	99.9	98.8	98.5
100.7	99.0	97.8	98.5	98.5	97.6	97.2
100.0	100.0	100.0	100.2	99.8	99.3	99.1
100.2	100.1	100.0	99.4	99.5	99.1	99.2
99.6	99.5	99.4	99.8	100.3	99.9	100.9
100.5	100.8	100.7	99.4	99.6	99.0	98.3
100.0	100.2	100.1	99.2	98.6	98.4	98.8
101.0	99.7	99.9	99.3	99.8	99.4	98.9
99.4	98.9	98.6	98.9	98.8	98.2	98.2
100.5	100.4	100.1	99.6	99.8	99.6	99.9
100.6	100.7	99.9	99.1	99.2	98.7	99.1
101.7	101.5	101.5	101.2	102.0	102.0	102.2
98.4	98.3	98.3	98.6	98.5	98.2	98.3
102.0	101.9	102.3	102.2	102.1	101.0	101.1
103.1	102.9	103.3	103.3	103.1	100.8	100.8
100.3	100.3	100.6	100.5	100.6	101.4	101.6
100.9	100.8	100.6	100.0	99.7	99.4	99.0
100.9	100.8	100.6	100.0	99.7	99.4	98.9
100.6	100.8	100.8	100.3	100.2	100.0	99.4
101.1	101.0	100.6	100.0	99.4	99.0	98.7
100.6	100.2	100.0	99.6	99.6	99.5	98.6
100.6	100.6	100.7	100.6	100.4	100.6	100.6
100.6	100.6	100.7	100.6	100.4	100.6	100.6
100.2	99.9	99.8	99.6	99.4	99.3	99.4
99.1	98.8	98.6	98.3	98.3	98.4	98.4
100.0	100.0	100.0	100.0	100.0	100.0	100.0
99.0	98.7	98.4	98.2	98.2	98.2	98.2
102.5	102.3	102.2	101.8	101.1	100.3	100.2
102.6	102.1	101.8	101.5	100.6	99.7	99.5
102.7	102.7	102.3	102.3	101.9	101.2	100.7
100.8	100.6	100.5	100.4	99.9	99.1	99.1
106.6	104.1	102.8	100.6	96.4	93.4	92.2

4-4 续表3

（上年同月=100）

类　　别	年平均	1月	2月	3月	4月	5月
涂料	102.5	102.2	102.4	103.1	103.2	103.3
板材	104.5	107.1	106.6	106.1	105.4	105.0
管材	104.3	105.5	105.5	104.9	104.8	104.7
厨卫设备	100.9	102.5	102.2	101.7	101.7	101.2
门窗	101.9	104.2	102.7	102.7	102.7	101.9
其他住房装潢材料	104.3	108.3	108.7	108.2	107.8	106.2
(2)住房维修管理费用	102.2	102.2	102.4	102.5	102.5	102.4
物业管理费	100.4	101.1	100.5	100.5	100.5	100.5
装潢维修费	103.6	103.5	104.0	104.2	104.1	104.0
其他住房费用	100.2	100.2	100.2	100.3	100.3	100.2
3.水电燃料	102.3	102.8	102.7	103.1	102.8	102.9
(1)水	102.0	104.8	104.8	103.9	101.4	101.4
水	102.0	104.8	104.8	103.9	101.4	101.4
(2)电	100.0	100.0	100.0	100.0	100.0	100.0
电	100.0	100.0	100.0	100.0	100.0	100.0
(3)燃气	109.8	111.0	110.7	112.9	112.3	112.7
管道燃气	100.8	101.6	101.6	101.7	101.5	101.3
液化石油气	118.2	120.3	119.7	124.0	122.9	123.8
(4)其他水电燃料类	99.5	99.6	99.4	99.6	99.7	99.7
其他水电燃料类	99.5	99.6	99.4	99.6	99.7	99.7
4.自有住房	98.9	99.9	99.6	99.5	99.3	99.0
自有住房	98.9	99.9	99.6	99.5	99.3	99.0
四、生活用品及服务	101.1	99.7	100.4	100.4	100.9	101.4
1.家具及室内装饰品	101.5	101.2	101.2	101.5	101.7	101.6
(1)家具	101.8	101.6	101.5	101.7	101.8	101.8
柜	102.8	102.5	102.4	102.3	102.6	102.6
床	101.5	100.9	100.7	101.1	101.1	101.2
桌	102.0	101.3	101.3	102.1	102.2	102.1
椅	101.7	100.9	101.1	101.8	102.0	101.4
沙发	100.8	101.3	101.2	101.1	101.1	101.1
其他家具	101.3	100.9	101.1	101.4	101.3	101.5
(2)室内装饰品	97.5	96.5	96.5	98.7	99.2	99.5
灯具	96.6	95.3	95.0	98.2	99.1	99.6
其他室内装饰品	99.5	99.2	99.8	99.8	99.6	99.3
2.家用器具	100.8	101.5	102.5	101.4	101.0	101.0
(1)大型家用器具	100.5	101.3	102.6	101.2	100.8	100.7
洗衣机	99.3	105.5	103.2	99.2	99.2	99.0
电冰箱(柜)	96.9	101.8	100.6	98.9	96.4	96.3
抽油烟机	100.4	103.9	103.7	100.8	100.4	99.8
空调器	102.5	101.7	105.9	103.2	102.9	103.2
热水器	99.4	97.7	99.2	102.2	101.7	100.3
炉具灶具	102.2	99.9	99.6	102.1	102.4	102.4

6月	7月	8月	9月	10月	11月	12月
103.1	103.0	102.9	102.9	102.2	101.1	101.0
105.1	104.8	104.4	104.6	103.3	101.2	100.9
104.6	104.6	104.2	104.1	103.5	102.5	102.4
101.2	100.8	100.4	100.0	99.8	99.6	99.4
101.5	101.5	101.8	101.6	101.3	100.9	100.7
105.1	103.6	102.8	101.4	100.1	100.2	100.4
102.4	102.6	102.6	102.2	101.7	101.2	101.1
100.5	100.3	100.3	100.3	100.3	100.3	100.3
104.0	104.4	104.5	103.8	102.9	102.0	102.0
100.2	100.2	100.2	100.2	100.2	100.2	99.7
102.8	102.6	102.5	102.2	101.3	101.0	101.0
101.5	101.5	101.5	101.5	101.5	100.2	100.2
101.5	101.5	101.5	101.5	101.5	100.2	100.2
100.0	100.0	100.0	100.0	100.0	100.0	100.0
100.0	100.0	100.0	100.0	100.0	100.0	100.0
112.0	111.1	110.8	109.4	105.8	105.1	104.3
100.4	100.4	100.3	100.4	100.4	100.4	100.3
123.5	121.6	121.0	117.9	110.6	109.2	107.7
99.9	100.0	99.9	99.5	98.7	98.6	99.6
99.9	100.0	99.9	99.5	98.7	98.6	99.6
98.8	98.6	98.4	98.4	98.4	98.6	98.7
98.8	98.6	98.4	98.4	98.4	98.6	98.7
101.4	101.4	101.3	101.5	101.6	101.7	101.6
101.5	102.4	102.2	102.0	101.9	100.6	100.7
101.8	102.6	102.6	102.4	102.2	101.0	100.8
102.8	104.1	104.1	103.9	103.6	101.2	101.2
101.0	102.3	102.0	102.3	102.2	101.7	101.7
102.0	102.6	102.6	102.1	102.0	101.7	101.7
101.7	102.7	102.7	102.1	101.9	101.0	101.0
101.2	101.1	101.1	101.0	100.8	99.6	99.5
101.7	101.7	102.3	101.8	101.4	100.8	99.9
96.9	98.8	97.0	95.6	96.9	95.9	98.7
95.8	98.5	96.0	93.7	95.7	94.4	98.3
99.2	99.3	99.3	99.9	99.5	99.5	99.6
100.3	100.7	100.5	100.2	100.6	99.7	99.7
99.7	100.2	99.9	99.7	100.2	99.5	99.6
98.3	100.1	98.5	97.9	98.4	96.4	96.2
96.2	96.8	95.3	95.1	96.5	94.5	94.4
99.4	99.4	99.8	99.6	99.4	99.2	99.1
101.2	101.4	101.8	101.8	102.7	102.1	102.2
100.1	99.9	98.8	98.4	97.4	98.2	99.2
100.8	103.1	103.3	103.0	103.6	103.0	103.2

4－4 续表4

（上年同月＝100）

类　别	年平均	1月	2月	3月	4月	5月
吸尘器	105.0	98.4	100.1	102.7	109.3	104.5
空气净化器	100.9	94.2	97.4	99.8	101.0	99.2
净水器	101.6	92.6	94.5	98.8	102.3	106.8
其他大型家用器具	99.3	101.6	102.0	99.9	99.4	99.5
（2）小家电	102.7	102.4	101.4	102.2	102.5	103.2
厨房小家电	102.4	102.7	101.6	101.8	102.5	104.3
生活小家电	103.3	101.9	100.8	103.0	102.5	101.3
3.家用纺织品	99.5	99.9	100.0	99.8	99.8	99.8
（1）床上用品	99.3	99.7	99.8	99.7	99.7	99.7
被子	99.7	99.9	100.2	100.0	100.1	100.2
床单被套	98.8	99.7	99.4	99.3	99.2	99.2
其他床上用品	99.8	99.5	99.6	99.8	99.7	99.7
（2）窗帘门帘	100.9	101.6	101.7	101.4	101.3	101.0
窗帘门帘	100.9	101.6	101.7	101.4	101.3	101.0
（3）其他家用纺织品	99.6	99.1	99.5	99.0	99.5	99.6
其他家用纺织品	99.6	99.1	99.5	99.0	99.5	99.6
4.家庭日用杂品	100.1	98.1	98.4	98.8	99.7	100.3
（1）洗涤卫生用品	99.6	97.6	97.1	98.2	98.9	99.8
清洗用品	98.5	96.8	96.2	98.7	99.4	100.8
清洁用具	101.8	102.4	103.5	102.6	102.2	102.1
清洁用纸	100.6	97.5	96.9	96.5	97.6	98.1
（2）厨具餐具茶具	101.5	98.3	100.2	100.0	101.6	102.2
厨具	102.0	98.2	103.0	100.6	101.3	101.9
餐具	101.7	97.5	94.8	99.1	103.2	102.6
茶具	99.5	100.8	103.4	100.4	98.4	102.1
（3）其他家庭日用杂品	98.5	99.6	99.8	98.5	98.5	97.5
配电附件	98.4	100.8	100.3	98.5	98.3	96.3
雨具	98.3	96.8	100.6	99.2	99.1	98.5
其他日用杂品	98.8	99.0	98.9	98.4	98.5	98.7
5.个人护理用品	102.7	96.3	98.6	99.5	101.3	103.6
（1）化妆品	102.3	94.0	97.1	98.1	99.4	102.8
清洁化妆品	98.5	90.2	92.1	93.5	95.1	99.0
护肤化妆品	102.9	92.4	96.4	98.3	98.8	103.5
彩妆化妆品	104.5	103.0	104.1	102.0	104.8	105.3
化妆器具	103.5	98.3	103.7	102.3	106.4	100.9
（2）其他护理用品类	103.3	99.4	100.5	101.4	104.0	104.8
清洁类护理用品	104.1	98.9	101.1	101.5	105.1	105.6
护发美发用品	101.6	101.0	100.7	101.6	101.6	103.6
护理器具	103.7	98.7	98.4	101.4	103.8	104.4
其他护理用品	99.7	101.0	100.7	100.0	101.3	101.5
6.家庭服务	101.8	102.5	102.2	102.0	102.0	101.8
家政服务	102.2	103.9	103.4	102.8	102.9	102.8

6月	7月	8月	9月	10月	11月	12月
105.5	107.5	106.5	104.5	104.9	107.2	108.9
97.6	97.9	101.0	106.2	104.3	106.4	107.3
105.6	102.8	105.8	104.1	102.7	104.8	100.2
99.0	99.0	98.7	98.6	98.3	97.8	98.2
104.7	104.1	104.2	103.1	103.0	101.0	100.4
106.1	103.7	103.7	102.2	101.0	100.1	99.0
102.2	104.8	105.3	104.9	106.8	102.9	103.1
99.8	99.7	99.3	99.0	99.3	99.1	99.0
99.6	99.5	98.9	98.7	99.1	99.0	98.9
100.0	99.9	99.3	99.0	99.5	99.1	99.2
99.1	98.9	98.0	97.8	98.1	98.3	98.1
99.8	100.1	99.8	100.0	100.4	100.0	99.9
101.3	101.0	100.9	100.8	101.0	99.6	99.5
101.3	101.0	100.9	100.8	101.0	99.6	99.5
99.6	99.5	101.0	99.6	99.8	99.6	100.0
99.6	99.5	101.0	99.6	99.8	99.6	100.0
101.0	99.2	100.3	100.2	100.7	102.0	102.4
99.5	98.4	99.0	100.3	101.2	102.7	102.8
100.7	97.3	98.5	98.5	99.2	97.5	98.5
100.8	102.2	103.1	100.2	101.1	99.4	101.8
97.8	99.0	98.6	102.6	103.9	110.3	108.7
104.7	100.5	103.8	101.0	100.5	102.3	103.3
107.4	99.7	105.1	100.8	99.9	102.9	103.3
103.7	103.6	103.9	102.3	102.0	102.6	104.8
97.7	96.0	98.9	98.5	99.7	99.5	99.4
98.5	99.3	97.4	98.2	98.7	98.2	98.2
98.5	98.9	96.4	98.1	98.4	98.4	98.3
97.5	99.2	98.7	98.0	98.7	96.1	96.9
98.9	99.7	98.4	98.5	99.1	98.7	98.5
103.8	104.4	103.2	105.5	105.0	106.3	105.6
102.2	103.8	102.5	106.9	105.8	108.5	107.2
101.1	99.9	99.5	102.0	102.9	102.1	106.0
101.5	104.8	102.9	109.5	107.0	112.1	108.7
105.3	105.2	104.5	104.6	105.5	105.0	104.5
104.5	103.4	104.0	104.6	104.7	105.8	103.8
106.1	105.3	104.1	103.6	103.9	103.3	103.4
106.9	105.4	104.9	105.0	104.9	105.5	104.7
105.5	103.6	102.1	100.7	100.2	99.7	99.3
105.9	108.8	105.2	104.3	106.0	101.8	105.3
99.1	97.6	97.9	97.8	100.5	99.3	99.5
101.7	101.8	101.9	101.9	101.5	101.4	101.3
102.3	101.8	101.6	101.7	100.8	101.0	100.9

4－4 续表5

（上年同月＝100）

类　别	年平均	1月	2月	3月	4月	5月
母婴护理服务	101.4	102.0	101.2	101.6	101.4	101.2
家庭维修服务	101.4	100.8	101.0	101.3	101.1	100.9
其他家庭服务	102.5	103.2	103.1	102.2	102.2	102.1
五、交通通信	104.4	103.9	104.4	104.9	105.4	105.4
1.交通	106.3	106.0	106.9	107.1	107.8	107.8
(1)交通工具	99.5	100.1	99.7	99.6	99.2	99.4
燃油小汽车	99.5	100.5	99.9	99.8	99.1	99.4
新能源小汽车	101.5	102.2	102.0	102.0	101.9	101.2
电动自行车	98.9	98.4	98.4	98.2	98.8	98.9
自行车	101.8	102.6	102.7	102.8	102.5	101.9
其他交通工具	99.5	99.0	99.0	99.1	99.3	99.6
(2)交通工具用燃料	121.1	120.2	123.5	124.5	128.9	127.6
汽油	121.3	120.4	123.7	124.8	129.1	127.8
柴油	123.3	123.0	126.5	126.9	131.9	130.3
其他车用能源	102.7	101.9	102.7	102.9	103.4	104.3
(3)交通工具使用和维修	101.5	102.3	101.0	101.6	101.6	101.3
停车费	100.1	100.5	100.0	99.8	99.8	99.8
车辆使用费	100.3	100.2	100.2	100.2	100.5	100.3
交通工具零配件	100.8	101.2	101.2	101.3	101.2	100.9
车辆修理与保养	102.2	103.3	101.4	102.3	102.2	101.8
(4)交通费	102.2	102.9	105.1	101.2	97.8	100.1
市内公共交通	99.9	100.0	99.4	100.0	100.0	100.0
出租汽车	103.7	102.1	101.8	103.7	104.0	104.0
飞机票	112.9	119.4	142.3	105.9	84.5	97.3
火车票	100.2	100.4	100.4	100.4	100.6	100.6
长途汽车	101.1	101.8	101.8	100.9	98.9	100.6
网约车	99.5	101.8	99.2	99.5	99.9	99.3
交通工具租赁费	99.5	101.3	101.5	101.0	98.4	100.0
其他交通费	100.0	102.5	99.9	99.7	99.7	99.7
2.通信	99.3	98.4	98.1	99.1	99.0	98.9
(1)通信工具	99.2	97.7	97.6	99.1	98.5	98.2
电话机	99.3	97.8	97.6	99.2	98.6	98.3
其他通信工具及零配件	96.3	97.1	97.9	97.3	98.4	96.8
(2)通信服务	99.3	98.6	98.3	99.1	99.2	99.3
电话费	99.4	98.6	98.6	99.3	99.3	99.4
家庭宽带服务	98.0	98.3	96.3	97.8	98.0	98.3
其他通信服务	100.8	100.8	100.8	100.8	100.8	100.8
(3)邮递服务	99.8	100.2	99.2	99.5	99.5	99.7
邮递服务	99.8	100.2	99.2	99.5	99.5	99.7
六、教育文化娱乐	101.3	102.1	102.2	101.9	101.3	100.8
1.教育	101.8	102.4	102.5	102.4	102.1	101.9
(1)教育用品	102.0	101.2	101.3	101.5	101.8	101.6

6月	7月	8月	9月	10月	11月	12月
101.4	101.6	101.5	101.5	101.1	101.0	101.0
100.9	101.8	101.9	101.9	101.9	101.8	101.8
102.1	102.6	102.8	103.0	103.0	102.3	101.6
107.0	105.4	104.2	104.3	103.1	102.6	102.3
110.1	107.7	106.1	105.9	104.2	103.4	103.0
99.3	99.8	99.6	99.9	100.2	98.7	98.7
99.1	99.8	99.5	99.9	100.4	98.2	98.1
101.2	102.0	102.1	101.9	102.0	99.9	99.8
98.9	98.9	99.2	99.1	99.3	99.6	99.4
101.6	101.7	101.5	101.1	101.1	100.9	101.0
99.6	99.5	99.4	99.7	99.9	99.9	100.1
133.4	124.6	120.1	119.1	112.3	111.2	110.6
133.7	124.8	120.3	119.3	112.4	111.3	110.7
136.5	126.9	122.0	121.2	113.5	112.3	111.5
104.0	103.9	103.3	102.4	102.1	101.1	101.1
101.5	101.4	101.6	101.9	101.6	101.5	101.2
100.3	100.2	100.2	100.2	100.2	100.2	100.2
100.3	100.3	100.3	100.3	100.3	100.3	100.3
100.9	101.0	100.9	100.6	100.4	99.9	100.0
102.1	102.1	102.4	102.8	102.3	102.2	101.8
105.6	103.2	101.1	100.7	101.2	103.8	103.5
100.0	100.0	100.0	100.0	100.0	100.0	100.0
103.0	104.5	104.5	104.8	104.6	103.9	103.6
140.9	119.7	105.9	102.3	104.7	125.7	124.1
100.0	100.0	100.0	100.0	100.0	100.0	100.0
100.4	100.1	100.0	100.6	101.8	103.3	102.7
98.6	99.3	99.6	100.1	98.9	99.0	98.9
98.5	99.4	99.7	99.3	98.6	98.0	99.0
99.7	99.7	99.7	99.6	99.7	99.7	100.5
98.7	99.1	99.3	99.8	100.3	100.1	100.5
97.6	98.7	99.1	100.0	101.2	100.9	101.8
97.7	98.8	99.3	100.3	101.6	101.2	102.1
95.6	96.9	95.6	94.7	94.0	95.4	95.7
99.3	99.3	99.3	99.7	99.7	99.7	99.7
99.4	99.4	99.4	99.9	99.9	99.9	99.9
98.3	98.3	98.3	98.3	98.1	98.1	98.1
100.8	100.8	100.7	100.9	100.9	100.9	101.3
99.7	99.7	99.7	99.9	100.0	100.0	100.0
99.7	99.7	99.7	99.9	100.0	100.0	100.0
101.1	100.8	101.1	101.4	100.9	101.1	101.0
101.8	101.7	101.7	101.7	100.9	101.0	101.0
101.6	101.7	101.7	102.7	102.6	102.9	102.9

4－4 续表6

（上年同月＝100）

类　别	年平均	1月	2月	3月	4月	5月
工具书	100.3	100.6	100.7	100.3	100.4	100.1
教材	100.0	99.4	98.9	99.3	99.3	99.3
参考资料	103.7	102.3	102.6	103.1	103.5	103.3
其他教育用品	100.0	99.6	99.5	99.6	100.0	100.8
(2)教育服务	101.7	102.5	102.5	102.5	102.1	101.9
幼儿早期教育	100.7	100.5	100.5	99.5	100.5	100.6
学前教育	106.4	108.8	108.7	108.4	108.4	108.4
小学初中教育	104.6	103.9	104.0	104.0	104.0	104.0
高中中职教育	101.2	101.3	101.3	101.3	101.3	101.3
高等教育	100.0	100.1	100.1	100.1	100.1	100.1
课外教育	101.7	102.3	102.5	102.1	102.2	101.7
专业技能培训	96.2	98.8	99.1	100.4	95.8	94.9
其他教育服务	100.4	100.9	100.9	100.9	100.8	100.7
2. 文化娱乐	100.3	101.5	101.6	100.6	99.3	98.4
(1)文娱耐用消费品	99.7	101.1	102.0	101.1	100.4	98.7
电视机	96.4	100.0	99.3	98.1	97.1	96.4
照相机	100.6	100.6	101.7	100.8	104.7	103.1
台式计算机	103.3	113.2	113.3	111.8	111.5	102.1
笔记本电脑	102.0	110.1	108.2	106.9	103.6	101.0
平板电脑	102.4	88.9	95.4	96.3	96.5	97.7
乐器	103.6	107.5	107.4	107.4	107.0	102.0
音响	100.6	100.4	100.6	100.5	100.7	100.8
可穿戴智能设备	104.4	104.7	106.6	105.8	103.5	103.7
其他文娱耐用消费品	96.2	97.6	98.6	97.1	97.7	96.4
(2)其他文娱用品	100.6	100.3	100.1	100.3	100.7	100.7
书报杂志及音像制品	101.9	102.4	101.5	101.6	101.6	101.8
纸张文具	99.7	99.7	99.3	99.4	99.3	99.2
体育户外用品	105.5	101.7	103.8	103.9	105.5	108.1
游戏用品和玩具	98.9	98.1	97.8	98.4	99.4	98.6
园艺花卉及用品	99.9	101.1	101.2	101.0	101.0	100.9
宠物及用品	101.0	100.9	101.1	100.8	101.0	101.2
其他文化娱乐用品	99.8	100.6	100.2	100.1	100.1	99.6
(3)文化娱乐服务	100.6	100.4	100.6	100.3	99.8	98.8
电影及演出票	99.5	99.6	96.0	99.8	96.5	95.3
景点门票	100.3	100.2	101.2	98.8	99.2	95.3
电视服务	100.1	100.0	100.0	100.0	100.2	100.2
健身活动	100.5	101.5	101.6	101.7	101.2	101.0
宠物服务	101.2	100.8	100.0	100.9	100.9	101.1
网络文娱服务	100.5	99.6	103.5	101.1	97.9	100.3
儿童娱乐项目	104.6	101.5	103.8	102.8	102.9	102.3
其他文娱服务	101.1	102.4	101.1	100.8	101.0	101.2
(4)旅游	100.5	104.3	103.5	100.5	96.0	95.7

6月	7月	8月	9月	10月	11月	12月
100.1	100.2	100.2	100.1	100.1	100.1	100.1
99.2	99.2	99.2	101.8	101.3	101.3	101.3
103.2	103.3	103.3	104.7	104.7	105.3	105.3
100.6	100.6	100.6	99.7	99.6	99.6	99.8
101.8	101.7	101.7	101.7	100.9	100.9	100.9
100.1	100.2	100.5	101.7	101.0	101.5	101.5
108.2	108.3	108.3	107.2	101.2	101.2	101.2
104.0	104.0	104.0	104.7	105.3	106.2	106.2
101.3	101.3	101.3	101.1	101.1	101.1	101.1
100.1	100.1	100.1	100.0	100.0	100.0	100.0
101.6	101.1	100.9	101.2	101.8	101.6	101.6
94.7	95.3	95.2	95.1	94.9	95.1	95.1
100.4	100.2	100.2	100.0	100.1	99.9	99.8
99.4	98.7	99.8	100.7	101.0	101.4	101.0
98.4	98.1	100.2	100.0	98.8	99.3	98.6
95.1	95.1	94.8	95.0	94.9	95.3	95.2
102.0	98.5	100.7	99.3	99.2	97.8	99.2
96.7	96.2	99.6	100.2	100.4	99.8	99.8
101.8	103.7	103.1	101.0	96.2	94.8	95.4
102.7	99.5	111.2	110.8	106.9	115.2	109.6
101.8	102.5	103.0	103.0	102.8	100.0	100.0
100.8	100.7	101.0	100.6	100.5	100.5	100.5
103.7	102.2	107.8	107.8	107.1	102.4	98.3
95.4	96.5	95.5	95.2	95.7	93.8	94.6
100.9	100.9	100.6	100.6	100.8	100.3	100.6
101.8	101.8	101.9	101.8	102.1	102.1	101.9
99.5	99.9	99.7	99.9	99.8	100.0	100.5
106.8	107.8	106.6	105.1	107.7	103.5	105.1
99.5	99.3	98.8	99.4	99.5	98.9	98.9
100.6	99.9	99.4	98.5	98.2	98.5	98.4
101.3	101.2	101.3	101.0	100.7	100.7	100.6
99.7	99.8	99.6	99.7	99.9	99.4	99.4
100.0	100.6	101.4	101.7	101.3	101.0	101.8
96.5	98.0	100.3	105.2	99.2	104.3	103.8
99.2	100.2	101.3	102.5	103.2	101.3	101.5
100.2	100.2	100.2	100.2	100.2	100.2	100.3
99.9	100.1	100.1	100.1	98.8	99.5	100.1
101.0	102.1	102.3	102.1	101.6	101.0	100.9
103.2	104.0	102.0	97.1	99.7	95.3	103.0
102.0	102.2	107.9	107.4	107.3	107.3	107.3
101.2	101.1	101.1	100.8	100.8	100.7	100.7
99.1	95.9	97.0	100.8	104.0	105.8	104.2

4-4 续表7

（上年同月=100）

类　　别	年平均	1月	2月	3月	4月	5月
旅行社收费	100.6	104.8	103.9	100.4	95.6	95.3
其他旅游	99.7	100.5	100.3	100.8	98.7	99.4
七、医疗保健	100.7	100.5	100.6	100.7	100.7	100.9
1.药品及医疗器具	100.8	100.3	100.6	100.9	100.7	100.8
(1)中药	102.9	101.6	102.3	102.9	102.9	102.9
中药材	103.6	101.0	101.1	102.2	104.2	103.7
中成药	102.7	101.8	102.7	103.1	102.4	102.6
(2)西药	101.1	100.3	100.8	101.0	100.8	100.9
抗微生物药	104.0	100.9	101.7	102.8	103.5	103.5
消化系统用药	101.7	101.7	101.8	101.3	101.0	100.9
呼吸系统用药	101.1	100.9	100.7	101.4	101.2	101.8
解热镇痛药	102.5	101.9	102.7	102.5	102.2	101.3
抗肿瘤药	100.1	100.2	100.5	100.1	100.2	100.3
激素及影响内分泌药	102.4	98.6	99.5	100.1	100.6	102.1
心血管系统用药	97.8	97.4	98.8	98.9	97.5	97.9
血液系统用药	99.2	99.7	100.2	100.4	99.8	99.7
治疗精神障碍药	100.4	98.8	99.4	100.2	100.0	99.8
神经系统用药	104.2	103.0	102.7	103.0	103.0	103.5
泌尿系统用药	101.4	100.1	100.5	100.9	101.0	101.4
维生素、矿物质类药	101.5	102.6	103.2	102.6	102.6	101.7
调节水、电解质及酸碱平衡药	104.0	102.0	101.4	102.8	102.9	103.4
其他西药	100.2	100.8	100.2	100.4	100.3	100.3
(3)滋补保健品	100.1	100.3	100.4	100.1	100.7	100.6
滋补保健品	100.1	100.3	100.4	100.1	100.7	100.6
(4)医疗卫生器具	95.1	97.1	96.1	97.1	95.6	95.7
医疗卫生器具	95.1	97.1	96.1	97.1	95.6	95.7
(5)保健器具	100.8	100.1	100.1	100.2	101.0	101.2
保健器具	100.8	100.1	100.1	100.2	101.0	101.2
2.医疗服务	100.7	100.6	100.6	100.6	100.7	101.0
(1)综合医疗类	100.2	100.3	100.3	100.1	100.3	100.3
一般医疗服务	100.0	100.6	100.6	100.2	100.0	100.1
一般治疗操作	99.9	99.8	99.8	99.8	100.2	99.8
护理	101.2	100.9	100.9	100.9	100.9	101.7
其他综合医疗服务	100.0	100.0	100.0	100.0	100.0	100.0
(2)诊断类	100.0	99.8	99.8	99.9	99.9	100.0
病理学诊断	100.5	100.1	100.1	100.1	100.1	100.7
实验室诊断	100.0	99.9	99.9	100.0	100.0	100.0
影像学诊断	99.6	99.6	99.6	99.6	99.6	99.6
临床诊断	100.8	100.2	100.2	100.2	100.2	101.0
(3)治疗类	101.2	100.6	100.6	100.6	100.7	101.7
临床手术治疗	101.4	100.4	100.4	100.4	100.3	101.9
临床非手术治疗	100.9	101.0	101.1	101.1	101.4	101.3

6月	7月	8月	9月	10月	11月	12月
99.1	95.4	96.7	100.9	104.6	106.5	104.8
99.3	99.5	99.6	99.6	99.6	99.6	99.6
101.0	100.9	100.9	100.7	100.6	100.6	100.6
100.8	100.6	100.7	100.8	101.0	101.2	101.1
102.9	102.8	102.9	103.0	103.4	103.7	103.6
103.7	103.7	104.0	104.5	104.5	105.0	105.3
102.7	102.5	102.5	102.6	103.1	103.3	103.1
101.0	100.9	101.2	101.5	101.7	101.6	101.5
105.5	103.8	104.6	105.1	105.3	105.6	105.6
101.5	102.2	101.9	102.3	102.3	101.9	101.9
100.7	100.7	100.8	100.8	101.0	101.6	101.4
102.6	102.6	102.7	103.0	102.6	102.8	103.3
100.5	100.0	100.5	100.2	100.1	99.3	99.2
102.0	102.3	102.9	103.1	106.1	105.8	105.8
97.0	97.0	97.0	98.0	98.1	98.2	98.3
98.5	98.7	98.6	98.9	98.9	99.1	97.8
100.6	101.4	101.6	100.9	100.6	100.9	100.6
103.4	104.0	105.7	105.6	105.6	105.2	105.1
101.4	101.6	101.8	102.1	102.2	101.8	102.4
100.8	100.8	100.5	100.6	100.7	101.1	101.2
105.4	105.2	105.7	105.5	105.5	104.2	104.1
100.6	99.9	99.9	99.8	100.4	99.7	99.7
100.3	100.0	99.7	99.7	99.6	100.2	100.1
100.3	100.0	99.7	99.7	99.6	100.2	100.1
95.6	94.3	94.0	94.0	93.8	94.2	94.1
95.6	94.3	94.0	94.0	93.8	94.2	94.1
101.2	101.0	101.0	100.9	100.9	100.9	100.9
101.2	101.0	101.0	100.9	100.9	100.9	100.9
101.0	101.0	101.0	100.6	100.4	100.4	100.4
100.2	100.3	100.2	100.2	100.0	100.2	100.1
100.1	100.1	99.7	99.7	99.7	99.7	99.7
99.7	100.0	100.0	100.0	99.7	100.1	100.1
101.4	101.4	101.4	101.4	101.3	101.3	100.9
100.0	100.0	100.0	100.0	100.0	100.0	100.0
100.0	100.1	100.1	100.0	100.0	100.0	100.0
100.7	100.7	100.7	100.7	100.7	100.7	100.5
100.1	100.1	100.1	100.0	100.0	100.0	100.0
99.6	99.6	99.6	99.6	99.6	99.7	99.7
101.0	101.0	101.1	101.1	101.1	101.1	101.0
101.7	101.7	101.7	101.7	101.2	101.2	101.2
101.9	101.9	101.9	101.8	101.8	101.8	101.9
101.3	101.3	101.4	101.3	99.9	99.9	99.9

4－4 续表8

（上年同月＝100）

类　别	年平均	1月	2月	3月	4月	5月
(4)康复类	100.6	99.3	99.3	99.3	99.5	101.1
康复医疗	100.6	99.3	99.3	99.3	99.5	101.1
(5)中医医疗服务类	105.8	108.7	108.8	108.8	108.5	108.2
中医治疗	105.8	108.7	108.8	108.8	108.5	108.2
(6)其他医疗保健服务	101.5	101.2	101.2	101.1	101.2	102.2
其他医疗保健服务	101.5	101.2	101.2	101.1	101.2	102.2
八、其他用品及服务	101.4	99.1	99.8	101.7	101.5	102.2
1.其他用品	101.9	96.1	98.9	102.6	102.8	103.8
(1)首饰手表	101.8	96.0	99.0	105.0	103.2	102.6
金饰品	103.2	94.7	98.9	107.8	106.5	105.2
银饰品	100.2	100.9	99.1	99.7	100.2	100.7
铂金饰品	97.7	96.4	97.5	98.5	91.3	92.2
手表	99.7	99.7	100.1	100.1	99.2	99.8
(2)母婴用品	105.1	94.9	97.4	98.3	102.7	110.6
母婴洗护喂养用品	105.2	96.3	95.2	95.6	101.2	111.1
其他母婴用品	105.0	91.7	102.6	104.9	106.2	109.3
(3)其他杂项用品	99.8	97.0	99.6	100.9	102.0	101.6
箱包	99.9	95.9	99.6	101.5	103.3	102.6
眼镜	99.7	99.5	99.5	99.5	99.3	99.7
2.其他服务	100.8	102.3	100.8	100.8	100.2	100.6
(1)在外住宿	96.5	97.4	96.1	95.7	90.6	94.3
宾馆住宿	96.0	97.7	96.6	96.5	90.2	93.2
其他住宿	97.4	96.6	95.0	94.0	91.6	96.9
(2)美容美发洗浴	101.2	104.9	100.7	101.1	101.0	101.1
美容	99.6	101.5	100.1	99.7	99.6	99.5
美发	101.4	105.3	100.6	101.3	101.2	101.3
洗浴	102.2	107.2	101.6	102.0	101.9	102.3
(3)养老服务	101.5	101.9	102.1	101.5	101.3	101.2
养老服务	101.5	101.9	102.1	101.5	101.3	101.2
(4)金融及保险服务	101.7	102.0	102.0	102.0	101.9	101.9
金融服务	100.0	99.9	99.9	99.9	99.9	99.9
车辆保险	100.0	100.1	100.1	100.1	100.0	100.0
旅行保险	100.6	100.0	100.0	100.0	100.0	100.0
其他保险	107.2	108.7	108.7	108.7	108.7	108.7
(5)中介法律及其他服务	100.4	99.6	99.8	99.8	100.7	100.7
中介服务	101.2	101.0	101.5	101.5	101.5	101.4
法律服务	99.7	98.1	98.1	98.1	100.3	100.3
其他杂项服务	100.0	100.0	100.0	100.0	100.0	100.0

6月	7月	8月	9月	10月	11月	12月
101.1	101.1	101.1	101.1	101.1	101.1	101.8
101.1	101.1	101.1	101.1	101.1	101.1	101.8
108.5	108.5	108.6	102.2	100.4	100.4	100.2
108.5	108.5	108.6	102.2	100.4	100.4	100.2
102.2	102.2	102.1	101.6	101.4	101.4	100.4
102.2	102.2	102.1	101.6	101.4	101.4	100.4
101.8	100.8	101.7	101.4	101.6	102.2	102.6
102.6	101.0	102.6	101.9	102.5	103.6	104.5
100.7	100.0	102.3	101.2	102.6	104.1	105.7
102.0	101.1	103.8	102.1	104.1	105.5	107.5
100.6	100.4	100.7	100.5	97.6	101.2	101.3
94.7	94.0	98.2	99.3	101.1	103.6	106.5
99.8	99.5	99.7	99.5	99.2	99.9	99.8
112.9	107.7	108.5	107.0	107.9	107.4	107.1
114.3	108.0	110.4	107.2	108.3	107.8	108.0
109.8	107.0	104.3	106.4	106.8	106.3	104.9
99.7	98.5	99.2	99.8	98.9	100.2	100.5
99.7	98.1	99.1	99.6	98.4	100.1	100.7
99.6	99.4	99.4	100.1	100.1	100.4	100.1
100.9	100.6	100.9	100.9	100.7	100.8	100.6
97.1	96.8	97.6	97.6	97.8	98.7	98.5
96.0	95.8	96.5	97.1	97.8	97.9	97.7
99.6	98.9	100.0	98.6	97.9	100.6	100.3
101.0	101.0	101.1	101.2	100.8	100.3	100.1
99.6	99.6	99.8	99.6	98.5	98.6	98.9
101.1	101.1	101.3	101.6	101.2	100.9	100.4
102.2	102.0	102.0	102.0	102.1	100.8	100.8
101.4	101.1	101.2	101.3	101.4	102.1	101.6
101.4	101.1	101.2	101.3	101.4	102.1	101.6
101.9	101.3	101.5	101.6	101.3	101.3	101.4
99.9	99.9	100.0	100.0	100.0	100.0	100.0
99.9	99.9	99.9	100.0	100.0	100.0	100.1
101.0	101.0	101.0	101.0	101.0	101.0	101.0
108.7	105.7	106.7	106.6	105.2	105.4	105.4
100.6	100.6	100.6	100.5	100.5	100.4	100.4
101.2	101.2	101.2	101.0	101.0	101.0	101.0
100.3	100.3	100.3	100.3	100.3	100.0	100.0
100.0	100.0	100.0	100.0	100.0	100.0	100.0

4－5 城市居民消费价格

（上年同月＝100）

类 别	年平均	1月	2月	3月	4月	5月
总指数	**101.4**	**100.6**	**100.3**	**101.1**	**101.5**	**101.6**
一、食品烟酒	101.9	98.7	97.1	99.6	101.6	102.0
1.食品	102.0	97.4	95.2	98.7	101.5	102.3
(1)粮食	106.1	104.0	103.7	104.8	105.7	106.8
大米	100.4	100.3	100.7	100.4	99.7	99.9
面粉	110.5	104.2	104.8	108.2	109.3	111.9
其他粮食	102.6	104.9	102.5	101.8	102.1	102.7
粮食制品	108.3	105.9	105.1	106.5	108.3	109.5
(2)薯类	108.7	101.0	95.0	98.2	111.5	118.3
薯类	108.7	101.0	95.0	98.2	111.5	118.3
(3)豆类	102.8	104.1	102.7	102.5	102.8	102.8
干豆	103.3	104.5	103.4	102.9	103.5	103.4
豆制品	102.7	104.1	102.6	102.4	102.7	102.8
(4)食用油	105.9	103.7	103.9	103.3	103.9	104.0
食用植物油	106.2	104.3	104.6	104.0	104.5	104.6
食用动物油	88.2	75.2	73.4	73.0	74.9	76.5
(5)菜及食用菌	98.5	105.7	95.7	116.8	119.2	108.8
鲜菜	97.8	105.9	94.9	118.0	120.9	109.9
鲜菌	104.5	105.2	106.4	111.6	113.5	101.8
干菜干菌及制品	102.9	102.1	102.1	102.8	102.8	103.1
(6)畜肉类	95.6	73.4	73.3	74.2	79.0	86.1
猪肉	93.6	56.5	56.5	56.7	64.1	77.3
牛肉	100.1	101.4	99.4	99.5	99.7	99.6
羊肉	92.7	94.8	91.4	89.4	88.1	87.6
其他畜肉及副产品	93.5	74.1	74.3	76.3	76.8	79.2
畜肉制品	100.2	98.3	97.5	97.5	98.9	98.9
(7)禽肉类	102.0	97.6	94.8	96.4	98.9	100.9
鸡	101.5	95.5	91.3	93.6	97.4	100.4
鸭	98.5	95.1	93.7	94.6	96.3	97.3
其他禽肉及制品	103.4	101.8	101.9	101.7	102.1	102.6
(8)水产品	94.9	108.7	98.9	97.8	93.1	86.5
淡水鱼	87.5	114.3	97.7	94.3	84.1	75.1
海水鱼	101.9	103.0	101.2	101.5	101.7	101.6
虾蟹类	100.1	103.7	96.2	97.7	102.4	98.4
其他水产品及制品	109.2	104.5	105.8	106.9	107.5	107.5
(9)蛋类	106.6	101.3	102.7	106.4	111.0	110.3
鸡蛋	106.7	100.9	102.4	106.6	111.7	110.8
其他蛋及制品	106.0	105.4	105.1	104.9	104.4	105.4
(10)奶类	99.9	100.8	101.0	100.4	99.9	99.6
鲜奶	101.5	102.8	103.6	102.9	101.6	101.6
酸奶	102.2	100.9	101.4	100.5	100.4	100.4
奶粉	96.0	98.3	97.4	96.5	96.8	96.2

分月同比指数(2022年)

6月	7月	8月	9月	10月	11月	12月
101.9	**102.1**	**101.6**	**102.1**	**101.8**	**101.0**	**101.0**
102.2	104.5	103.0	104.9	104.9	102.2	102.1
102.6	106.0	104.0	106.6	106.5	102.6	102.4
107.3	107.6	107.6	107.5	107.5	106.0	105.1
100.2	100.4	100.6	100.8	100.7	100.3	100.5
112.7	112.7	113.2	113.6	113.8	111.3	110.5
102.9	102.8	102.6	102.7	102.8	102.1	101.6
110.0	110.5	110.3	109.8	109.6	107.7	106.2
112.2	113.9	108.3	107.9	110.8	113.5	117.1
112.2	113.9	108.3	107.9	110.8	113.5	117.1
103.1	103.2	102.8	102.8	102.7	102.2	101.3
103.4	103.9	103.7	104.0	103.8	101.7	101.6
103.0	103.1	102.7	102.7	102.6	102.3	101.3
105.6	107.6	107.7	108.0	108.2	107.4	107.1
106.0	107.9	107.9	108.1	108.2	107.4	107.1
83.9	93.6	98.3	102.1	110.3	110.5	108.3
97.3	105.2	97.0	100.4	89.0	74.7	82.4
96.4	105.1	95.6	99.5	87.5	72.4	80.1
102.1	108.5	110.4	110.8	97.5	85.7	101.9
103.1	103.0	102.5	102.9	103.5	103.5	103.2
95.7	109.6	109.3	116.2	126.5	119.1	111.6
95.3	123.1	120.7	137.5	161.2	140.5	124.8
99.7	100.3	100.7	100.4	100.4	100.0	99.7
89.9	93.2	95.1	95.5	95.9	97.3	95.9
87.6	102.2	106.7	110.0	120.7	124.3	117.8
100.0	100.9	102.1	102.0	102.6	101.8	101.9
102.2	104.5	105.1	105.3	105.6	107.4	106.1
102.2	105.6	106.1	105.9	106.5	109.3	106.9
98.9	99.5	100.1	101.2	102.0	102.1	102.5
103.0	103.5	104.2	105.0	104.7	105.2	105.3
85.8	87.0	89.9	96.3	98.3	100.7	101.1
73.7	74.8	78.6	88.1	93.0	97.2	97.4
101.5	101.6	101.7	102.2	101.8	102.5	102.5
99.4	100.1	100.9	103.8	99.0	99.8	100.7
108.2	110.4	111.5	111.5	112.1	111.7	112.5
105.2	104.7	98.2	106.3	113.3	110.9	109.8
105.1	104.4	97.5	106.3	113.9	111.3	110.0
106.2	106.7	106.2	106.1	106.9	107.0	107.3
100.7	99.7	100.1	99.7	99.3	98.9	98.2
102.2	101.4	101.2	101.6	101.0	101.0	97.4
101.7	103.2	103.8	103.9	103.6	102.8	103.4
98.3	95.2	96.5	94.6	94.3	93.4	95.0

4－5 续表1

（上年同月＝100）

类　别	年平均	1月	2月	3月	4月	5月
其他奶制品	100.4	100.3	101.1	102.0	101.0	101.2
(11)干鲜瓜果类	109.8	108.2	105.7	104.0	110.9	117.6
鲜果	112.2	110.5	107.0	105.0	113.6	122.2
坚果	101.1	98.8	100.4	100.1	100.3	100.6
瓜果制品	99.3	98.6	99.6	98.9	99.1	98.3
(12)糖果糕点类	103.7	101.2	100.4	100.8	100.9	102.0
食糖	101.0	100.6	100.8	101.3	102.5	102.3
糖果	102.3	102.1	102.5	104.9	101.8	101.6
糕点	104.4	101.0	99.5	99.6	100.2	101.9
其他糖果糕点	102.3	102.3	103.3	102.6	103.3	102.6
(13)调味品	103.6	101.4	102.0	102.5	102.7	103.3
食用盐	100.2	99.1	98.8	99.8	100.4	99.9
酱油	105.5	100.8	101.9	102.7	104.4	105.3
食醋	100.8	98.1	99.6	102.0	99.1	98.2
增味剂	106.8	104.4	104.8	105.6	106.2	106.7
其他调味品	102.9	103.1	103.0	102.2	102.1	103.3
(14)其他食品类	102.3	100.6	101.5	101.6	102.3	101.8
方便食品	101.8	99.9	101.3	101.7	102.3	101.1
淀粉及制品	102.0	101.5	101.4	101.1	101.8	101.9
其他食品	104.7	102.1	102.2	102.5	103.2	103.9
2.茶及饮料	101.0	100.7	100.8	101.1	101.3	100.6
茶叶	100.3	99.4	99.4	100.0	100.0	100.4
固体咖啡	102.3	100.4	100.4	100.1	100.2	100.9
其他固体饮料	101.6	102.0	101.0	101.8	102.0	101.7
饮用水	101.6	98.8	99.7	100.6	101.7	102.1
果汁饮料	104.5	103.2	105.7	105.2	105.1	104.2
其他液体饮料	100.6	101.7	101.6	101.4	101.8	99.6
3.烟酒	99.8	98.9	99.4	99.5	99.2	99.4
(1)卷烟	100.4	100.1	100.3	100.3	100.5	100.5
卷烟	100.4	100.1	100.3	100.3	100.5	100.5
(2)酒类	99.2	97.7	98.4	98.8	98.0	98.3
白酒	98.7	97.0	97.8	98.3	97.0	97.8
葡萄酒	99.3	98.7	99.8	99.1	99.0	99.8
啤酒	100.3	99.2	100.3	99.8	100.0	99.0
其他酒类	101.8	99.6	99.5	101.6	102.1	101.3
4.在外餐饮	102.3	102.7	102.5	102.6	103.0	102.3
餐馆餐饮	101.8	102.9	102.5	102.6	102.3	101.3
饮品店餐饮	100.4	101.0	100.1	99.6	100.5	99.6
外卖	103.3	102.3	102.7	102.7	105.0	104.6
其他在外餐饮	103.1	103.0	103.2	102.8	103.2	103.2
二、衣着	100.5	100.6	101.0	100.8	100.5	100.7
1.服装	100.5	100.6	101.0	100.8	100.4	100.6

6月	7月	8月	9月	10月	11月	12月
100.1	99.1	99.5	99.6	99.4	99.0	102.3
117.7	113.6	110.4	111.2	108.9	106.6	105.2
122.3	117.0	113.0	114.1	111.0	107.8	106.1
101.9	102.1	102.0	101.6	101.8	102.0	101.8
99.2	98.6	99.1	99.1	99.6	100.8	100.7
102.1	106.3	106.4	106.4	105.9	106.1	105.5
101.6	101.1	101.2	100.8	100.6	99.5	99.7
102.1	102.7	103.1	101.8	101.5	101.2	102.1
102.3	108.3	108.2	108.4	108.0	108.3	107.3
101.3	101.3	102.0	102.6	102.2	102.6	101.6
104.4	104.9	104.8	104.5	105.0	104.5	103.6
102.1	101.5	100.4	99.9	100.4	100.1	100.1
106.9	107.0	107.4	107.3	108.6	108.1	106.2
99.9	100.1	102.3	101.6	103.6	103.3	102.3
107.4	107.6	108.0	109.5	108.2	108.2	104.8
103.6	104.9	103.5	102.4	102.3	101.7	102.1
102.0	102.7	103.1	103.2	103.1	102.9	103.1
101.9	102.5	102.8	102.6	102.0	101.5	102.6
101.5	101.7	101.8	102.1	102.8	103.7	102.3
103.2	104.8	106.5	107.3	107.3	106.9	106.4
101.2	101.0	100.5	101.1	101.6	100.4	101.1
100.7	100.2	100.2	100.4	100.7	101.1	101.2
103.1	103.9	103.5	103.8	103.5	103.3	103.8
101.0	101.1	102.4	101.9	101.2	101.3	101.3
101.9	102.9	102.1	101.9	102.8	102.2	102.7
104.2	104.2	104.6	105.0	104.2	104.9	103.9
100.8	100.6	99.3	100.6	101.7	98.3	99.8
99.8	99.7	99.4	99.7	100.9	100.8	101.0
100.5	100.4	100.4	100.4	100.6	100.6	100.6
100.5	100.4	100.4	100.4	100.6	100.6	100.6
99.2	98.9	98.4	99.0	101.2	100.9	101.5
98.9	98.3	97.7	98.6	101.3	100.5	101.3
98.8	98.8	98.4	97.7	100.6	100.0	100.4
99.7	100.2	100.1	99.9	100.6	102.3	102.0
101.9	102.4	102.7	101.9	102.4	103.1	103.7
102.4	102.3	101.7	102.1	101.9	101.9	102.1
101.3	101.4	101.4	101.5	101.6	101.6	101.4
99.1	100.1	100.3	101.1	100.7	101.6	100.9
105.3	104.5	101.8	103.0	102.0	102.2	103.4
103.0	103.1	103.2	103.3	103.3	103.0	103.0
100.9	100.7	100.5	100.2	100.4	99.7	99.4
100.9	100.7	100.5	100.3	100.6	99.9	99.6

4－5 续表2

（上年同月＝100）

类　别	年平均	1月	2月	3月	4月	5月
（1）男式服装	100.4	99.8	100.2	100.1	100.0	100.3
男式外套	100.6	99.6	100.6	100.8	100.5	100.5
男式针织衫	101.2	99.1	99.9	101.2	101.2	101.3
男式衬衫T恤	100.1	99.3	99.2	98.7	99.3	99.6
男式裤子	99.7	100.8	100.5	98.9	98.9	99.9
男式内衣	100.4	100.1	100.2	100.5	100.3	100.7
（2）女式服装	101.0	101.8	102.1	101.9	101.1	101.1
女式外套	101.3	102.7	103.1	102.4	101.3	101.1
女式针织衫	100.7	100.8	101.4	101.9	100.3	100.8
女式衬衫T恤	102.2	103.9	104.1	104.5	103.2	103.0
女式裤子	100.6	100.4	100.8	100.7	101.1	101.5
女式裙子	100.3	100.0	100.4	100.4	100.5	101.1
女式内衣	99.8	100.4	100.2	100.1	99.9	99.6
（3）儿童服装	99.2	98.9	99.6	99.4	99.1	99.3
婴儿服装	99.4	97.4	98.6	98.9	99.3	99.4
儿童上衣	99.5	99.6	100.1	100.0	99.6	99.8
儿童裤子	98.4	99.3	99.6	98.6	97.8	97.7
儿童裙子	99.6	99.5	100.5	100.4	99.7	100.4
儿童内衣	98.2	98.7	97.2	97.9	98.8	98.9
（4）衣着材料及配件	100.2	100.3	99.9	100.0	100.5	100.9
袜子	99.5	100.3	100.1	99.8	99.9	100.7
帽子	102.4	100.9	100.4	101.2	102.8	103.0
其他衣着材料及配件	98.7	99.7	98.7	98.7	98.7	98.5
（5）衣着服务费	102.0	102.0	102.0	102.0	102.0	102.0
衣着洗涤保养	102.7	102.8	102.8	102.7	103.0	102.8
其他衣着服务	100.4	100.3	100.3	100.3	99.9	100.0
2. 鞋类	100.3	100.7	100.9	100.8	101.0	101.2
（1）鞋	100.2	100.7	100.9	100.8	101.0	101.2
男鞋	100.7	101.4	101.7	101.7	101.6	101.4
女鞋	100.0	100.4	100.6	100.5	100.8	101.3
童鞋	99.9	100.1	100.2	99.8	100.3	100.3
（2）鞋类服务	100.8	102.1	100.6	100.7	100.7	100.7
鞋类服务	100.8	102.1	100.6	100.7	100.7	100.7
三、居住	99.5	100.5	100.2	100.2	100.0	99.6
1. 租赁房房租	98.7	100.0	99.6	99.5	99.3	98.9
公房房租	100.0	100.0	100.0	100.0	100.0	100.0
私房房租	98.6	100.0	99.6	99.5	99.2	98.8
2. 住房保养维修及管理	102.3	103.1	103.2	103.2	103.3	102.9
（1）住房装潢材料	102.3	103.5	103.6	103.7	103.7	103.2
木地板	102.4	103.0	102.5	102.8	103.0	102.5
瓷砖	100.0	100.5	100.6	100.8	100.6	100.1
水泥	102.8	106.3	106.9	107.7	108.8	108.6

6月	7月	8月	9月	10月	11月	12月
100.5	100.5	100.4	100.7	101.0	100.6	100.3
100.7	100.6	100.6	100.7	101.1	100.7	100.4
101.5	101.6	101.5	102.1	102.8	101.4	100.5
100.4	100.7	100.3	100.8	101.2	100.9	100.8
99.9	99.7	99.5	99.6	100.0	99.8	99.3
100.4	100.4	100.6	101.1	100.5	100.0	99.9
101.3	101.1	100.9	100.7	100.9	99.8	99.2
101.3	101.3	101.5	100.9	101.2	100.0	99.3
101.2	101.0	100.6	100.6	101.1	99.9	99.1
101.4	101.7	101.6	101.1	101.1	100.5	100.3
101.5	101.6	101.7	100.4	100.6	99.0	98.5
102.1	100.6	98.8	100.3	100.5	99.6	99.3
99.8	99.8	99.8	100.1	99.8	99.2	98.8
100.1	99.6	99.2	98.4	99.0	98.8	98.9
99.5	99.3	99.2	99.8	100.5	100.2	100.8
100.1	100.0	100.0	98.5	99.2	98.7	98.1
99.3	99.3	98.6	97.3	97.4	97.9	98.5
101.9	100.0	99.0	98.0	98.7	98.6	98.4
98.7	98.1	97.7	98.2	98.5	98.0	98.2
100.6	100.6	100.2	99.6	100.1	99.6	99.9
100.2	100.3	99.4	98.4	98.6	97.9	98.4
102.7	102.6	102.6	102.2	103.4	103.3	103.4
98.4	98.3	98.6	98.8	98.9	98.5	98.3
102.5	102.4	102.8	102.7	102.6	100.6	100.4
103.5	103.3	103.7	103.7	103.6	100.4	100.2
100.4	100.5	100.6	100.4	100.6	101.0	100.9
100.9	100.7	100.5	99.7	99.3	98.9	98.5
100.9	100.7	100.5	99.7	99.3	98.9	98.5
100.5	100.7	100.8	100.0	100.0	99.9	99.1
101.1	100.8	100.4	99.5	98.7	98.1	97.9
100.7	100.2	100.0	99.4	99.7	99.5	98.7
100.9	100.9	100.9	100.7	100.3	100.7	100.7
100.9	100.9	100.9	100.7	100.3	100.7	100.7
99.4	99.1	99.1	99.0	98.9	98.8	99.0
98.6	98.3	98.2	98.0	97.9	98.0	98.1
100.0	100.0	100.0	100.0	100.0	100.0	100.0
98.5	98.1	98.0	97.7	97.7	97.8	97.9
102.9	102.5	102.4	102.2	101.5	100.4	100.2
103.1	102.5	102.2	101.9	101.0	99.7	99.4
102.7	102.7	102.5	102.5	102.1	101.6	101.0
100.1	99.9	100.1	100.0	99.5	98.7	98.6
109.6	105.0	102.9	101.4	96.4	92.4	90.5

4-5 续表3

（上年同月=100）

类　别	年平均	1月	2月	3月	4月	5月
涂料	102.8	102.4	102.5	103.3	103.4	103.6
板材	105.9	107.3	108.1	107.6	107.5	107.0
管材	105.5	105.9	106.2	106.2	106.5	106.0
厨卫设备	100.8	102.2	101.6	101.5	101.2	100.8
门窗	103.0	103.8	104.0	104.0	104.1	103.5
其他住房装潢材料	104.0	108.5	108.8	108.6	108.3	106.5
(2)住房维修管理费用	102.3	102.5	102.7	102.6	102.8	102.5
物业管理费	100.5	101.2	100.6	100.6	100.6	100.6
装潢维修费	104.3	104.3	105.1	104.8	105.3	104.6
其他住房费用	100.3	100.4	100.4	100.4	100.4	100.3
3. 水电燃料	101.1	101.5	101.5	101.7	101.4	101.4
(1)水	101.2	104.3	104.3	103.4	100.3	100.3
水	101.2	104.3	104.3	103.4	100.3	100.3
(2)电	100.0	100.0	100.0	100.0	100.0	100.0
电	100.0	100.0	100.0	100.0	100.0	100.0
(3)燃气	104.9	105.1	104.9	106.6	106.5	106.3
管道燃气	100.8	101.6	101.6	101.7	101.5	101.3
液化石油气	114.3	113.4	112.7	118.4	118.5	118.2
(4)其他水电燃料类	99.9	100.0	100.0	100.0	100.1	100.1
其他水电燃料类	99.9	100.0	100.0	100.0	100.1	100.1
4. 自有住房	98.4	99.6	99.2	99.1	98.9	98.5
自有住房	98.4	99.6	99.2	99.1	98.9	98.5
四、生活用品及服务	101.2	99.6	100.4	100.4	100.8	101.4
1. 家具及室内装饰品	102.1	101.5	101.3	101.7	101.9	101.9
(1)家具	102.3	101.8	101.6	101.9	102.1	102.1
柜	103.8	102.9	102.7	102.7	103.3	103.2
床	102.1	101.2	100.8	101.4	101.4	101.5
桌	102.1	101.2	101.0	102.1	102.1	102.2
椅	102.4	101.2	101.0	102.2	102.2	102.1
沙发	100.9	101.4	101.1	101.1	101.0	101.1
其他家具	101.7	101.3	101.5	101.4	101.4	101.7
(2)室内装饰品	97.9	97.2	97.3	99.1	99.6	99.4
灯具	96.9	96.2	95.7	98.4	99.3	99.2
其他室内装饰品	100.1	99.6	100.7	100.6	100.5	99.9
2. 家用器具	100.8	101.5	102.5	101.5	101.2	101.3
(1)大型家用器具	100.6	101.4	102.7	101.5	101.1	101.0
洗衣机	99.4	104.2	101.9	98.9	99.5	99.4
电冰箱(柜)	97.4	101.5	100.5	98.8	96.7	96.9
抽油烟机	100.4	103.6	103.4	100.7	100.2	99.5
空调器	102.5	102.7	107.0	104.4	103.5	103.7
热水器	99.6	96.9	98.5	101.5	101.8	100.4
炉具灶具	101.9	99.5	99.2	101.5	102.1	102.1

6月	7月	8月	9月	10月	11月	12月
103.4	103.3	103.1	103.2	102.6	101.3	101.2
107.0	106.9	106.2	106.4	105.1	101.1	100.8
106.1	106.5	105.9	105.8	105.0	103.3	103.3
101.1	101.1	100.6	100.2	100.1	99.6	99.3
103.0	102.6	103.3	102.9	102.6	101.6	101.2
104.8	102.7	101.7	100.1	99.2	99.8	100.0
102.5	102.5	102.6	102.6	102.1	101.3	101.3
100.6	100.3	100.3	100.3	100.3	100.3	100.3
104.6	104.8	105.0	105.1	104.0	102.3	102.3
100.3	100.3	100.3	100.3	100.3	100.3	100.3
101.3	101.2	101.1	101.1	100.5	100.5	100.6
100.3	100.3	100.3	100.3	100.3	100.3	100.3
100.3	100.3	100.3	100.3	100.3	100.3	100.3
100.0	100.0	100.0	100.0	100.0	100.0	100.0
100.0	100.0	100.0	100.0	100.0	100.0	100.0
106.0	105.4	105.3	105.0	102.6	102.5	102.7
100.3	100.3	100.3	100.4	100.4	100.4	100.3
119.7	117.7	117.0	115.9	107.5	107.0	107.9
100.2	100.0	100.0	99.9	99.4	99.5	99.8
100.2	100.0	100.0	99.9	99.4	99.5	99.8
98.2	97.8	97.8	97.8	97.8	98.1	98.3
98.2	97.8	97.8	97.8	97.8	98.1	98.3
101.4	101.6	101.4	101.9	101.9	101.8	101.8
101.8	103.0	102.9	102.9	102.8	101.5	101.6
102.1	103.3	103.3	103.3	103.1	101.9	101.8
103.3	105.4	105.5	106.0	105.7	102.7	102.7
101.3	103.2	102.7	102.9	103.0	102.9	102.8
102.0	103.0	102.9	102.5	102.2	102.2	102.1
102.1	103.7	103.6	103.1	102.7	102.4	102.4
101.2	101.1	101.2	100.9	100.8	99.8	99.6
101.9	101.9	102.7	102.2	101.8	101.7	100.5
97.1	98.7	97.3	96.3	97.3	96.4	98.8
95.9	98.3	96.1	94.3	96.1	94.9	98.3
99.8	99.7	99.8	100.6	100.0	100.0	99.9
100.6	101.0	100.6	100.4	100.5	99.3	99.3
100.0	100.5	100.1	100.0	100.2	99.1	99.2
98.8	100.7	99.5	98.7	98.7	96.6	96.2
96.8	98.0	96.5	96.1	97.4	94.8	94.4
99.2	99.6	100.1	99.9	99.9	99.3	99.2
101.7	101.6	101.5	101.5	101.9	100.4	100.7
100.4	100.5	99.5	99.5	98.2	98.8	99.7
100.6	102.8	102.8	102.6	103.4	103.0	103.0

4－5 续表4

（上年同月＝100）

类 别	年平均	1月	2月	3月	4月	5月
吸尘器	104.7	98.8	100.3	102.9	108.8	104.5
空气净化器	101.1	95.0	97.8	100.1	101.2	99.6
净水器	101.6	92.9	94.7	98.8	102.1	106.6
其他大型家用器具	99.0	101.1	101.7	99.6	99.0	99.2
（2）小家电	102.4	102.1	101.1	101.7	102.2	102.9
厨房小家电	102.1	102.5	101.5	101.5	102.3	103.7
生活小家电	103.0	101.3	100.3	102.1	102.0	101.4
3.家用纺织品	99.5	99.7	99.9	99.7	99.7	99.6
（1）床上用品	99.3	99.6	99.7	99.5	99.5	99.5
被子	99.7	99.8	100.2	100.0	100.0	100.1
床单被套	98.3	99.2	98.9	98.6	98.5	98.4
其他床上用品	100.5	99.7	99.9	100.1	100.2	100.0
（2）窗帘门帘	101.0	102.0	102.1	101.6	101.5	100.8
窗帘门帘	101.0	102.0	102.1	101.6	101.5	100.8
（3）其他家用纺织品	99.5	98.8	99.2	98.7	99.3	99.5
其他家用纺织品	99.5	98.8	99.2	98.7	99.3	99.5
4.家庭日用杂品	99.9	97.9	98.2	98.4	99.1	99.7
（1）洗涤卫生用品	99.5	97.3	96.9	97.6	98.2	99.0
清洗用品	98.3	96.4	96.0	97.9	98.1	99.2
清洁用具	101.8	101.9	103.2	102.6	102.4	102.2
清洁用纸	100.4	97.4	96.7	96.0	97.3	98.1
（2）厨具餐具茶具	101.0	98.4	99.7	99.7	100.9	101.7
厨具	101.6	98.2	102.0	100.1	100.7	101.5
餐具	101.0	97.7	95.4	98.9	102.4	101.8
茶具	99.4	100.5	102.7	100.0	98.2	102.1
（3）其他家庭日用杂品	98.4	99.3	99.4	98.3	98.3	97.5
配电附件	98.5	100.4	99.8	98.2	98.1	96.5
雨具	98.6	96.6	100.5	99.3	99.3	99.0
其他日用杂品	98.3	98.7	98.5	98.2	98.1	98.3
5.个人护理用品	102.6	96.3	98.5	99.4	101.0	103.3
（1）化妆品	102.2	94.3	97.2	98.2	99.4	102.7
清洁化妆品	98.3	90.8	92.5	93.8	95.3	99.0
护肤化妆品	102.9	92.7	96.5	98.3	98.8	103.4
彩妆化妆品	104.3	102.9	103.8	101.9	104.6	105.1
化妆器具	103.1	98.2	103.3	102.0	105.6	100.8
（2）其他护理用品类	103.0	99.3	100.4	101.3	103.5	104.3
清洁类护理用品	103.9	98.9	101.0	101.5	104.7	105.1
护发美发用品	101.4	100.9	100.6	101.3	101.3	103.2
护理器具	103.2	98.5	98.3	101.1	103.2	103.8
其他护理用品	99.4	100.4	99.9	99.1	100.9	101.6
6.家庭服务	102.0	103.0	102.6	102.4	102.4	102.1
家政服务	102.2	104.0	103.4	102.8	103.1	103.0

6月	7月	8月	9月	10月	11月	12月
105.1	107.0	106.2	104.3	104.3	106.5	107.9
98.3	98.5	101.3	105.6	104.0	105.8	106.6
105.5	102.6	105.7	103.9	102.6	104.7	100.4
98.7	98.7	98.2	98.3	97.7	97.6	98.1
104.4	103.7	103.8	102.8	102.7	101.0	100.4
105.6	103.3	103.3	102.0	100.8	99.9	98.9
102.2	104.4	104.7	104.5	106.4	103.2	103.3
99.7	99.4	99.6	99.4	99.4	99.2	99.1
99.4	99.2	99.2	99.2	99.2	99.1	99.1
100.0	99.8	99.8	99.5	99.4	99.1	99.1
98.4	98.0	97.8	97.9	97.9	98.2	97.9
100.3	100.4	100.6	100.9	101.3	101.3	101.2
101.6	101.1	101.1	100.9	101.1	99.4	99.2
101.6	101.1	101.1	100.9	101.1	99.4	99.2
99.4	99.2	101.3	99.4	99.6	99.3	99.8
99.4	99.2	101.3	99.4	99.6	99.3	99.8
100.5	99.2	100.0	100.2	100.8	102.0	102.4
99.2	98.6	98.8	100.5	101.6	103.1	103.3
100.3	97.6	98.5	98.7	99.7	98.2	99.6
100.6	102.3	103.2	100.7	101.4	99.8	102.0
97.5	99.1	98.1	102.7	104.2	110.3	108.4
103.4	100.2	103.0	100.7	100.4	101.7	102.7
106.0	99.6	104.3	100.7	100.1	102.6	103.2
102.5	102.9	103.1	101.6	101.1	101.5	103.7
97.7	96.0	98.8	98.4	99.6	99.5	99.3
98.4	99.3	97.3	98.1	98.7	98.3	98.3
98.5	99.1	96.7	98.4	98.6	98.9	98.9
98.1	99.5	99.2	98.5	99.1	96.5	97.4
98.5	99.4	97.6	97.8	98.6	98.0	97.7
103.4	104.0	102.9	105.3	104.9	106.3	105.5
101.9	103.5	102.4	106.7	105.7	108.4	107.0
100.2	99.0	98.8	101.2	102.5	101.7	105.3
101.4	104.7	102.9	109.5	107.1	112.0	108.6
105.1	105.1	104.3	104.4	105.2	104.8	104.4
104.1	103.0	103.6	104.1	104.3	105.2	103.4
105.6	104.8	103.8	103.4	103.7	103.1	103.3
106.3	104.9	104.7	104.7	104.8	105.3	104.6
104.9	103.1	101.9	100.6	100.1	99.7	99.4
105.4	107.9	104.7	104.0	105.5	101.6	104.8
99.1	97.0	97.3	97.1	101.1	99.3	99.6
101.9	102.0	102.0	102.0	101.4	101.3	101.2
102.4	101.8	101.7	101.8	100.8	101.0	100.9

4－5 续表5

（上年同月＝100）

类 别	年平均	1月	2月	3月	4月	5月
母婴护理服务	101.3	102.1	101.2	101.7	101.5	101.3
家庭维修服务	101.9	101.5	101.5	102.1	101.7	101.3
其他家庭服务	102.6	103.4	103.3	102.2	102.3	102.1
五、交通通信	104.6	104.1	104.6	105.2	105.6	105.7
1.交通	106.4	106.1	107.0	107.2	107.9	107.9
（1）交通工具	99.3	100.0	99.6	99.5	99.0	99.3
燃油小汽车	99.4	100.6	100.0	99.9	99.0	99.3
新能源小汽车	101.5	102.4	102.0	102.0	102.0	101.2
电动自行车	98.5	97.6	97.6	97.4	98.2	98.6
自行车	101.3	102.5	102.5	102.3	102.0	101.4
其他交通工具	98.4	98.2	98.3	98.3	98.5	98.9
（2）交通工具用燃料	121.1	120.0	123.4	124.5	128.8	127.5
汽油	121.3	120.3	123.6	124.8	129.1	127.8
柴油	123.3	123.1	126.6	126.8	131.9	130.4
其他车用能源	101.8	100.8	101.3	101.6	101.6	102.3
（3）交通工具使用和维修	101.7	102.6	101.1	101.8	101.9	101.6
停车费	100.0	100.4	99.9	99.6	99.6	99.6
车辆使用费	99.7	100.1	100.0	100.0	100.0	99.6
交通工具零配件	100.8	101.3	101.3	101.3	101.3	101.0
车辆修理与保养	102.8	104.0	101.7	102.8	103.0	102.7
（4）交通费	102.3	102.8	105.4	101.3	97.5	100.1
市内公共交通	100.0	100.0	100.0	100.0	100.0	100.0
出租汽车	105.0	102.8	102.4	105.0	105.4	105.4
飞机票	112.8	119.5	141.6	105.8	84.7	97.4
火车票	100.2	100.4	100.4	100.4	100.6	100.6
长途汽车	100.8	99.7	100.9	100.9	97.2	100.3
网约车	99.5	102.2	98.9	99.3	99.8	99.4
交通工具租赁费	99.3	101.7	101.9	101.3	97.9	99.8
其他交通费	99.9	101.7	99.6	99.6	99.6	99.7
2.通信	99.2	98.4	98.0	99.3	99.0	99.1
（1）通信工具	99.0	97.7	97.5	99.0	98.4	98.1
电话机	99.1	97.7	97.5	99.0	98.4	98.2
其他通信工具及零配件	96.7	97.6	98.3	97.9	99.0	97.2
（2）通信服务	99.3	98.6	98.2	99.4	99.3	99.6
电话费	99.7	98.7	98.7	99.8	99.7	99.9
家庭宽带服务	97.2	97.7	94.9	97.0	97.2	97.6
其他通信服务	101.4	101.4	101.4	101.4	101.4	101.4
（3）邮递服务	99.7	101.0	99.1	99.4	99.5	99.5
邮递服务	99.7	101.0	99.1	99.4	99.5	99.5
六、教育文化娱乐	101.8	102.8	102.9	102.4	101.9	101.4
1.教育	102.5	103.5	103.6	103.4	103.3	103.1
（1）教育用品	101.8	100.7	100.9	101.2	101.4	101.2

6月	7月	8月	9月	10月	11月	12月
101.4	101.7	101.6	101.6	100.7	100.6	100.6
101.3	102.0	102.3	102.3	102.2	102.1	102.1
102.2	102.7	102.9	103.0	103.0	102.3	101.5
107.4	105.6	104.4	104.3	103.1	102.5	102.3
110.3	107.8	106.1	105.9	104.1	103.3	102.9
99.1	99.5	99.3	99.5	99.9	98.3	98.3
99.0	99.6	99.3	99.6	100.0	98.0	97.9
101.2	102.1	102.1	101.9	102.0	99.8	99.7
98.7	98.6	98.9	99.0	99.0	99.0	98.9
101.0	101.0	100.8	100.6	100.6	100.5	100.5
98.7	98.2	98.0	98.4	98.5	98.0	98.6
133.3	124.5	120.1	119.1	112.3	111.1	110.6
133.6	124.8	120.3	119.3	112.4	111.2	110.7
136.7	126.9	122.0	121.2	113.3	112.1	111.5
101.8	102.5	102.2	102.1	101.8	101.6	101.8
101.8	101.8	101.7	102.2	101.7	101.4	101.0
100.2	100.2	100.2	100.2	100.2	100.2	100.2
99.6	99.6	99.6	99.6	99.6	99.6	99.6
101.0	100.9	100.7	100.7	100.4	100.0	100.1
102.9	102.9	102.9	103.5	102.9	102.4	101.8
106.0	103.4	101.2	100.9	101.2	104.0	103.8
100.0	100.0	100.0	100.0	100.0	100.0	100.0
104.0	106.0	106.1	106.4	106.1	105.3	104.9
140.8	119.5	106.0	102.1	104.7	125.4	123.6
100.0	100.0	100.0	100.0	100.0	100.0	100.0
100.0	99.5	99.2	101.5	102.2	103.8	103.9
98.7	99.0	99.6	100.3	98.7	98.8	98.9
98.0	99.1	99.4	98.8	98.0	97.2	98.5
99.7	99.6	99.6	99.5	99.6	99.7	100.7
98.8	99.2	99.3	99.7	100.1	99.9	100.2
97.4	98.5	98.9	99.8	100.9	100.6	101.4
97.5	98.6	99.0	100.1	101.3	100.8	101.7
96.1	97.3	96.0	95.1	94.4	95.7	95.7
99.6	99.6	99.6	99.6	99.5	99.5	99.6
99.9	99.9	99.9	99.9	99.9	99.9	99.9
97.6	97.6	97.6	97.6	97.3	97.3	97.3
101.4	101.4	101.3	101.3	101.3	101.3	101.9
99.6	99.6	99.6	99.8	100.0	100.0	100.0
99.6	99.6	99.6	99.8	100.0	100.0	100.0
101.7	101.3	101.6	101.8	101.1	101.2	101.1
102.9	102.7	102.6	102.3	101.0	100.9	100.9
101.1	101.2	101.2	103.1	103.0	103.0	103.0

4－5 续表6

（上年同月＝100）

类　别	年平均	1月	2月	3月	4月	5月
工具书	100.4	100.8	101.0	100.5	100.5	100.2
教材	99.2	98.2	97.5	98.1	98.1	98.1
参考资料	103.6	101.9	102.4	103.0	103.2	102.8
其他教育用品	99.8	98.5	98.6	98.4	99.5	100.6
（2）教育服务	102.5	103.6	103.7	103.5	103.4	103.2
幼儿早期教育	99.6	100.6	100.6	99.5	99.4	99.2
学前教育	108.2	111.4	111.3	110.9	110.9	110.9
小学初中教育	103.8	104.5	104.5	104.6	104.6	104.6
高中中职教育	103.3	104.7	104.7	104.7	104.7	104.7
高等教育	100.1	100.1	100.1	100.1	100.1	100.1
课外教育	101.7	102.4	102.7	102.2	102.3	101.7
专业技能培训	98.4	99.3	99.9	100.2	99.2	99.1
其他教育服务	100.7	101.3	101.3	101.3	101.3	101.1
2. 文化娱乐	100.3	101.5	101.6	100.4	99.0	98.3
（1）文娱耐用消费品	99.5	100.9	101.7	100.8	100.1	98.5
电视机	95.8	99.8	99.0	97.5	96.5	95.9
照相机	100.6	100.6	101.7	100.9	104.4	102.9
台式计算机	103.4	113.1	113.2	111.8	111.5	102.0
笔记本电脑	101.9	110.0	108.2	106.9	103.5	101.0
平板电脑	102.2	89.6	95.8	96.6	96.6	97.8
乐器	103.6	107.5	107.4	107.4	107.0	101.9
音响	100.5	100.4	100.7	100.5	100.7	100.7
可穿戴智能设备	104.0	104.3	105.9	105.3	103.2	103.5
其他文娱耐用消费品	96.1	97.5	98.5	97.0	97.6	96.4
（2）其他文娱用品	100.5	100.4	100.1	100.4	100.8	100.8
书报杂志及音像制品	101.1	101.9	100.7	100.8	100.8	101.0
纸张文具	99.2	99.2	98.5	98.9	98.9	98.7
体育户外用品	105.2	101.5	103.6	103.6	105.2	107.6
游戏用品和玩具	99.1	98.6	98.2	98.8	99.7	98.9
园艺花卉及用品	100.2	101.7	101.9	101.9	101.9	101.6
宠物及用品	101.2	101.1	101.3	101.0	101.2	101.5
其他文化娱乐用品	99.6	100.9	100.0	100.1	100.2	99.4
（3）文化娱乐服务	100.6	100.3	100.5	100.2	99.7	98.5
电影及演出票	99.4	99.8	95.6	99.5	96.0	94.9
景点门票	99.8	100.0	101.4	98.6	99.2	93.8
电视服务	100.2	100.0	100.0	100.0	100.3	100.3
健身活动	100.6	101.9	102.0	102.0	101.4	101.1
宠物服务	101.3	100.7	100.0	100.9	100.9	101.1
网络文娱服务	100.4	99.3	103.5	100.7	97.6	100.3
儿童娱乐项目	105.1	99.8	102.7	101.8	102.1	102.5
其他文娱服务	101.4	103.0	101.5	101.0	101.3	101.6
（4）旅游	100.9	104.2	103.6	100.2	95.7	95.7

6月	7月	8月	9月	10月	11月	12月
100.2	100.3	100.3	100.2	100.2	100.3	100.3
97.9	97.9	97.9	102.2	101.4	101.4	101.4
102.8	102.9	102.9	105.2	105.2	105.2	105.2
100.4	100.2	100.2	100.3	100.2	100.1	100.3
103.0	102.7	102.7	102.3	100.9	100.8	100.8
98.2	98.6	99.2	100.3	99.3	100.0	100.0
110.6	110.6	110.6	109.5	101.4	101.4	101.4
104.6	104.6	104.6	102.8	102.3	102.3	102.3
104.7	104.7	104.7	100.5	100.5	100.5	100.5
100.1	100.1	100.1	100.0	100.0	100.0	100.0
101.6	100.9	100.6	101.3	101.9	101.6	101.6
97.7	97.7	97.7	97.4	97.2	97.6	97.6
100.6	100.6	100.6	100.2	100.3	100.1	100.1
99.4	98.6	99.8	100.8	101.4	101.8	101.4
98.3	98.1	100.2	99.8	98.5	98.9	98.3
94.3	94.6	94.2	94.2	94.1	94.4	94.6
102.0	98.4	100.6	99.2	99.2	97.7	99.2
96.7	96.2	99.7	100.3	100.6	100.0	99.9
101.8	103.7	103.1	100.9	96.1	94.8	95.3
102.6	99.2	110.6	110.1	106.4	114.4	109.0
101.7	102.4	103.0	103.0	102.7	99.9	100.0
100.6	100.5	100.9	100.5	100.3	100.2	100.3
103.1	101.8	107.3	107.3	106.6	102.2	98.3
95.4	96.5	95.5	95.2	95.7	93.8	94.6
100.9	100.9	100.6	100.5	100.7	100.1	100.3
101.0	101.0	101.2	101.0	101.4	101.4	101.3
99.3	99.2	99.0	99.4	99.3	99.3	100.1
106.4	107.4	106.4	104.9	107.4	103.4	104.9
99.8	99.7	99.1	99.6	99.5	98.9	99.0
100.8	100.0	99.4	98.6	98.3	98.4	98.1
101.5	101.3	101.5	101.2	100.8	100.8	100.6
99.4	99.5	99.3	99.1	99.4	98.8	98.8
100.0	100.4	101.4	101.9	101.4	101.1	101.9
96.2	98.0	100.2	105.4	99.7	104.8	104.2
99.2	99.0	100.5	102.1	103.1	100.5	100.8
100.4	100.4	100.3	100.3	100.3	100.3	100.4
99.8	100.0	100.1	100.1	98.8	99.5	100.1
101.1	102.1	102.4	102.3	101.7	101.1	101.0
103.4	103.9	101.7	96.8	99.3	95.0	103.2
102.4	102.6	109.9	109.4	109.4	109.4	109.6
101.6	101.4	101.4	101.0	101.0	100.9	100.9
99.1	96.0	97.3	101.5	105.8	107.6	105.8

4－5 续表 7

（上年同月＝100）

类　别	年平均	1 月	2 月	3 月	4 月	5 月
旅行社收费	101.1	104.7	104.0	100.2	95.3	95.2
其他旅游	99.6	100.3	100.1	100.6	98.5	99.3
七、医疗保健	100.7	100.5	100.7	100.8	100.8	100.8
1. 药品及医疗器具	101.1	100.5	101.0	101.4	101.2	101.1
(1)中药	103.1	101.9	102.6	103.5	102.9	102.7
中药材	102.4	101.6	101.0	102.9	102.9	102.2
中成药	103.3	101.9	103.2	103.8	102.9	102.9
(2)西药	101.5	100.4	101.1	101.4	101.3	101.4
抗微生物药	104.8	100.2	101.3	103.2	103.8	103.9
消化系统用药	100.5	101.9	101.8	101.2	100.8	100.7
呼吸系统用药	100.8	100.2	100.2	101.2	100.8	100.8
解热镇痛药	102.8	102.6	103.2	103.0	102.5	101.2
抗肿瘤药	99.7	100.0	100.4	99.9	100.1	100.3
激素及影响内分泌药	103.5	98.8	99.6	100.1	100.7	102.8
心血管系统用药	99.2	97.0	99.2	99.6	98.5	98.8
血液系统用药	99.4	100.6	100.6	100.7	100.3	99.9
治疗精神障碍药	100.9	98.4	99.0	99.9	100.3	99.8
神经系统用药	103.8	103.4	103.8	104.3	103.6	103.3
泌尿系统用药	101.2	102.2	101.9	102.3	101.8	101.8
维生素、矿物质类药	102.0	102.2	102.9	102.7	104.4	104.1
调节水、电解质及酸碱平衡药	107.2	105.9	105.0	105.2	105.6	106.2
其他西药	100.2	100.4	100.1	100.5	100.4	100.6
(3)滋补保健品	100.3	100.9	100.7	100.4	101.2	100.9
滋补保健品	100.3	100.9	100.7	100.4	101.2	100.9
(4)医疗卫生器具	96.1	97.7	97.5	98.0	96.8	96.4
医疗卫生器具	96.1	97.7	97.5	98.0	96.8	96.4
(5)保健器具	101.1	100.0	100.0	100.1	101.4	101.7
保健器具	101.1	100.0	100.0	100.1	101.4	101.7
2. 医疗服务	100.5	100.5	100.5	100.5	100.6	100.6
(1)综合医疗类	100.3	100.2	100.2	100.2	100.5	100.5
一般医疗服务	100.1	100.2	100.2	100.2	100.1	100.1
一般治疗操作	100.1	99.9	99.9	99.9	100.5	100.5
护理	101.0	101.0	101.0	101.0	101.0	101.0
其他综合医疗服务	100.0	100.0	100.0	100.0	100.0	100.0
(2)诊断类	99.8	99.7	99.8	99.8	99.8	99.8
病理学诊断	100.1	100.1	100.1	100.1	100.1	100.1
实验室诊断	100.1	99.8	99.9	99.9	100.0	100.0
影像学诊断	99.4	99.4	99.4	99.4	99.4	99.4
临床诊断	100.3	100.3	100.4	100.4	100.4	100.4
(3)治疗类	100.4	100.2	100.2	100.2	100.4	100.4
临床手术治疗	100.6	100.6	100.6	100.6	100.6	100.6
临床非手术治疗	100.0	99.5	99.5	99.6	100.1	100.1

6月	7月	8月	9月	10月	11月	12月
99.1	95.6	97.0	101.8	106.7	108.7	106.6
99.2	99.4	99.5	99.5	99.5	99.5	99.5
100.9	100.7	100.8	100.5	100.5	100.6	100.6
101.3	100.9	100.9	101.0	101.2	101.5	101.4
102.9	102.7	103.0	103.1	103.7	104.0	104.2
102.2	102.0	102.2	102.4	102.4	103.3	104.4
103.1	102.9	103.2	103.3	104.1	104.2	104.2
101.7	101.4	101.6	101.8	102.0	101.9	101.8
106.7	104.4	105.7	107.1	107.2	107.3	107.3
100.6	100.2	99.9	100.0	99.8	99.8	99.7
101.0	100.5	100.4	100.4	100.8	101.7	101.2
103.6	103.1	103.3	103.1	102.6	102.7	102.9
100.6	99.6	99.6	99.4	99.4	98.8	98.7
102.6	103.1	104.1	104.5	108.7	108.7	108.8
98.6	99.5	99.6	100.1	100.1	100.0	100.0
98.8	99.0	98.8	98.7	98.8	99.1	97.3
101.0	102.1	102.7	101.8	101.7	102.1	101.9
103.4	104.2	104.8	104.4	104.1	103.2	103.2
102.0	100.8	100.5	100.4	100.3	99.8	100.3
102.1	101.7	100.4	100.6	100.6	101.2	101.3
109.1	108.7	109.3	109.0	109.0	107.0	106.7
100.9	99.8	99.6	99.6	100.6	99.8	99.9
100.6	100.0	99.6	99.5	99.5	100.3	100.2
100.6	100.0	99.6	99.5	99.5	100.3	100.2
96.5	95.5	95.1	94.8	94.5	95.2	95.0
96.5	95.5	95.1	94.8	94.5	95.2	95.0
101.7	101.4	101.4	101.4	101.4	101.4	101.4
101.7	101.4	101.4	101.4	101.4	101.4	101.4
100.7	100.7	100.7	100.3	100.2	100.2	100.1
100.4	100.4	100.4	100.4	100.1	100.1	100.0
100.1	100.0	100.1	100.1	100.1	100.1	100.1
100.3	100.3	100.3	100.3	99.8	99.8	99.8
101.0	101.0	101.0	101.0	100.9	100.9	100.2
100.0	100.0	100.0	100.0	100.0	100.0	100.0
99.9	99.9	99.9	99.9	99.9	99.9	99.9
100.1	100.1	100.1	100.1	100.1	100.1	99.9
100.1	100.2	100.2	100.2	100.2	100.2	100.2
99.4	99.4	99.4	99.4	99.4	99.4	99.4
100.4	100.4	100.4	100.4	100.4	100.4	100.3
100.5	100.5	100.5	100.5	100.5	100.5	100.5
100.6	100.6	100.6	100.6	100.6	100.6	100.7
100.1	100.1	100.2	100.2	100.1	100.1	100.1

4－5 续表8

（上年同月＝100）

类 别	年平均	1月	2月	3月	4月	5月
（4）康复类	99.3	98.9	98.9	98.9	99.3	99.3
康复医疗	99.3	98.9	98.9	98.9	99.3	99.3
（5）中医医疗服务类	106.2	108.3	108.4	108.6	108.6	108.5
中医治疗	106.2	108.3	108.4	108.6	108.6	108.5
（6）其他医疗保健服务	101.0	101.3	101.3	101.2	101.3	101.3
其他医疗保健服务	101.0	101.3	101.3	101.2	101.3	101.3
八、其他用品及服务	101.2	99.0	99.8	101.7	101.1	101.8
1.其他用品	101.7	95.9	98.8	102.8	102.3	103.3
（1）首饰手表	101.9	95.6	99.1	105.9	103.0	102.3
金饰品	103.7	94.6	99.4	109.7	107.1	105.6
银饰品	99.0	100.3	98.5	99.2	99.9	100.0
铂金饰品	95.7	94.5	96.3	96.9	86.6	88.0
手表	99.5	99.1	99.6	99.6	98.9	99.8
（2）母婴用品	104.3	95.3	97.4	98.3	102.1	109.4
母婴洗护喂养用品	104.3	96.5	95.4	95.7	100.8	110.0
其他母婴用品	104.4	92.7	102.3	104.3	105.4	108.1
（3）其他杂项用品	98.3	98.8	98.0	98.3	96.1	95.1
箱包	98.3	99.0	97.9	98.2	95.1	93.8
眼镜	98.3	98.3	98.3	98.3	98.3	98.1
2.其他服务	97.1	94.9	95.3	95.4	96.4	95.9
（1）在外住宿	100.2	96.5	98.1	99.3	107.7	103.4
宾馆住宿	100.1	97.5	98.2	98.3	107.1	103.0
其他住宿	100.5	94.3	97.8	101.4	109.1	104.3
（2）美容美发洗浴	101.8	101.5	102.3	101.7	101.9	101.8
美容	100.2	99.5	100.2	99.7	99.6	99.8
美发	102.0	102.6	103.1	102.5	102.6	102.2
洗浴	102.8	101.6	103.2	102.6	103.1	103.2
（3）养老服务	101.7	100.9	100.9	101.5	101.6	101.7
养老服务	101.7	100.9	100.9	101.5	101.6	101.7
（4）金融及保险服务	89.6	85.6	85.6	85.6	85.6	85.6
金融服务	100.3	100.5	100.5	100.5	100.5	100.5
车辆保险	80.1	75.1	75.1	75.1	75.1	75.1
旅行保险	100.0	100.0	100.0	100.0	100.0	100.0
其他保险	108.1	105.4	105.4	105.4	105.4	105.4
（5）中介法律及其他服务	99.0	99.9	99.9	99.9	98.5	98.5
中介服务	99.9	99.7	99.7	99.7	99.4	99.6
法律服务	97.6	100.0	100.0	100.0	96.8	96.8
其他杂项服务	99.8	100.0	100.0	100.0	100.0	100.0

6月	7月	8月	9月	10月	11月	12月
99.3	99.3	99.3	99.3	99.4	99.4	100.3
99.3	99.3	99.3	99.3	99.4	99.4	100.3
108.9	108.9	109.0	102.5	101.5	101.5	101.3
108.9	108.9	109.0	102.5	101.5	101.5	101.3
101.3	101.3	101.3	100.9	100.7	100.6	99.7
101.3	101.3	101.3	100.9	100.7	100.6	99.7
101.3	100.4	101.6	101.2	101.5	102.1	102.6
101.9	100.3	102.6	101.7	102.5	103.6	104.8
100.2	99.2	102.8	101.2	103.0	104.5	106.6
101.7	100.5	104.8	102.5	105.1	106.1	108.7
99.4	99.5	99.9	99.0	93.5	99.6	99.7
91.6	90.3	96.4	97.7	100.3	104.1	108.3
99.7	99.4	99.7	99.3	99.0	100.0	99.9
111.2	106.7	107.3	105.9	106.6	106.2	106.3
112.5	107.0	108.8	105.9	106.8	106.4	107.1
108.2	105.9	103.9	105.8	106.2	105.7	104.4
99.5	99.6	99.5	99.4	100.3	97.6	97.3
100.3	100.6	100.0	100.0	101.1	97.3	96.5
97.9	97.4	98.5	98.1	98.4	98.4	99.1
95.6	96.2	95.9	95.6	100.9	101.5	101.6
101.0	102.6	99.8	99.3	97.1	99.0	99.3
100.8	101.9	100.1	99.3	96.7	98.9	99.5
101.3	104.0	99.1	99.1	98.0	99.1	98.8
101.9	101.9	101.9	101.2	101.3	101.9	101.8
100.0	100.2	100.1	100.0	101.0	101.1	101.0
102.2	102.0	101.8	101.2	101.4	101.7	101.4
103.2	103.5	103.5	102.5	101.4	103.1	103.1
101.8	102.2	102.2	101.8	101.7	101.8	102.1
101.8	102.2	102.2	101.8	101.7	101.8	102.1
85.6	86.6	86.5	86.8	102.2	102.4	102.4
100.5	100.5	100.4	100.4	100.4	99.9	99.9
75.2	75.2	75.2	75.2	99.7	100.2	100.2
100.0	100.0	100.0	100.0	100.0	100.0	100.0
105.4	110.5	110.5	111.4	110.5	110.5	110.5
98.8	98.8	98.8	98.8	98.3	98.8	98.8
100.2	100.2	100.2	100.2	100.2	100.2	100.2
96.8	96.8	96.8	96.8	96.8	96.8	96.8
100.0	100.0	100.0	100.0	97.5	100.0	100.0

4－6　农村居民消费价格

（上年同月＝100）

类　　别	年平均	1月	2月	3月	4月	5月
总指数	**101.7**	**100.0**	**100.1**	**100.9**	**101.7**	**102.0**
一、食品烟酒	102.5	96.9	96.6	99.0	102.1	102.8
1.食品	103.0	95.4	94.9	98.1	102.4	103.5
（1）粮食	105.8	102.5	102.4	105.1	106.1	107.3
大米	100.2	99.9	100.5	100.6	100.1	100.6
面粉	108.0	104.2	103.3	108.2	109.3	110.6
其他粮食	102.4	105.3	103.4	103.3	103.7	103.7
粮食制品	108.5	102.5	102.8	106.3	108.3	110.2
（2）薯类	114.9	107.5	98.7	104.5	120.0	125.1
薯类	114.9	107.5	98.7	104.5	120.0	125.1
（3）豆类	105.7	110.0	104.6	103.2	104.5	105.5
干豆	104.7	106.8	104.4	105.2	105.5	106.3
豆制品	105.8	110.2	104.6	103.0	104.4	105.5
（4）食用油	108.4	105.6	106.3	107.8	108.1	109.6
食用植物油	108.9	106.4	107.1	108.7	109.0	110.4
食用动物油	76.7	66.5	66.4	65.1	64.0	65.2
（5）菜及食用菌	97.6	100.0	94.7	115.5	124.7	110.2
鲜菜	96.7	99.7	93.6	116.7	127.1	111.2
鲜菌	106.9	100.3	110.7	108.6	111.3	103.5
干菜干菌及制品	103.8	104.2	103.5	103.7	103.9	103.9
（6）畜肉类	95.9	68.7	69.7	69.5	76.7	86.4
猪肉	93.4	54.1	54.6	53.2	62.8	77.9
牛肉	102.3	105.7	105.3	105.1	104.8	104.0
羊肉	95.2	99.2	96.6	95.2	95.1	93.5
其他畜肉及副产品	88.7	74.3	74.6	74.6	76.7	79.1
畜肉制品	101.2	97.9	98.6	98.3	98.3	99.2
（7）禽肉类	104.7	101.2	99.2	98.6	99.6	101.5
鸡	105.1	99.7	97.3	96.9	98.9	101.0
鸭	103.2	105.1	99.2	95.8	91.9	98.9
其他禽肉及制品	104.0	104.5	104.6	103.8	103.8	103.7
（8）水产品	100.0	110.1	106.7	102.7	98.7	92.5
淡水鱼	92.0	114.0	107.0	99.1	91.2	81.2
海水鱼	107.6	112.4	111.0	109.9	110.0	108.7
虾蟹类	109.1	108.5	109.2	105.9	108.1	106.6
其他水产品及制品	109.7	104.2	104.4	106.0	106.6	107.6
（9）蛋类	108.3	99.0	101.4	105.3	113.2	112.1
鸡蛋	108.4	98.4	101.3	105.5	114.1	112.6
其他蛋及制品	107.4	106.0	102.7	103.7	104.9	107.1
（10）奶类	101.0	101.2	101.2	101.0	101.0	100.8
鲜奶	101.2	102.2	101.8	102.1	101.5	101.2
酸奶	102.3	101.1	102.5	101.9	102.2	102.1
奶粉	100.4	100.9	100.9	100.4	100.6	100.2

分月同比指数(2022年)

6月	7月	8月	9月	10月	11月	12月
102.3	**102.7**	**102.3**	**102.9**	**102.7**	**101.6**	**101.4**
103.3	105.6	104.5	106.8	107.0	103.4	102.8
104.3	107.6	105.9	109.2	109.3	104.2	103.4
107.5	107.1	107.8	107.0	107.1	105.2	104.8
100.6	99.9	100.4	100.5	100.3	99.2	99.9
109.5	109.0	110.0	109.7	110.6	106.3	105.4
103.1	103.0	102.5	101.8	102.1	98.5	98.9
111.2	111.1	111.8	110.4	110.1	109.5	108.4
121.5	117.6	113.5	115.9	117.2	118.2	121.9
121.5	117.6	113.5	115.9	117.2	118.2	121.9
105.9	106.2	105.8	106.0	106.6	105.6	104.8
106.5	104.8	104.7	103.7	104.3	102.7	102.0
105.9	106.3	105.8	106.1	106.8	105.8	105.0
109.9	109.2	109.7	110.0	110.6	107.5	106.2
110.6	109.7	110.2	110.5	110.8	107.5	106.1
69.5	76.2	78.8	81.0	94.0	106.4	110.5
100.2	108.4	97.5	102.1	86.4	69.6	76.7
99.5	108.7	95.9	101.1	84.5	66.6	73.3
104.8	111.9	118.2	117.9	99.7	84.7	113.0
103.8	103.8	104.4	104.4	104.4	103.0	102.9
97.6	112.3	112.6	123.2	136.1	123.8	112.9
96.5	123.2	123.7	144.7	170.0	143.3	123.7
102.9	101.6	100.7	101.1	99.9	98.4	98.1
93.2	93.0	93.7	96.3	96.7	96.0	93.9
85.9	92.9	94.3	99.2	107.6	110.0	112.7
101.2	102.9	103.0	103.7	105.0	104.0	102.8
103.4	108.1	108.9	110.1	110.4	108.8	107.0
102.8	109.4	110.6	112.5	113.3	111.4	108.8
106.4	112.4	115.4	112.1	103.4	98.4	100.6
104.3	103.6	103.1	103.4	104.3	104.5	103.8
92.3	93.3	96.2	101.1	103.0	103.4	104.0
80.2	80.8	83.8	91.2	94.4	96.8	98.6
105.6	103.7	107.4	108.3	107.7	105.5	101.5
110.6	109.2	115.1	112.5	110.8	106.8	107.5
109.2	112.0	112.9	114.5	114.9	112.9	111.9
106.0	105.8	101.2	109.1	117.4	114.4	114.0
105.8	105.5	100.6	109.1	118.3	114.8	114.4
108.3	108.9	107.4	109.7	109.0	110.8	110.3
100.8	101.1	101.2	101.0	100.9	100.5	100.6
100.6	100.6	100.9	101.0	100.9	100.8	100.8
102.2	103.6	103.5	103.4	102.5	101.7	101.4
100.5	100.8	100.6	100.3	100.5	99.7	99.9

4-6 续表1

（上年同月=100）

类　别	年平均	1月	2月	3月	4月	5月
其他奶制品	99.0	98.2	97.4	96.7	97.8	98.5
（11）干鲜瓜果类	111.6	109.9	108.1	105.4	112.1	117.6
鲜果	113.7	112.2	109.8	106.6	114.7	121.3
坚果	103.4	100.3	101.5	100.5	100.5	102.9
瓜果制品	99.3	98.0	96.3	96.4	98.0	98.5
（12）糖果糕点类	100.4	100.5	100.3	100.7	100.1	100.2
食糖	102.1	100.9	100.9	101.3	101.8	101.8
糖果	101.0	101.2	101.6	100.6	100.6	100.7
糕点	100.1	100.1	99.8	100.5	99.6	99.7
其他糖果糕点	100.1	101.4	101.2	101.0	101.0	100.5
（13）调味品	104.7	102.2	104.3	104.6	104.5	104.9
食用盐	100.3	98.9	99.9	100.2	100.2	100.3
酱油	106.4	101.2	104.5	105.8	105.9	107.1
食醋	104.0	102.5	103.2	104.2	103.9	104.1
增味剂	106.9	105.0	106.8	107.1	106.9	106.9
其他调味品	104.0	102.3	104.6	104.0	103.8	103.8
（14）其他食品类	104.0	100.4	101.4	102.5	103.8	104.0
方便食品	103.9	98.0	99.7	101.3	103.5	104.1
淀粉及制品	104.6	104.3	104.5	105.2	105.3	104.9
其他食品	103.1	101.8	101.5	101.9	101.8	102.2
2.茶及饮料	103.2	102.8	103.5	104.5	104.1	103.3
茶叶	101.6	101.2	101.2	102.1	102.3	101.9
固体咖啡	102.3	100.1	101.0	101.7	101.8	102.0
其他固体饮料	101.2	99.9	100.1	100.6	100.8	100.8
饮用水	100.1	99.5	99.6	100.2	100.2	100.0
果汁饮料	103.9	103.0	104.0	104.5	104.4	104.9
其他液体饮料	104.3	104.2	105.3	106.5	105.7	104.4
3.烟酒	100.9	101.2	101.2	101.2	100.9	100.6
（1）卷烟	100.4	100.3	100.3	100.3	100.4	100.4
卷烟	100.4	100.3	100.3	100.3	100.4	100.4
（2）酒类	101.8	102.7	102.9	102.7	101.9	101.0
白酒	102.0	103.1	103.2	102.9	101.8	100.8
葡萄酒	97.7	94.7	94.7	94.7	95.2	96.0
啤酒	101.4	102.0	102.5	103.0	103.2	101.8
其他酒类	101.8	102.3	102.5	101.7	101.0	102.2
4.在外餐饮	101.1	100.8	100.8	100.7	101.0	100.9
餐馆餐饮	101.4	101.1	101.5	101.4	101.6	101.3
饮品店餐饮	97.9	100.4	100.4	99.0	97.5	97.3
外卖	98.7	100.3	98.3	97.2	98.6	99.7
其他在外餐饮	101.7	100.2	100.2	100.6	101.1	101.1
二、衣着	100.4	99.8	100.0	100.7	100.8	100.8
1.服装	100.4	100.1	100.4	101.0	100.9	100.9

6月	7月	8月	9月	10月	11月	12月
100.0	100.0	100.0	99.4	99.6	99.8	100.4
117.7	114.6	111.8	115.2	111.3	109.3	108.7
121.2	117.5	113.7	118.3	113.2	110.5	109.4
105.3	104.9	105.6	103.7	104.6	104.9	106.2
98.5	99.5	100.2	101.6	101.4	101.4	102.2
100.5	100.5	100.7	100.6	100.4	100.5	100.3
101.3	102.5	102.7	102.8	103.4	103.5	102.9
100.8	101.2	101.8	100.9	100.8	100.8	100.9
100.3	100.2	100.2	100.3	100.0	100.1	99.8
100.8	99.5	99.3	99.4	98.3	99.1	99.3
104.8	104.8	105.0	105.2	105.4	106.2	104.8
100.3	100.4	100.7	100.7	100.7	100.7	101.2
107.4	107.3	107.2	107.3	107.4	109.0	106.4
103.6	103.8	104.3	104.7	104.7	105.2	104.2
107.0	107.4	106.6	106.6	106.5	108.7	106.7
103.4	103.3	104.0	104.3	105.0	104.9	103.9
105.1	105.5	105.1	105.3	105.4	104.9	104.3
105.5	106.0	105.4	105.8	105.8	106.1	106.1
105.5	105.5	105.4	105.3	105.3	102.7	101.1
102.9	104.0	103.8	103.4	104.5	104.6	104.3
102.8	102.9	102.9	103.5	102.9	102.7	102.0
101.9	101.9	101.4	100.5	101.5	101.7	101.4
101.9	102.6	103.6	103.1	103.4	103.3	103.5
100.8	101.7	101.9	101.9	102.0	102.1	101.9
100.9	100.1	100.1	100.1	100.1	100.1	100.1
104.1	104.5	104.1	104.0	104.3	103.0	101.6
103.5	103.7	103.8	105.2	103.7	103.4	102.6
100.7	100.6	100.8	100.8	101.2	100.9	100.8
100.4	100.4	100.4	100.4	100.7	100.4	100.4
100.4	100.4	100.4	100.4	100.7	100.4	100.4
101.2	101.1	101.6	101.7	102.0	101.7	101.5
101.1	100.9	101.9	102.1	102.6	102.1	102.0
98.1	97.9	100.1	100.1	100.3	100.3	100.4
101.8	101.8	100.5	100.1	100.1	100.1	100.0
101.5	101.4	101.8	102.0	101.9	101.6	101.6
100.6	101.1	100.9	101.1	101.5	101.6	101.7
101.0	101.1	101.1	101.4	101.9	102.0	101.8
97.2	97.2	97.2	97.2	97.2	97.2	97.2
98.0	99.2	97.7	98.3	98.1	98.6	100.8
101.4	102.7	102.9	102.7	102.7	102.7	102.5
100.8	100.7	100.9	100.9	100.2	99.4	99.2
100.8	100.6	100.9	101.0	100.1	99.1	98.9

4－6 续表2

（上年同月＝100）

类　　别	年平均	1月	2月	3月	4月	5月
（1）男式服装	100.9	100.3	100.8	101.6	101.6	101.4
男式外套	101.7	99.7	100.4	101.9	102.2	102.4
男式针织衫	100.9	101.8	101.6	101.0	100.7	101.0
男式衬衫T恤	99.6	102.1	102.0	102.3	101.4	99.7
男式裤子	101.4	100.2	101.1	102.0	102.0	102.4
男式内衣	99.4	98.0	98.4	98.5	98.5	99.3
（2）女式服装	100.0	99.7	100.0	100.9	100.8	100.7
女式外套	101.2	99.7	100.1	101.4	101.6	101.7
女式针织衫	100.6	99.4	99.3	100.2	100.8	101.2
女式衬衫T恤	99.9	103.7	103.0	103.9	102.0	101.1
女式裤子	99.1	99.0	99.2	99.8	99.4	99.3
女式裙子	96.1	97.6	98.2	98.5	98.9	97.8
女式内衣	100.4	100.2	100.9	100.6	100.6	100.7
（3）儿童服装	100.7	100.5	100.9	100.3	100.2	100.6
婴儿服装	100.0	100.1	100.1	99.9	100.1	100.0
儿童上衣	100.8	99.8	101.5	101.2	100.8	100.8
儿童裤子	101.3	101.5	101.4	100.2	100.3	101.2
儿童裙子	100.6	100.9	100.4	99.7	99.4	100.0
儿童内衣	100.7	101.3	101.3	101.2	101.5	101.7
（4）衣着材料及配件	100.0	100.2	100.2	100.1	99.8	100.7
袜子	100.8	100.2	100.2	100.6	100.6	102.3
帽子	99.6	100.0	100.0	99.8	99.3	99.7
其他衣着材料及配件	98.6	100.8	100.4	99.4	98.3	98.3
（5）衣着服务费	101.1	102.4	101.0	101.0	101.0	101.0
衣着洗涤保养	101.3	105.0	100.3	100.3	100.3	100.3
其他衣着服务	101.1	101.3	101.3	101.3	101.3	101.3
2.鞋类	100.2	98.6	98.9	100.0	100.3	100.4
（1）鞋	100.2	98.6	98.8	100.0	100.3	100.4
男鞋	100.2	98.8	99.0	99.8	100.5	100.8
女鞋	100.2	97.9	98.2	99.9	100.1	100.4
童鞋	100.1	101.1	101.3	100.9	100.2	99.8
（2）鞋类服务	100.2	100.0	100.0	100.0	100.0	100.0
鞋类服务	100.2	100.0	100.0	100.0	100.0	100.0
三、居住	101.3	102.0	101.8	101.8	101.6	101.7
1.租赁房房租	100.7	101.6	101.4	101.2	101.0	101.2
公房房租	100.1	100.2	100.2	100.2	100.2	100.0
私房房租	100.7	101.6	101.5	101.2	101.1	101.2
2.住房保养维修及管理	101.5	102.6	102.2	102.3	102.1	102.0
（1）住房装潢材料	101.3	103.2	102.5	102.3	102.2	101.7
木地板	102.6	104.8	104.8	104.8	104.8	104.2
瓷砖	101.0	100.9	100.9	101.6	101.5	101.5
水泥	100.4	101.9	102.3	102.3	104.0	102.1

6月	7月	8月	9月	10月	11月	12月
101.3	101.4	101.5	101.3	100.6	99.8	99.9
102.2	102.2	102.2	102.0	102.1	101.3	101.4
101.0	101.0	101.6	100.6	99.8	99.5	100.7
99.1	99.7	100.7	100.1	97.2	96.0	95.5
102.3	102.3	101.2	101.6	101.4	100.7	100.1
99.9	99.9	99.9	99.9	99.8	100.0	100.5
100.6	100.0	100.3	100.6	99.6	98.4	97.9
101.7	101.6	102.5	102.8	101.6	99.9	99.6
101.2	101.2	101.3	102.2	101.5	99.7	98.7
100.4	98.4	98.3	99.2	97.4	96.0	95.9
99.8	99.1	98.9	99.3	98.3	98.4	98.4
97.6	95.5	95.3	94.4	93.9	92.9	92.1
100.6	100.6	100.6	100.4	99.9	99.9	100.2
100.5	101.2	101.9	101.8	100.9	99.8	99.7
99.9	100.0	99.9	99.7	99.8	99.2	101.1
101.4	102.6	102.1	101.4	100.4	99.5	98.7
101.3	102.2	103.5	103.7	101.3	99.5	99.4
98.7	99.1	102.3	102.6	102.6	101.4	100.2
101.4	101.0	101.0	100.8	99.7	98.8	98.2
100.3	100.2	99.8	99.5	99.4	99.5	99.9
101.5	101.5	101.0	100.3	100.3	100.3	100.6
99.7	99.4	99.2	99.1	99.1	99.4	99.9
98.3	98.2	97.8	98.1	97.5	97.5	98.1
100.1	100.1	100.6	100.5	100.5	102.4	103.3
100.3	100.3	100.3	100.0	100.0	103.3	104.8
100.0	100.0	100.7	100.7	100.7	102.0	102.7
100.9	101.0	100.8	100.8	100.6	100.5	100.0
100.9	101.0	100.8	100.8	100.6	100.5	100.0
100.8	100.9	100.8	100.8	100.5	100.3	99.9
101.1	101.3	101.0	100.9	100.9	100.9	100.4
100.5	100.3	100.1	100.2	99.6	99.4	98.3
100.0	100.0	100.5	100.5	100.5	100.5	100.5
100.0	100.0	100.5	100.5	100.5	100.5	100.5
101.8	101.7	101.4	101.0	100.5	100.4	100.2
101.1	101.1	100.0	100.0	100.0	100.0	99.5
100.0	100.0	100.0	100.0	100.0	100.0	100.0
101.2	101.2	100.0	100.0	100.0	100.0	99.4
101.9	101.9	101.8	101.1	100.4	100.3	100.1
101.6	101.5	101.1	100.8	99.9	99.7	99.7
102.6	102.6	101.5	101.5	100.8	99.7	99.7
101.8	101.8	101.1	101.1	100.5	99.9	99.9
101.5	102.5	102.6	99.3	96.4	95.2	95.2

4-6 续表3

（上年同月=100）

类　　别	年平均	1月	2月	3月	4月	5月
涂料	100.5	101.1	101.1	101.1	101.2	100.5
板材	101.6	106.5	103.5	102.9	101.0	101.0
管材	101.8	104.7	104.2	102.5	101.8	102.1
厨卫设备	101.0	103.0	103.0	102.1	102.5	101.8
门窗	101.0	104.7	101.5	101.5	101.4	100.5
其他住房装潢材料	105.2	107.8	108.3	107.2	106.4	105.5
(2)住房维修管理费用	101.8	101.7	101.7	102.4	101.8	102.3
物业管理费	100.0	100.0	100.0	100.0	100.0	100.0
装潢维修费	102.7	102.5	102.5	103.5	102.6	103.3
其他住房费用	99.9	99.9	99.9	100.0	100.0	100.0
3.水电燃料	104.5	105.3	105.1	105.8	105.5	105.9
(1)水	105.0	106.8	106.8	105.8	105.8	105.8
水	105.0	106.8	106.8	105.8	105.8	105.8
(2)电	100.0	100.0	100.0	100.0	100.0	100.0
电	100.0	100.0	100.0	100.0	100.0	100.0
(3)燃气	117.8	121.2	120.7	123.6	122.2	123.6
管道燃气	101.0	101.9	101.9	101.9	101.9	101.6
液化石油气	120.4	124.3	123.8	127.2	125.5	127.1
(4)其他水电燃料类	98.5	98.8	98.0	98.6	98.6	98.7
其他水电燃料类	98.5	98.8	98.0	98.6	98.6	98.7
4.自有住房	100.1	100.6	100.5	100.3	100.2	100.2
自有住房	100.1	100.6	100.5	100.3	100.2	100.2
四、生活用品及服务	100.9	99.7	100.5	100.5	101.0	101.4
1.家具及室内装饰品	100.4	100.7	100.9	101.0	101.2	101.0
(1)家具	100.7	101.1	101.4	101.3	101.4	101.1
柜	100.6	101.6	101.7	101.3	101.4	101.5
床	100.0	100.4	100.4	100.4	100.3	100.3
桌	101.7	101.6	102.0	102.3	102.3	102.0
椅	100.6	100.4	101.3	101.3	101.8	100.3
沙发	100.8	100.8	101.5	101.3	101.4	101.1
其他家具	100.5	100.1	100.1	101.2	101.2	101.1
(2)室内装饰品	96.8	95.1	95.0	97.9	98.4	99.7
灯具	96.2	93.6	93.6	97.7	98.7	100.6
其他室内装饰品	98.3	98.5	98.0	98.3	98.0	97.9
2.家用器具	100.7	101.5	102.5	101.1	100.7	100.5
(1)大型家用器具	100.2	101.3	102.5	100.7	100.3	100.0
洗衣机	99.1	108.5	106.0	99.8	98.8	98.2
电冰箱(柜)	96.1	102.3	101.0	99.0	95.8	95.2
抽油烟机	100.3	105.0	104.8	101.1	101.0	100.9
空调器	102.4	99.7	103.8	100.8	101.7	102.3
热水器	99.1	98.8	100.2	103.2	101.5	100.0
炉具灶具	103.0	101.0	100.6	103.5	103.2	102.9

6月	7月	8月	9月	10月	11月	12月
100.5	100.7	100.7	100.4	99.4	99.4	99.4
101.2	100.6	100.5	100.7	99.6	101.4	101.2
101.9	101.1	100.9	100.9	100.7	100.8	100.6
101.3	100.5	100.2	99.7	99.2	99.5	99.5
100.3	100.5	100.5	100.5	100.2	100.2	100.2
105.9	105.9	105.8	104.9	102.5	101.3	101.3
102.3	102.6	102.7	101.5	101.1	101.1	100.7
100.0	100.0	100.0	100.0	100.0	100.0	100.0
103.3	103.8	103.9	102.2	101.5	101.5	101.5
100.0	100.0	100.0	100.0	100.0	100.0	98.6
105.7	105.4	105.3	104.3	102.7	101.9	101.7
105.8	105.8	105.8	105.8	105.8	100.0	100.0
105.8	105.8	105.8	105.8	105.8	100.0	100.0
100.0	100.0	100.0	100.0	100.0	100.0	100.0
100.0	100.0	100.0	100.0	100.0	100.0	100.0
122.3	120.7	120.1	116.4	110.8	109.1	106.6
101.0	101.0	100.5	100.0	100.0	100.0	100.3
125.8	123.8	123.2	119.0	112.4	110.4	107.5
99.1	99.8	99.8	98.7	96.8	96.2	98.9
99.1	99.8	99.8	98.7	96.8	96.2	98.9
100.4	100.4	99.9	99.9	99.7	99.8	99.7
100.4	100.4	99.9	99.9	99.7	99.8	99.7
101.4	100.9	100.9	100.8	101.1	101.3	101.3
100.9	101.0	100.7	100.1	100.0	98.7	98.8
101.3	101.2	101.0	100.5	100.3	99.0	98.8
101.6	101.4	101.2	99.9	99.6	98.4	98.0
100.3	100.0	100.0	100.6	100.1	98.7	98.7
101.9	102.0	101.9	101.1	101.5	100.7	100.7
101.0	101.2	101.2	100.6	100.4	98.7	98.7
101.2	101.2	100.9	101.0	100.7	99.2	99.2
101.1	101.2	101.2	100.9	100.5	98.5	98.5
96.5	98.9	96.5	94.4	96.1	95.0	98.5
95.8	99.1	95.8	92.5	95.1	93.4	98.4
98.0	98.5	98.3	98.5	98.5	98.5	99.0
99.8	100.2	100.0	99.7	100.7	100.5	100.6
99.0	99.4	99.3	99.1	100.3	100.4	100.6
97.3	98.8	96.3	96.1	97.8	96.0	96.4
95.2	94.8	93.4	93.2	95.0	94.0	94.6
100.2	98.8	98.7	98.4	97.8	98.8	98.9
100.2	101.1	102.3	102.4	104.2	105.6	105.1
99.8	99.0	97.7	96.8	96.3	97.4	98.5
101.4	103.9	104.3	103.8	104.1	103.0	103.7

4－6　续表 4

（上年同月＝100）

类　　别	年平均	1 月	2 月	3 月	4 月	5 月
吸尘器	106.0	97.2	99.2	101.9	110.8	104.5
空气净化器	100.3	90.9	96.0	98.9	100.2	97.3
净水器	101.8	91.6	93.9	99.0	103.2	107.7
其他大型家用器具	100.3	103.2	102.9	100.6	100.4	100.2
（2）小家电	103.3	103.2	102.0	103.4	103.2	103.8
厨房小家电	103.0	103.2	101.9	102.6	103.1	105.5
生活小家电	103.9	103.2	102.0	104.8	103.3	101.0
3. 家用纺织品	99.6	100.2	100.2	100.2	100.2	100.3
（1）床上用品	99.4	100.1	100.1	100.1	100.1	100.1
被子	99.6	100.1	100.2	100.2	100.3	100.3
床单被套	99.5	100.6	100.4	100.4	100.5	100.5
其他床上用品	98.5	99.1	99.1	99.1	98.7	99.0
（2）窗帘门帘	100.8	101.0	101.0	101.0	101.1	101.4
窗帘门帘	100.8	101.0	101.0	101.0	101.1	101.4
（3）其他家用纺织品	100.2	100.2	100.2	99.8	100.3	99.9
其他家用纺织品	100.2	100.2	100.2	99.8	100.3	99.9
4. 家庭日用杂品	100.5	98.3	98.8	99.6	100.8	101.2
（1）洗涤卫生用品	99.8	98.1	97.5	99.2	100.2	101.0
清洗用品	98.7	97.3	96.5	100.0	101.4	103.2
清洁用具	101.7	103.1	103.8	102.6	102.0	101.8
清洁用纸	100.8	97.7	97.2	97.3	98.0	98.0
（2）厨具餐具茶具	102.7	98.1	101.2	100.9	103.1	103.2
厨具	102.8	98.3	104.8	101.4	102.4	102.6
餐具	103.3	96.8	93.3	99.8	105.5	104.8
茶具	100.2	102.1	106.4	101.9	99.2	102.3
（3）其他家庭日用杂品	98.8	100.4	100.6	99.1	98.9	97.6
配电附件	98.3	101.7	101.3	99.2	98.7	96.0
雨　具	97.5	97.3	100.6	98.8	98.7	97.4
其他日用杂品	99.9	99.6	99.8	99.1	99.2	99.6
5. 个人护理用品	103.4	96.4	98.8	99.9	102.4	104.7
（1）化妆品	102.7	93.0	96.7	97.9	99.4	103.3
清洁化妆品	99.6	87.8	90.3	92.5	94.0	99.0
护肤化妆品	102.8	91.2	95.8	98.2	98.7	104.1
彩妆化妆品	105.3	103.6	105.2	102.4	105.8	106.5
化妆器具	105.5	99.1	105.4	103.6	110.2	101.8
（2）其他护理用品类	104.1	99.6	100.8	101.8	105.2	106.1
清洁类护理用品	104.7	98.9	101.3	101.4	106.2	106.9
护发美发用品	102.3	101.4	101.2	102.5	102.7	104.8
护理器具	105.0	99.3	98.5	102.1	105.7	106.1
其他护理用品	100.4	102.7	102.7	102.4	102.3	101.0
6. 家庭服务	101.2	100.6	100.9	100.9	100.6	100.6
家政服务	101.4	102.4	102.7	102.6	100.8	101.0

6月	7月	8月	9月	10月	11月	12月
106.9	109.5	107.4	105.3	107.1	109.9	112.3
94.9	95.7	99.7	108.3	105.6	108.6	110.2
106.1	103.6	106.3	104.7	102.8	105.1	99.4
99.8	99.8	100.0	99.5	100.0	98.5	98.6
105.4	105.0	105.3	103.8	103.7	101.1	100.4
107.3	104.6	104.5	102.7	101.6	100.4	99.3
102.2	105.6	106.5	105.8	107.5	102.2	102.5
100.1	100.2	98.6	98.3	99.2	98.8	98.8
100.0	100.1	98.1	97.7	98.8	98.5	98.5
100.1	100.1	97.8	97.7	99.6	99.4	99.3
100.5	100.3	98.4	97.5	98.4	98.4	98.4
98.8	99.4	98.2	98.1	98.4	97.4	97.4
100.8	100.8	100.6	100.8	101.0	100.0	100.0
100.8	100.8	100.6	100.8	101.0	100.0	100.0
99.9	100.5	100.2	100.2	100.6	100.5	100.5
99.9	100.5	100.2	100.2	100.6	100.5	100.5
101.9	99.1	100.8	100.3	100.5	102.0	102.2
100.0	98.2	99.3	100.0	100.6	102.0	102.0
101.2	96.9	98.5	98.2	98.4	96.5	96.9
101.2	102.0	103.0	99.6	100.8	98.8	101.5
98.1	98.9	99.5	102.4	103.4	110.4	109.1
107.8	101.3	105.8	101.8	101.0	103.8	104.5
110.0	100.0	106.7	101.1	99.5	103.5	103.6
106.8	105.5	105.9	104.0	104.1	105.6	107.6
97.6	95.9	99.4	98.7	100.2	99.6	99.8
98.8	99.2	97.7	98.5	98.8	98.2	98.2
98.3	98.4	95.7	97.5	98.0	97.4	97.1
96.3	98.5	97.5	96.9	97.7	95.1	95.8
100.0	100.4	100.2	100.2	100.2	100.1	100.1
105.5	105.9	104.1	106.1	105.3	106.4	105.9
103.3	105.0	103.2	107.9	106.2	109.2	108.2
104.5	103.6	102.4	105.4	104.7	103.9	109.0
101.9	105.4	102.7	109.6	106.5	112.4	109.0
105.9	105.8	105.0	105.5	106.7	105.7	105.1
106.4	105.0	105.7	107.0	107.0	108.8	106.0
107.7	106.7	104.9	104.4	104.4	103.8	103.8
108.4	106.4	105.5	105.7	105.3	105.9	104.9
107.4	105.1	102.7	101.0	100.2	99.8	99.0
107.4	111.6	106.7	105.4	107.6	102.4	106.7
99.1	98.9	99.3	99.4	99.2	99.2	99.1
100.7	101.4	101.4	101.6	101.8	101.8	101.8
101.0	100.7	100.8	101.1	101.2	101.4	101.4

4－6 续表5

（上年同月＝100）

类　　别	年平均	1月	2月	3月	4月	5月
母婴护理服务	101.9	101.2	101.2	101.2	100.6	100.9
家庭维修服务	100.9	100.1	100.5	100.4	100.4	100.4
其他家庭服务	102.0	101.5	101.5	101.7	101.7	101.7
五、交通通信	104.1	103.4	103.9	104.3	104.9	104.7
1.交通	106.2	105.7	106.5	106.8	107.6	107.4
(1)交通工具	100.1	100.2	99.9	99.9	99.7	99.8
燃油小汽车	99.8	100.1	99.7	99.6	99.2	99.5
新能源小汽车	101.5	101.7	102.0	102.0	101.8	101.3
电动自行车	99.9	100.0	99.9	99.9	100.1	99.5
自行车	102.8	102.9	102.9	103.8	103.5	103.1
其他交通工具	100.6	99.8	99.8	99.9	100.0	100.3
(2)交通工具用燃料	121.3	120.6	123.8	124.6	129.1	127.7
汽油	121.4	120.8	123.9	124.8	129.2	127.8
柴油	123.3	122.9	126.4	127.0	131.8	130.3
其他车用能源	104.9	104.2	105.9	105.8	107.7	108.9
(3)交通工具使用和维修	101.1	101.4	100.7	101.1	100.9	100.5
停车费	101.0	102.1	102.1	102.1	102.1	102.1
车辆使用费	101.3	100.5	100.5	100.5	101.6	101.6
交通工具零配件	100.7	101.1	101.1	101.3	100.8	100.8
车辆修理与保养	101.1	101.9	100.7	101.3	100.7	100.0
(4)交通费	101.9	103.2	104.4	101.0	98.6	100.1
市内公共交通	99.8	100.0	97.9	100.0	100.0	100.0
出租汽车	100.0	100.0	100.0	100.0	100.0	100.0
飞机票	113.4	119.3	144.8	106.4	83.8	97.0
火车票	100.3	100.5	100.5	100.5	100.7	100.7
长途汽车	101.4	104.1	102.7	100.8	100.8	100.8
网约车	99.5	100.3	100.2	100.0	100.1	99.0
交通工具租赁费	100.6	99.7	99.7	100.1	100.5	100.8
其他交通费	100.5	105.1	101.3	100.0	100.0	100.0
2.通信	99.3	98.4	98.4	98.9	98.9	98.8
(1)通信工具	99.5	97.9	97.8	99.4	98.8	98.5
电话机	99.8	97.9	97.8	99.5	98.9	98.6
其他通信工具及零配件	95.6	96.3	97.1	96.3	97.3	96.0
(2)通信服务	99.2	98.6	98.6	98.6	98.8	98.8
电话费	99.1	98.5	98.5	98.5	98.7	98.7
家庭宽带服务	100.0	100.0	100.0	100.0	100.0	100.0
其他通信服务	99.7	99.5	99.5	99.5	99.5	99.5
(3)邮递服务	99.8	98.8	99.6	99.6	99.6	100.0
邮递服务	99.8	98.8	99.6	99.6	99.6	100.0
六、教育文化娱乐	100.3	100.7	100.8	100.8	100.0	99.6
1.教育	100.4	100.5	100.5	100.7	99.9	99.7
(1)教育用品	102.4	102.2	102.1	102.3	102.6	102.6

6月	7月	8月	9月	10月	11月	12月
101.6	101.4	101.2	101.3	104.0	104.0	103.9
100.4	101.5	101.5	101.5	101.5	101.5	101.5
101.7	101.7	102.3	102.9	102.5	102.5	102.5
106.2	104.9	103.9	104.1	103.2	102.8	102.6
109.6	107.5	106.0	105.9	104.4	103.7	103.3
99.8	100.4	100.2	100.7	101.1	99.7	99.7
99.4	100.4	100.0	101.0	101.4	98.7	98.7
101.3	102.0	102.0	102.0	102.0	100.2	100.1
99.5	99.5	99.7	99.4	100.0	100.6	100.6
103.0	103.1	102.9	102.1	102.0	101.9	102.1
100.6	100.7	100.8	101.0	101.2	101.7	101.5
133.6	124.8	120.3	119.2	112.5	111.4	110.6
133.8	124.9	120.4	119.3	112.6	111.5	110.7
136.5	126.9	122.0	121.2	113.5	112.4	111.6
109.3	107.2	105.9	102.8	102.6	100.0	99.7
100.7	100.7	101.4	101.2	101.2	101.6	101.6
102.1	100.0	100.0	100.0	100.0	100.0	100.0
101.6	101.6	101.6	101.6	101.6	101.6	101.6
100.8	101.0	101.3	100.6	100.6	99.7	99.7
100.4	100.4	101.4	101.2	101.2	101.9	101.9
104.5	102.7	100.9	100.3	101.0	103.4	102.7
100.0	100.0	100.0	100.0	100.0	100.0	100.0
100.0	100.0	100.0	100.0	100.0	100.0	100.0
141.4	120.3	105.5	103.1	104.9	127.2	125.9
100.1	100.1	100.1	100.1	100.1	100.1	100.1
100.8	100.8	100.8	99.7	101.4	102.7	101.4
98.2	100.1	99.5	99.3	99.4	99.5	98.7
100.8	100.5	100.6	101.3	101.3	101.3	101.1
100.0	100.0	100.0	100.0	100.0	100.0	100.0
98.6	99.0	99.1	100.1	100.6	100.5	100.9
97.9	99.1	99.5	100.3	101.7	101.4	102.4
98.1	99.2	99.8	100.6	102.2	101.8	102.7
94.8	96.2	94.8	94.0	93.4	94.8	95.8
98.8	98.8	98.8	100.0	100.0	100.0	100.0
98.7	98.7	98.7	100.0	100.0	100.0	100.0
100.0	100.0	100.0	100.1	100.1	100.1	100.1
99.5	99.5	99.5	100.2	100.2	100.2	100.2
100.0	100.0	100.0	100.0	100.0	100.0	100.0
100.0	100.0	100.0	100.0	100.0	100.0	100.0
99.8	99.7	99.9	100.5	100.6	100.9	100.8
99.9	100.0	100.0	100.6	100.9	101.1	101.1
102.6	102.7	102.6	101.9	101.9	102.7	102.8

4-6 续表6

（上年同月=100）

类　别	年平均	1月	2月	3月	4月	5月
工具书	100.0	100.1	100.1	100.0	100.0	100.0
教材	101.7	102.1	102.1	102.1	102.1	102.1
参考资料	104.1	103.2	103.2	103.4	104.3	104.3
其他教育用品	100.4	102.2	101.3	102.3	101.1	101.2
(2)教育服务	100.3	100.4	100.5	100.7	99.8	99.6
幼儿早期教育	103.7	100.3	100.3	99.6	103.4	104.3
学前教育	101.5	101.8	101.8	101.8	101.8	101.8
小学初中教育	105.8	102.8	103.1	103.1	103.1	103.1
高中中职教育	100.1	99.4	99.4	99.4	99.4	99.4
高等教育	100.0	100.0	100.0	100.0	100.0	100.0
课外教育	101.7	101.8	101.8	101.8	101.8	101.8
专业技能培训	93.7	98.2	98.2	100.6	91.9	90.2
其他教育服务	99.8	100.0	100.0	100.0	100.0	100.0
2.文化娱乐	100.1	101.7	101.9	101.2	100.2	99.0
(1)文娱耐用消费品	100.3	101.7	102.7	102.1	101.5	99.2
电视机	97.8	100.4	100.0	99.4	98.5	97.6
照相机	100.9	100.5	101.7	100.4	106.0	103.6
台式计算机	103.3	113.2	113.3	111.9	111.6	102.1
笔记本电脑	102.2	110.3	108.4	107.2	103.8	101.2
平板电脑	103.0	86.4	94.2	95.5	95.9	97.5
乐器	103.9	107.6	107.6	107.6	107.6	102.6
音响	101.4	100.3	100.5	100.5	100.6	101.8
可穿戴智能设备	106.2	106.2	109.5	107.7	105.0	105.0
其他文娱耐用消费品	96.2	97.7	98.7	97.1	97.8	96.4
(2)其他文娱用品	100.7	100.0	100.2	100.2	100.5	100.5
书报杂志及音像制品	104.1	104.1	104.1	104.1	104.1	104.1
纸张文具	100.5	100.5	100.5	100.3	100.0	100.0
体育户外用品	107.9	103.2	106.3	106.9	108.9	111.8
游戏用品和玩具	98.1	96.5	96.5	97.3	98.6	98.0
园艺花卉及用品	98.3	98.1	98.1	96.8	96.7	97.7
宠物及用品	98.6	97.8	97.8	98.4	98.0	98.1
其他文化娱乐用品	100.4	100.0	100.5	99.9	99.9	99.9
(3)文化娱乐服务	100.7	100.7	101.0	100.4	100.2	99.9
电影及演出票	100.1	97.4	102.7	104.3	104.0	102.3
景点门票	101.6	100.7	100.6	99.2	99.2	99.2
电视服务	100.0	100.0	100.0	100.0	100.0	100.0
健身活动	99.3	97.4	98.3	98.1	98.8	99.7
宠物服务	99.4	102.6	100.0	100.0	100.0	100.0
网络文娱服务	101.4	101.0	103.5	103.6	99.4	100.3
儿童娱乐项目	102.2	108.9	108.9	106.7	106.7	101.4
其他文娱服务	99.6	99.5	99.5	99.5	99.5	99.5
(4)旅游	98.3	105.0	103.1	101.6	97.3	96.0

6月	7月	8月	9月	10月	11月	12月
100.0	100.0	100.0	99.9	99.9	99.9	99.9
102.1	102.1	102.1	101.0	101.0	101.0	101.0
104.3	104.3	104.3	103.7	103.7	105.4	105.4
101.1	101.7	101.4	98.3	98.3	98.4	98.5
99.8	99.9	99.9	100.6	100.8	101.0	101.0
105.1	104.7	104.2	105.5	105.5	105.5	105.5
101.8	101.8	101.8	100.8	100.8	100.8	100.8
103.1	103.1	103.1	107.9	110.6	113.0	113.0
99.4	99.4	99.4	101.4	101.4	101.4	101.4
100.0	100.0	100.0	100.0	100.0	100.0	100.0
101.7	101.5	101.8	101.2	101.6	101.6	101.6
91.3	92.5	92.4	92.4	92.1	92.1	92.1
100.0	99.6	99.6	99.6	99.6	99.6	99.2
99.5	98.9	99.8	100.1	99.5	100.0	99.7
98.6	98.2	100.4	100.5	99.5	100.2	99.3
97.0	96.5	96.1	97.0	96.9	97.5	96.9
102.0	98.7	101.5	99.6	99.5	98.0	99.4
96.7	96.2	99.5	100.1	100.3	99.7	99.6
102.1	104.0	103.3	101.2	96.4	95.0	95.6
103.4	100.7	113.5	113.0	109.0	118.3	111.6
102.7	103.0	103.0	103.0	103.0	100.2	100.0
101.8	101.7	101.9	101.4	102.1	102.1	101.8
106.2	104.4	109.9	110.2	109.7	103.6	98.3
95.4	96.5	95.5	95.2	95.7	93.7	94.6
100.7	101.1	100.8	100.9	101.2	101.0	101.3
104.1	104.1	104.1	104.2	104.2	104.2	104.2
99.7	100.9	100.8	100.7	100.6	101.2	101.3
110.1	111.1	109.0	106.9	110.2	104.5	106.3
98.6	98.3	97.7	98.9	99.7	98.7	98.9
99.8	99.2	99.1	98.1	97.8	98.9	99.8
98.8	98.7	98.9	98.7	99.5	99.2	99.7
100.3	100.3	100.3	101.0	101.0	100.9	100.7
99.9	101.4	101.4	101.0	100.8	100.7	101.0
102.0	98.0	101.1	101.2	92.1	97.5	98.9
99.2	103.5	103.5	103.5	103.5	103.5	103.5
100.0	100.0	100.0	100.0	100.0	100.0	100.0
100.0	100.8	100.3	99.9	99.7	99.4	99.8
100.0	100.0	100.0	97.5	97.5	97.5	97.5
102.0	104.8	103.7	98.9	101.7	96.7	101.9
100.4	100.4	99.9	99.4	98.7	98.7	98.3
99.5	99.5	99.4	99.9	99.9	99.9	99.9
99.1	95.1	95.6	97.1	95.8	97.3	97.1

4－6 续表7

（上年同月＝100）

类　　别	年平均	1月	2月	3月	4月	5月
旅行社收费	98.1	105.2	103.2	101.6	97.0	95.7
其他旅游	100.8	102.2	102.3	102.2	101.0	100.4
七、医疗保健	100.8	100.6	100.6	100.6	100.5	101.2
1. 药品及医疗器具	100.2	99.8	99.9	100.1	99.9	100.3
(1)中药	102.6	101.0	101.7	101.6	102.8	103.1
中药材	105.6	99.9	101.2	101.1	106.6	106.4
中成药	101.5	101.5	101.8	101.8	101.5	102.0
(2)西药	100.4	100.1	100.4	100.4	99.9	100.2
抗微生物药	102.4	102.1	102.2	102.2	102.9	102.6
消化系统用药	104.0	101.3	101.8	101.6	101.3	101.2
呼吸系统用药	101.7	102.1	101.6	101.7	101.8	103.6
解热镇痛药	102.2	101.1	102.1	101.9	101.8	101.5
抗肿瘤药	100.8	100.7	100.7	100.6	100.3	100.3
激素及影响内分泌药	100.2	98.2	99.3	99.9	100.4	100.7
心血管系统用药	95.5	98.0	98.1	97.8	95.8	96.5
血液系统用药	98.8	98.0	99.6	99.6	98.9	99.1
治疗精神障碍药	99.5	99.7	100.2	100.9	99.5	99.8
神经系统用药	105.0	102.0	100.0	99.9	101.7	104.0
泌尿系统用药	101.9	96.1	97.9	98.4	99.5	100.5
维生素、矿物质类药	100.7	103.4	103.8	102.5	99.7	98.0
调节水、电解质及酸碱平衡药	98.0	95.2	95.2	98.5	97.9	98.3
其他西药	100.2	101.5	100.4	100.4	100.1	100.0
(3)滋补保健品	99.8	99.1	99.8	99.5	99.6	99.8
滋补保健品	99.8	99.1	99.8	99.5	99.6	99.8
(4)医疗卫生器具	93.1	95.8	93.2	95.4	93.0	94.3
医疗卫生器具	93.1	95.8	93.2	95.4	93.0	94.3
(5)保健器具	99.9	100.3	100.3	100.3	100.1	99.9
保健器具	99.9	100.3	100.3	100.3	100.1	99.9
2. 医疗服务	101.1	100.9	100.9	100.8	100.7	101.6
(1)综合医疗类	100.1	100.3	100.3	100.0	99.9	100.0
一般医疗服务	99.8	101.1	101.1	100.1	99.8	100.2
一般治疗操作	99.6	99.7	99.7	99.7	99.7	98.7
护理	101.6	100.7	100.7	100.7	100.7	102.7
其他综合医疗服务	100.0	100.0	100.0	100.0	100.0	100.0
(2)诊断类	100.2	100.0	100.0	100.0	100.0	100.3
病理学诊断	101.1	100.0	100.0	100.0	100.0	101.6
实验室诊断	99.9	100.0	100.0	100.0	100.0	100.0
影像学诊断	100.0	100.0	100.0	100.0	100.0	100.0
临床诊断	101.6	100.0	100.0	100.0	100.0	102.3
(3)治疗类	102.5	101.2	101.2	101.2	101.2	103.6
临床手术治疗	102.5	100.0	100.0	100.0	100.0	103.8
临床非手术治疗	102.4	103.5	103.5	103.5	103.5	103.2

6月	7月	8月	9月	10月	11月	12月
99.1	94.8	95.3	96.9	95.5	97.1	96.9
100.4	100.4	100.4	100.4	99.7	100.2	100.2
101.1	101.1	101.2	101.0	100.6	100.7	100.7
100.0	99.9	100.1	100.5	100.6	100.6	100.4
103.1	103.0	102.8	103.0	103.0	103.2	102.5
106.5	106.6	107.1	108.2	108.2	108.0	106.9
101.9	101.7	101.2	101.2	101.3	101.5	101.0
99.8	100.0	100.5	101.0	101.1	101.0	101.1
103.2	102.7	102.7	101.7	102.0	102.5	102.5
103.1	105.8	105.6	106.6	107.0	106.0	106.0
100.4	101.0	101.5	101.5	101.5	101.5	101.7
101.5	102.1	102.1	103.0	102.6	103.0	103.7
100.4	100.7	102.2	101.7	101.5	100.4	100.3
100.8	100.7	100.6	100.4	101.2	100.1	100.0
94.3	92.8	92.6	94.6	94.6	95.2	95.2
97.9	98.2	98.2	99.2	99.2	99.1	98.8
99.9	99.9	99.3	99.3	98.5	98.5	98.1
103.2	103.4	107.7	108.6	109.3	110.4	110.0
100.3	103.2	104.2	105.4	105.7	105.8	106.4
98.6	99.1	100.8	100.5	100.8	100.8	101.2
98.6	98.9	98.9	98.9	98.9	98.9	98.9
100.2	100.2	100.4	100.2	100.0	99.6	99.4
99.8	99.9	99.9	99.9	99.9	99.9	99.9
99.8	99.9	99.9	99.9	99.9	99.9	99.9
93.8	91.7	91.5	92.3	92.3	92.0	92.2
93.8	91.7	91.5	92.3	92.3	92.0	92.2
99.9	99.8	99.8	99.6	99.6	99.6	99.6
99.9	99.8	99.8	99.6	99.6	99.6	99.6
101.6	101.7	101.6	101.2	100.7	100.8	100.8
99.9	100.2	99.9	99.9	99.9	100.4	100.4
100.2	100.2	99.0	99.0	99.0	99.0	99.0
98.7	99.5	99.5	99.5	99.5	100.6	100.6
102.0	102.0	102.0	102.0	102.0	101.9	101.9
100.0	100.0	100.0	100.0	100.0	100.0	100.0
100.3	100.3	100.4	100.3	100.3	100.3	100.3
101.6	101.6	101.6	101.6	101.6	101.6	101.6
100.0	100.0	100.0	99.7	99.7	99.7	99.7
100.0	100.0	100.1	100.1	100.1	100.2	100.2
102.3	102.3	102.5	102.5	102.5	102.5	102.5
103.6	103.6	103.6	103.5	102.3	102.3	102.3
103.8	103.8	103.8	103.7	103.7	103.7	103.7
103.2	103.2	103.2	103.0	99.6	99.6	99.6

4－6 续表8

（上年同月＝100）

类　别	年平均	1月	2月	3月	4月	5月
(4)康复类	103.4	100.0	100.0	100.0	100.0	105.1
康复医疗	103.4	100.0	100.0	100.0	100.0	105.1
(5)中医医疗服务类	105.1	109.5	109.5	109.2	108.2	107.7
中医治疗	105.1	109.5	109.5	109.2	108.2	107.7
(6)其他医疗保健服务	102.5	101.0	101.0	101.0	101.2	103.9
其他医疗保健服务	102.5	101.0	101.0	101.0	101.2	103.9
八、其他用品及服务	101.9	99.4	100.0	101.8	102.7	103.3
1.其他用品	102.3	96.6	99.1	102.2	103.9	104.8
(1)首饰手表	101.7	97.0	98.6	102.9	103.8	103.3
金饰品	102.0	95.0	97.6	103.7	105.2	104.4
银饰品	101.7	101.7	99.7	100.3	100.5	101.6
铂金饰品	102.2	100.8	100.4	102.0	103.0	102.4
手表	100.2	101.3	101.3	101.3	100.0	100.0
(2)母婴用品	107.5	93.7	97.5	98.5	104.3	114.0
母婴洗护喂养用品	107.8	95.9	94.8	95.1	102.4	114.4
其他母婴用品	106.8	88.7	103.8	106.6	108.6	113.1
(3)其他杂项用品	100.6	97.6	101.0	102.7	104.0	103.1
箱包	101.0	96.0	101.2	104.2	106.3	105.0
眼镜	99.9	100.8	100.6	99.9	99.9	99.7
2.其他服务	101.4	102.8	101.0	101.2	101.2	101.5
(1)在外住宿	99.1	98.5	96.8	97.0	97.1	98.6
宾馆住宿	98.4	97.1	95.0	95.1	95.6	98.1
其他住宿	100.9	101.8	101.2	101.6	100.6	99.8
(2)美容美发洗浴	101.9	106.3	100.8	101.4	101.4	101.9
美容	99.8	100.4	99.9	99.9	99.9	99.9
美发	104.4	110.9	103.3	104.5	104.3	104.3
洗浴	99.4	103.5	97.6	97.9	97.9	99.7
(3)养老服务	102.4	102.1	102.1	101.9	102.3	102.4
养老服务	102.4	102.1	102.1	101.9	102.3	102.4
(4)金融及保险服务	101.1	101.2	101.2	101.2	101.2	101.2
金融服务	100.0	100.0	100.0	100.0	100.0	100.0
车辆保险	99.9	99.9	99.9	99.9	99.9	99.9
旅行保险	100.0	100.0	100.0	100.0	100.0	100.0
其他保险	104.9	105.7	105.7	105.7	105.7	105.7
(5)中介法律及其他服务	101.1	101.4	101.4	101.4	101.2	101.2
中介服务	102.1	102.7	102.7	102.7	102.3	102.3
法律服务	100.7	100.8	100.8	100.8	100.8	100.8
其他杂项服务	100.0	100.0	100.0	100.0	100.0	100.0

6月	7月	8月	9月	10月	11月	12月
105.1	105.1	105.1	105.1	105.1	105.1	105.1
105.1	105.1	105.1	105.1	105.1	105.1	105.1
107.7	107.7	107.8	101.6	98.3	98.3	98.3
107.7	107.7	107.8	101.6	98.3	98.3	98.3
103.9	103.9	103.5	102.8	102.9	102.9	101.8
103.9	103.9	103.5	102.8	102.9	102.9	101.8
102.9	102.0	102.0	101.9	101.9	102.5	102.4
104.1	102.4	102.4	102.2	102.4	103.4	103.7
102.1	101.8	101.3	101.2	101.7	103.2	103.6
102.7	102.3	101.5	101.2	101.9	104.1	104.8
102.2	101.6	101.6	102.2	102.8	103.2	103.2
102.1	102.4	102.3	102.9	102.9	102.7	102.7
99.9	99.8	99.8	99.9	99.8	99.7	99.5
118.3	111.0	112.1	110.3	111.7	110.9	109.6
119.9	111.3	115.1	111.3	112.8	112.1	110.9
114.5	110.2	105.4	108.2	108.9	108.3	106.4
100.7	99.1	99.7	99.8	99.0	100.1	100.7
101.1	98.9	99.7	100.1	98.6	100.2	101.1
99.8	99.6	99.6	99.2	99.6	99.8	99.8
101.5	101.4	101.4	101.5	101.2	101.4	100.9
99.3	99.8	99.9	100.8	100.5	100.7	100.7
99.2	99.4	99.5	100.6	100.2	100.5	100.5
99.7	100.7	101.0	101.2	101.0	101.3	101.3
101.7	101.6	101.6	101.6	101.9	101.9	100.8
99.9	99.9	99.9	100.0	99.5	99.5	99.5
104.1	104.1	104.1	104.1	104.1	104.1	101.8
99.5	98.9	98.9	98.9	100.1	100.1	100.1
102.4	102.4	102.4	102.4	102.8	103.7	102.6
102.4	102.4	102.4	102.4	102.8	103.7	102.6
101.2	101.1	101.1	101.4	100.5	100.6	100.7
100.0	100.0	100.0	100.0	100.0	100.0	100.0
99.9	99.9	99.9	99.9	99.9	99.9	100.0
100.0	100.0	100.0	100.0	100.0	100.0	100.0
105.7	105.2	105.2	106.4	102.2	102.8	102.8
101.2	101.2	101.2	100.9	100.9	100.6	100.6
102.3	102.3	102.3	101.5	101.5	101.5	101.5
100.8	100.8	100.8	100.8	100.8	100.0	100.0
100.0	100.0	100.0	100.0	100.0	100.0	100.0

4－7 居民消费价格

（上月＝100）

类　别	1月	2月	3月	4月	5月
总指数	**100.5**	**100.2**	**100.1**	**100.2**	**99.7**
一、食品烟酒	101.7	99.9	99.4	100.4	98.9
1.食品	102.4	99.7	99.2	100.4	98.4
（1）粮食	100.2	100.1	101.7	101.0	100.9
大米	99.9	100.1	100.1	99.8	100.2
面粉	100.1	100.5	103.6	101.0	101.0
其他粮食	100.0	100.1	99.9	100.3	100.3
粮食制品	100.3	100.0	102.2	101.8	101.3
（2）薯类	108.8	104.2	101.2	110.2	103.7
薯类	108.8	104.2	101.2	110.2	103.7
（3）豆类	100.5	100.4	100.3	100.4	100.4
干豆	100.5	100.1	100.4	100.9	100.2
豆制品	100.5	100.4	100.3	100.4	100.4
（4）食用油	99.8	100.3	100.6	100.6	101.0
食用植物油	99.8	100.4	100.6	100.6	101.0
食用动物油	99.6	99.6	97.0	97.5	99.7
（5）菜及食用菌	108.1	98.3	100.5	93.7	83.3
鲜菜	108.7	98.0	101.0	92.8	81.3
鲜菌	108.6	102.4	90.6	104.3	99.9
干菜干菌及制品	100.3	100.4	100.4	100.1	100.2
（6）畜肉类	99.3	97.1	94.7	100.6	103.7
猪肉	97.8	93.6	89.7	102.1	109.0
牛肉	101.0	100.5	98.7	99.7	99.8
羊肉	100.8	100.2	98.0	99.4	98.3
其他畜肉及副产品	100.1	100.3	99.1	98.5	100.4
畜肉制品	100.4	100.0	99.2	99.9	100.2
（7）禽肉类	100.9	101.0	98.9	100.4	100.9
鸡	101.4	101.5	98.3	100.6	101.2
鸭	99.4	99.9	99.1	99.9	101.1
其他禽肉及制品	100.3	100.3	99.9	100.3	100.4
（8）水产品	104.2	102.6	98.5	101.4	99.2
淡水鱼	104.4	102.4	96.3	102.8	100.6
海水鱼	101.4	100.2	99.8	100.0	99.7
虾蟹类	108.9	106.1	100.7	99.7	94.0
其他水产品及制品	101.3	101.4	101.2	100.5	100.4
（9）蛋类	100.1	94.3	99.2	108.5	102.8
鸡蛋	100.1	93.7	99.1	109.4	103.0
其他蛋及制品	99.9	100.1	100.2	100.5	101.2
（10）奶类	100.4	99.7	99.6	100.1	99.7
鲜奶	100.6	99.9	99.7	99.8	99.4
酸奶	101.3	99.9	99.7	100.6	100.0
奶粉	100.1	99.2	99.2	100.3	99.7

分月环比指数（2022 年）

6 月	7 月	8 月	9 月	10 月	11 月	12 月
99.7	**100.6**	**99.9**	**100.3**	**100.3**	**99.8**	**99.8**
98.1	102.7	100.4	101.1	100.9	99.2	99.7
97.2	103.9	100.7	101.5	101.3	98.9	99.4
100.2	99.9	100.0	100.0	100.1	100.5	100.2
100.0	99.8	100.0	99.9	100.1	100.1	100.3
99.9	99.9	100.2	100.2	100.4	101.1	100.3
100.0	100.0	99.7	99.7	100.0	100.5	100.3
100.6	100.0	100.0	100.0	100.0	100.4	100.2
90.6	101.5	101.0	95.5	98.0	101.0	103.3
90.6	101.5	101.0	95.5	98.0	101.0	103.3
100.2	100.0	100.0	100.0	100.2	100.0	100.1
99.9	99.7	99.8	100.0	100.2	100.0	100.2
100.2	100.0	100.0	100.0	100.2	100.1	100.1
101.5	101.1	100.8	100.2	100.5	100.1	100.1
101.5	101.0	100.8	100.2	100.5	100.0	100.1
100.0	106.0	102.1	101.0	102.5	104.5	99.6
85.9	114.7	104.6	105.5	98.0	87.8	103.5
83.6	116.7	104.4	106.3	98.7	87.2	103.4
105.0	108.7	111.8	100.7	85.1	81.9	111.1
100.1	100.0	100.2	100.4	100.4	100.2	100.3
102.0	114.5	99.3	102.2	107.1	99.3	93.3
104.8	129.7	98.2	104.2	112.9	98.4	88.3
99.6	99.8	100.0	100.0	100.2	100.2	99.8
98.4	99.9	101.0	100.0	99.7	100.5	99.2
100.9	109.0	102.1	100.8	104.0	102.6	97.9
100.5	101.0	100.6	100.0	100.3	100.2	100.0
100.8	102.2	100.9	100.9	99.7	100.4	99.3
100.9	103.0	101.0	101.0	99.5	100.5	98.7
101.6	101.7	101.5	100.2	98.4	98.6	100.6
100.4	100.8	100.6	100.8	100.3	100.6	100.1
97.7	99.0	100.4	101.4	98.7	99.4	99.6
97.8	98.5	99.4	101.0	97.9	98.6	98.4
99.1	99.9	101.1	100.7	100.0	100.8	99.8
92.7	97.1	102.4	104.2	97.1	98.9	101.2
101.3	101.4	100.9	100.5	101.1	100.5	101.0
93.9	101.7	103.3	106.2	103.9	101.2	96.6
93.3	101.8	103.5	106.6	104.2	101.2	96.3
100.7	100.9	100.7	101.6	101.1	100.9	100.2
100.2	99.5	100.5	99.5	99.7	99.8	100.3
100.0	99.5	100.3	99.8	99.7	100.0	99.9
100.3	101.1	100.1	99.9	100.1	99.8	99.9
100.5	98.4	101.0	98.7	99.6	99.3	100.8

4－7 续表1

（上月＝100）

类　别	1月	2月	3月	4月	5月
其他奶制品	99.1	100.0	100.1	99.5	100.3
（11）干鲜瓜果类	106.9	103.9	98.5	101.5	98.8
鲜果	108.5	104.7	98.2	101.8	98.6
坚果	100.3	100.4	99.8	99.9	100.1
瓜果制品	99.7	99.6	99.7	100.4	100.0
（12）糖果糕点类	99.8	99.5	100.3	100.3	100.5
食糖	100.3	100.1	100.3	100.5	100.1
糖果	100.0	99.7	100.5	100.2	100.3
糕点	99.6	99.3	100.3	100.3	100.7
其他糖果糕点	100.0	99.9	99.9	100.4	99.8
（13）调味品	100.6	100.8	100.4	100.5	100.6
食用盐	99.7	100.3	100.3	100.1	100.0
酱油	100.9	100.8	101.1	101.7	100.9
食醋	100.4	100.6	100.5	99.9	99.7
增味剂	100.9	100.9	100.4	100.2	100.4
其他调味品	100.6	100.8	99.7	100.0	100.8
（14）其他食品类	100.0	100.3	100.7	100.8	100.0
方便食品	99.8	100.4	101.2	100.9	99.8
淀粉及制品	100.2	100.6	99.7	100.6	100.3
其他食品	99.9	99.6	100.7	100.4	100.4
2. 茶及饮料	100.3	100.1	100.5	100.4	99.9
茶叶	100.0	99.8	100.5	100.7	100.2
固体咖啡	99.8	100.2	100.1	100.0	100.8
其他固体饮料	100.1	100.0	100.4	100.1	100.3
饮用水	100.4	100.3	100.6	100.1	100.0
果汁饮料	100.9	101.3	100.2	100.0	99.9
其他液体饮料	100.5	100.0	100.4	100.5	99.7
3. 烟酒	100.0	100.1	100.3	99.8	100.2
（1）卷烟	100.0	100.1	100.0	100.2	100.0
卷烟	100.0	100.1	100.0	100.2	100.0
（2）酒类	100.0	100.1	100.7	99.4	100.4
白酒	100.1	100.1	100.7	99.1	100.6
葡萄酒	99.9	100.1	100.1	100.1	100.1
啤酒	100.0	100.4	100.4	99.9	99.8
其他酒类	99.7	99.8	101.5	100.3	99.9
4. 在外餐饮	100.3	100.6	99.8	100.8	100.0
餐馆餐饮	100.1	100.3	100.1	100.1	100.1
饮品店餐饮	100.0	100.0	99.7	100.4	99.6
外卖	100.8	101.8	98.0	102.7	99.5
其他在外餐饮	100.2	100.4	100.7	100.7	100.1
二、衣着	99.7	99.8	100.3	99.9	100.0
1. 服装	99.6	99.7	100.2	99.8	100.1

6月	7月	8月	9月	10月	11月	12月
100.3	100.5	100.4	99.8	99.5	100.1	102.0
94.1	96.2	99.0	99.9	100.8	103.6	103.6
92.7	95.3	98.8	99.8	100.8	104.3	104.4
100.6	100.0	99.8	100.1	101.0	100.6	100.3
100.9	100.4	100.3	100.3	99.8	99.8	100.0
100.0	102.5	100.1	100.1	99.8	100.3	100.2
99.0	100.5	100.3	100.1	100.5	99.8	100.0
100.4	100.5	100.2	99.2	100.3	99.8	100.5
100.1	103.6	100.1	100.2	99.6	100.5	100.1
99.9	100.0	100.3	100.4	99.8	100.3	100.1
100.2	100.1	100.4	99.6	100.5	100.4	99.9
99.9	99.9	100.1	100.1	100.0	99.9	100.0
100.4	99.7	100.3	99.6	100.6	100.2	99.7
99.9	100.1	101.5	99.2	101.3	100.2	99.8
100.4	100.2	100.3	100.6	99.9	101.1	100.1
100.3	100.4	99.9	99.2	100.4	100.5	100.0
100.2	100.6	100.3	100.0	99.9	100.1	100.6
100.5	100.6	100.1	99.9	99.6	100.0	100.9
99.9	100.1	100.1	100.0	100.2	100.1	100.0
99.6	101.8	100.9	100.4	100.4	100.5	100.8
100.2	100.2	99.7	99.9	99.9	100.2	100.2
100.2	99.9	99.6	99.8	100.1	100.6	99.9
101.3	100.7	100.2	100.2	100.1	100.1	100.2
99.6	100.2	100.4	100.1	99.9	100.3	100.1
100.0	100.4	99.6	100.2	99.7	99.8	100.5
100.0	100.2	100.1	99.7	99.8	100.5	100.6
100.2	100.3	99.5	99.9	99.8	100.0	100.3
100.4	100.0	99.8	100.0	100.3	100.0	100.1
100.0	100.0	100.0	100.0	100.2	100.0	100.0
100.0	100.0	100.0	100.0	100.2	100.0	100.0
100.8	100.0	99.6	100.0	100.4	100.0	100.2
101.1	100.0	99.6	100.1	100.1	99.9	100.1
99.5	99.8	98.8	99.4	102.0	100.1	100.7
100.1	100.0	99.7	99.7	100.9	100.3	100.0
100.6	100.5	100.2	99.5	100.3	100.1	100.7
100.1	100.1	99.7	100.3	100.0	100.0	100.3
100.1	100.1	100.1	100.2	100.1	100.1	100.0
99.8	100.4	99.9	100.2	99.9	99.9	100.2
100.5	100.0	98.1	101.0	99.7	99.7	101.3
100.0	100.4	100.2	99.9	100.0	100.0	100.1
100.1	99.6	99.6	100.4	100.1	99.8	100.0
100.2	99.6	99.7	100.5	100.2	99.8	100.1

4－7 续表2

（上月＝100）

类　　别	1月	2月	3月	4月	5月
(1)男式服装	99.7	99.9	100.2	100.1	100.0
男式外套	99.6	100.0	100.3	100.1	99.7
男式针织衫	99.8	99.6	99.8	100.0	100.0
男式衬衫T恤	99.8	100.0	100.4	100.3	100.4
男式裤子	99.8	99.6	100.2	100.0	100.4
男式内衣	99.7	99.9	100.2	99.9	100.0
(2)女式服装	99.6	99.6	100.2	99.7	100.1
女式外套	99.4	99.3	100.0	99.8	99.8
女式针织衫	99.2	99.2	100.4	98.8	100.1
女式衬衫T恤	100.0	99.8	101.3	99.9	100.5
女式裤子	99.9	99.8	100.2	99.6	99.9
女式裙子	99.9	100.1	100.2	100.1	100.7
女式内衣	99.5	99.8	100.0	99.8	99.8
(3)儿童服装	99.5	100.0	100.0	99.7	100.1
婴儿服装	99.4	100.6	100.0	100.0	99.9
儿童上衣	99.2	100.0	100.1	99.1	100.0
儿童裤子	99.5	99.4	99.9	99.8	99.9
儿童裙子	99.9	100.0	100.1	99.9	101.0
儿童内衣	99.6	98.9	99.9	99.9	99.9
(4)衣着材料及配件	99.8	99.6	100.1	100.3	100.2
袜子	99.6	99.7	100.2	100.1	100.4
帽子	100.0	99.6	100.2	100.9	100.2
其他衣着材料及配件	99.8	99.4	99.6	99.7	99.8
(5)衣着服务费	99.8	100.0	100.0	100.1	100.0
衣着洗涤保养	99.7	100.0	99.9	100.2	100.0
其他衣着服务	100.0	100.0	100.0	100.0	100.0
2.鞋类	99.9	99.9	100.5	99.9	99.9
(1)鞋	99.9	99.9	100.5	99.9	99.9
男鞋	99.9	99.9	100.3	100.0	99.8
女鞋	99.9	99.9	100.8	99.8	100.0
童鞋	99.8	99.9	100.2	100.0	99.9
(2)鞋类服务	100.0	100.0	100.0	100.0	100.0
鞋类服务	100.0	100.0	100.0	100.0	100.0
三、居住	99.9	99.9	100.1	100.0	99.8
1.租赁房房租	99.8	99.9	100.0	99.9	99.8
公房房租	100.0	100.0	100.0	100.0	100.0
私房房租	99.8	99.8	100.0	99.8	99.8
2.住房保养维修及管理	100.0	100.2	100.2	100.1	100.0
(1)住房装潢材料	100.0	100.1	100.2	100.0	100.0
木地板	100.1	100.1	100.1	100.2	100.1
瓷砖	99.8	100.1	100.3	99.9	100.0
水泥	100.4	99.3	99.0	99.6	99.3

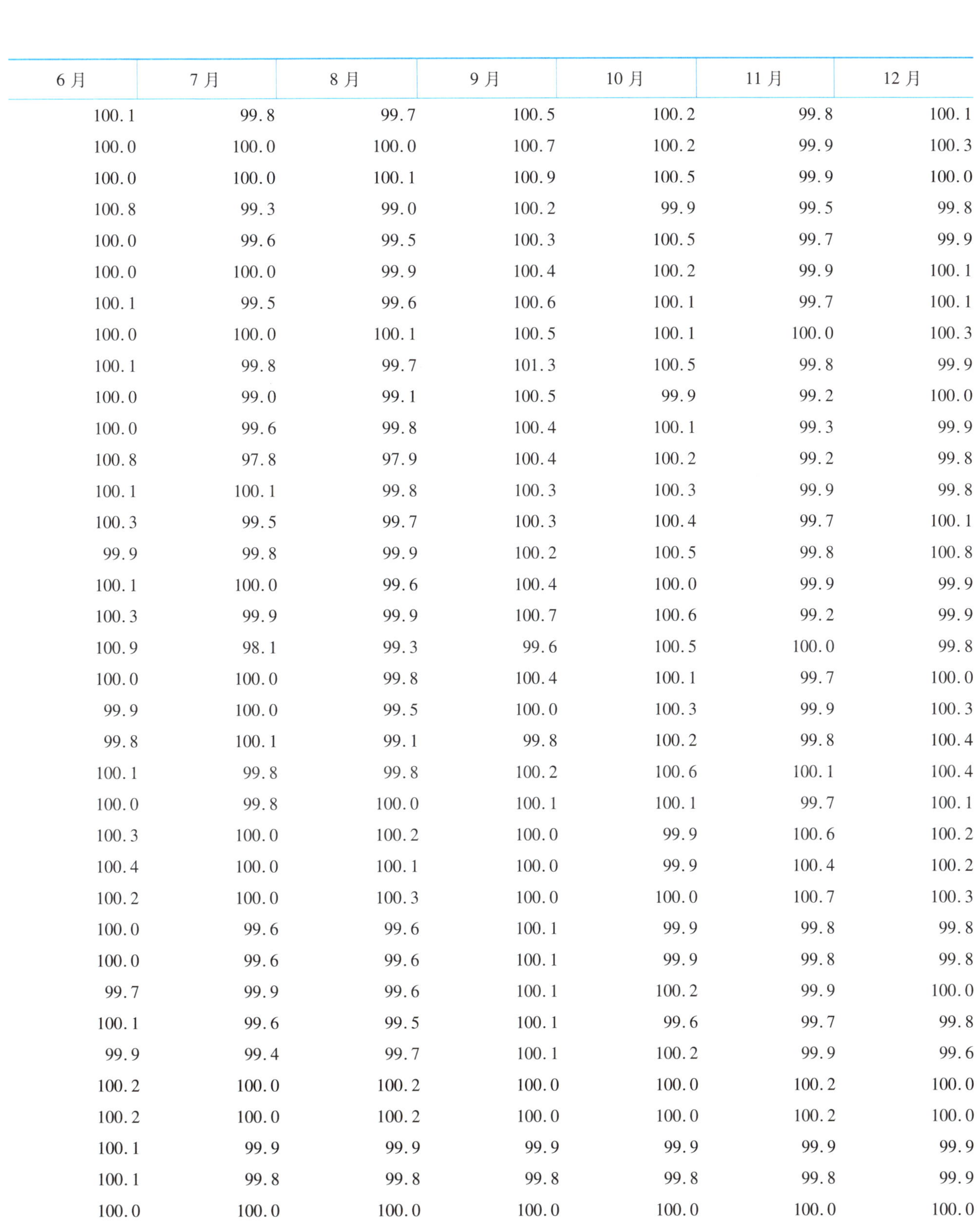

6月	7月	8月	9月	10月	11月	12月
100.1	99.8	99.7	100.5	100.2	99.8	100.1
100.0	100.0	100.0	100.7	100.2	99.9	100.3
100.0	100.0	100.1	100.9	100.5	99.9	100.0
100.8	99.3	99.0	100.2	99.9	99.5	99.8
100.0	99.6	99.5	100.3	100.5	99.7	99.9
100.0	100.0	99.9	100.4	100.2	99.9	100.1
100.1	99.5	99.6	100.6	100.1	99.7	100.1
100.0	100.0	100.1	100.5	100.1	100.0	100.3
100.1	99.8	99.7	101.3	100.5	99.8	99.9
100.0	99.0	99.1	100.5	99.9	99.2	100.0
100.0	99.6	99.8	100.4	100.1	99.3	99.9
100.8	97.8	97.9	100.4	100.2	99.2	99.8
100.1	100.1	99.8	100.3	100.3	99.9	99.8
100.3	99.5	99.7	100.3	100.4	99.7	100.1
99.9	99.8	99.9	100.2	100.5	99.8	100.8
100.1	100.0	99.6	100.4	100.0	99.9	99.9
100.3	99.9	99.9	100.7	100.6	99.2	99.9
100.9	98.1	99.3	99.6	100.5	100.0	99.8
100.0	100.0	99.8	100.4	100.1	99.7	100.0
99.9	100.0	99.5	100.0	100.3	99.9	100.3
99.8	100.1	99.1	99.8	100.2	99.8	100.4
100.1	99.8	99.8	100.2	100.6	100.1	100.4
100.0	99.8	100.0	100.1	100.1	99.7	100.1
100.3	100.0	100.2	100.0	99.9	100.6	100.2
100.4	100.0	100.1	100.0	99.9	100.4	100.2
100.2	100.0	100.3	100.0	100.0	100.7	100.3
100.0	99.6	99.6	100.1	99.9	99.8	99.8
100.0	99.6	99.6	100.1	99.9	99.8	99.8
99.7	99.9	99.6	100.1	100.2	99.9	100.0
100.1	99.6	99.5	100.1	99.6	99.7	99.8
99.9	99.4	99.7	100.1	100.2	99.9	99.6
100.2	100.0	100.2	100.0	100.0	100.2	100.0
100.2	100.0	100.2	100.0	100.0	100.2	100.0
100.1	99.9	99.9	99.9	99.9	99.9	99.9
100.1	99.8	99.8	99.8	99.8	99.8	99.9
100.0	100.0	100.0	100.0	100.0	100.0	100.0
100.1	99.8	99.8	99.8	99.8	99.8	99.9
100.0	99.9	99.8	100.0	100.0	100.0	99.9
100.0	99.7	99.7	99.9	99.9	100.0	99.9
100.3	100.1	99.8	99.9	100.0	100.1	99.9
100.1	99.8	99.5	99.8	99.9	99.8	100.0
99.2	97.0	98.7	100.1	99.7	100.2	99.4

4－7 续表3

（上月＝100）

类　别	1月	2月	3月	4月	5月
涂料	100.4	100.0	100.7	100.2	100.0
板材	100.1	100.5	100.4	100.2	100.0
管材	100.2	100.2	100.5	100.3	100.3
厨卫设备	100.1	100.0	100.0	99.8	100.0
门窗	100.0	100.1	100.1	100.1	100.0
其他住房装潢材料	99.8	100.6	100.3	100.5	100.1
（2）住房维修管理费用	100.0	100.2	100.3	100.3	100.0
物业管理费	100.3	100.0	100.0	100.0	100.0
装潢维修费	100.0	100.4	100.5	100.5	99.9
其他住房费用	100.0	100.0	100.0	100.0	100.2
3.水电燃料	100.2	99.9	100.4	100.0	100.1
（1）水	100.0	100.0	100.0	100.0	100.0
水	100.0	100.0	100.0	100.0	100.0
（2）电	100.0	100.0	100.0	100.0	100.0
电	100.0	100.0	100.0	100.0	100.0
（3）燃气	101.2	99.9	101.8	100.0	100.4
管道燃气	100.0	100.0	100.1	100.0	100.0
液化石油气	102.3	99.7	103.2	100.1	100.7
（4）其他水电燃料类	99.5	99.8	99.9	100.0	100.0
其他水电燃料类	99.5	99.8	99.9	100.0	100.0
4.自有住房	99.8	99.9	100.0	99.9	99.7
自有住房	99.8	99.9	100.0	99.9	99.7
四、生活用品及服务	99.5	100.7	100.3	100.7	100.2
1.家具及室内装饰品	99.9	100.1	100.4	100.1	100.0
（1）家具	100.0	100.1	100.3	100.1	100.0
柜	100.1	100.1	99.9	100.2	99.9
床	100.0	100.0	100.7	100.0	100.1
桌	100.0	100.3	101.0	100.0	100.0
椅	100.0	100.0	100.7	100.1	100.0
沙发	100.0	100.2	99.9	100.0	100.1
其他家具	99.7	100.2	100.3	100.1	100.0
（2）室内装饰品	97.2	100.0	102.3	100.4	100.0
灯具	96.1	99.7	103.4	100.8	100.1
其他室内装饰品	99.7	100.7	100.0	99.7	99.9
2.家用器具	99.8	101.5	100.2	100.1	99.9
（1）大型家用器具	99.7	101.8	100.0	100.1	99.9
洗衣机	102.7	99.0	98.1	100.6	99.4
电冰箱（柜）	98.4	100.9	99.1	98.5	99.7
抽油烟机	99.1	100.0	100.2	100.0	100.4
空调器	100.0	103.9	100.5	99.9	100.4
热水器	98.6	101.6	99.9	100.8	98.4
炉具灶具	100.3	100.5	101.7	101.2	99.9

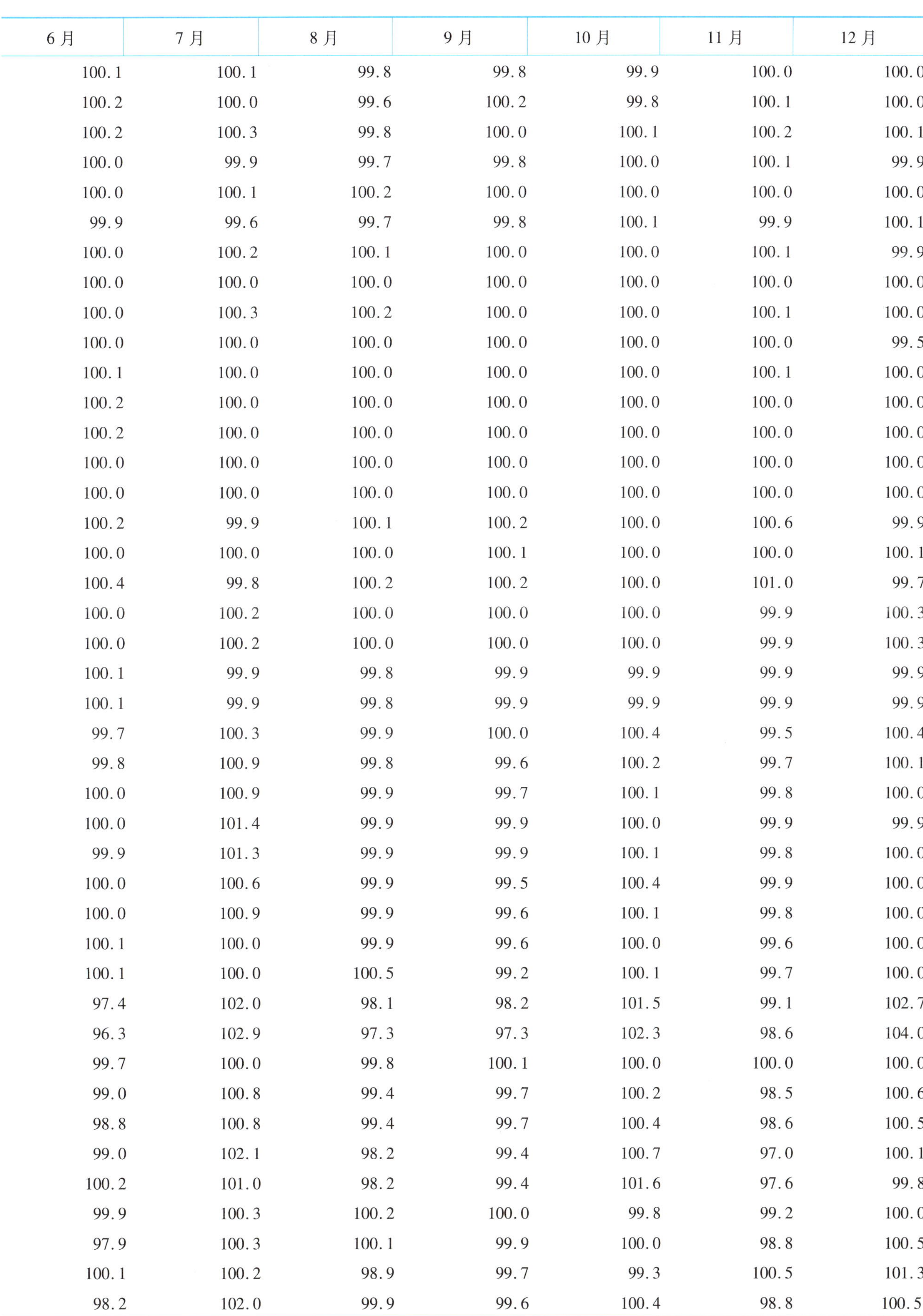

6月	7月	8月	9月	10月	11月	12月
100.1	100.1	99.8	99.8	99.9	100.0	100.0
100.2	100.0	99.6	100.2	99.8	100.1	100.0
100.2	100.3	99.8	100.0	100.1	100.2	100.1
100.0	99.9	99.7	99.8	100.0	100.1	99.9
100.0	100.1	100.2	100.0	100.0	100.0	100.0
99.9	99.6	99.7	99.8	100.1	99.9	100.1
100.0	100.2	100.1	100.0	100.0	100.1	99.9
100.0	100.0	100.0	100.0	100.0	100.0	100.0
100.0	100.3	100.2	100.0	100.0	100.1	100.0
100.0	100.0	100.0	100.0	100.0	100.0	99.5
100.1	100.0	100.0	100.0	100.0	100.1	100.0
100.2	100.0	100.0	100.0	100.0	100.0	100.0
100.2	100.0	100.0	100.0	100.0	100.0	100.0
100.0	100.0	100.0	100.0	100.0	100.0	100.0
100.0	100.0	100.0	100.0	100.0	100.0	100.0
100.2	99.9	100.1	100.2	100.0	100.6	99.9
100.0	100.0	100.0	100.1	100.0	100.0	100.1
100.4	99.8	100.2	100.2	100.0	101.0	99.7
100.0	100.2	100.0	100.0	100.0	99.9	100.3
100.0	100.2	100.0	100.0	100.0	99.9	100.3
100.1	99.9	99.8	99.9	99.9	99.9	99.9
100.1	99.9	99.8	99.9	99.9	99.9	99.9
99.7	100.3	99.9	100.0	100.4	99.5	100.4
99.8	100.9	99.8	99.6	100.2	99.7	100.1
100.0	100.9	99.9	99.7	100.1	99.8	100.0
100.0	101.4	99.9	99.9	100.0	99.9	99.9
99.9	101.3	99.9	99.9	100.1	99.8	100.0
100.0	100.6	99.9	99.5	100.4	99.9	100.0
100.0	100.9	99.9	99.6	100.1	99.8	100.0
100.1	100.0	99.9	99.6	100.0	99.6	100.0
100.1	100.0	100.5	99.2	100.1	99.7	100.0
97.4	102.0	98.1	98.2	101.5	99.1	102.7
96.3	102.9	97.3	97.3	102.3	98.6	104.0
99.7	100.0	99.8	100.1	100.0	100.0	100.0
99.0	100.8	99.4	99.7	100.2	98.5	100.6
98.8	100.8	99.4	99.7	100.4	98.6	100.5
99.0	102.1	98.2	99.4	100.7	97.0	100.1
100.2	101.0	98.2	99.4	101.6	97.6	99.8
99.9	100.3	100.2	100.0	99.8	99.2	100.0
97.9	100.3	100.1	99.9	100.0	98.8	100.5
100.1	100.2	98.9	99.7	99.3	100.5	101.3
98.2	102.0	99.9	99.6	100.4	98.8	100.5

4－7 续表4

（上月＝100）

类　别	1月	2月	3月	4月	5月
吸尘器	97.8	105.1	102.1	107.3	98.0
空气净化器	98.2	103.3	101.9	101.1	99.3
净水器	95.2	102.9	103.5	102.1	100.5
其他大型家用器具	100.2	99.9	99.7	99.6	100.0
(2)小家电	100.4	99.8	100.8	100.2	100.3
厨房小家电	99.7	99.8	100.2	100.2	99.9
生活小家电	101.7	99.6	102.0	100.1	101.0
3.家用纺织品	99.8	100.1	99.8	99.9	100.0
(1)床上用品	99.8	100.1	99.8	99.9	100.0
被子	99.8	100.3	99.7	100.0	100.1
床单被套	99.8	99.8	99.7	99.8	99.9
其他床上用品	100.1	100.5	100.2	99.9	100.1
(2)窗帘门帘	99.9	100.0	99.9	99.9	100.0
窗帘门帘	99.9	100.0	99.9	99.9	100.0
(3)其他家用纺织品	99.7	100.4	99.9	100.1	99.9
其他家用纺织品	99.7	100.4	99.9	100.1	99.9
4.家庭日用杂品	99.1	100.4	100.3	101.1	100.0
(1)洗涤卫生用品	99.0	99.7	101.2	100.8	99.7
清洗用品	98.5	99.3	102.2	101.4	99.5
清洁用具	100.2	101.4	100.1	99.6	99.8
清洁用纸	99.4	99.7	100.2	100.4	100.0
(2)厨具餐具茶具	99.5	101.7	99.1	102.0	100.9
厨具	100.6	103.1	97.1	101.6	100.9
餐具	99.0	98.7	102.8	103.4	100.6
茶具	97.1	103.6	97.5	99.8	101.8
(3)其他家庭日用杂品	98.7	100.2	99.2	100.0	99.0
配电附件	98.6	99.5	98.6	100.1	98.3
雨　具	96.3	104.0	98.9	100.0	99.1
其他日用杂品	99.4	100.0	100.0	99.9	99.9
5.个人护理用品	98.5	101.2	100.9	102.2	101.2
(1)化妆品	97.8	101.6	100.5	102.3	102.2
清洁化妆品	95.6	102.4	101.9	101.9	103.6
护肤化妆品	97.2	101.9	100.7	102.2	102.8
彩妆化妆品	101.8	99.5	98.6	104.1	99.6
化妆器具	99.3	103.5	100.4	99.7	99.7
(2)其他护理用品类	99.5	100.5	101.4	102.1	99.8
清洁类护理用品	99.5	101.4	100.1	104.2	99.2
护发美发用品	99.5	100.8	100.6	99.4	100.8
护理器具	99.4	97.8	107.4	99.6	100.5
其他护理用品	100.7	98.8	100.2	99.8	99.5
6.家庭服务	100.6	99.9	100.1	100.0	100.0
家政服务	100.9	99.7	100.1	100.1	100.0

6月	7月	8月	9月	10月	11月	12月
98.7	103.0	98.9	97.1	104.2	95.1	101.9
94.9	103.1	102.0	102.1	99.0	98.7	103.9
97.2	102.2	98.3	98.6	98.8	99.8	101.3
99.5	100.1	99.7	99.8	99.7	99.6	100.4
99.9	100.6	99.8	100.1	99.4	97.8	101.3
100.4	99.6	99.5	100.9	98.7	98.5	101.4
99.0	102.5	100.2	98.8	100.6	96.5	101.0
99.8	99.9	99.5	99.9	100.4	99.9	100.0
99.8	99.9	99.3	99.9	100.4	99.9	100.0
99.7	99.9	99.5	99.8	100.6	99.9	100.0
99.8	99.8	99.1	100.0	100.5	100.0	99.9
100.0	100.1	99.7	100.0	100.1	99.4	100.1
99.9	99.9	100.0	99.9	100.3	99.8	100.0
99.9	99.9	100.0	99.9	100.3	99.8	100.0
99.8	99.9	100.7	99.6	100.1	99.9	100.1
99.8	99.9	100.7	99.6	100.1	99.9	100.1
100.3	99.9	100.1	99.6	100.7	100.0	100.9
99.7	100.2	100.2	100.4	101.1	100.9	99.9
100.0	99.1	100.0	99.7	100.6	98.4	99.9
100.8	100.9	100.9	97.3	100.8	97.7	102.4
99.2	101.4	100.3	102.0	101.6	104.8	99.4
101.1	99.1	100.6	97.9	100.1	98.4	102.9
102.5	97.9	101.3	97.1	100.1	99.1	102.2
100.3	100.5	99.6	98.1	99.7	98.2	104.0
97.9	100.5	100.7	100.1	101.5	96.1	103.1
101.0	100.7	98.3	100.6	100.4	99.9	100.1
102.2	100.8	97.5	101.7	100.5	100.6	100.0
99.0	101.6	99.6	99.5	100.8	97.4	100.9
100.1	100.2	99.0	99.6	100.3	99.8	100.2
99.6	99.7	100.6	101.2	100.4	99.9	100.0
99.6	99.5	101.2	101.8	100.1	100.8	99.6
98.4	100.1	100.5	100.7	101.3	97.3	102.4
99.7	98.9	101.9	102.8	99.6	102.2	98.7
99.8	100.9	99.8	100.4	100.3	100.5	99.3
101.5	98.9	100.3	99.8	101.2	99.3	100.1
99.6	100.0	99.8	100.4	100.8	98.6	100.7
99.7	99.5	100.5	100.4	100.4	99.8	100.0
98.2	100.6	99.4	101.1	100.8	98.1	100.1
101.2	101.2	97.9	99.3	102.1	95.3	103.9
99.1	98.9	101.0	100.4	100.9	99.5	100.6
100.1	100.3	100.1	100.0	100.1	100.1	100.0
100.0	99.7	100.2	100.0	100.0	100.3	100.0

4－7　续表 5

（上月＝100）

类　别	1 月	2 月	3 月	4 月	5 月
母婴护理服务	100.1	100.1	100.0	100.0	99.9
家庭维修服务	100.2	100.0	100.3	100.0	100.1
其他家庭服务	101.1	100.1	99.5	100.0	99.9
五、交通通信	100.7	101.3	101.5	100.6	100.2
1. 交通	100.8	101.9	101.9	100.9	100.3
(1)交通工具	100.0	99.6	99.9	99.6	100.0
燃油小汽车	100.1	99.4	99.9	99.3	99.9
新能源小汽车	100.0	99.6	100.0	99.9	100.2
电动自行车	99.9	100.0	99.8	100.2	100.0
自行车	100.0	100.0	100.6	100.2	100.2
其他交通工具	100.1	100.0	100.1	100.0	100.1
(2)交通工具用燃料	102.3	106.1	107.3	102.8	100.6
汽油	102.3	106.2	107.4	102.8	100.6
柴油	102.5	106.6	107.9	103.0	100.7
其他车用能源	99.0	100.6	100.1	100.0	100.5
(3)交通工具使用和维修	100.0	100.0	100.0	100.0	99.9
停车费	100.2	100.0	100.0	100.0	100.0
车辆使用费	99.9	100.0	100.0	100.4	100.0
交通工具零配件	100.2	100.0	100.1	99.9	99.9
车辆修理与保养	100.0	100.0	100.0	99.8	99.8
(4)交通费	101.3	102.6	96.6	101.6	101.6
市内公共交通	100.0	100.0	100.0	100.0	100.0
出租汽车	100.0	100.0	101.6	100.3	100.0
飞机票	104.9	124.4	77.2	113.4	113.2
火车票	100.0	100.0	100.0	100.0	100.0
长途汽车	102.5	99.7	99.1	100.0	99.9
网约车	101.7	97.9	100.2	100.2	99.2
交通工具租赁费	101.1	99.8	99.3	99.7	99.5
其他交通费	102.5	97.5	100.0	100.0	100.0
2. 通信	100.5	99.8	100.4	99.9	99.8
(1)通信工具	101.2	99.9	101.2	99.7	99.3
电话机	101.3	99.9	101.3	99.6	99.4
其他通信工具及零配件	97.9	100.8	99.2	101.0	98.3
(2)通信服务	100.0	99.7	100.0	100.0	100.0
电话费	100.0	100.0	100.0	99.9	100.0
家庭宽带服务	100.0	98.0	100.0	100.2	100.0
其他通信服务	101.3	100.0	100.0	100.0	100.0
(3)邮递服务	101.3	98.9	99.8	100.1	100.0
邮递服务	101.3	98.9	99.8	100.1	100.0
六、教育文化娱乐	100.0	100.4	99.6	99.8	100.0
1. 教育	100.0	100.1	100.0	99.7	100.0
(1)教育用品	100.0	100.1	100.4	100.2	99.9

6月	7月	8月	9月	10月	11月	12月
100.2	100.1	100.0	100.1	100.5	100.0	100.0
100.2	100.9	100.2	100.0	100.0	100.0	100.0
100.0	100.5	100.2	100.2	100.0	100.0	100.0
101.9	99.2	98.6	99.5	99.9	100.4	98.5
102.6	98.8	98.1	99.3	99.8	100.7	97.9
99.9	99.9	99.7	99.7	100.4	100.0	99.9
99.8	99.9	99.6	99.6	100.6	100.0	99.9
100.0	100.2	100.0	99.9	100.1	100.0	99.9
100.0	99.9	100.0	99.8	100.0	100.1	99.7
100.0	100.1	100.0	99.8	100.1	99.9	100.0
100.0	99.8	99.9	100.1	100.1	100.0	100.0
106.7	96.7	95.2	98.8	98.8	102.0	94.0
106.8	96.6	95.1	98.7	98.8	102.1	93.9
107.1	96.5	94.7	98.8	98.6	102.3	93.4
100.2	100.1	100.0	100.1	100.1	100.5	100.0
100.1	100.0	100.2	100.5	99.9	100.3	100.4
100.0	100.0	100.0	100.0	100.0	100.0	100.0
100.0	100.0	100.0	100.0	100.0	100.0	100.0
100.0	100.1	100.0	100.0	99.9	99.9	100.1
100.1	100.0	100.3	100.7	99.8	100.5	100.6
104.1	99.9	98.6	98.1	100.0	100.1	99.2
100.0	100.0	100.0	100.0	100.0	100.0	100.0
100.0	101.4	100.1	100.2	100.0	100.0	100.0
128.8	98.5	92.0	86.1	100.8	100.8	94.0
100.0	100.0	100.0	100.0	100.0	100.0	100.0
99.9	100.0	99.8	101.7	100.0	100.0	100.1
100.0	100.3	100.2	100.4	99.0	100.1	99.6
99.8	100.2	99.8	101.1	98.9	98.7	101.0
100.0	100.0	100.0	99.8	100.0	100.1	100.6
99.8	100.4	99.9	100.1	100.0	99.5	100.3
99.5	101.2	99.8	100.4	100.1	98.5	101.0
99.5	101.2	99.9	100.4	100.1	98.4	101.0
98.8	101.3	98.6	99.2	98.9	101.6	100.2
100.0	100.0	100.0	100.0	100.0	100.0	100.0
100.0	100.0	100.0	100.0	100.0	100.0	100.0
100.0	100.0	100.0	100.0	100.0	100.0	99.9
100.0	100.0	99.9	100.1	100.0	100.0	100.0
100.0	100.0	100.0	100.0	100.0	100.0	100.0
100.0	100.0	100.0	100.0	100.0	100.0	100.0
100.0	100.1	100.2	100.7	100.3	99.8	100.1
99.8	100.0	100.0	101.0	100.3	100.0	100.0
99.9	100.1	100.0	101.9	100.0	100.3	100.0

4－7 续表6

（上月＝100）

类　别	1月	2月	3月	4月	5月
工具书	100.0	100.1	99.9	100.0	100.0
教材	100.0	99.5	100.5	100.0	100.0
参考资料	100.1	100.4	100.6	100.4	99.9
其他教育用品	99.8	100.0	99.9	100.5	100.1
（2）教育服务	100.0	100.1	100.0	99.7	100.0
幼儿早期教育	99.8	100.0	99.3	101.1	100.1
学前教育	100.0	100.0	100.0	100.0	100.0
小学初中教育	100.0	100.1	100.0	100.0	100.0
高中中职教育	100.0	100.0	100.0	100.0	100.0
高等教育	100.0	100.0	100.0	100.0	100.0
课外教育	100.0	100.2	99.9	100.0	100.0
专业技能培训	100.1	100.3	100.4	96.0	100.0
其他教育服务	100.0	100.0	100.2	100.0	100.0
2. 文化娱乐	99.8	101.1	98.5	100.0	99.8
（1）文娱耐用消费品	98.3	100.8	100.0	99.6	99.3
电视机	100.3	99.6	99.7	99.5	99.8
照相机	100.5	101.0	98.6	101.8	99.0
台式计算机	99.8	99.3	99.3	100.0	100.2
笔记本电脑	98.1	98.8	98.7	98.8	99.8
平板电脑	91.4	107.0	103.2	100.9	97.1
乐器	100.0	99.9	100.0	99.6	99.8
音响	100.2	100.2	100.0	100.2	99.9
可穿戴智能设备	99.3	100.6	100.4	97.4	100.1
其他文娱耐用消费品	98.9	100.8	98.9	99.0	98.7
（2）其他文娱用品	100.1	100.2	100.2	100.4	100.0
书报杂志及音像制品	101.5	100.0	100.1	100.0	100.0
纸张文具	100.1	99.7	99.7	99.9	99.9
体育户外用品	101.1	102.4	100.4	101.4	102.3
游戏用品和玩具	98.4	99.8	100.9	101.1	99.3
园艺花卉及用品	100.2	100.4	100.4	100.0	99.6
宠物及用品	100.2	100.4	99.6	100.4	100.2
其他文化娱乐用品	100.2	99.6	99.8	100.2	99.7
（3）文化娱乐服务	99.7	102.3	98.1	100.0	98.8
电影及演出票	100.0	114.7	89.8	95.7	98.8
景点门票	100.0	101.8	97.5	101.4	95.2
电视服务	100.0	100.0	100.0	100.2	100.0
健身活动	100.0	100.3	99.9	100.1	100.0
宠物服务	100.1	100.4	99.6	100.0	100.0
网络文娱服务	96.4	102.5	99.9	100.3	101.1
儿童娱乐项目	100.0	102.3	99.3	100.0	100.2
其他文娱服务	100.0	100.3	99.9	100.1	100.1
（4）旅游	102.0	101.3	95.3	100.0	101.6

6月	7月	8月	9月	10月	11月	12月
100.0	100.1	100.0	100.0	100.0	100.0	100.0
99.9	100.0	100.0	101.2	100.1	100.0	100.0
100.0	100.2	100.0	103.2	100.0	100.5	100.0
99.5	100.1	100.1	100.1	100.0	99.9	99.8
99.8	100.0	100.0	101.0	100.3	100.0	100.0
99.7	100.2	100.3	101.0	100.0	100.0	100.0
100.0	100.0	100.0	101.2	100.0	100.0	100.0
100.0	100.0	100.0	104.2	100.9	100.8	100.0
100.0	100.0	100.0	101.1	100.0	100.0	100.0
100.0	100.0	100.0	100.0	100.0	100.0	100.0
100.0	100.1	100.0	100.8	100.8	99.8	100.0
98.1	100.0	99.8	100.2	100.2	100.0	100.0
99.9	99.9	100.0	100.1	100.1	99.9	99.9
100.5	100.2	100.8	100.2	100.3	99.5	100.3
99.3	100.5	101.0	100.3	100.2	99.1	100.2
98.3	100.1	99.4	99.6	100.0	98.9	100.0
100.1	97.7	99.6	98.9	100.5	98.5	103.2
99.6	99.3	103.0	100.1	100.2	99.2	99.8
99.2	101.6	99.1	102.6	99.9	98.9	100.0
101.3	101.3	106.0	100.9	100.7	100.0	100.4
99.8	100.7	100.5	100.0	99.7	99.8	100.1
100.0	99.9	100.2	99.8	100.1	99.9	100.0
97.9	100.5	105.4	100.3	99.4	97.3	99.9
99.0	101.1	99.0	99.7	100.5	98.0	100.9
100.1	100.0	99.6	99.9	100.4	99.4	100.2
100.0	100.0	100.0	100.0	100.3	100.0	100.0
100.3	100.5	99.8	100.0	100.0	100.2	100.3
98.7	100.9	98.6	99.1	102.6	96.1	101.5
100.9	99.7	99.4	100.1	100.3	99.3	99.9
99.3	98.8	99.7	99.7	100.2	100.0	100.1
100.1	99.9	99.9	99.9	99.9	99.8	100.2
100.0	100.0	100.0	100.2	100.0	99.6	100.0
101.2	100.6	100.8	99.8	100.4	99.5	100.6
100.5	101.8	102.4	103.2	100.2	98.3	100.1
104.1	101.1	100.7	99.2	101.1	100.0	99.7
100.0	100.0	100.0	100.0	100.0	100.0	100.1
99.7	100.1	100.0	100.0	99.2	100.5	100.5
100.0	101.2	100.0	100.0	99.5	99.8	100.2
102.4	100.8	98.8	95.7	103.3	95.0	107.3
99.9	100.1	105.6	99.8	100.0	100.0	100.0
100.0	100.0	100.0	100.3	100.0	100.1	100.0
101.9	99.6	101.6	100.5	100.4	100.0	100.2

4－7 续表 7

（上月＝100）

类　　别	1 月	2 月	3 月	4 月	5 月
旅行社收费	102.2	101.5	94.8	100.0	101.7
其他旅游	100.0	99.8	99.6	100.0	100.0
七、医疗保健	100.0	100.0	100.0	100.1	100.3
1. 药品及医疗器具	100.1	100.1	100.1	100.2	100.1
（1）中药	100.0	100.5	100.6	100.9	100.2
中药材	100.0	100.0	101.2	102.0	99.8
中成药	100.0	100.7	100.4	100.5	100.3
（2）西药	100.2	100.2	100.3	100.0	100.2
抗微生物药	100.1	100.7	101.2	100.6	100.1
消化系统用药	100.3	100.0	100.1	99.8	99.8
呼吸系统用药	100.8	99.8	101.0	100.0	100.7
解热镇痛药	101.1	100.3	99.9	100.1	99.7
抗肿瘤药	99.6	100.2	99.6	100.1	100.0
激素及影响内分泌药	100.0	100.7	100.2	100.0	101.4
心血管系统用药	100.0	100.3	100.1	99.0	100.1
血液系统用药	100.4	100.0	100.0	99.7	99.9
治疗精神障碍药	100.0	100.2	100.7	99.9	100.0
神经系统用药	101.2	100.4	100.5	100.6	100.7
泌尿系统用药	99.8	99.9	100.4	99.9	100.0
维生素、矿物质类药	100.1	100.5	99.9	101.1	100.0
调节水、电解质及酸碱平衡药	99.9	99.4	100.2	100.1	100.6
其他西药	100.3	99.5	100.2	99.7	100.1
（3）滋补保健品	99.9	99.9	99.9	100.7	100.0
滋补保健品	99.9	99.9	99.9	100.7	100.0
（4）医疗卫生器具	100.1	99.0	98.7	99.0	99.8
医疗卫生器具	100.1	99.0	98.7	99.0	99.8
（5）保健器具	99.9	100.0	100.1	100.9	100.2
保健器具	99.9	100.0	100.1	100.9	100.2
2. 医疗服务	100.0	100.0	100.0	100.0	100.3
（1）综合医疗类	100.1	100.0	99.9	100.0	100.0
一般医疗服务	100.1	100.0	99.6	99.8	100.1
一般治疗操作	100.0	100.0	100.0	100.0	99.6
护理	100.1	100.0	100.0	100.0	100.7
其他综合医疗服务	100.0	100.0	100.0	100.0	100.0
（2）诊断类	99.9	100.0	100.0	100.0	100.1
病理学诊断	100.0	100.0	100.0	100.0	100.6
实验室诊断	100.0	100.0	100.0	100.0	100.0
影像学诊断	99.6	100.0	100.0	100.0	100.0
临床诊断	100.2	100.0	100.0	100.0	100.8
（3）治疗类	100.3	100.0	100.0	100.0	101.0
临床手术治疗	100.4	100.0	100.0	100.0	101.5
临床非手术治疗	100.0	100.0	100.0	100.0	99.9

6月	7月	8月	9月	10月	11月	12月
102.1	99.5	101.7	100.5	100.5	100.0	100.2
100.0	100.1	100.1	100.0	100.0	100.0	100.0
100.1	99.9	100.1	100.0	100.0	100.0	100.0
100.1	99.8	100.1	100.2	100.1	100.0	100.0
100.3	100.0	100.2	100.4	100.3	100.2	100.0
100.3	100.0	100.3	100.4	100.4	100.4	100.3
100.3	100.0	100.1	100.4	100.3	100.1	99.9
100.2	99.8	100.3	100.3	100.2	99.9	100.0
101.9	98.5	100.8	100.9	100.2	100.2	100.1
100.7	100.6	100.2	100.4	100.1	99.9	99.9
99.0	100.2	100.0	100.0	100.0	100.1	99.8
101.3	100.1	100.1	100.2	99.8	100.2	100.4
100.3	99.7	100.6	99.8	99.9	99.2	100.1
99.8	100.5	100.2	100.2	102.9	99.6	100.2
99.0	99.4	100.0	100.4	99.9	99.9	100.0
99.1	100.1	99.9	100.0	100.0	100.0	98.9
100.0	100.1	100.2	100.0	99.7	99.9	100.0
99.9	99.9	101.5	100.3	100.0	99.8	100.1
100.1	100.9	100.2	100.5	100.3	99.8	100.5
100.1	99.8	99.7	100.0	99.9	100.0	100.2
101.8	100.1	100.4	100.0	101.2	100.3	100.0
100.3	99.8	100.4	100.0	100.1	99.4	100.0
100.0	100.0	99.7	99.9	100.0	100.2	100.0
100.0	100.0	99.7	99.9	100.0	100.2	100.0
99.7	98.9	99.7	99.6	99.7	99.6	100.1
99.7	98.9	99.7	99.6	99.7	99.6	100.1
99.9	99.8	100.1	100.0	100.0	100.0	100.0
99.9	99.8	100.1	100.0	100.0	100.0	100.0
100.0	100.0	100.0	100.0	100.0	100.0	100.0
100.0	100.0	100.0	100.0	100.0	100.2	100.0
100.0	100.0	100.0	100.0	100.0	100.0	100.0
100.0	100.0	100.0	100.0	100.0	100.4	100.0
100.0	100.0	100.0	100.0	100.0	100.0	100.0
100.0	100.0	100.0	100.0	100.0	100.0	100.0
100.0	100.0	100.0	100.0	100.0	100.0	100.0
100.0	100.0	100.0	100.0	100.0	100.0	100.0
100.0	100.0	100.0	99.9	100.0	100.0	100.0
100.0	100.0	100.0	100.0	100.0	100.1	100.0
100.0	100.0	100.1	100.0	100.0	100.0	100.0
100.0	100.0	100.0	99.9	100.0	100.0	100.0
100.0	100.0	100.0	100.0	100.0	100.0	100.0
100.0	100.0	100.0	99.9	100.0	100.0	100.0

4-7 续表8

（上月=100）

类　　别	1月	2月	3月	4月	5月
（4）康复类	100.0	100.0	100.0	100.2	101.6
康复医疗	100.0	100.0	100.0	100.2	101.6
（5）中医医疗服务类	100.2	100.1	100.0	99.7	99.8
中医治疗	100.2	100.1	100.0	99.7	99.8
（6）其他医疗保健服务	99.9	100.0	100.0	99.9	101.0
其他医疗保健服务	99.9	100.0	100.0	99.9	101.0
八、其他用品及服务	100.5	100.1	101.2	100.0	100.6
1.其他用品	99.8	101.4	102.4	100.0	101.2
（1）首饰手表	100.4	101.4	103.5	99.5	100.1
金饰品	100.6	101.6	104.9	99.9	100.0
银饰品	99.8	99.3	100.5	100.5	99.9
铂金饰品	100.6	102.9	101.9	95.9	100.9
手表	100.0	100.4	100.0	99.6	100.1
（2）母婴用品	97.9	102.0	101.8	103.6	104.9
母婴洗护喂养用品	98.8	99.6	100.6	104.9	105.5
其他母婴用品	96.0	107.8	104.5	100.9	103.6
（3）其他杂项用品	99.9	101.0	100.5	98.8	101.1
箱包	99.9	101.5	100.6	98.3	101.4
眼镜	100.0	100.0	100.3	100.0	100.3
2.其他服务	101.1	98.9	99.9	100.0	100.0
（1）在外住宿	98.4	100.1	100.0	100.4	99.6
宾馆住宿	98.6	99.6	99.9	100.5	99.4
其他住宿	98.0	101.4	100.4	100.1	99.9
（2）美容美发洗浴	103.9	96.5	99.8	100.0	100.0
美容	100.8	99.2	99.2	100.0	99.9
美发	104.5	95.5	100.4	100.0	100.1
洗浴	105.5	95.8	99.6	99.9	100.0
（3）养老服务	100.0	100.2	99.9	99.9	100.0
养老服务	100.0	100.2	99.9	99.9	100.0
（4）金融及保险服务	100.0	100.0	100.0	100.0	100.0
金融服务	100.0	100.0	100.0	100.0	100.0
车辆保险	100.0	100.0	100.0	99.9	100.0
旅行保险	100.0	100.0	100.0	100.0	100.0
其他保险	100.0	100.0	100.0	100.0	100.0
（5）中介法律及其他服务	100.2	100.2	100.0	100.0	100.0
中介服务	100.5	100.5	100.0	100.0	100.0
法律服务	100.0	100.0	100.0	100.0	100.0
其他杂项服务	100.0	100.0	100.0	100.0	100.0

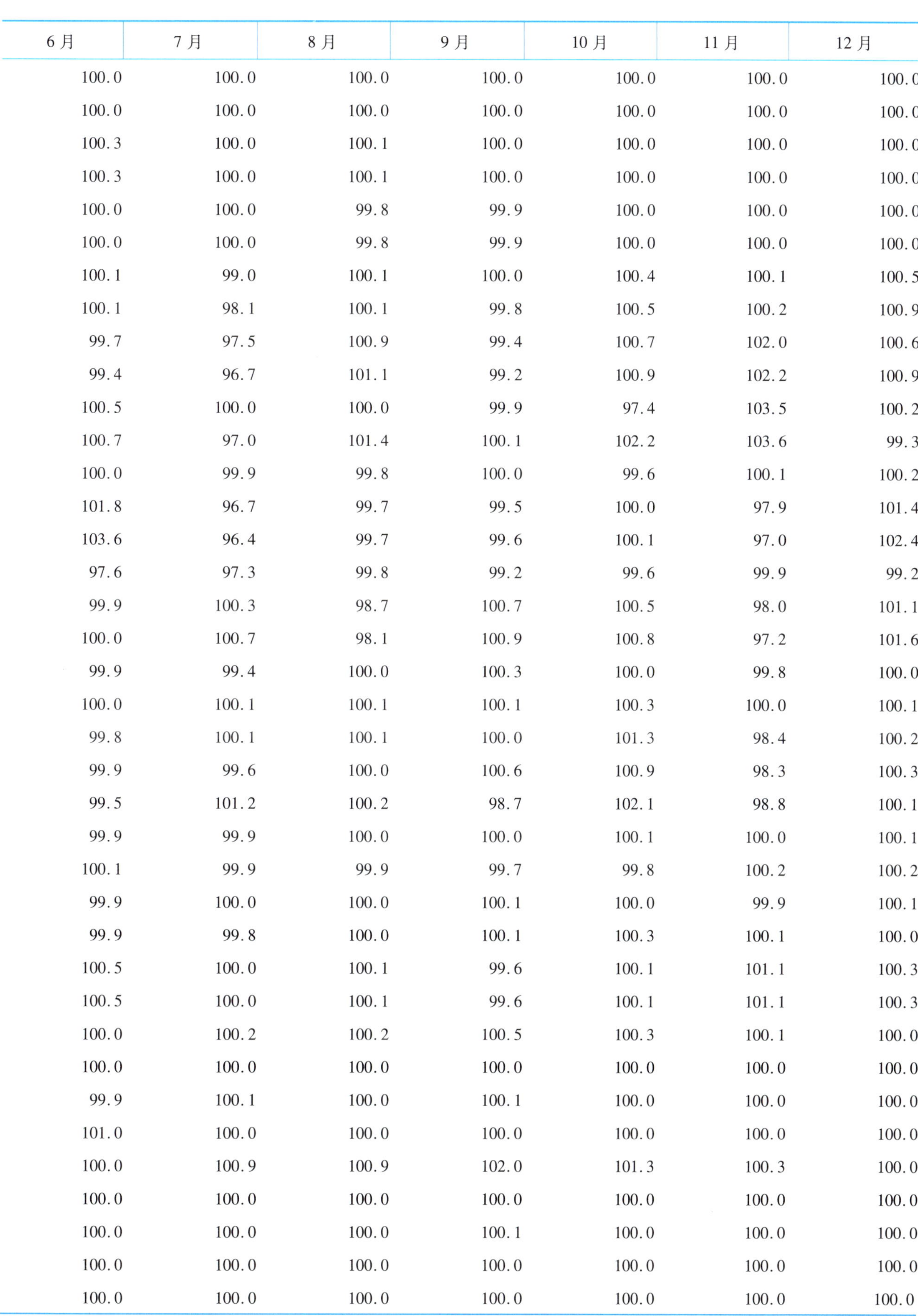

6月	7月	8月	9月	10月	11月	12月
100.0	100.0	100.0	100.0	100.0	100.0	100.0
100.0	100.0	100.0	100.0	100.0	100.0	100.0
100.3	100.0	100.1	100.0	100.0	100.0	100.0
100.3	100.0	100.1	100.0	100.0	100.0	100.0
100.0	100.0	99.8	99.9	100.0	100.0	100.0
100.0	100.0	99.8	99.9	100.0	100.0	100.0
100.1	99.0	100.1	100.0	100.4	100.1	100.5
100.1	98.1	100.1	99.8	100.5	100.2	100.9
99.7	97.5	100.9	99.4	100.7	102.0	100.6
99.4	96.7	101.1	99.2	100.9	102.2	100.9
100.5	100.0	100.0	99.9	97.4	103.5	100.2
100.7	97.0	101.4	100.1	102.2	103.6	99.3
100.0	99.9	99.8	100.0	99.6	100.1	100.2
101.8	96.7	99.7	99.5	100.0	97.9	101.4
103.6	96.4	99.7	99.6	100.1	97.0	102.4
97.6	97.3	99.8	99.2	99.6	99.9	99.2
99.9	100.3	98.7	100.7	100.5	98.0	101.1
100.0	100.7	98.1	100.9	100.8	97.2	101.6
99.9	99.4	100.0	100.3	100.0	99.8	100.0
100.0	100.1	100.1	100.1	100.3	100.0	100.1
99.8	100.1	100.1	100.0	101.3	98.4	100.2
99.9	99.6	100.0	100.6	100.9	98.3	100.3
99.5	101.2	100.2	98.7	102.1	98.8	100.1
99.9	99.9	100.0	100.0	100.1	100.0	100.1
100.1	99.9	99.9	99.7	99.8	100.2	100.2
99.9	100.0	100.0	100.1	100.0	99.9	100.1
99.9	99.8	100.0	100.1	100.3	100.1	100.0
100.5	100.0	100.1	99.6	100.1	101.1	100.3
100.5	100.0	100.1	99.6	100.1	101.1	100.3
100.0	100.2	100.2	100.5	100.3	100.1	100.0
100.0	100.0	100.0	100.0	100.0	100.0	100.0
99.9	100.1	100.0	100.1	100.0	100.0	100.0
101.0	100.0	100.0	100.0	100.0	100.0	100.0
100.0	100.9	100.9	102.0	101.3	100.3	100.0
100.0	100.0	100.0	100.0	100.0	100.0	100.0
100.0	100.0	100.0	100.1	100.0	100.0	100.0
100.0	100.0	100.0	100.0	100.0	100.0	100.0
100.0	100.0	100.0	100.0	100.0	100.0	100.0

4－8 城市居民消费价格

（上月＝100）

类　别	1月	2月	3月	4月	5月
总指数	**100.5**	**100.2**	**100.0**	**100.1**	**99.7**
一、食品烟酒	101.9	99.8	99.4	100.2	99.0
1.食品	102.7	99.6	99.1	100.0	98.5
(1)粮食	100.1	100.1	101.3	101.2	100.9
大米	99.9	99.9	100.1	99.9	100.2
面粉	100.3	100.8	102.9	101.4	101.5
其他粮食	100.2	100.1	99.8	100.4	100.5
粮食制品	100.1	99.9	101.6	101.9	101.1
(2)薯类	107.8	106.1	100.2	109.9	103.6
薯类	107.8	106.1	100.2	109.9	103.6
(3)豆类	100.4	100.4	100.3	100.3	100.0
干豆	100.2	99.9	100.1	101.1	100.2
豆制品	100.4	100.4	100.4	100.2	100.0
(4)食用油	100.3	99.9	99.8	100.9	100.6
食用植物油	100.3	99.9	99.8	100.9	100.6
食用动物油	100.1	99.3	97.8	99.5	99.9
(5)菜及食用菌	108.8	97.7	99.8	92.5	85.1
鲜菜	109.3	97.4	100.2	91.5	83.2
鲜菌	108.3	101.7	92.6	104.5	100.4
干菜干菌及制品	100.3	100.5	100.5	100.2	100.3
(6)畜肉类	99.5	97.1	95.5	100.4	103.2
猪肉	98.2	93.5	90.7	101.4	108.3
牛肉	100.9	100.1	98.9	99.9	99.9
羊肉	100.8	100.1	98.2	99.3	98.3
其他畜肉及副产品	100.3	100.3	99.8	98.4	100.4
畜肉制品	100.2	99.3	99.5	100.1	100.3
(7)禽肉类	100.9	100.7	98.9	100.4	100.9
鸡	101.4	100.9	98.2	100.4	101.3
鸭	100.0	100.7	99.4	100.3	99.7
其他禽肉及制品	100.3	100.2	100.0	100.4	100.4
(8)水产品	104.6	102.5	98.5	101.2	98.8
淡水鱼	104.4	102.0	96.3	102.9	100.6
海水鱼	101.0	100.0	99.9	99.9	99.8
虾蟹类	109.8	106.3	100.8	98.8	93.1
其他水产品及制品	101.6	101.2	101.2	100.5	100.2
(9)蛋类	100.3	94.5	99.7	107.5	102.5
鸡蛋	100.3	93.9	99.6	108.3	102.7
其他蛋及制品	99.8	100.2	100.6	100.3	100.7
(10)奶类	100.7	99.4	99.3	100.0	99.4
鲜奶	100.8	99.5	99.4	99.8	99.1
酸奶	101.8	99.6	99.7	100.3	100.0
奶粉	100.2	98.9	98.5	100.4	99.4

分月环比指数(2022年)

6月	7月	8月	9月	10月	11月	12月
99.8	**100.6**	**99.9**	**100.3**	**100.3**	**99.8**	**99.8**
98.1	102.7	100.3	100.9	100.9	99.3	99.8
97.0	104.0	100.6	101.3	101.3	98.9	99.6
100.3	100.1	100.0	100.1	100.2	100.6	100.3
100.1	100.0	100.1	99.9	100.0	100.1	100.3
100.3	100.2	100.3	100.3	100.3	101.2	100.6
100.1	100.0	99.6	99.8	100.0	100.8	100.3
100.3	100.1	99.9	100.1	100.2	100.5	100.3
90.3	102.0	100.6	94.7	98.3	101.8	102.2
90.3	102.0	100.6	94.7	98.3	101.8	102.2
100.1	99.9	99.9	100.1	100.0	100.2	99.8
100.1	100.1	99.8	99.9	99.8	99.9	100.3
100.1	99.9	99.9	100.1	100.0	100.2	99.8
101.9	101.9	100.7	100.0	100.5	100.2	100.2
101.9	101.9	100.7	100.0	100.5	100.2	100.2
99.7	106.7	102.6	100.4	101.6	101.9	99.0
86.1	115.2	104.3	105.0	99.0	88.3	104.0
83.6	117.2	104.1	105.8	100.0	87.8	104.1
105.8	108.4	110.7	99.3	85.0	82.0	108.5
100.1	100.0	100.1	100.4	100.3	100.3	100.2
101.9	113.7	99.2	102.1	106.5	99.6	93.9
104.7	129.6	97.4	104.5	112.5	98.7	89.0
99.9	100.1	99.9	99.8	100.3	100.2	99.8
98.3	100.2	101.4	99.5	99.8	100.6	99.3
101.1	110.1	103.1	100.0	104.0	103.0	96.6
100.4	100.9	101.0	99.8	100.1	100.2	100.1
100.9	101.4	100.7	100.6	99.7	101.3	99.5
101.2	101.9	100.8	100.4	99.3	101.9	99.0
100.3	100.5	100.2	100.3	100.5	100.3	100.3
100.4	100.8	100.7	100.9	100.2	100.6	100.1
97.1	98.8	100.2	101.8	98.4	99.6	99.9
97.3	98.2	99.1	101.3	97.7	99.1	98.9
99.4	100.1	100.3	100.7	100.0	101.1	100.2
92.5	97.3	102.3	105.0	96.6	98.6	101.1
101.2	101.3	100.8	100.4	101.1	100.9	101.4
94.2	101.7	102.3	106.2	103.8	101.2	96.5
93.6	101.8	102.5	106.7	104.0	101.2	96.1
100.6	100.7	100.7	101.1	101.2	100.8	100.3
100.4	99.2	100.7	99.3	99.5	99.7	100.5
100.3	99.2	100.2	99.6	99.5	100.1	99.7
100.4	101.5	100.3	100.1	100.0	99.7	99.9
100.6	97.3	101.9	98.2	99.2	99.0	101.3

4－8 续表1

（上月＝100）

类　　别	1月	2月	3月	4月	5月
其他奶制品	98.6	100.4	100.4	99.1	100.0
(11)干鲜瓜果类	107.0	103.9	98.5	101.3	99.6
鲜果	108.7	104.7	98.2	101.5	99.6
坚果	100.2	100.5	99.9	100.0	99.6
瓜果制品	100.1	99.9	99.6	100.3	99.9
(12)糖果糕点类	99.7	99.3	100.3	100.4	100.9
食糖	100.1	99.8	100.5	101.0	100.0
糖果	99.8	99.8	100.9	100.3	100.5
糕点	99.6	99.1	100.2	100.4	101.2
其他糖果糕点	100.2	99.9	100.0	100.6	99.6
(13)调味品	100.6	100.3	100.3	101.0	100.6
食用盐	100.0	99.8	100.4	100.2	100.0
酱油	100.8	100.3	101.1	102.5	100.7
食醋	100.0	100.7	100.2	99.9	99.5
增味剂	100.4	100.4	100.5	100.7	100.7
其他调味品	100.7	100.2	99.5	100.2	101.1
(14)其他食品类	99.7	100.2	100.5	100.7	99.9
方便食品	99.5	100.5	101.0	100.6	99.4
淀粉及制品	100.2	100.1	99.3	101.0	100.5
其他食品	99.7	99.4	100.9	100.6	100.4
2.茶及饮料	100.1	99.9	100.4	100.4	100.0
茶叶	100.0	99.8	100.5	100.3	100.2
固体咖啡	99.9	100.0	99.9	100.0	100.9
其他固体饮料	100.2	99.9	100.3	100.1	100.4
饮用水	100.7	100.6	100.7	100.1	100.2
果汁饮料	101.3	101.6	100.1	99.9	99.8
其他液体饮料	99.9	99.6	100.3	100.8	99.7
3.烟酒	100.0	100.1	100.5	99.7	100.3
(1)卷烟	100.0	100.2	100.0	100.2	100.0
卷烟	100.0	100.2	100.0	100.2	100.0
(2)酒类	99.9	100.1	101.0	99.2	100.6
白酒	100.0	100.0	101.1	98.9	100.9
葡萄酒	99.9	100.1	100.1	100.1	100.0
啤酒	100.0	100.5	100.4	99.8	99.7
其他酒类	99.5	99.7	102.2	100.5	99.5
4.在外餐饮	100.3	100.6	99.8	101.0	100.0
餐馆餐饮	100.2	100.1	100.2	100.2	100.2
饮品店餐饮	100.0	100.0	100.1	100.9	99.5
外卖	100.7	102.1	98.0	103.1	99.5
其他在外餐饮	100.3	100.5	100.9	100.7	100.2
二、衣着	99.6	99.7	100.3	99.8	100.0
1.服装	99.5	99.7	100.2	99.8	100.0

6月	7月	8月	9月	10月	11月	12月
99.9	100.8	100.7	100.1	99.5	100.0	103.1
94.1	96.8	98.7	99.3	100.9	102.9	102.8
92.7	96.0	98.4	99.1	101.0	103.5	103.5
100.0	100.2	99.7	100.2	100.8	100.5	100.1
101.2	100.2	100.4	99.8	99.6	99.9	99.8
100.1	104.0	100.1	100.1	99.8	100.3	100.3
98.9	99.4	100.0	99.7	100.9	99.5	99.9
100.6	100.4	100.0	99.0	100.4	99.6	100.8
100.2	105.8	100.1	100.3	99.5	100.6	100.2
99.8	100.2	100.5	100.6	100.1	100.0	100.1
100.2	100.1	100.3	99.3	100.8	100.2	99.9
99.9	99.8	99.9	100.2	100.0	99.9	100.1
100.5	99.6	100.5	99.4	100.9	100.0	99.6
99.7	100.1	102.2	98.4	102.1	100.0	99.6
100.2	100.1	100.3	101.2	99.8	100.1	100.2
100.3	100.6	99.5	98.7	100.7	100.5	100.0
100.0	100.8	100.5	99.9	99.8	100.2	101.0
100.3	100.7	100.3	99.6	99.5	99.9	101.4
99.7	100.1	100.0	100.1	100.3	100.7	100.3
99.2	102.1	101.6	100.5	100.0	100.7	101.1
100.2	100.2	99.5	99.8	99.8	100.3	100.3
100.3	99.9	99.7	99.9	100.1	100.8	99.9
101.7	100.6	100.1	100.2	100.1	100.1	100.4
99.5	99.8	100.8	100.0	99.8	100.5	100.1
100.1	100.7	99.4	100.3	99.4	99.7	100.8
100.0	100.1	100.3	99.5	99.7	100.7	100.8
100.3	100.5	99.0	99.7	99.7	99.9	100.5
100.3	100.0	99.8	100.0	100.3	100.0	100.2
100.0	100.0	100.0	100.0	100.1	100.0	100.0
100.0	100.0	100.0	100.0	100.1	100.0	100.0
100.7	99.9	99.5	99.9	100.4	100.0	100.3
100.9	99.9	99.4	100.1	100.0	99.9	100.3
99.5	99.8	98.7	99.3	102.2	100.1	100.8
100.2	100.0	100.1	99.5	101.5	100.4	100.1
100.8	100.7	100.0	99.3	100.4	100.2	100.9
100.2	100.0	99.6	100.4	99.9	100.0	100.3
100.1	100.1	100.0	100.2	100.0	100.1	100.0
99.7	100.5	99.9	100.3	99.9	99.8	100.3
100.7	99.7	98.0	101.1	99.6	99.7	101.3
100.0	100.3	100.1	99.9	100.0	100.0	100.1
100.1	99.6	99.6	100.5	100.2	99.8	100.1
100.2	99.6	99.6	100.5	100.3	99.8	100.1

4－8 续表2

（上月＝100）

类别	1月	2月	3月	4月	5月
（1）男式服装	99.7	99.8	100.2	100.1	100.0
男式外套	99.6	100.0	100.3	100.2	99.6
男式针织衫	99.9	99.6	100.1	99.8	99.9
男式衬衫T恤	99.9	99.8	100.4	100.5	100.5
男式裤子	99.7	99.3	100.0	99.9	100.4
男式内衣	99.6	99.8	100.2	99.9	99.9
（2）女式服装	99.4	99.6	100.3	99.6	100.1
女式外套	99.3	99.5	100.1	99.7	99.8
女式针织衫	98.9	99.5	100.5	98.3	100.1
女式衬衫T恤	99.9	99.6	101.0	100.1	100.4
女式裤子	99.8	99.8	100.1	99.9	100.0
女式裙子	99.9	99.9	100.2	99.9	101.0
女式内衣	99.3	99.8	100.0	99.8	99.6
（3）儿童服装	99.3	99.9	100.1	99.6	99.9
婴儿服装	99.1	100.9	100.1	100.1	99.8
儿童上衣	99.1	99.8	100.3	98.9	99.7
儿童裤子	99.3	99.1	100.0	99.7	99.2
儿童裙子	99.8	100.0	100.1	99.8	101.2
儿童内衣	99.4	98.5	99.9	99.8	99.8
（4）衣着材料及配件	99.7	99.5	100.1	100.5	100.2
袜子	99.4	99.6	100.1	100.1	100.4
帽子	100.0	99.5	100.4	101.7	100.1
其他衣着材料及配件	100.0	99.3	99.9	99.8	99.7
（5）衣着服务费	99.7	100.0	99.9	100.2	100.0
衣着洗涤保养	99.6	100.0	99.9	100.2	100.0
其他衣着服务	100.0	100.0	100.0	100.0	100.0
2.鞋类	99.8	99.8	100.5	100.0	99.9
（1）鞋	99.8	99.8	100.5	100.0	99.9
男鞋	99.9	99.9	100.3	100.0	99.7
女鞋	99.8	99.8	100.7	99.9	100.0
童鞋	99.8	99.6	100.1	100.2	99.8
（2）鞋类服务	100.0	100.0	100.1	100.0	100.0
鞋类服务	100.0	100.0	100.1	100.0	100.0
三、居住	99.8	99.9	100.1	100.0	99.7
1.租赁房房租	99.8	99.8	100.0	99.8	99.7
公房房租	100.0	100.0	100.0	100.0	100.0
私房房租	99.8	99.8	100.0	99.8	99.7
2.住房保养维修及管理	100.1	100.2	100.1	100.2	100.0
（1）住房装潢材料	100.1	100.1	100.1	100.1	100.1
木地板	100.1	100.1	100.1	100.3	100.2
瓷砖	99.8	100.2	99.9	99.8	100.0
水泥	100.8	99.0	98.5	100.0	99.5

6月	7月	8月	9月	10月	11月	12月
100.2	99.7	99.7	100.6	100.3	99.9	100.1
99.9	99.9	100.0	100.7	100.2	99.9	100.3
100.0	100.0	100.0	101.0	100.6	100.0	99.7
100.9	99.3	99.2	100.5	100.3	99.7	99.9
100.0	99.6	99.6	100.3	100.5	99.9	100.0
100.0	99.9	99.8	100.5	100.2	99.9	100.1
100.1	99.6	99.6	100.7	100.3	99.8	100.1
100.1	100.0	100.0	100.5	100.1	100.1	100.3
100.1	99.7	99.5	101.2	100.8	100.1	100.2
99.7	99.5	99.6	100.7	100.3	99.5	100.1
99.7	99.8	99.9	100.2	100.1	99.1	100.0
100.9	97.8	98.3	101.3	100.5	99.4	100.1
100.1	100.1	99.7	100.4	100.4	99.9	99.7
100.4	99.3	99.4	100.3	100.6	99.9	100.1
99.8	99.8	99.9	100.5	100.7	99.8	100.4
100.2	99.9	99.6	100.7	100.1	99.9	99.9
100.7	99.7	99.5	100.6	101.1	99.6	99.9
101.3	97.3	98.6	99.1	100.7	100.3	100.2
99.9	100.0	99.8	100.5	100.3	99.7	100.3
99.9	100.0	99.4	100.0	100.5	99.8	100.3
99.6	100.1	98.9	99.7	100.3	99.7	100.4
100.2	99.9	99.9	100.4	100.9	100.0	100.4
100.0	99.8	100.1	100.2	100.1	99.5	99.9
100.4	100.0	100.1	100.0	99.9	100.2	100.0
100.4	100.0	100.1	100.0	99.9	100.1	100.0
100.4	100.0	100.0	100.0	100.0	100.4	100.0
99.9	99.5	99.5	100.1	99.9	99.8	99.9
99.9	99.5	99.5	100.1	99.9	99.8	99.9
99.6	99.8	99.5	100.2	100.2	100.0	100.1
100.2	99.4	99.4	100.0	99.5	99.6	99.7
99.9	99.2	99.7	100.2	100.3	100.1	99.8
100.3	100.0	100.0	100.0	100.0	100.3	100.0
100.3	100.0	100.0	100.0	100.0	100.3	100.0
100.1	99.9	99.9	99.9	99.9	99.9	99.9
100.1	99.8	99.9	99.8	99.8	99.7	99.9
100.0	100.0	100.0	100.0	100.0	100.0	100.0
100.1	99.8	99.8	99.8	99.8	99.7	99.8
100.0	99.8	99.8	99.9	100.0	100.0	99.9
100.1	99.6	99.7	99.9	99.9	100.0	99.9
100.4	100.2	99.8	99.9	100.0	100.0	99.8
100.2	99.7	99.7	99.7	99.8	99.9	100.0
99.6	95.7	98.2	100.2	99.6	100.0	99.1

4－8 续表3

（上月＝100）

类　别	1月	2月	3月	4月	5月
涂料	100.4	100.1	100.7	100.2	100.1
板材	100.0	100.8	100.3	100.3	99.9
管材	100.3	100.3	100.8	100.5	100.3
厨卫设备	100.1	100.0	100.0	99.6	100.4
门窗	100.0	100.2	100.1	100.3	100.1
其他住房装潢材料	99.7	100.6	100.4	100.4	100.1
（2）住房维修管理费用	100.1	100.4	100.1	100.5	100.0
物业管理费	100.3	100.0	100.0	100.0	100.0
装潢维修费	100.0	100.7	100.2	100.9	99.8
其他住房费用	100.0	100.0	100.0	100.0	100.3
3. 水电燃料	100.1	99.9	100.3	100.0	100.0
（1）水	100.0	100.0	100.0	100.0	100.0
水	100.0	100.0	100.0	100.0	100.0
（2）电	100.0	100.0	100.0	100.0	100.0
电	100.0	100.0	100.0	100.0	100.0
（3）燃气	100.6	99.8	101.6	100.1	99.9
管道燃气	100.0	100.0	100.1	100.0	100.0
液化石油气	101.8	99.3	105.0	100.2	99.7
（4）其他水电燃料类	100.0	100.0	99.8	100.0	100.0
其他水电燃料类	100.0	100.0	99.8	100.0	100.0
4. 自有住房	99.7	99.8	100.0	99.9	99.6
自有住房	99.7	99.8	100.0	99.9	99.6
四、生活用品及服务	99.5	100.7	100.3	100.6	100.2
1. 家具及室内装饰品	99.9	100.1	100.5	100.1	100.0
（1）家具	100.0	100.1	100.5	100.1	100.0
柜	100.1	100.2	100.2	100.3	99.8
床	99.9	100.1	101.0	100.0	100.1
桌	100.0	100.2	101.3	100.1	100.0
椅	100.0	100.0	101.1	100.1	100.0
沙发	100.0	100.0	100.0	100.0	100.1
其他家具	100.0	100.2	100.0	100.1	100.1
（2）室内装饰品	97.5	100.0	102.0	100.4	100.1
灯具	96.6	99.5	103.0	100.7	100.1
其他室内装饰品	99.4	101.1	99.9	99.7	100.1
2. 家用器具	99.8	101.5	100.1	100.0	99.9
（1）大型家用器具	99.7	101.8	100.0	99.9	99.8
洗衣机	102.5	98.9	98.5	100.5	99.5
电冰箱（柜）	98.4	100.7	99.0	98.7	99.8
抽油烟机	99.2	100.0	100.2	100.0	100.4
空调器	100.0	103.9	100.3	99.4	100.1
热水器	98.8	101.6	100.0	100.8	98.7
炉具灶具	100.5	100.5	101.4	101.3	100.0

6月	7月	8月	9月	10月	11月	12月
100.1	100.0	99.8	99.8	99.9	100.0	100.0
100.2	100.0	99.4	100.2	99.7	100.0	100.0
100.4	100.5	99.8	100.0	100.2	100.1	100.1
100.0	99.9	99.8	99.7	100.0	99.9	99.8
100.1	100.0	100.4	100.0	100.0	100.0	100.0
99.7	99.5	99.7	99.8	100.1	99.9	100.1
100.0	100.1	100.1	100.0	100.0	100.1	100.0
100.0	100.0	100.0	100.0	100.0	100.0	100.0
100.0	100.3	100.2	100.1	100.0	100.2	100.0
100.0	100.0	100.0	100.0	100.0	100.0	100.0
100.1	99.9	100.0	100.0	100.0	100.1	100.0
100.3	100.0	100.0	100.0	100.0	100.0	100.0
100.3	100.0	100.0	100.0	100.0	100.0	100.0
100.0	100.0	100.0	100.0	100.0	100.0	100.0
100.0	100.0	100.0	100.0	100.0	100.0	100.0
100.4	99.8	100.0	100.1	100.0	100.5	100.0
100.0	100.0	100.0	100.1	100.0	100.0	100.1
101.1	99.3	100.0	100.0	100.1	101.5	99.8
99.9	100.0	100.0	100.0	100.0	100.0	100.0
99.9	100.0	100.0	100.0	100.0	100.0	100.0
100.1	99.8	99.9	99.9	99.8	99.8	99.9
100.1	99.8	99.9	99.9	99.8	99.8	99.9
99.7	100.4	100.0	100.1	100.3	99.6	100.4
99.9	101.3	99.9	99.5	100.2	100.1	100.2
100.0	101.3	99.9	99.6	100.1	100.1	100.0
100.0	102.2	99.9	99.8	100.0	100.3	100.1
99.8	101.8	99.8	100.0	100.1	100.2	100.0
99.9	100.9	99.9	99.4	100.2	100.2	99.9
100.0	101.5	99.8	99.5	100.1	100.2	100.0
100.1	100.1	100.0	99.4	100.1	99.9	100.0
100.2	100.0	100.7	98.9	100.1	100.1	100.0
97.7	101.7	98.4	98.4	101.4	99.2	102.3
96.8	102.5	97.6	97.7	102.0	98.8	103.3
99.7	100.0	100.0	100.0	100.0	100.0	100.0
99.0	100.7	99.4	99.7	100.1	98.5	100.6
98.8	100.7	99.4	99.7	100.3	98.6	100.5
98.9	102.0	98.3	99.4	100.4	97.2	100.1
100.0	101.0	98.3	99.4	101.6	97.5	99.9
99.9	100.4	100.3	100.0	99.8	99.1	99.9
98.0	99.9	100.0	99.8	100.1	98.8	100.5
99.9	100.2	99.0	99.9	99.2	100.3	101.4
98.3	101.8	99.8	99.7	100.5	98.9	100.4

4－8 续表4

（上月＝100）

类　　别	1月	2月	3月	4月	5月
吸尘器	98.0	104.7	102.1	106.5	98.2
空气净化器	98.4	102.7	101.8	100.9	99.4
净水器	95.4	102.8	103.4	102.1	100.6
其他大型家用器具	100.0	100.2	99.5	99.5	100.0
（2）小家电	100.3	99.8	100.7	100.3	100.3
厨房小家电	99.7	99.9	100.1	100.2	99.8
生活小家电	101.5	99.6	101.7	100.5	101.3
3.家用纺织品	99.7	100.2	99.8	100.0	100.0
（1）床上用品	99.7	100.2	99.7	99.9	100.0
被子	99.7	100.4	99.7	99.9	100.1
床单被套	99.6	99.7	99.6	99.9	99.8
其他床上用品	99.9	100.7	100.2	100.1	100.0
（2）窗帘门帘	99.8	100.0	99.9	99.9	99.8
窗帘门帘	99.8	100.0	99.9	99.9	99.8
（3）其他家用纺织品	99.6	100.5	99.8	100.1	99.9
其他家用纺织品	99.6	100.5	99.8	100.1	99.9
4.家庭日用杂品	99.2	100.2	100.3	100.9	100.0
（1）洗涤卫生用品	99.1	99.6	101.1	100.6	99.7
清洗用品	98.7	99.5	101.7	101.1	99.2
清洁用具	100.3	101.4	100.2	99.6	99.8
清洁用纸	99.3	99.4	100.5	100.0	100.2
（2）厨具餐具茶具	99.5	101.3	99.3	101.6	100.8
厨具	100.6	102.4	97.7	101.3	100.8
餐具	99.1	98.9	102.4	102.9	100.5
茶具	97.3	103.2	97.7	99.8	101.6
（3）其他家庭日用杂品	98.6	100.1	99.4	100.1	99.1
配电附件	98.6	99.5	98.7	100.2	98.5
雨具	96.2	104.1	99.1	100.0	99.2
其他日用杂品	99.2	99.8	100.3	100.0	99.9
5.个人护理用品	98.5	101.1	100.9	102.1	101.2
（1）化妆品	97.8	101.5	100.5	102.2	102.2
清洁化妆品	95.9	102.0	101.8	101.7	103.3
护肤化妆品	97.2	101.8	100.6	102.1	102.7
彩妆化妆品	101.7	99.5	98.7	103.8	99.7
化妆器具	99.4	103.3	100.3	99.7	99.7
（2）其他护理用品类	99.6	100.5	101.4	101.9	99.8
清洁类护理用品	99.6	101.4	100.1	103.8	99.3
护发美发用品	99.5	100.7	100.6	99.5	100.8
护理器具	99.5	98.2	106.6	99.6	100.4
其他护理用品	101.0	98.3	100.4	99.9	99.5
6.家庭服务	100.6	99.9	100.1	100.0	100.0
家政服务	100.9	99.7	100.1	100.1	100.0

6月	7月	8月	9月	10月	11月	12月
98.5	102.9	99.0	97.3	103.7	95.5	101.8
95.6	102.8	101.8	101.8	99.1	98.9	103.4
97.2	102.2	98.4	98.6	98.9	99.8	101.5
99.5	100.1	99.5	99.8	99.4	100.0	100.5
100.0	100.5	99.7	100.2	99.3	98.0	101.2
100.5	99.7	99.6	100.8	98.7	98.6	101.4
99.1	102.2	100.0	99.0	100.6	97.0	100.8
99.8	99.8	100.0	99.9	100.2	99.9	100.0
99.7	99.8	99.9	100.0	100.1	100.0	100.0
99.7	99.8	100.1	99.7	100.1	100.0	100.0
99.7	99.6	99.6	100.2	100.2	100.0	99.9
100.0	100.1	100.1	100.1	100.1	99.8	100.1
100.0	99.9	100.0	99.8	100.4	99.7	99.9
100.0	99.9	100.0	99.8	100.4	99.7	99.9
99.8	99.8	101.0	99.4	100.0	99.9	100.1
99.8	99.8	101.0	99.4	100.0	99.9	100.1
100.3	100.2	100.0	99.8	100.7	100.0	101.0
99.9	100.5	100.1	100.6	101.1	101.0	100.1
100.5	99.7	99.8	99.9	100.7	98.6	100.3
100.5	100.9	100.9	97.7	100.5	98.1	102.1
99.1	101.5	100.2	102.2	101.7	104.6	99.5
100.7	99.4	100.5	98.2	100.2	98.5	102.8
102.1	98.3	101.2	97.6	100.1	99.3	102.0
100.1	100.6	99.4	98.2	99.7	98.4	103.7
98.1	100.4	100.6	100.1	101.4	96.4	102.9
100.9	100.7	98.2	100.6	100.5	99.9	100.2
102.1	101.0	97.6	101.7	100.4	100.5	100.1
99.1	101.3	99.8	99.6	100.7	97.5	100.9
99.9	100.2	98.6	99.4	100.5	99.7	100.2
99.6	99.7	100.7	101.3	100.4	100.0	100.0
99.5	99.5	101.2	101.9	100.2	100.8	99.6
98.0	100.1	100.6	100.9	101.4	97.4	102.3
99.7	98.9	101.9	102.9	99.7	102.1	98.8
99.9	100.9	99.7	100.3	100.2	100.5	99.4
101.5	98.9	100.3	99.7	101.2	99.3	100.1
99.7	100.0	99.9	100.3	100.8	98.7	100.7
99.8	99.5	100.6	100.4	100.4	99.8	100.0
98.3	100.5	99.5	101.0	100.7	98.2	100.2
101.2	101.1	98.1	99.3	101.8	95.7	103.5
98.8	98.5	101.3	100.6	101.3	99.4	100.8
100.1	100.1	100.2	100.0	100.0	100.1	100.0
100.1	99.7	100.2	100.0	100.0	100.3	100.0

4-8 续表5

（上月=100）

类别	1月	2月	3月	4月	5月
母婴护理服务	100.1	100.1	100.0	100.0	99.9
家庭维修服务	100.0	100.0	100.6	100.0	100.1
其他家庭服务	101.1	100.1	99.5	100.0	99.9
五、交通通信	100.7	101.4	101.6	100.6	100.2
1.交通	100.8	102.0	102.0	100.9	100.4
(1)交通工具	100.0	99.6	99.9	99.5	100.0
燃油小汽车	100.1	99.4	99.9	99.2	99.9
新能源小汽车	100.0	99.6	100.0	100.0	100.1
电动自行车	99.8	100.0	99.7	100.2	100.3
自行车	100.0	100.0	100.3	100.2	100.1
其他交通工具	100.2	100.0	100.2	99.9	99.9
(2)交通工具用燃料	102.3	106.1	107.3	102.8	100.6
汽油	102.3	106.2	107.4	102.8	100.6
柴油	102.5	106.6	107.9	103.0	100.7
其他车用能源	100.2	100.4	100.3	100.0	100.7
(3)交通工具使用和维修	100.0	100.0	100.0	100.0	99.8
停车费	100.2	100.0	100.0	100.0	100.0
车辆使用费	99.6	100.0	100.0	100.0	100.0
交通工具零配件	100.2	100.0	100.0	100.0	99.9
车辆修理与保养	100.1	100.0	100.0	100.0	99.8
(4)交通费	100.9	103.1	96.5	101.7	101.8
市内公共交通	100.0	100.0	100.0	100.0	100.0
出租汽车	100.0	100.0	102.1	100.4	100.0
飞机票	104.7	124.3	77.2	113.3	113.2
火车票	100.0	100.0	100.0	100.0	100.0
长途汽车	100.0	101.3	100.0	100.0	99.8
网约车	102.2	97.3	100.3	100.2	99.3
交通工具租赁费	101.4	99.7	99.1	99.6	99.4
其他交通费	102.2	97.9	100.0	100.0	100.0
2.通信	100.5	99.6	100.4	99.9	99.8
(1)通信工具	101.1	99.9	101.2	99.7	99.3
电话机	101.3	99.9	101.3	99.6	99.4
其他通信工具及零配件	98.1	100.8	99.2	100.9	98.3
(2)通信服务	100.0	99.6	100.0	99.9	100.0
电话费	100.0	100.0	100.0	99.9	100.0
家庭宽带服务	100.0	97.2	100.0	100.2	100.0
其他通信服务	102.0	100.0	100.0	100.0	100.0
(3)邮递服务	101.9	98.4	99.7	100.1	100.0
邮递服务	101.9	98.4	99.7	100.1	100.0
六、教育文化娱乐	100.0	100.5	99.4	99.9	100.0
1.教育	100.0	100.1	99.9	99.9	100.0
(1)教育用品	100.0	100.2	100.5	100.1	99.9

6月	7月	8月	9月	10月	11月	12月
100.1	100.1	100.0	100.1	100.1	100.0	100.0
100.3	100.7	100.3	100.0	100.0	100.0	100.0
100.0	100.6	100.1	100.2	100.0	100.0	100.0
102.0	99.1	98.5	99.5	99.8	100.4	98.5
102.7	98.7	98.0	99.3	99.8	100.7	97.9
99.8	99.9	99.7	99.6	100.4	99.9	99.8
99.7	99.9	99.6	99.5	100.7	100.0	99.9
100.0	100.2	100.0	99.8	100.1	99.9	99.9
100.1	99.9	99.9	99.8	99.7	99.9	99.6
100.0	100.1	99.9	99.9	100.1	99.9	100.0
100.0	99.5	99.6	100.0	99.9	99.4	99.9
106.7	96.7	95.2	98.8	98.8	102.0	94.0
106.8	96.6	95.1	98.7	98.8	102.1	93.9
107.1	96.5	94.7	98.8	98.6	102.3	93.4
100.1	100.0	100.0	100.0	100.0	100.0	100.0
100.1	100.0	100.0	100.5	99.8	100.2	100.6
100.0	100.0	100.0	100.0	100.0	100.0	100.0
100.0	100.0	100.0	100.0	100.0	100.0	100.0
100.0	100.1	99.9	100.1	99.9	100.0	100.1
100.2	100.0	100.0	100.7	99.7	100.3	100.9
104.5	99.9	98.5	98.0	100.0	100.0	99.1
100.0	100.0	100.0	100.0	100.0	100.0	100.0
100.0	101.8	100.1	100.3	100.0	100.0	100.0
128.5	98.6	92.2	86.0	101.1	100.5	94.0
100.0	100.0	100.0	100.0	100.0	100.0	100.0
99.8	100.0	99.6	103.3	100.0	100.0	100.1
100.1	100.1	100.4	100.5	98.9	100.0	99.6
99.7	100.4	99.7	101.2	98.7	98.3	101.3
100.0	100.0	100.0	99.8	100.0	100.1	100.8
99.8	100.4	99.9	100.2	100.0	99.5	100.3
99.4	101.2	99.8	100.4	99.9	98.5	101.0
99.4	101.2	99.9	100.5	100.0	98.4	101.0
98.8	101.3	98.6	99.2	98.9	101.5	100.0
100.0	100.0	100.0	100.0	100.0	100.0	100.0
100.0	100.0	100.0	100.0	100.0	100.0	100.0
100.0	100.0	100.0	100.0	100.0	100.0	99.9
100.0	100.0	99.9	100.0	100.0	100.0	100.0
100.0	100.0	100.0	100.0	100.0	100.0	100.0
100.0	100.0	100.0	100.0	100.0	100.0	100.0
100.1	100.1	100.3	100.7	100.3	99.7	100.1
99.8	100.0	100.0	100.9	100.3	99.9	100.0
100.0	100.2	100.0	102.1	100.0	100.0	100.0

4-8 续表6

（上月=100）

类　别	1月	2月	3月	4月	5月
工具书	100.0	100.1	100.0	100.0	100.0
教材	100.0	99.3	100.8	100.0	100.0
参考资料	100.0	100.5	100.8	100.0	99.8
其他教育用品	99.7	100.0	99.9	100.6	100.1
(2)教育服务	100.0	100.1	99.9	99.9	100.0
幼儿早期教育	99.7	100.0	99.1	100.0	99.8
学前教育	100.0	100.0	100.0	100.0	100.0
小学初中教育	100.0	100.0	100.1	100.0	100.0
高中中职教育	100.0	100.0	100.0	100.0	100.0
高等教育	100.0	100.0	100.0	100.0	100.0
课外教育	100.0	100.3	99.9	100.0	100.0
专业技能培训	99.8	100.6	99.7	98.7	100.1
其他教育服务	100.0	100.0	100.2	100.0	100.0
2.文化娱乐	100.0	101.2	98.2	100.0	99.9
(1)文娱耐用消费品	98.2	100.7	99.9	99.6	99.3
电视机	100.1	99.5	99.4	99.5	99.9
照相机	100.5	101.0	98.6	101.7	99.1
台式计算机	99.7	99.3	99.3	100.0	100.2
笔记本电脑	98.0	98.8	98.7	98.8	99.8
平板电脑	91.7	106.6	103.1	100.8	97.1
乐器	100.0	99.9	100.0	99.6	99.8
音响	100.2	100.3	100.0	100.2	99.7
可穿戴智能设备	99.4	100.4	100.5	97.5	100.1
其他文娱耐用消费品	98.9	100.8	98.9	99.0	98.7
(2)其他文娱用品	100.0	100.1	100.2	100.5	100.0
书报杂志及音像制品	100.7	100.0	100.1	100.0	100.0
纸张文具	100.1	99.5	99.6	100.0	99.9
体育户外用品	101.0	102.3	100.4	101.4	102.1
游戏用品和玩具	98.5	99.7	100.8	100.9	99.3
园艺花卉及用品	100.2	100.5	100.5	100.0	99.5
宠物及用品	100.2	100.5	99.6	100.4	100.2
其他文化娱乐用品	100.3	99.2	100.0	100.2	99.6
(3)文化娱乐服务	99.7	102.4	98.2	100.0	98.5
电影及演出票	100.0	113.9	89.9	95.6	98.9
景点门票	100.0	101.2	98.1	101.9	93.5
电视服务	100.0	100.0	100.0	100.3	100.0
健身活动	100.0	100.3	99.9	100.1	100.0
宠物服务	100.1	100.1	100.0	100.0	100.0
网络文娱服务	96.3	102.5	99.9	100.3	101.2
儿童娱乐项目	100.1	102.9	99.2	100.0	100.2
其他文娱服务	100.0	100.3	99.9	100.1	100.1
(4)旅游	102.5	101.5	94.5	100.0	101.9

6月	7月	8月	9月	10月	11月	12月
100.0	100.1	100.0	100.0	100.0	100.1	100.0
99.9	100.0	100.0	101.3	100.2	100.0	100.0
100.0	100.3	100.0	103.8	100.0	100.0	100.0
100.0	100.1	100.1	99.9	100.0	99.8	100.0
99.8	100.0	100.0	100.9	100.3	99.9	100.0
99.3	100.5	100.6	101.1	100.0	100.0	100.0
100.0	100.0	100.0	101.4	100.0	100.0	100.0
100.0	100.0	100.0	102.2	100.0	100.0	100.0
100.0	100.0	100.0	100.5	100.0	100.0	100.0
100.0	100.0	100.0	100.0	100.0	100.0	100.0
100.0	100.1	99.9	101.0	100.7	99.7	100.0
98.3	99.9	99.7	100.3	100.4	100.0	100.0
99.8	100.0	100.0	100.1	100.2	99.8	100.0
100.6	100.2	100.9	100.3	100.4	99.4	100.4
99.1	100.6	101.0	100.3	100.2	99.1	100.3
97.7	100.3	99.3	99.5	100.0	99.0	100.2
100.1	97.6	99.6	99.0	100.5	98.5	103.1
99.6	99.3	103.1	100.1	100.2	99.2	99.8
99.2	101.6	99.1	102.6	99.9	98.9	100.0
101.2	101.1	105.9	100.9	100.7	100.0	100.5
99.8	100.7	100.6	100.0	99.7	99.8	100.1
100.0	99.9	100.2	99.9	100.0	99.9	100.0
97.8	100.4	105.4	100.3	99.5	97.4	99.9
99.0	101.1	99.0	99.7	100.5	98.0	100.9
100.1	99.9	99.6	99.9	100.4	99.3	100.3
100.0	100.0	100.0	100.0	100.4	100.0	100.0
100.5	99.9	99.7	100.1	100.1	100.0	100.5
98.7	100.9	98.6	99.2	102.5	96.3	101.5
100.9	99.7	99.4	100.1	100.1	99.4	100.0
99.3	98.6	99.7	99.7	100.2	100.0	100.0
100.1	99.9	99.9	99.9	99.8	99.8	100.2
99.8	100.0	100.0	100.0	100.0	99.5	100.1
101.5	100.4	101.0	99.8	100.5	99.4	100.7
100.8	102.0	102.4	103.5	100.3	98.3	100.1
105.7	99.9	101.0	98.9	101.6	100.0	99.6
100.0	100.0	100.0	100.0	100.0	100.0	100.1
99.6	100.0	100.0	100.0	99.1	100.5	100.5
100.0	101.2	100.0	100.0	99.5	99.8	100.2
102.5	100.7	98.8	95.7	103.4	95.0	107.6
99.9	100.1	107.0	100.0	100.0	100.0	100.0
100.0	100.0	100.0	100.4	100.0	100.1	100.0
102.1	99.8	101.7	100.9	100.6	100.0	100.4

4-8 续表7

（上月=100）

类　别	1月	2月	3月	4月	5月
旅行社收费	102.9	101.8	93.8	100.0	102.1
其他旅游	100.0	99.8	99.5	100.0	100.0
七、医疗保健	100.0	100.1	100.1	100.1	100.0
1.药品及医疗器具	100.0	100.3	100.3	100.3	100.1
（1）中药	99.8	100.8	100.9	100.6	100.1
中药材	100.0	99.5	101.9	100.3	99.7
中成药	99.7	101.2	100.5	100.7	100.2
（2）西药	100.0	100.3	100.5	100.1	100.2
抗微生物药	100.2	101.2	101.9	100.6	100.2
消化系统用药	99.7	99.9	100.2	99.8	99.8
呼吸系统用药	100.0	100.0	101.6	99.9	100.1
解热镇痛药	100.3	100.5	99.9	100.1	99.4
抗肿瘤药	99.3	100.4	99.5	100.4	100.1
激素及影响内分泌药	100.0	100.7	100.4	100.1	102.0
心血管系统用药	100.0	100.4	100.4	99.7	100.1
血液系统用药	100.0	100.0	100.1	99.9	100.1
治疗精神障碍药	100.0	100.2	100.8	100.5	99.8
神经系统用药	101.6	100.7	100.6	100.2	100.1
泌尿系统用药	99.7	99.7	100.5	99.7	100.0
维生素、矿物质类药	100.2	100.7	100.3	101.7	99.9
调节水、电解质及酸碱平衡药	99.8	99.1	100.6	100.4	101.0
其他西药	100.0	99.7	100.3	99.7	100.1
（3）滋补保健品	99.8	99.8	99.9	101.0	100.0
滋补保健品	99.8	99.8	99.9	101.0	100.0
（4）医疗卫生器具	100.6	99.7	98.2	98.9	99.8
医疗卫生器具	100.6	99.7	98.2	98.9	99.8
（5）保健器具	99.9	100.0	100.1	101.3	100.3
保健器具	99.9	100.0	100.1	101.3	100.3
2.医疗服务	100.0	100.0	100.0	100.0	100.0
（1）综合医疗类	100.0	100.0	100.0	100.0	100.0
一般医疗服务	100.2	100.0	100.0	99.9	100.0
一般治疗操作	99.8	100.0	100.0	100.0	100.0
护理	100.2	100.0	100.0	100.0	100.0
其他综合医疗服务	100.0	100.0	100.0	100.0	100.0
（2）诊断类	99.8	100.0	100.0	100.0	100.0
病理学诊断	99.9	100.0	100.0	100.0	100.0
实验室诊断	99.9	100.0	100.1	100.1	100.0
影像学诊断	99.4	100.0	100.0	100.0	100.0
临床诊断	100.2	100.0	100.0	100.0	100.0
（3）治疗类	100.4	100.0	100.0	100.0	100.0
临床手术治疗	100.6	100.0	100.0	100.0	100.0
临床非手术治疗	100.0	100.1	100.0	100.0	100.0

6月	7月	8月	9月	10月	11月	12月
102.4	99.7	101.9	101.0	100.6	100.0	100.4
100.0	100.1	100.1	100.0	100.0	100.0	100.0
100.1	99.9	100.0	100.1	100.1	100.0	100.0
100.3	99.8	100.1	100.2	100.2	100.0	100.0
100.3	100.1	100.3	100.3	100.4	100.2	100.3
100.3	100.0	100.2	100.1	100.6	100.7	100.9
100.3	100.1	100.4	100.4	100.4	100.1	100.0
100.5	99.6	100.2	100.3	100.3	99.8	99.9
102.6	97.6	101.3	101.4	100.1	100.1	100.1
100.0	99.8	100.3	100.2	100.0	100.0	99.9
100.2	100.0	99.9	100.0	100.0	100.1	99.6
102.4	100.1	100.2	99.9	100.0	100.0	100.2
100.4	99.4	100.1	99.8	100.0	99.4	100.0
99.8	100.8	100.5	100.1	103.9	100.1	100.2
99.8	99.9	100.2	100.3	99.9	99.6	100.0
99.3	100.1	99.8	100.0	99.9	100.0	98.2
100.0	100.2	100.6	100.0	100.0	99.9	100.0
100.5	99.9	100.4	100.2	99.7	99.2	100.1
100.0	100.2	99.8	100.1	100.3	99.8	100.5
100.2	99.8	98.6	100.1	99.7	100.0	100.1
102.7	100.1	100.6	100.0	101.8	100.4	100.0
100.3	99.7	100.5	100.0	100.3	99.1	100.1
99.9	100.0	99.6	99.9	99.9	100.3	100.0
99.9	100.0	99.6	99.9	99.9	100.3	100.0
100.0	99.4	99.6	99.7	99.6	99.6	100.0
100.0	99.4	99.6	99.7	99.6	99.6	100.0
99.9	99.7	100.1	100.1	100.0	99.9	99.9
99.9	99.7	100.1	100.1	100.0	99.9	99.9
100.0	100.0	100.0	100.0	100.0	100.0	100.0
100.0	100.0	100.0	100.0	100.0	100.0	100.0
100.0	100.0	100.0	100.0	100.0	100.0	100.0
100.0	100.0	100.0	100.0	100.0	100.0	100.0
100.0	100.0	100.0	100.0	100.0	100.0	100.0
100.0	100.0	100.0	100.0	100.0	100.0	100.0
100.0	100.0	100.0	100.0	100.0	100.0	100.0
100.0	100.0	100.0	100.0	100.0	100.0	100.0
100.1	100.1	100.0	100.0	100.0	100.0	100.0
100.0	100.0	100.0	100.0	100.0	100.0	100.0
100.0	100.0	100.0	100.0	100.0	100.0	100.0
100.0	100.0	100.0	100.0	100.0	100.0	100.0
100.1	100.0	100.0	100.0	100.0	100.0	100.0
100.0	100.0	100.0	100.0	100.0	100.0	100.0

4－8 续表8

（上月＝100）

类　　别	1月	2月	3月	4月	5月
（4）康复类	99.9	100.0	100.0	100.3	100.0
康复医疗	99.9	100.0	100.0	100.3	100.0
（5）中医医疗服务类	100.5	100.1	100.2	100.0	100.0
中医治疗	100.5	100.1	100.2	100.0	100.0
（6）其他医疗保健服务	99.9	100.0	100.0	100.0	100.0
其他医疗保健服务	99.9	100.0	100.0	100.0	100.0
八、其他用品及服务	100.4	100.3	101.1	99.9	100.6
1.其他用品	100.0	101.5	102.4	99.8	101.2
（1）首饰手表	100.6	101.8	103.6	99.1	100.2
金饰品	100.9	102.0	105.1	99.7	100.1
银饰品	99.7	98.8	100.3	100.0	99.9
铂金饰品	100.9	104.3	101.7	94.0	101.3
手表	100.0	100.5	100.0	99.5	100.2
（2）母婴用品	98.1	101.7	101.7	103.2	104.4
母婴洗护喂养用品	98.8	99.5	100.7	104.3	105.0
其他母婴用品	96.5	106.9	103.9	100.8	103.2
（3）其他杂项用品	99.9	100.8	100.4	99.0	100.9
箱包	99.9	101.1	100.4	98.5	101.2
眼镜	100.0	100.0	100.3	100.0	100.3
2.其他服务	100.9	99.1	99.9	100.0	99.9
（1）在外住宿	98.2	100.2	100.1	100.4	99.5
宾馆住宿	98.4	99.5	99.9	100.5	99.4
其他住宿	97.7	101.6	100.5	100.2	99.9
（2）美容美发洗浴	103.3	97.1	99.7	100.0	100.0
美容	101.1	99.1	99.0	100.0	99.9
美发	103.0	96.6	100.1	100.0	100.1
洗浴	105.7	96.0	99.6	99.9	99.9
（3）养老服务	100.0	100.3	99.8	99.7	100.0
养老服务	100.0	100.3	99.8	99.7	100.0
（4）金融及保险服务	100.0	100.0	100.0	100.0	100.0
金融服务	100.0	100.0	100.0	100.0	100.0
车辆保险	100.0	100.0	100.0	99.9	100.0
旅行保险	100.0	100.0	100.0	100.0	100.0
其他保险	100.0	100.0	100.0	100.0	100.0
（5）中介法律及其他服务	100.0	100.3	100.0	100.0	100.0
中介服务	100.0	100.7	100.0	100.0	100.0
法律服务	100.0	100.0	100.0	100.0	100.0
其他杂项服务	100.0	100.0	100.0	100.0	100.0

6月	7月	8月	9月	10月	11月	12月
100.0	100.0	100.0	100.1	100.0	100.0	100.0
100.0	100.0	100.0	100.1	100.0	100.0	100.0
100.4	100.0	100.1	100.0	100.0	100.0	100.0
100.4	100.0	100.1	100.0	100.0	100.0	100.0
100.0	100.0	100.0	99.9	100.0	100.0	100.0
100.0	100.0	100.0	99.9	100.0	100.0	100.0
100.1	98.9	100.3	99.9	100.4	100.2	100.5
100.1	97.8	100.4	99.7	100.6	100.4	100.9
99.6	96.9	101.5	99.3	100.9	102.4	100.7
99.2	96.0	101.9	98.9	101.3	102.5	101.0
100.3	100.0	99.9	99.9	94.6	106.3	100.3
101.0	95.6	102.1	100.1	103.2	105.3	99.1
100.1	99.9	99.8	99.9	99.5	100.3	100.3
101.6	97.0	99.7	99.5	100.0	98.0	101.5
103.2	96.7	99.7	99.6	100.1	97.3	102.5
97.9	97.6	99.9	99.4	99.7	99.8	99.2
99.9	100.3	98.9	100.7	100.5	98.3	101.0
100.0	100.7	98.3	100.7	100.7	97.6	101.5
99.8	99.3	100.2	100.6	100.0	99.7	100.0
100.0	100.1	100.1	100.2	100.3	99.9	100.1
99.8	100.1	100.1	100.0	101.4	98.3	100.3
99.9	99.6	100.0	100.7	101.0	98.1	100.3
99.5	101.2	100.2	98.6	102.3	98.6	100.1
99.9	99.9	100.0	100.0	100.0	100.0	100.1
100.1	99.9	99.9	99.6	99.8	100.2	100.2
99.9	99.9	100.0	100.2	100.0	99.9	100.2
99.9	99.9	100.0	100.2	100.0	100.1	100.0
100.6	100.0	100.1	99.5	100.0	100.9	100.4
100.6	100.0	100.1	99.5	100.0	100.9	100.4
100.0	100.3	100.3	100.7	100.3	100.0	100.0
100.0	100.0	100.0	100.0	100.0	100.0	100.0
99.9	100.1	100.0	100.1	100.0	100.0	100.0
101.4	100.0	100.0	100.0	100.0	100.0	100.0
100.0	101.2	101.3	102.4	101.4	100.1	100.0
100.0	100.0	100.0	100.0	100.0	100.0	100.0
100.0	100.0	100.0	100.1	100.0	100.0	100.0
100.0	100.0	100.0	100.0	100.0	100.0	100.0
100.0	100.0	100.0	100.0	100.0	100.0	100.0

4-9 农村居民消费价格

（上月=100）

类　别	1月	2月	3月	4月	5月
总指数	**100.4**	**100.2**	**100.1**	**100.3**	**99.8**
一、食品烟酒	101.3	100.0	99.5	100.8	98.7
1.食品	101.8	99.9	99.4	101.1	98.2
（1）粮食	100.2	100.2	102.6	100.8	100.8
大米	100.0	100.7	100.1	99.6	100.1
面粉	100.0	99.9	104.7	100.4	100.2
其他粮食	99.6	99.9	100.2	100.1	99.9
粮食制品	100.7	100.2	103.3	101.7	101.7
（2）薯类	110.5	100.8	103.1	110.7	103.9
薯类	110.5	100.8	103.1	110.7	103.9
（3）豆类	100.8	100.4	100.2	100.6	101.1
干豆	101.2	100.6	101.3	100.0	100.0
豆制品	100.8	100.4	100.1	100.7	101.2
（4）食用油	99.1	101.1	101.8	100.1	101.5
食用植物油	99.1	101.1	101.9	100.2	101.6
食用动物油	98.7	100.1	95.5	93.6	99.3
（5）菜及食用菌	106.6	99.7	102.2	96.5	79.1
鲜菜	107.0	99.5	103.0	96.0	76.9
鲜菌	109.2	104.7	84.3	103.7	98.1
干菜干菌及制品	100.2	100.3	100.2	100.1	100.0
（6）畜肉类	98.8	97.2	92.9	101.2	104.7
猪肉	97.1	93.7	87.9	103.3	110.1
牛肉	101.2	101.5	98.1	99.3	99.5
羊肉	101.1	100.6	97.0	99.5	98.2
其他畜肉及副产品	99.8	100.2	97.2	98.8	100.3
畜肉制品	100.6	101.1	98.7	99.5	100.1
（7）禽肉类	100.9	101.6	98.8	100.6	101.0
鸡	101.4	102.4	98.4	100.9	101.0
鸭	98.2	98.2	98.7	99.1	104.1
其他禽肉及制品	100.5	100.3	99.7	100.0	100.2
（8）水产品	103.2	102.9	98.5	101.9	100.4
淡水鱼	104.5	103.5	96.4	102.4	100.6
海水鱼	103.1	101.3	99.2	100.1	99.4
虾蟹类	103.5	104.9	100.0	105.3	99.3
其他水产品及制品	101.0	101.7	101.2	100.5	100.8
（9）蛋类	99.9	93.9	98.2	110.5	103.4
鸡蛋	99.8	93.3	98.1	111.6	103.5
其他蛋及制品	100.2	99.9	99.5	101.1	102.0
（10）奶类	100.0	100.2	100.2	100.1	100.1
鲜奶	100.1	100.7	100.3	99.7	100.0
酸奶	100.5	100.4	99.8	101.0	100.0
奶粉	99.8	99.7	100.4	100.0	100.3

分月环比指数(2022年)

6月	7月	8月	9月	10月	11月	12月
99.7	**100.6**	**100.0**	**100.4**	**100.4**	**99.8**	**99.7**
98.3	102.7	100.8	101.3	101.0	99.2	99.3
97.5	103.6	101.0	101.8	101.3	98.9	99.0
100.2	99.6	100.0	99.9	100.1	100.3	100.0
99.9	99.3	99.9	99.8	100.1	100.1	100.2
99.2	99.6	100.0	100.1	100.6	100.9	99.7
99.6	100.1	99.9	99.4	100.2	99.9	100.1
101.0	99.7	100.1	99.9	99.7	100.2	99.9
91.1	100.7	101.7	96.8	97.5	99.7	105.2
91.1	100.7	101.7	96.8	97.5	99.7	105.2
100.3	100.1	100.3	99.9	100.5	99.8	100.6
99.2	98.3	99.9	100.2	101.2	100.1	100.0
100.4	100.2	100.3	99.9	100.5	99.7	100.7
100.8	99.9	100.9	100.5	100.4	99.9	100.0
100.8	99.8	100.9	100.5	100.4	99.8	99.9
100.7	104.7	101.3	102.4	104.2	109.9	100.7
85.7	113.5	105.3	106.9	95.5	86.7	102.2
83.5	115.3	105.2	107.5	95.6	85.7	101.5
102.4	109.7	115.5	105.9	85.7	81.8	119.5
100.1	100.0	100.5	100.4	100.4	100.0	100.5
102.4	116.0	99.6	102.5	108.3	98.8	91.9
104.9	130.0	99.5	103.7	113.5	97.9	87.1
99.0	99.1	100.1	100.3	99.9	100.3	99.9
98.9	98.8	99.4	101.7	99.5	100.1	99.0
100.5	106.3	99.4	102.9	104.1	101.5	101.5
100.8	101.2	99.9	100.4	100.7	100.1	99.7
100.6	103.9	101.2	101.5	99.6	98.5	98.8
100.3	105.0	101.2	102.0	99.7	98.1	98.2
104.4	104.0	103.9	99.9	94.3	95.1	101.3
100.3	100.9	100.4	100.3	100.7	100.5	100.1
99.3	99.6	101.1	100.3	99.5	98.8	98.7
99.4	99.1	100.3	100.1	98.3	97.4	97.0
97.4	98.8	104.7	101.0	99.9	99.3	97.6
94.2	96.0	102.6	99.6	100.1	100.8	101.7
101.4	101.6	100.9	100.5	101.1	100.0	100.5
93.4	101.8	105.0	106.1	104.2	101.1	96.9
92.7	101.9	105.5	106.5	104.6	101.1	96.6
100.8	101.1	100.8	102.5	101.0	101.1	99.9
99.9	100.1	100.0	99.8	100.0	100.0	100.1
99.5	100.0	100.3	100.2	99.9	99.9	100.1
100.0	100.2	99.7	99.5	100.2	100.1	100.0
100.2	100.3	99.7	99.6	100.2	99.9	100.0

4－9 续表1

（上月＝100）

类　　别	1月	2月	3月	4月	5月
其他奶制品	100.1	99.3	99.5	100.3	100.8
（11）干鲜瓜果类	106.7	103.8	98.4	102.0	96.8
鲜果	108.2	104.7	98.2	102.4	96.0
坚果	100.4	100.0	99.4	99.7	101.3
瓜果制品	98.9	98.7	100.0	101.0	100.2
（12）糖果糕点类	99.9	99.8	100.3	100.0	100.0
食糖	100.4	100.4	100.1	100.1	100.3
糖果	100.4	99.5	100.1	100.0	100.1
糕点	99.7	99.7	100.4	100.1	99.9
其他糖果糕点	99.6	99.8	99.8	100.0	100.0
（13）调味品	100.7	101.6	100.6	99.8	100.5
食用盐	99.4	101.1	100.3	100.0	100.0
酱油	101.0	102.0	101.2	99.8	101.4
食醋	101.0	100.5	100.9	99.8	100.1
增味剂	101.4	101.5	100.3	99.7	100.1
其他调味品	100.3	102.0	100.2	99.6	100.3
（14）其他食品类	100.4	100.4	101.0	100.9	100.3
方便食品	100.5	100.1	101.6	101.5	100.5
淀粉及制品	100.3	101.2	100.3	100.1	99.9
其他食品	100.2	100.0	100.4	100.1	100.4
2. 茶及饮料	100.7	100.4	100.6	100.4	99.9
茶叶	100.1	100.0	100.8	102.0	100.0
固体咖啡	99.7	100.8	100.7	100.0	100.3
其他固体饮料	100.0	100.2	100.5	100.3	100.0
饮用水	100.0	100.0	100.5	100.0	99.6
果汁饮料	100.2	100.7	100.3	100.1	99.9
其他液体饮料	101.1	100.6	100.6	100.1	99.8
3. 烟酒	100.1	100.1	100.0	99.9	100.0
（1）卷烟	100.0	100.0	100.0	100.1	100.0
卷烟	100.0	100.0	100.0	100.1	100.0
（2）酒类	100.3	100.2	100.1	99.6	100.0
白酒	100.3	100.1	100.1	99.5	99.8
葡萄酒	100.0	100.0	100.0	100.6	100.8
啤酒	100.1	100.3	100.3	100.0	100.1
其他酒类	100.4	100.2	99.5	99.6	101.4
4. 在外餐饮	100.2	100.4	99.7	100.0	100.0
餐馆餐饮	100.0	100.6	99.8	100.0	100.0
饮品店餐饮	100.2	100.0	98.6	98.5	99.9
外卖	101.4	100.0	98.5	100.2	100.2
其他在外餐饮	100.2	100.0	100.5	100.4	100.0
二、衣着	99.8	99.9	100.2	99.9	100.1
1. 服装	99.8	99.8	100.0	99.9	100.2

6月	7月	8月	9月	10月	11月	12月
100.9	100.0	100.1	99.3	99.7	100.1	100.3
94.0	94.8	99.8	101.5	100.6	105.3	105.5
92.5	93.7	99.7	101.8	100.4	106.3	106.5
102.0	99.6	100.1	99.9	101.7	101.2	100.8
100.0	100.9	100.3	101.6	100.5	99.5	100.7
99.9	100.3	100.2	100.0	99.8	100.3	100.0
99.1	101.4	100.6	100.4	100.1	100.0	100.0
100.0	100.6	100.6	99.5	100.1	100.0	100.0
100.0	100.0	100.1	100.0	99.8	100.3	100.0
100.0	99.7	99.8	100.0	99.2	101.0	100.2
100.3	100.0	100.4	100.1	99.9	100.8	100.0
100.0	100.0	100.4	100.0	100.0	100.0	100.0
100.3	99.9	99.9	100.0	100.1	100.6	100.0
100.3	100.2	100.5	100.3	100.1	100.4	100.0
100.5	100.3	100.3	100.0	100.0	102.4	100.1
100.2	99.9	100.7	100.2	99.7	100.6	100.0
100.7	100.4	100.0	100.3	100.1	99.9	100.0
101.0	100.4	99.8	100.5	99.9	100.1	100.1
100.2	100.0	100.4	99.9	100.1	99.2	99.6
100.4	101.3	99.7	100.1	101.2	100.1	100.3
100.0	100.1	100.0	100.0	100.0	100.0	100.0
100.0	100.0	99.5	99.5	99.9	99.9	99.8
100.0	101.0	100.8	100.2	100.1	100.0	99.7
99.9	100.9	99.9	100.1	100.2	100.0	100.0
100.0	100.0	100.0	100.0	100.0	100.0	100.0
100.0	100.4	99.8	99.9	100.1	100.0	100.0
100.1	100.1	100.1	100.1	100.0	100.0	100.0
100.4	100.1	100.0	100.0	100.3	100.0	100.0
100.0	100.0	100.0	100.0	100.3	100.0	100.0
100.0	100.0	100.0	100.0	100.3	100.0	100.0
101.1	100.2	99.9	100.1	100.4	99.9	99.9
101.5	100.3	100.1	100.1	100.5	99.9	99.9
99.6	99.4	99.8	99.9	100.2	100.1	100.1
100.0	100.0	99.2	100.0	100.0	100.0	100.0
100.1	100.0	100.6	100.2	99.9	99.7	100.0
99.9	100.5	100.1	100.2	100.3	100.0	100.2
100.1	100.2	100.3	100.2	100.4	100.1	100.1
100.0	100.0	100.0	100.0	100.0	100.0	100.0
98.5	101.5	98.8	100.6	100.3	99.4	101.5
100.0	100.9	100.4	100.0	100.0	100.0	100.0
100.1	99.7	99.7	100.2	99.9	99.7	100.0
100.1	99.6	99.7	100.3	99.9	99.6	100.0

4－9　续表2

（上月＝100）

类　别	1月	2月	3月	4月	5月
（1）男式服装	99.7	100.1	100.2	100.0	100.2
男式外套	99.5	100.1	100.2	100.1	100.0
男式针织衫	99.4	99.6	99.1	100.4	100.3
男式衬衫T恤	99.7	100.5	100.3	99.8	100.3
男式裤子	100.1	100.1	100.7	100.1	100.3
男式内衣	100.0	100.0	100.0	100.0	100.3
（2）女式服装	99.8	99.4	100.1	99.9	100.1
女式外套	99.6	99.0	99.6	100.0	100.0
女式针织衫	99.9	98.7	100.0	99.8	100.0
女式衬衫T恤	100.0	100.2	102.0	99.4	100.8
女式裤子	100.0	99.7	100.4	98.9	99.7
女式裙子	100.0	100.6	100.1	100.4	99.9
女式内衣	100.2	99.9	99.9	100.0	100.2
（3）儿童服装	99.8	100.2	99.7	99.9	100.6
婴儿服装	100.0	100.0	99.7	100.0	100.0
儿童上衣	99.5	100.6	99.6	99.6	100.5
儿童裤子	99.7	99.9	99.6	100.0	101.4
儿童裙子	100.0	100.0	100.0	100.0	100.6
儿童内衣	100.0	100.0	100.0	100.0	100.0
（4）衣着材料及配件	99.9	99.9	100.0	99.8	100.3
袜子	100.0	100.0	100.5	100.0	100.3
帽子	100.0	100.0	99.8	99.5	100.5
其他衣着材料及配件	99.5	99.5	99.1	99.6	100.0
（5）衣着服务费	100.0	100.0	100.0	100.0	100.0
衣着洗涤保养	100.0	100.0	100.0	100.0	100.0
其他衣着服务	100.0	100.0	100.0	100.0	100.0
2.鞋类	100.0	100.1	100.7	99.7	100.0
（1）鞋	100.0	100.1	100.7	99.7	100.0
男鞋	100.0	99.9	100.4	100.0	100.1
女鞋	99.9	100.1	101.0	99.6	100.0
童鞋	100.0	100.5	100.3	99.5	100.0
（2）鞋类服务	100.0	100.0	100.0	100.0	100.0
鞋类服务	100.0	100.0	100.0	100.0	100.0
三、居住	100.1	100.0	100.2	100.0	100.0
1.租赁房房租	100.0	100.0	100.0	100.0	100.0
公房房租	100.0	100.0	100.0	100.0	100.0
私房房租	100.0	100.0	100.0	100.0	100.0
2.住房保养维修及管理	100.0	100.0	100.5	100.0	99.9
（1）住房装潢材料	99.9	100.0	100.3	99.9	99.8
木地板	100.0	100.0	100.0	100.0	99.7
瓷砖	99.8	100.0	101.0	100.0	100.0
水泥	99.5	100.0	100.0	98.9	99.0

6月	7月	8月	9月	10月	11月	12月
100.1	99.9	99.7	100.4	100.1	99.6	100.1
100.0	100.0	100.1	100.8	100.4	99.9	100.3
100.0	100.0	100.6	100.7	100.3	99.6	100.7
100.3	99.6	98.7	99.2	98.7	98.8	99.5
99.9	99.7	99.3	100.6	100.5	99.3	99.5
100.0	100.0	100.0	100.1	100.0	99.8	100.3
100.2	99.3	99.5	100.3	99.8	99.5	100.0
100.0	100.0	100.4	100.5	100.0	99.9	100.5
100.0	100.0	100.2	101.5	99.9	99.3	99.4
100.6	97.7	98.2	100.1	98.9	98.4	99.6
100.7	99.1	99.4	100.9	100.0	99.8	99.7
100.7	97.6	96.9	98.3	99.6	98.8	99.1
100.0	100.0	100.0	99.8	100.0	100.0	100.2
99.8	100.1	100.3	100.2	99.8	99.4	100.0
100.1	100.0	100.0	99.5	100.1	99.8	101.8
100.0	100.1	99.5	99.7	99.8	100.1	99.8
99.3	100.2	100.8	100.8	99.4	98.5	99.7
99.8	100.1	101.1	100.9	99.8	99.1	98.8
100.0	99.8	99.9	100.0	99.6	99.5	99.3
100.0	99.9	99.6	100.0	100.0	100.1	100.4
100.0	100.0	99.5	100.0	100.0	100.0	100.3
100.0	99.6	99.8	99.9	100.0	100.3	100.6
100.0	99.9	99.7	100.1	100.1	100.2	100.5
100.0	100.0	100.5	100.0	100.0	101.9	100.9
100.0	100.0	100.0	100.0	100.0	103.3	101.4
100.0	100.0	100.7	100.0	100.0	101.2	100.7
100.0	100.0	99.7	100.1	100.0	99.9	99.8
100.0	100.0	99.7	100.1	100.0	99.9	99.8
100.0	100.0	99.8	100.0	100.1	99.9	99.8
100.0	99.9	99.7	100.3	99.9	100.1	100.0
100.0	99.9	99.7	100.0	100.0	99.6	98.8
100.0	100.0	100.5	100.0	100.0	100.0	100.0
100.0	100.0	100.5	100.0	100.0	100.0	100.0
100.0	100.0	99.8	100.0	100.0	100.0	100.0
100.0	100.0	99.5	100.0	100.0	100.0	100.0
100.0	100.0	100.0	100.0	100.0	100.0	100.0
100.0	100.0	99.5	100.0	100.0	100.0	100.0
100.0	100.1	99.9	100.0	100.0	100.1	99.8
99.9	100.0	99.7	100.0	100.0	100.1	100.0
100.0	100.0	99.5	100.0	100.0	100.4	100.0
100.0	100.0	99.3	100.0	100.0	99.8	100.0
98.4	99.5	99.5	100.0	99.8	100.4	100.0

4－9　续表3

（上月＝100）

类　　别	1月	2月	3月	4月	5月
涂料	100.0	100.0	100.0	100.0	99.2
板材	100.2	100.1	100.6	100.0	100.0
管材	100.0	100.0	100.0	100.0	100.3
厨卫设备	100.1	100.0	100.0	100.0	99.4
门窗	100.0	100.0	100.0	100.0	100.0
其他住房装潢材料	100.1	100.4	100.0	100.5	100.3
（2）住房维修管理费用	100.0	100.0	100.7	100.0	100.0
物业管理费	100.0	100.0	100.0	100.0	100.0
装潢维修费	100.0	100.0	101.0	100.0	100.0
其他住房费用	100.0	100.0	100.0	100.0	100.0
3.水电燃料	100.4	99.9	100.5	100.0	100.3
（1）水	100.0	100.0	100.0	100.0	100.0
水	100.0	100.0	100.0	100.0	100.0
（2）电	100.0	100.0	100.0	100.0	100.0
电	100.0	100.0	100.0	100.0	100.0
（3）燃气	102.3	100.0	102.0	100.0	101.1
管道燃气	100.0	100.0	100.0	100.0	100.0
液化石油气	102.6	100.0	102.2	100.0	101.3
（4）其他水电燃料类	98.2	99.2	100.0	100.0	100.0
其他水电燃料类	98.2	99.2	100.0	100.0	100.0
4.自有住房	100.0	100.0	100.0	100.0	100.0
自有住房	100.0	100.0	100.0	100.0	100.0
四、生活用品及服务	99.5	100.8	100.3	100.9	100.2
1.家具及室内装饰品	99.8	100.2	100.1	100.0	100.0
（1）家具	100.1	100.2	99.9	100.0	100.0
柜	100.2	100.0	99.5	100.0	100.0
床	100.0	100.0	100.0	100.0	100.0
桌	100.0	100.4	100.3	100.0	100.0
椅	100.0	100.0	100.0	100.0	100.0
沙发	100.1	100.6	99.8	100.0	100.0
其他家具	98.9	100.0	101.1	100.0	99.8
（2）室内装饰品	96.7	100.0	103.0	100.5	100.0
灯具	95.1	100.0	104.3	100.9	100.1
其他室内装饰品	100.4	100.0	100.0	99.6	99.7
2.家用器具	99.8	101.6	100.3	100.4	99.9
（1）大型家用器具	99.7	101.8	100.1	100.4	99.9
洗衣机	103.1	99.2	97.4	100.7	99.2
电冰箱（柜）	98.2	101.1	99.2	98.2	99.6
抽油烟机	98.8	100.2	100.2	100.0	100.3
空调器	100.0	103.8	100.9	100.9	100.9
热水器	98.5	101.5	99.8	100.8	98.0
炉具灶具	99.9	100.5	102.5	101.2	99.6

6月	7月	8月	9月	10月	11月	12月
100.1	100.2	100.0	99.7	100.0	100.2	100.0
100.3	100.0	100.0	100.2	100.0	100.1	99.8
100.0	99.9	100.0	100.0	100.0	100.4	100.0
100.0	100.0	99.7	100.0	100.0	100.3	100.0
100.0	100.1	100.0	100.1	100.0	100.0	100.0
100.4	100.0	99.9	99.7	100.0	100.0	100.0
100.0	100.3	100.1	100.0	100.0	100.0	99.6
100.0	100.0	100.0	100.0	100.0	100.0	100.0
100.0	100.4	100.1	100.0	100.0	100.0	100.0
100.0	100.0	100.0	100.0	100.0	100.0	98.6
100.0	100.1	100.1	100.1	100.0	100.1	100.0
100.0	100.0	100.0	100.0	100.0	100.0	100.0
100.0	100.0	100.0	100.0	100.0	100.0	100.0
100.0	100.0	100.0	100.0	100.0	100.0	100.0
100.0	100.0	100.0	100.0	100.0	100.0	100.0
100.0	100.1	100.3	100.3	100.0	100.7	99.7
100.0	100.0	100.0	100.0	100.0	100.0	100.3
100.0	100.1	100.4	100.3	100.0	100.7	99.6
100.3	100.6	100.1	100.0	100.0	99.7	100.9
100.3	100.6	100.1	100.0	100.0	99.7	100.9
100.0	100.0	99.7	100.0	100.0	100.0	100.0
100.0	100.0	99.7	100.0	100.0	100.0	100.0
99.7	100.2	99.8	99.8	100.5	99.3	100.3
99.8	100.1	99.7	99.8	100.2	99.0	100.1
100.0	99.9	99.9	99.9	100.1	99.0	99.9
100.0	99.8	99.8	100.0	100.1	99.1	99.6
100.0	100.0	100.0	99.8	100.1	98.8	100.0
100.0	100.1	99.9	99.8	100.9	99.4	100.0
100.0	100.0	100.0	99.7	100.0	99.0	100.0
100.0	100.0	99.8	100.0	99.9	98.9	100.0
100.0	100.0	100.0	99.9	100.0	98.7	100.0
96.7	102.5	97.5	97.8	101.9	98.8	103.6
95.4	103.6	96.7	96.6	102.7	98.2	105.3
99.8	100.0	99.4	100.2	100.0	100.0	99.9
99.0	101.1	99.5	99.7	100.3	98.4	100.6
98.9	101.1	99.4	99.7	100.5	98.6	100.5
99.3	102.3	98.0	99.4	101.4	96.6	100.1
100.6	101.1	98.0	99.4	101.8	97.8	99.6
100.1	100.0	100.0	100.0	99.8	99.5	100.0
97.6	101.0	100.5	100.1	99.8	99.0	100.6
100.4	100.2	98.7	99.3	99.6	100.8	101.1
98.2	102.5	100.1	99.5	100.2	98.8	100.7

4－9 续表4

（上月＝100）

类　别	1月	2月	3月	4月	5月
吸尘器	96.9	106.5	102.2	110.0	97.5
空气净化器	97.4	105.4	102.5	101.8	99.1
净水器	94.7	103.3	104.0	102.3	100.3
其他大型家用器具	100.7	99.1	100.0	100.0	100.2
（2）小家电	100.6	99.7	101.3	99.9	100.3
厨房小家电	99.6	99.8	100.5	100.2	100.2
生活小家电	102.2	99.7	102.7	99.4	100.4
3. 家用纺织品	100.1	100.0	100.0	99.8	100.1
（1）床上用品	100.1	100.0	100.0	99.8	100.1
被子	100.0	100.0	100.0	100.0	100.0
床单被套	100.0	100.0	100.0	99.7	100.0
其他床上用品	100.4	100.0	100.0	99.6	100.3
（2）窗帘门帘	100.1	100.0	100.0	100.0	100.3
窗帘门帘	100.1	100.0	100.0	100.0	100.3
（3）其他家用纺织品	100.0	100.0	100.3	100.0	99.9
其他家用纺织品	100.0	100.0	100.3	100.0	99.9
4. 家庭日用杂品	99.1	100.6	100.3	101.5	100.1
（1）洗涤卫生用品	98.9	99.7	101.4	101.3	99.8
清洗用品	98.2	99.1	102.9	101.8	99.8
清洁用具	100.2	101.4	99.9	99.5	99.8
清洁用纸	99.6	100.2	99.7	101.1	99.8
（2）厨具餐具茶具	99.5	102.6	98.4	102.7	101.2
厨具	100.5	104.6	95.9	102.2	101.1
餐具	98.6	98.1	104.0	104.5	101.0
茶具	96.0	105.5	96.4	100.0	102.4
（3）其他家庭日用杂品	98.9	100.3	98.8	99.9	98.8
配电附件	98.6	99.6	98.4	100.0	97.8
雨 具	96.5	103.7	98.6	99.9	98.9
其他日用杂品	100.0	100.3	99.4	99.7	100.1
5. 个人护理用品	98.6	101.3	101.1	102.8	101.1
（1）化妆品	97.6	102.1	100.6	103.0	102.6
清洁化妆品	94.6	103.9	102.4	102.8	104.6
护肤化妆品	97.2	102.1	100.7	102.6	103.2
彩妆化妆品	102.2	99.6	98.4	105.0	99.2
化妆器具	99.0	104.5	100.9	99.8	99.6
（2）其他护理用品类	99.4	100.6	101.6	102.7	99.8
清洁类护理用品	99.4	101.5	99.8	105.0	99.2
护发美发用品	99.5	101.3	100.6	99.2	100.6
护理器具	99.1	96.7	109.6	99.7	100.8
其他护理用品	100.0	100.0	99.7	99.7	99.6
6. 家庭服务	100.4	100.0	100.0	100.0	100.1
家政服务	100.4	100.3	100.0	100.0	100.2

6 月	7 月	8 月	9 月	10 月	11 月	12 月
99.2	103.5	98.6	96.3	105.8	94.0	102.5
92.2	104.2	102.7	103.0	98.4	98.1	105.8
97.4	102.4	98.1	98.5	98.4	99.8	100.5
99.7	100.0	100.4	99.6	100.6	98.4	99.9
99.7	100.8	99.9	100.1	99.5	97.4	101.3
100.2	99.5	99.5	101.1	98.9	98.5	101.4
98.8	103.2	100.5	98.3	100.6	95.5	101.3
99.9	100.0	98.4	99.8	100.9	99.7	100.0
99.9	100.0	98.1	99.8	101.1	99.7	100.0
99.9	100.0	97.7	100.0	102.1	99.7	100.0
100.0	100.0	98.1	99.7	100.9	100.1	100.0
99.9	100.0	98.7	99.8	100.0	98.6	100.0
99.8	100.0	99.8	100.0	100.1	100.0	100.0
99.8	100.0	99.8	100.0	100.1	100.0	100.0
100.0	100.3	99.7	100.0	100.4	99.9	100.0
100.0	100.3	99.7	100.0	100.4	99.9	100.0
100.4	99.5	100.3	99.4	100.7	99.9	100.6
99.5	99.7	100.4	100.1	101.0	100.7	99.5
99.2	98.4	100.3	99.5	100.6	98.0	99.3
101.2	100.9	100.9	96.8	101.2	97.3	102.7
99.4	101.3	100.3	101.8	101.5	105.0	99.1
102.0	98.5	101.0	97.1	100.1	98.2	103.4
103.3	97.2	101.6	96.3	100.0	98.8	102.5
101.1	100.1	99.9	98.0	99.8	97.9	104.8
97.2	101.2	100.9	99.9	102.0	95.0	103.9
101.2	100.6	98.5	100.8	100.4	100.0	100.0
102.4	100.4	97.3	101.8	100.5	100.6	99.8
98.9	102.3	99.1	99.4	100.9	97.1	100.8
100.4	100.4	99.9	100.0	100.0	100.0	100.0
99.6	99.9	100.3	100.9	100.4	99.7	100.1
99.8	99.6	101.1	101.3	99.8	101.0	99.4
99.9	100.2	100.3	99.6	101.0	97.1	102.7
99.7	99.0	101.8	102.4	99.1	102.9	98.4
99.4	101.0	100.0	100.5	100.4	100.4	99.0
102.0	98.5	100.2	100.3	101.6	99.1	100.3
99.5	100.1	99.6	100.5	100.9	98.5	100.7
99.5	99.4	100.4	100.6	100.3	99.9	99.8
97.9	100.9	99.3	101.3	100.9	97.8	99.7
101.4	101.6	97.3	99.1	102.7	94.3	104.9
100.0	100.0	100.4	99.8	100.0	100.0	100.0
100.1	100.8	100.1	100.1	100.3	100.0	100.0
100.0	100.0	100.1	100.1	100.1	100.2	100.0

4－9　续表5

（上月＝100）

类　　别	1月	2月	3月	4月	5月
母婴护理服务	100.0	100.0	100.0	100.0	100.4
家庭维修服务	100.4	100.0	100.0	100.0	100.0
其他家庭服务	101.3	100.0	100.0	100.0	100.0
五、交通通信	100.7	101.2	101.5	100.6	100.1
1.交通	100.9	101.7	101.9	100.9	100.2
（1）交通工具	100.0	99.7	100.0	99.8	99.9
燃油小汽车	100.1	99.5	100.0	99.6	99.9
新能源小汽车	100.1	99.6	100.0	99.8	100.4
电动自行车	99.9	100.0	100.0	100.2	99.3
自行车	100.0	100.0	101.3	100.2	100.2
其他交通工具	100.0	100.0	100.1	100.2	100.2
（2）交通工具用燃料	102.2	106.1	107.3	102.8	100.6
汽油	102.3	106.2	107.4	102.8	100.6
柴油	102.5	106.6	107.9	103.0	100.7
其他车用能源	96.4	101.0	99.6	100.1	100.0
（3）交通工具使用和维修	100.1	100.0	100.1	99.9	100.0
停车费	100.0	100.0	100.0	100.0	100.0
车辆使用费	100.5	100.0	100.0	101.1	100.0
交通工具零配件	100.0	100.0	100.2	99.6	100.0
车辆修理与保养	100.0	100.0	100.1	99.5	100.0
（4）交通费	102.4	101.5	96.9	101.2	101.2
市内公共交通	100.0	100.0	100.0	100.0	100.0
出租汽车	100.0	100.0	100.0	100.0	100.0
飞机票	105.7	124.5	77.1	113.7	113.1
火车票	100.1	100.0	100.0	100.0	100.0
长途汽车	105.2	98.2	98.2	100.0	100.0
网约车	100.1	100.0	99.9	100.1	98.9
交通工具租赁费	100.0	100.0	100.4	100.4	100.0
其他交通费	103.8	96.3	100.0	100.0	100.0
2.通信	100.4	100.0	100.5	99.9	99.8
（1）通信工具	101.2	100.0	101.3	99.7	99.3
电话机	101.4	100.0	101.4	99.7	99.4
其他通信工具及零配件	97.5	100.8	99.2	101.0	98.3
（2）通信服务	100.0	100.0	100.0	100.0	100.0
电话费	100.0	100.0	100.0	100.0	100.0
家庭宽带服务	100.0	100.0	100.0	100.0	100.0
其他通信服务	100.0	100.0	100.0	100.0	100.0
（3）邮递服务	100.0	100.0	100.0	100.0	100.0
邮递服务	100.0	100.0	100.0	100.0	100.0
六、教育文化娱乐	99.9	100.2	100.0	99.5	100.0
1.教育	100.1	100.0	100.1	99.3	100.0
（1）教育用品	100.2	100.0	100.0	100.6	100.0

6月	7月	8月	9月	10月	11月	12月
100.7	100.1	100.0	100.0	102.7	100.0	100.0
100.0	101.1	100.0	100.0	100.0	100.0	100.0
100.0	100.0	100.7	100.6	100.0	100.0	100.0
101.7	99.3	98.8	99.7	99.9	100.4	98.7
102.4	98.9	98.3	99.5	99.8	100.8	98.0
100.0	100.0	99.8	99.9	100.4	100.2	99.9
99.9	99.9	99.6	99.9	100.5	100.0	99.9
100.0	100.0	100.0	100.0	100.0	100.4	99.9
100.0	100.0	100.2	99.8	100.6	100.6	100.0
100.1	100.2	100.2	99.7	100.0	100.0	100.0
100.0	100.0	100.1	100.2	100.2	100.5	100.0
106.7	96.7	95.2	98.8	98.8	102.1	93.9
106.8	96.6	95.1	98.7	98.8	102.1	93.9
107.1	96.5	94.7	98.8	98.6	102.3	93.4
100.5	100.3	100.0	100.2	100.2	101.5	100.0
100.0	100.0	100.7	100.4	100.0	100.5	100.0
100.0	100.0	100.0	100.0	100.0	100.0	100.0
100.0	100.0	100.0	100.0	100.0	100.0	100.0
100.0	100.2	100.3	99.8	100.0	99.8	100.0
100.0	100.0	101.0	100.7	100.0	100.7	100.0
103.3	99.8	98.8	98.3	100.0	100.2	99.3
100.0	100.0	100.0	100.0	100.0	100.0	100.0
100.0	100.0	100.0	100.0	100.0	100.0	100.0
130.0	98.5	91.0	86.5	99.9	102.0	94.0
100.0	100.0	100.0	100.0	100.0	100.0	100.0
100.0	100.0	100.0	100.0	100.0	100.0	100.0
99.5	101.3	99.6	100.2	99.6	100.2	99.5
100.0	99.6	100.1	100.7	100.0	100.0	99.8
100.0	100.0	100.0	100.0	100.0	100.0	100.0
99.9	100.4	99.9	100.1	100.1	99.5	100.3
99.6	101.2	99.8	100.3	100.4	98.5	100.9
99.7	101.2	99.9	100.3	100.5	98.4	100.9
98.8	101.4	98.6	99.1	98.9	101.6	100.5
100.0	100.0	100.0	100.0	100.0	100.0	100.0
100.0	100.0	100.0	100.0	100.0	100.0	100.0
100.0	100.0	100.0	100.1	100.0	100.0	100.0
100.0	100.0	100.0	100.2	100.0	100.0	100.0
100.0	100.0	100.0	100.0	100.0	100.0	100.0
100.0	100.0	100.0	100.0	100.0	100.0	100.0
99.9	100.1	100.1	100.8	100.3	100.1	100.0
99.8	100.0	100.0	101.1	100.4	100.2	100.0
99.8	100.0	100.0	101.3	100.0	100.9	99.9

4－9 续表6

（上月＝100）

类　　别	1月	2月	3月	4月	5月
工具书	100.0	100.0	99.9	100.0	100.0
教材	100.0	100.0	100.0	100.0	100.0
参考资料	100.4	100.0	100.2	101.1	100.0
其他教育用品	100.0	100.0	100.0	100.1	100.0
（2）教育服务	100.0	100.0	100.1	99.3	100.0
幼儿早期教育	100.0	100.0	100.0	103.8	100.8
学前教育	100.0	100.0	100.0	100.0	100.0
小学初中教育	100.0	100.3	100.0	100.0	100.0
高中中职教育	100.0	100.0	100.0	100.0	100.0
高等教育	100.0	100.0	100.0	100.0	100.0
课外教育	100.0	100.0	100.0	100.0	100.0
专业技能培训	100.4	100.0	101.1	92.7	100.0
其他教育服务	100.0	100.0	100.0	100.0	100.0
2. 文化娱乐	99.4	100.8	99.6	99.9	99.7
（1）文娱耐用消费品	98.6	100.9	100.2	99.7	99.2
电视机	100.7	100.0	100.5	99.5	99.4
照相机	100.5	101.0	98.4	102.2	98.7
台式计算机	99.8	99.3	99.3	100.0	100.2
笔记本电脑	98.2	98.8	98.7	98.8	99.8
平板电脑	90.4	108.3	103.6	101.0	96.8
乐器	100.0	100.0	100.0	100.0	100.0
音响	100.0	100.0	100.0	100.0	101.2
可穿戴智能设备	98.6	101.7	99.6	96.9	99.8
其他文娱耐用消费品	99.0	100.8	98.9	99.0	98.6
（2）其他文娱用品	100.3	100.2	100.1	100.3	100.0
书报杂志及音像制品	104.1	100.0	100.0	100.0	100.0
纸张文具	100.0	100.0	99.8	99.7	100.0
体育户外用品	101.6	103.0	100.6	101.9	103.6
游戏用品和玩具	97.8	100.0	101.0	101.6	99.4
园艺花卉及用品	100.3	100.0	100.0	100.0	100.0
宠物及用品	100.3	100.0	100.0	99.5	99.8
其他文化娱乐用品	100.0	100.6	99.4	100.0	100.0
（3）文化娱乐服务	99.8	102.1	98.1	100.0	100.0
电影及演出票	99.2	125.5	87.7	97.7	97.8
景点门票	100.0	103.5	95.9	100.0	100.0
电视服务	100.0	100.0	100.0	100.0	100.0
健身活动	100.0	100.3	99.8	100.0	100.0
宠物服务	100.0	107.8	90.4	100.0	100.0
网络文娱服务	96.8	102.5	100.1	100.4	101.0
儿童娱乐项目	100.0	100.0	100.0	100.0	100.0
其他文娱服务	100.0	100.0	100.0	100.0	100.0
（4）旅游	99.5	100.2	99.2	99.9	100.0

6月	7月	8月	9月	10月	11月	12月
100.0	100.0	100.0	100.0	100.0	100.0	100.0
100.0	100.0	100.0	101.0	100.0	100.0	100.0
100.0	100.0	100.0	102.0	100.0	101.7	100.0
98.4	100.0	100.0	100.7	100.0	100.0	99.3
99.8	100.0	100.0	101.1	100.4	100.2	100.0
100.8	99.6	99.6	100.8	100.0	100.0	100.0
100.0	100.1	100.0	100.8	100.0	100.0	100.0
100.0	100.0	100.0	107.5	102.5	102.2	100.0
100.0	100.0	100.0	101.4	100.0	100.0	100.0
100.0	100.0	100.0	100.0	100.0	100.0	100.0
100.0	100.3	100.3	100.0	101.0	100.0	100.0
98.0	100.0	99.9	100.0	100.0	100.0	100.0
100.0	99.6	100.0	100.0	100.0	100.0	99.6
100.1	100.2	100.6	99.8	100.1	99.5	100.0
99.8	100.2	101.2	100.4	100.1	99.0	100.0
99.5	99.5	99.5	100.1	99.8	98.7	99.7
99.9	97.7	99.5	98.7	100.5	98.6	103.7
99.6	99.3	102.9	100.1	100.2	99.2	99.8
99.2	101.6	99.2	102.5	99.9	98.9	100.0
101.7	102.1	106.2	100.8	101.0	100.2	100.0
100.0	100.4	100.0	100.0	100.0	99.8	99.8
100.0	99.9	100.0	99.5	101.1	100.0	100.1
98.6	100.6	105.7	100.5	99.4	97.1	99.9
99.0	101.1	99.0	99.7	100.5	97.9	100.9
100.1	100.4	99.7	99.9	100.3	99.7	100.0
100.0	100.0	100.0	100.0	100.0	100.0	100.0
100.0	101.4	100.0	100.0	99.9	100.6	100.0
98.4	100.9	98.1	98.0	103.7	94.8	101.9
100.8	99.6	99.4	99.8	100.8	99.0	99.8
99.3	99.8	99.6	100.0	100.0	100.2	100.5
99.8	99.8	100.2	99.8	100.4	100.1	100.0
100.4	100.0	100.0	100.7	99.9	99.8	99.8
100.0	101.5	100.0	99.7	100.1	99.6	100.3
96.6	98.7	103.0	99.7	98.7	97.6	100.6
100.0	104.3	100.0	100.0	100.0	100.0	100.0
100.0	100.0	100.0	100.0	100.0	100.0	100.0
100.3	101.0	99.4	99.6	99.7	99.7	100.0
100.0	100.0	100.0	100.0	100.0	100.0	100.0
101.8	101.2	98.9	96.1	102.8	95.3	105.5
100.0	100.0	99.5	98.8	100.0	100.0	100.0
100.0	100.0	99.9	100.0	100.0	100.0	100.0
100.8	98.8	101.0	98.5	99.8	100.0	99.3

4-9 续表7

（上月=100）

类　别	1月	2月	3月	4月	5月
旅行社收费	99.5	100.2	99.2	99.9	100.0
其他旅游	100.0	100.2	100.0	100.0	100.0
七、医疗保健	100.1	99.9	99.9	100.0	100.7
1.药品及医疗器具	100.3	99.8	99.9	100.1	100.2
(1)中药	100.3	100.1	100.2	101.4	100.4
中药材	100.0	100.8	100.0	105.0	100.0
中成药	100.4	99.8	100.2	100.2	100.5
(2)西药	100.6	100.0	99.8	99.7	100.3
抗微生物药	100.0	100.0	100.0	100.6	100.0
消化系统用药	101.5	100.0	100.0	99.9	99.9
呼吸系统用药	102.2	99.5	100.1	100.1	101.9
解热镇痛药	102.0	100.0	100.0	100.1	100.0
抗肿瘤药	100.1	100.0	99.9	99.7	100.0
激素及影响内分泌药	100.0	100.7	99.7	100.0	100.3
心血管系统用药	100.0	100.1	99.7	98.0	100.2
血液系统用药	101.2	100.0	99.8	99.3	99.6
治疗精神障碍药	100.0	100.0	100.5	98.6	100.3
神经系统用药	100.1	99.8	100.2	101.8	102.5
泌尿系统用药	100.1	100.1	100.1	100.4	100.0
维生素、矿物质类药	100.0	100.0	99.1	100.0	100.1
调节水、电解质及酸碱平衡药	100.0	100.0	99.5	99.4	100.0
其他西药	100.7	99.0	100.0	99.6	100.0
(3)滋补保健品	100.0	100.0	99.8	100.1	100.0
滋补保健品	100.0	100.0	99.8	100.1	100.0
(4)医疗卫生器具	98.9	97.7	99.9	99.2	100.0
医疗卫生器具	98.9	97.7	99.9	99.2	100.0
(5)保健器具	100.0	100.0	100.0	99.8	100.0
保健器具	100.0	100.0	100.0	99.8	100.0
2.医疗服务	100.0	100.0	99.9	99.9	100.9
(1)综合医疗类	100.2	100.0	99.7	99.9	100.1
一般医疗服务	100.0	100.0	99.0	99.7	100.3
一般治疗操作	100.5	100.0	100.0	100.0	99.1
护理	100.0	100.0	100.0	100.0	102.0
其他综合医疗服务	100.0	100.0	100.0	100.0	100.0
(2)诊断类	100.0	100.0	100.0	100.0	100.3
病理学诊断	100.0	100.0	100.0	100.0	101.6
实验室诊断	100.0	100.0	100.0	100.0	100.0
影像学诊断	100.0	100.0	100.0	100.0	100.0
临床诊断	100.0	100.0	100.0	100.0	102.3
(3)治疗类	100.0	100.0	100.0	100.0	102.4
临床手术治疗	100.0	100.0	100.0	100.0	103.8
临床非手术治疗	100.0	100.0	100.0	100.0	99.8

6月	7月	8月	9月	10月	11月	12月
100.8	98.7	101.1	98.4	99.8	100.0	99.3
100.0	100.0	100.0	100.0	100.0	100.0	100.0
99.9	100.0	100.1	100.0	100.0	100.1	100.0
99.7	99.9	100.2	100.2	100.1	100.0	100.0
100.2	99.9	99.8	100.5	100.0	100.1	99.5
100.3	100.0	100.5	101.0	100.0	100.0	99.2
100.2	99.9	99.6	100.4	100.0	100.2	99.6
99.5	100.1	100.5	100.3	100.1	100.0	100.2
100.5	100.2	100.0	100.1	100.4	100.5	100.1
101.9	102.0	100.0	100.8	100.4	99.6	100.0
96.9	100.6	100.3	100.0	100.0	100.0	100.2
100.1	100.0	100.0	100.7	99.7	100.3	100.7
100.1	100.2	101.6	99.8	99.7	99.0	100.2
100.0	99.9	99.6	100.2	100.8	98.7	100.3
97.7	98.5	99.7	100.7	100.0	100.4	100.2
98.8	100.2	100.0	100.0	100.0	99.9	100.0
100.0	100.0	99.5	100.0	99.1	100.0	100.0
98.5	100.0	104.3	100.6	100.7	101.2	100.1
100.4	102.1	101.0	101.1	100.3	100.0	100.6
99.9	100.0	101.6	99.8	100.3	100.0	100.4
100.0	100.0	100.0	100.0	100.0	100.0	100.0
100.2	100.0	100.3	99.9	99.8	100.1	99.9
100.0	100.0	100.0	100.0	100.0	100.0	100.0
100.0	100.0	100.0	100.0	100.0	100.0	100.0
99.2	97.8	99.9	99.5	100.0	99.7	100.3
99.2	97.8	99.9	99.5	100.0	99.7	100.3
100.0	100.0	100.0	99.8	100.0	100.0	100.0
100.0	100.0	100.0	99.8	100.0	100.0	100.0
100.0	100.0	100.0	99.9	100.0	100.1	100.0
100.0	100.0	100.0	100.0	100.0	100.5	100.0
100.0	100.0	100.0	100.0	100.0	100.0	100.0
100.0	100.0	100.0	100.0	100.0	101.1	100.0
100.0	100.0	100.0	100.0	100.0	99.9	100.0
100.0	100.0	100.0	100.0	100.0	100.0	100.0
100.0	100.0	100.0	99.9	100.0	100.1	100.0
100.0	100.0	100.0	100.0	100.0	100.0	100.0
100.0	100.0	100.0	99.7	100.0	100.0	100.0
100.0	100.0	100.1	100.0	100.0	100.1	100.0
100.0	100.0	100.2	100.0	100.0	100.0	100.0
100.0	100.0	100.0	99.9	100.0	100.0	100.0
100.0	100.0	100.0	99.9	100.0	100.0	100.0
100.0	100.0	100.0	99.8	100.0	100.0	100.0

4－9 续表8

（上月＝100）

类　　别	1月	2月	3月	4月	5月
（4）康复类	100.0	100.0	100.0	100.0	105.1
康复医疗	100.0	100.0	100.0	100.0	105.1
（5）中医医疗服务类	99.8	100.0	99.7	99.1	99.5
中医治疗	99.8	100.0	99.7	99.1	99.5
（6）其他医疗保健服务	100.0	100.0	100.0	99.7	102.7
其他医疗保健服务	100.0	100.0	100.0	99.7	102.7
八、其他用品及服务	100.6	99.8	101.3	100.3	100.7
1.其他用品	99.6	101.2	102.3	100.5	101.2
（1）首饰手表	100.0	100.5	103.1	100.4	99.8
金饰品	100.0	100.8	104.2	100.4	99.6
银饰品	100.0	99.9	100.6	101.0	100.0
铂金饰品	100.0	100.1	102.3	100.3	100.0
手表	100.0	100.0	100.0	100.0	100.0
（2）母婴用品	97.4	103.1	102.3	104.9	106.4
母婴洗护喂养用品	98.6	100.1	100.5	106.6	107.1
其他母婴用品	94.5	110.6	106.1	101.3	105.1
（3）其他杂项用品	99.8	101.5	100.9	98.5	101.3
箱包	99.8	102.2	101.2	97.6	101.9
眼镜	100.0	100.0	100.3	100.2	100.3
2.其他服务	101.9	98.3	100.1	100.1	100.1
（1）在外住宿	100.9	99.8	99.3	100.4	99.8
宾馆住宿	101.1	99.7	99.0	100.8	99.9
其他住宿	100.5	100.2	99.8	99.7	99.6
（2）美容美发洗浴	105.7	94.7	100.5	100.0	100.2
美容	100.0	99.5	100.0	100.0	100.0
美发	109.0	92.5	101.1	100.0	100.0
洗浴	104.7	94.9	99.7	100.0	100.6
（3）养老服务	100.0	100.0	100.0	100.4	100.1
养老服务	100.0	100.0	100.0	100.4	100.1
（4）金融及保险服务	100.0	100.0	100.0	100.0	100.0
金融服务	100.0	100.0	100.0	100.0	100.0
车辆保险	100.0	100.0	100.0	100.0	100.0
旅行保险	100.0	100.0	100.0	100.0	100.0
其他保险	100.0	100.0	100.0	100.0	100.0
（5）中介法律及其他服务	100.6	100.0	100.0	100.0	100.0
中介服务	101.5	100.0	100.0	100.0	100.0
法律服务	100.0	100.0	100.0	100.0	100.0
其他杂项服务	100.0	100.0	100.0	100.0	100.0

6月	7月	8月	9月	10月	11月	12月
100.0	100.0	100.0	100.0	100.0	100.0	100.0
100.0	100.0	100.0	100.0	100.0	100.0	100.0
100.0	100.0	100.2	100.0	100.0	100.0	100.0
100.0	100.0	100.2	100.0	100.0	100.0	100.0
100.0	100.0	99.6	99.9	100.0	100.0	100.0
100.0	100.0	99.6	99.9	100.0	100.0	100.0
100.1	99.3	99.6	100.1	100.3	99.8	100.5
100.3	98.7	99.2	100.0	100.3	99.5	100.8
99.8	98.8	99.6	99.8	100.2	101.1	100.5
99.7	98.2	99.4	99.7	100.2	101.7	100.8
100.8	100.0	100.0	99.8	100.6	100.4	100.0
100.0	100.0	100.0	100.0	100.0	100.0	100.0
99.9	99.9	100.0	100.1	99.9	99.8	99.8
102.4	95.7	99.6	99.3	100.0	97.4	101.2
104.9	95.4	99.6	99.7	100.2	96.3	102.2
96.9	96.5	99.5	98.5	99.4	100.0	98.9
100.0	100.4	98.2	100.9	100.6	97.5	101.3
100.1	100.7	97.5	101.5	100.9	96.2	101.9
100.0	99.8	99.6	99.6	100.0	100.0	100.0
99.9	100.0	100.0	100.1	100.3	100.3	100.0
99.7	100.3	100.1	100.3	100.3	99.7	100.0
99.7	100.0	100.1	100.3	100.2	99.6	100.0
99.9	100.9	100.2	100.2	100.4	99.9	100.0
99.8	99.8	100.0	100.0	100.4	100.0	100.0
100.0	100.0	100.0	100.0	100.0	100.0	100.0
99.8	100.0	100.0	100.0	100.0	100.0	100.0
99.7	99.4	100.0	100.0	101.3	100.0	100.0
100.0	100.0	100.0	100.0	100.4	101.7	100.0
100.0	100.0	100.0	100.0	100.4	101.7	100.0
100.0	100.0	100.0	100.3	100.2	100.1	100.0
100.0	100.0	100.0	100.0	100.0	100.0	100.0
100.0	100.0	100.0	100.0	100.0	100.0	100.0
100.0	100.0	100.0	100.0	100.0	100.0	100.0
100.0	100.0	100.0	101.2	101.0	100.6	100.0
100.0	100.0	100.0	100.0	100.0	100.0	100.0
100.0	100.0	100.0	100.0	100.0	100.0	100.1
100.0	100.0	100.0	100.0	100.0	100.0	100.0
100.0	100.0	100.0	100.0	100.0	100.0	100.0

4－10　商品零售价格分类指数(2022年)

(上年＝100)

类　　别	全　　省	城　　市	农　　村
总指数	**102.7**	**102.6**	**103.0**
一、食品	102.4	102.3	103.0
1. 粮食	105.9	106.1	105.0
2. 薯类	109.9	108.8	114.8
3. 豆类	103.1	102.6	106.0
4. 食用油	106.4	105.8	107.5
5. 菜及食用菌	98.6	98.8	97.7
6. 畜肉类	95.7	95.6	95.8
7. 禽肉类	102.4	101.8	105.0
8. 水产品	95.3	94.7	99.5
9. 蛋类	106.9	106.7	107.5
10. 奶类	100.1	99.9	100.8
11. 干鲜瓜果类	109.9	109.7	111.0
12. 糖果糕点类	103.2	103.9	100.7
13. 调味品	104.1	104.0	104.6
14. 其他食品类	102.6	102.3	104.0
15. 餐饮业零售	102.0	102.3	100.8
二、饮料、烟酒	100.3	99.9	101.7
1. 茶及饮料	101.3	100.9	103.5
2. 卷烟	100.4	100.4	100.4
3. 酒类	99.5	98.8	101.8
三、服装、鞋帽	100.4	100.5	100.1
1. 服装	100.5	100.6	100.1
2. 鞋帽袜	100.4	100.5	100.2
3. 其他衣着配件	98.9	99.0	98.6
四、纺织品	100.3	100.5	99.3
1. 服装材料	104.3	104.9	101.0
2. 床上用品	99.3	99.4	98.9
五、家用电器及音像器材	99.5	99.4	100.1
1. 家庭设备	100.6	100.6	100.7
2. 文娱用耐用消费品	97.4	97.2	98.6
3. 专业音像器材	101.2	101.2	101.2
六、文化办公用品	101.5	101.4	102.1
七、日用品	100.0	99.7	100.8

4－10 续表

（上年＝100）

类　　别	全　　省	城　　市	农　　村
1. 日用百货	100.5	100.1	101.2
2. 厨具餐具茶具	101.3	101.1	102.9
3. 清洗用品	98.4	98.4	98.4
4. 其他日用品	100.2	99.8	101.6
八、体育娱乐用品	103.4	103.5	103.3
1. 体育户外用品	105.5	105.2	107.7
2. 娱乐用品	100.9	101.1	99.5
九、交通、通信用品	99.6	99.6	100.0
1. 交通运输机械	99.8	99.7	100.1
2. 通信器材	99.3	99.2	99.9
十、家具	102.6	102.9	100.6
十一、化妆品	102.3	102.2	103.1
十二、金银饰品	102.5	102.6	101.9
十三、中西药品及医疗保健用品	101.3	101.3	101.0
1. 医疗卫生器具	95.4	95.5	93.6
2. 中药	103.2	103.2	102.9
3. 西药	101.2	101.4	100.4
4. 保健器具及用品	100.6	100.7	99.8
十四、书报杂志及电子出版物	101.8	101.6	102.8
1. 教材及参考书	101.6	101.5	102.3
2. 书报杂志及音像制品	101.2	101.0	103.0
3. 计算机办公软件	104.9	104.9	104.8
十五、燃料	117.8	117.4	119.7
1. 煤炭及制品	112.4	112.2	112.8
2. 石油及制品	118.2	117.7	120.7
十六、建筑材料及五金电料	101.8	101.9	101.3
1. 建筑装潢材料	102.1	102.3	101.6
2. 五金水暖	101.1	101.3	100.4

4－11 商品零售价格

（上年同月＝100）

类　　别	年平均	1月	2月	3月	4月	5月
商品零售价格指数	**102.7**	**101.3**	**101.3**	**102.5**	**103.2**	**103.3**
一、食品	102.4	98.5	96.8	99.8	102.2	102.9
1.粮食	105.9	103.6	103.4	104.8	105.5	106.7
2.薯类	109.9	102.4	96.2	99.8	112.8	119.5
3.豆类	103.1	104.7	102.8	102.5	103.0	103.1
4.食用油	106.4	104.2	104.4	104.5	104.9	105.2
5.菜及食用菌	98.6	104.7	95.7	116.4	119.9	109.8
6.畜肉类	95.7	72.8	72.9	73.6	78.6	86.1
7.禽肉类	102.4	97.9	95.4	96.7	98.9	100.9
8.水产品	95.3	109.1	100.0	98.3	93.5	86.9
9.蛋类	106.9	100.7	102.4	106.1	111.3	110.7
10.奶类	100.1	100.8	100.9	100.4	100.1	100.1
11.干鲜瓜果类	109.9	107.8	105.5	103.8	110.5	117.1
12.糖果糕点类	103.2	101.0	100.3	100.7	100.6	101.4
13.调味品	104.1	101.7	102.7	103.1	103.1	103.8
14.其他食品类	102.6	100.6	101.5	101.8	102.6	102.2
15.餐饮业零售	102.0	102.4	102.3	102.3	102.5	101.9
二、饮料、烟酒	100.3	99.7	100.1	100.4	100.0	99.7
1.茶及饮料	101.3	100.9	101.2	101.7	101.8	100.9
2.卷烟	100.4	100.2	100.3	100.3	100.4	100.4
3.酒类	99.5	98.5	99.2	99.4	98.2	98.2
三、服装、鞋帽	100.4	100.5	100.8	100.8	100.6	100.7
1.服装	100.5	100.6	100.9	100.9	100.5	100.6
（1）男士服装	100.4	99.8	100.2	100.3	100.2	100.4
（2）女士服装	100.9	101.6	101.8	101.8	101.2	101.2
（3）儿童服装	99.4	99.3	99.8	99.5	99.3	99.4
2.鞋帽袜	100.4	100.2	100.3	100.6	100.9	101.1
（1）鞋	100.3	100.1	100.3	100.6	100.8	101.0
（2）袜子	100.0	100.3	100.1	100.2	100.3	101.1
（3）帽子	102.4	101.1	100.8	101.1	103.0	103.1
3.其他衣着配件	98.9	100.0	99.3	99.1	98.8	98.7
四、纺织品	100.3	100.6	100.5	100.5	100.4	100.4
1.服装材料	104.3	104.1	103.7	104.0	103.6	104.2
2.床上用品	99.3	99.7	99.7	99.6	99.6	99.5

分月同比指数(2022年)

6月	7月	8月	9月	10月	11月	12月
103.6	**103.6**	**103.1**	**103.6**	**103.2**	**101.9**	**101.9**
103.0	105.6	104.0	106.1	106.0	102.7	102.4
107.0	107.2	107.4	107.2	107.2	105.6	104.8
113.8	114.5	108.9	108.7	112.2	114.6	118.2
103.3	103.5	103.2	103.2	103.2	102.6	101.8
106.5	107.7	108.0	108.3	108.7	107.2	106.5
98.3	105.6	97.0	100.7	89.3	75.0	82.0
95.8	109.9	109.6	117.1	127.7	119.9	111.9
102.4	105.1	105.7	106.2	106.5	107.8	106.4
86.2	87.2	90.2	96.5	98.6	100.9	101.3
105.4	104.7	98.6	106.7	114.0	111.5	110.6
100.9	99.9	100.2	100.0	99.8	99.1	98.4
117.4	113.7	110.6	111.6	109.5	107.6	106.1
101.6	105.6	105.7	105.6	105.2	105.4	104.8
104.9	105.3	105.2	104.9	105.4	105.2	104.2
102.3	103.1	103.5	103.5	103.4	103.2	103.3
101.9	102.0	101.6	101.9	101.8	101.9	101.9
100.2	100.2	100.0	100.4	101.3	100.8	101.2
101.5	101.4	100.9	101.7	101.7	100.5	101.3
100.5	100.4	100.4	100.4	100.6	100.5	100.5
99.1	99.0	98.9	99.3	101.5	101.2	101.7
100.8	100.6	100.5	100.3	100.3	99.7	99.4
100.8	100.6	100.5	100.4	100.5	99.8	99.4
100.6	100.6	100.6	100.7	100.8	100.4	100.1
101.3	101.0	100.8	100.7	100.7	99.6	99.1
99.9	99.6	99.5	99.0	99.2	99.0	99.1
101.0	101.0	100.8	100.2	99.9	99.6	99.4
100.9	100.9	100.7	100.1	99.8	99.4	99.0
100.5	100.5	100.0	99.3	99.4	99.1	99.5
103.0	102.8	102.8	102.0	102.8	102.8	102.9
98.6	98.5	98.7	98.9	98.9	98.5	98.7
100.5	100.4	100.2	100.1	100.3	100.2	100.1
104.5	104.6	104.8	104.7	104.7	104.6	104.2
99.5	99.4	99.0	98.9	99.2	99.1	99.1

4－11 续表

（上年同月＝100）

类　　别	年平均	1 月	2 月	3 月	4 月	5 月
五、家用电器及音像器材	99.5	101.0	101.5	100.5	100.0	99.8
1. 家庭设备	100.6	101.3	102.4	101.4	101.0	101.0
2. 文娱用耐用消费品	97.4	100.2	100.0	98.7	98.5	97.8
3. 专业音像器材	101.2	101.9	102.1	102.1	99.9	99.9
六、文化办公用品	101.5	101.4	102.6	102.4	101.5	99.9
七、日用品	100.0	97.8	98.3	99.0	100.1	100.7
1. 日用百货	100.5	99.0	99.5	99.3	100.2	99.7
2. 厨具餐具茶具	101.3	98.5	100.2	100.0	101.3	102.0
3. 清洗用品	98.4	96.5	96.1	98.3	98.7	99.8
4. 其他日用品	100.2	96.9	97.5	98.8	100.8	103.0
八、体育娱乐用品	103.4	101.8	103.0	103.1	104.1	104.6
1. 体育户外用品	105.5	101.8	103.9	104.0	105.6	107.9
2. 娱乐用品	100.9	101.8	101.8	101.9	102.1	100.5
九、交通、通信用品	99.6	99.7	99.3	99.8	99.2	99.2
1. 交通运输机械	99.8	100.6	100.1	100.0	99.4	99.6
2. 通信器材	99.3	98.0	97.9	99.4	98.6	98.4
十、家具	102.6	101.9	101.8	102.1	102.3	102.3
十一、化妆品	102.3	95.6	97.9	99.0	100.5	103.1
十二、金银饰品	102.5	94.9	98.9	107.2	104.1	103.0
十三、中西药品及医疗保健用品	101.3	100.5	101.0	101.3	101.1	101.2
1. 医疗卫生器具	95.4	96.8	96.5	97.5	96.0	95.6
2. 中药	103.2	101.7	102.6	103.3	103.0	102.9
3. 西药	101.2	100.3	100.9	101.1	100.8	100.9
4. 保健器具及用品	100.6	100.7	100.6	100.4	101.4	101.2
十四、书报杂志及电子出版物	101.8	101.2	101.0	101.4	101.5	101.5
1. 教材及参考书	101.6	100.7	101.0	101.2	101.4	101.2
2. 书报杂志及音像制品	101.2	101.8	100.9	101.0	101.0	101.1
3. 计算机办公软件	104.9	101.3	101.3	103.8	104.2	104.2
十五、燃料	117.8	117.6	119.5	121.3	124.3	123.3
1. 煤炭及制品	112.4	120.4	114.7	120.6	120.0	119.3
2. 石油及制品	118.2	117.4	119.9	121.4	124.7	123.7
十六、建筑材料及五金电料	101.8	102.8	102.8	102.6	102.6	102.1
1. 建筑装潢材料	102.1	103.4	103.3	103.3	103.4	102.9
2. 五金水暖	101.1	101.7	101.8	101.1	101.1	100.3

6月	7月	8月	9月	10月	11月	12月
99.0	99.0	99.0	98.9	99.0	98.4	98.4
100.2	100.6	100.3	100.0	100.4	99.5	99.5
96.5	96.0	96.4	96.3	96.2	96.0	95.9
101.0	101.0	101.5	101.5	101.5	101.3	101.3
100.6	100.2	103.3	102.8	100.7	102.0	101.1
101.1	99.6	100.4	100.2	100.6	100.8	101.5
100.0	100.4	100.2	101.0	101.6	102.8	102.4
104.1	100.4	103.4	101.0	100.5	102.0	102.8
100.3	97.5	98.6	98.8	99.5	97.9	99.4
101.9	100.8	100.9	99.9	100.4	100.4	101.5
104.1	104.6	103.9	103.2	104.6	101.8	102.6
106.8	107.8	106.4	105.3	107.8	103.6	105.1
100.7	100.7	100.6	100.6	100.5	99.6	99.6
98.9	99.6	99.6	100.2	100.9	99.5	99.7
99.5	100.1	99.8	100.3	100.6	98.8	98.7
97.7	98.7	99.2	100.1	101.3	100.9	101.7
102.4	103.7	103.7	103.7	103.5	101.9	101.8
103.1	103.7	102.6	105.6	104.9	106.7	105.8
100.6	99.5	103.4	101.8	103.9	105.6	108.1
101.4	101.1	101.2	101.4	101.6	101.8	101.7
95.6	94.6	94.4	94.2	93.8	94.7	94.6
103.1	103.0	103.2	103.4	103.7	104.0	104.1
101.2	101.0	101.3	101.6	101.8	101.7	101.5
100.9	100.3	100.1	99.9	99.9	101.0	100.9
101.5	101.6	101.8	102.4	102.7	102.4	102.3
101.2	101.3	101.3	102.5	102.4	102.5	102.5
101.1	101.1	101.3	101.1	101.5	101.5	101.4
104.2	105.3	106.4	107.0	109.5	105.7	105.7
127.5	120.7	117.2	116.3	110.6	108.7	108.2
119.0	113.6	111.0	111.0	110.1	97.9	97.0
128.2	121.3	117.7	116.8	110.6	109.6	109.3
102.2	102.0	101.7	101.6	101.0	100.3	100.0
102.9	102.3	102.1	101.8	101.0	99.8	99.6
100.8	101.2	100.8	101.3	101.3	101.3	100.9

4－12 城市商品零售价格

（上年同月＝100）

类　　别	年平均	1 月	2 月	3 月	4 月	5 月
总指数	**102.6**	**101.3**	**101.3**	**102.5**	**103.1**	**103.2**
一、食品	102.3	98.8	96.8	99.8	102.1	102.7
1. 粮食	106.1	104.0	103.8	104.8	105.6	106.8
2. 薯类	108.8	101.1	95.6	98.7	111.5	118.0
3. 豆类	102.6	103.9	102.5	102.4	102.7	102.7
4. 食用油	105.8	103.2	103.3	102.9	103.5	103.6
5. 菜及食用菌	98.8	105.6	95.8	116.4	119.0	109.5
6. 畜肉类	95.6	73.7	73.7	74.5	79.1	86.1
7. 禽肉类	101.8	97.4	94.7	96.2	98.7	100.7
8. 水产品	94.7	108.9	98.9	97.7	93.0	86.3
9. 蛋类	106.7	101.4	102.9	106.4	111.1	110.6
10. 奶类	99.9	100.8	100.9	100.3	99.9	100.0
11. 干鲜瓜果类	109.7	107.7	105.2	103.5	110.4	117.2
12. 糖果糕点类	103.9	101.2	100.2	100.6	100.7	101.6
13. 调味品	104.0	101.7	102.3	102.7	102.8	103.6
14. 其他食品类	102.3	100.7	101.5	101.7	102.4	101.9
15. 餐饮业零售	102.3	102.8	102.6	102.6	102.9	102.2
二、饮料、烟酒	99.9	99.1	99.5	99.8	99.5	99.3
1. 茶及饮料	100.9	100.6	100.7	101.1	101.4	100.4
2. 卷烟	100.4	100.1	100.3	100.3	100.4	100.4
3. 酒类	98.8	97.1	97.9	98.2	97.1	97.4
三、服装、鞋帽	100.5	100.7	100.9	100.8	100.6	100.7
1. 服装	100.6	100.7	101.0	100.9	100.5	100.6
(1)男士服装	100.4	99.8	100.1	100.1	100.0	100.3
(2)女士服装	101.1	102.0	102.2	102.0	101.3	101.3
(3)儿童服装	99.2	99.1	99.6	99.5	99.2	99.3
2. 鞋帽袜	100.5	100.8	100.9	100.8	101.1	101.3
(1)鞋	100.4	100.9	101.0	100.9	101.0	101.2
(2)袜子	99.6	100.1	99.9	99.8	99.9	100.6
(3)帽子	103.0	101.3	100.9	101.4	103.9	104.0
3. 其他衣着配件	99.0	99.7	99.0	99.0	99.0	98.8
四、纺织品	100.5	100.6	100.6	100.5	100.4	100.5
1. 服装材料	104.9	104.6	104.1	104.4	104.1	104.7
2. 床上用品	99.4	99.6	99.7	99.6	99.5	99.4

分月同比指数(2022 年)

6 月	7 月	8 月	9 月	10 月	11 月	12 月
103.6	**103.6**	**103.0**	**103.5**	**103.1**	**101.9**	**101.9**
102.8	105.4	103.7	105.8	105.7	102.5	102.3
107.2	107.5	107.5	107.4	107.5	105.9	105.1
112.2	114.0	108.0	107.3	111.1	113.8	117.3
102.9	103.0	102.7	102.7	102.5	102.1	101.2
105.4	107.6	108.0	108.2	108.5	107.8	107.4
97.8	105.3	97.1	100.5	89.8	75.9	83.0
95.5	109.4	109.0	115.8	125.9	119.1	111.6
102.1	104.3	104.8	105.1	105.4	107.4	106.1
85.5	86.5	89.5	96.0	98.1	100.6	101.0
105.3	104.6	98.0	106.2	113.4	111.0	109.8
100.9	99.8	100.1	99.8	99.6	99.0	98.1
117.5	113.6	110.5	111.0	109.2	107.4	105.8
101.8	107.0	107.1	107.0	106.5	106.8	106.1
105.0	105.4	105.2	104.9	105.4	104.9	104.0
101.8	102.7	103.2	103.2	103.1	102.9	103.1
102.3	102.2	101.8	102.1	102.0	102.0	102.0
99.9	99.8	99.6	100.0	101.2	100.6	101.2
101.2	101.1	100.5	101.2	101.5	100.1	101.1
100.5	100.4	100.4	100.4	100.6	100.6	100.6
98.4	98.4	98.1	98.7	101.4	101.1	101.8
100.8	100.7	100.5	100.3	100.4	99.8	99.5
100.9	100.7	100.5	100.4	100.7	100.0	99.6
100.6	100.6	100.4	100.7	100.9	100.5	100.2
101.5	101.3	101.0	100.9	101.0	100.0	99.4
99.9	99.4	99.1	98.5	99.0	98.9	99.1
101.0	100.9	100.7	100.0	99.8	99.4	99.1
100.8	100.7	100.6	99.9	99.5	99.1	98.7
100.1	100.2	99.6	98.8	99.0	98.5	98.9
103.8	103.7	103.7	102.8	103.7	103.6	103.7
98.8	98.7	98.9	99.1	99.2	98.8	98.7
100.6	100.5	100.6	100.5	100.6	100.5	100.4
105.1	105.2	105.4	105.4	105.4	105.3	105.0
99.4	99.3	99.3	99.3	99.4	99.3	99.3

4－12 续表

（上年同月＝100）

类　别	年平均	1月	2月	3月	4月	5月
五、家用电器及音像器材	99.4	100.9	101.4	100.4	100.0	99.8
1. 家庭设备	100.6	101.2	102.3	101.4	101.0	101.1
2. 文娱用耐用消费品	97.2	100.2	99.9	98.6	98.3	97.7
3. 专业音像器材	101.2	101.9	102.1	102.1	99.9	99.9
六、文化办公用品	101.4	101.0	102.3	102.1	101.1	99.7
七、日用品	99.7	97.6	98.1	98.7	99.6	100.3
1. 日用百货	100.1	98.6	99.2	98.7	99.7	99.4
2. 厨具餐具茶具	101.1	98.6	100.0	99.9	101.0	101.7
3. 清洗用品	98.4	96.5	96.2	98.1	98.1	99.0
4. 其他日用品	99.8	97.0	97.4	98.7	100.4	102.3
八、体育娱乐用品	103.5	101.9	103.0	103.1	104.1	104.6
1. 体育户外用品	105.2	101.6	103.6	103.7	105.2	107.5
2. 娱乐用品	101.1	102.3	102.2	102.3	102.5	100.8
九、交通、通信用品	99.6	99.8	99.3	99.8	99.1	99.2
1. 交通运输机械	99.7	100.6	100.1	100.0	99.4	99.6
2. 通信器材	99.2	98.0	97.8	99.3	98.6	98.4
十、家具	102.9	102.0	101.8	102.3	102.5	102.5
十一、化妆品	102.2	95.7	97.9	99.0	100.4	103.0
十二、金银饰品	102.6	94.8	99.1	107.9	104.0	102.9
十三、中西药品及医疗保健用品	101.3	100.5	101.1	101.5	101.3	101.2
1. 医疗卫生器具	95.5	96.8	96.6	97.6	96.1	95.6
2. 中药	103.2	101.9	102.9	103.8	103.0	102.8
3. 西药	101.4	100.3	101.0	101.3	101.0	101.2
4. 保健器具及用品	100.7	100.8	100.6	100.4	101.6	101.3
十四、书报杂志及电子出版物	101.6	101.1	100.8	101.2	101.3	101.3
1. 教材及参考书	101.5	100.5	100.8	101.1	101.2	101.1
2. 书报杂志及音像制品	101.0	101.7	100.6	100.7	100.7	100.9
3. 计算机办公软件	104.9	101.3	101.3	103.8	104.3	104.3
十五、燃料	117.4	117.0	119.0	120.7	123.8	122.8
1. 煤炭及制品	112.2	120.0	114.6	120.2	119.8	119.0
2. 石油及制品	117.7	116.8	119.3	120.8	124.1	123.1
十六、建筑材料及五金电料	101.9	103.0	103.0	102.8	102.9	102.3
1. 建筑装潢材料	102.3	103.5	103.6	103.6	103.7	103.2
2. 五金水暖	101.3	101.8	101.9	101.2	101.3	100.5

6月	7月	8月	9月	10月	11月	12月
98.9	98.9	98.9	98.8	98.8	98.1	98.1
100.4	100.7	100.3	100.1	100.3	99.2	99.2
96.2	95.8	96.2	96.0	95.8	95.6	95.6
101.0	101.0	101.5	101.5	101.5	101.3	101.3
100.7	100.3	103.4	102.9	100.6	101.9	101.1
100.8	99.4	100.1	100.0	100.4	100.5	101.2
99.6	100.0	99.7	100.8	101.3	102.2	101.8
103.4	100.3	103.0	100.8	100.4	101.7	102.5
100.2	97.7	98.6	99.0	99.8	98.3	100.0
101.1	100.2	100.3	99.4	99.9	99.9	101.1
104.1	104.6	103.9	103.2	104.6	101.9	102.7
106.5	107.4	106.2	105.1	107.5	103.6	105.0
100.9	100.9	100.8	100.8	100.6	99.6	99.6
98.8	99.5	99.5	100.1	100.7	99.4	99.6
99.4	100.0	99.7	100.2	100.5	98.7	98.7
97.6	98.6	99.1	100.0	101.1	100.7	101.5
102.6	104.1	104.2	104.2	104.0	102.4	102.2
102.7	103.4	102.4	105.4	104.8	106.6	105.7
100.3	99.1	103.7	101.8	104.2	105.9	108.8
101.5	101.1	101.3	101.4	101.6	101.8	101.8
95.7	94.8	94.5	94.2	93.9	94.9	94.7
103.1	102.9	103.2	103.3	103.7	104.0	104.3
101.6	101.2	101.5	101.8	102.0	101.9	101.7
101.0	100.3	100.1	99.9	99.9	101.2	101.1
101.3	101.4	101.6	102.3	102.6	102.3	102.2
101.0	101.1	101.1	102.6	102.4	102.5	102.5
100.9	100.9	101.0	100.9	101.3	101.3	101.1
104.3	105.3	106.5	107.0	109.5	105.7	105.7
127.0	120.3	116.8	116.0	110.3	108.6	108.2
118.6	113.3	110.8	110.7	110.1	98.2	97.1
127.6	120.8	117.2	116.4	110.4	109.4	109.1
102.4	102.1	101.8	101.8	101.2	100.3	99.9
103.1	102.5	102.2	101.9	101.2	99.7	99.4
101.0	101.4	101.0	101.6	101.4	101.4	100.9

4－13　农村商品零售价格

（上年同月＝100）

类　　别	年平均	1月	2月	3月	4月	5月
总指数	**103.0**	**101.2**	**101.5**	**102.6**	**103.6**	**103.7**
一、食品	103.0	97.1	96.8	99.6	102.8	103.7
1. 粮食	105.0	102.1	102.0	104.5	105.3	106.5
2. 薯类	114.8	108.0	99.1	105.1	118.7	126.2
3. 豆类	106.0	110.2	105.0	103.8	104.8	105.5
4. 食用油	107.5	106.3	106.7	107.9	107.8	108.7
5. 菜及食用菌	97.7	100.3	95.2	116.0	125.0	111.5
6. 畜肉类	95.8	68.8	69.6	69.4	76.3	86.2
7. 禽肉类	105.0	100.6	98.4	98.6	99.8	101.5
8. 水产品	99.5	110.9	107.9	103.0	97.5	91.6
9. 蛋类	107.5	98.3	100.5	105.0	111.8	111.0
10. 奶类	100.8	101.2	101.2	100.9	101.0	100.8
11. 干鲜瓜果类	111.0	108.4	107.5	105.0	111.3	116.6
12. 糖果糕点类	100.7	100.5	100.5	100.9	100.4	100.4
13. 调味品	104.6	101.8	104.1	104.5	104.3	104.6
14. 其他食品类	104.0	100.0	101.4	102.5	103.9	104.1
15. 餐饮业零售	100.8	100.7	100.9	100.6	100.7	100.6
二、饮料、烟酒	101.7	102.1	102.4	102.6	101.8	101.2
1. 茶及饮料	103.5	102.5	103.6	105.1	104.2	103.5
2. 卷烟	100.4	100.3	100.3	100.3	100.4	100.4
3. 酒类	101.8	103.2	103.4	103.2	101.8	100.6
三、服装、鞋帽	100.1	99.5	100.0	100.5	100.6	100.5
1. 服装	100.1	99.9	100.4	100.8	100.8	100.6
(1)男士服装	100.7	100.2	100.8	101.4	101.4	101.0
(2)女士服装	99.7	99.6	100.2	100.9	100.9	100.6
(3)儿童服装	100.2	100.1	100.7	99.8	99.8	100.1
2. 鞋帽袜	100.2	98.5	98.7	99.9	100.2	100.6
(1)鞋	100.1	98.0	98.3	99.7	100.1	100.4
(2)袜子	100.7	100.5	100.5	100.9	100.9	102.1
(3)帽子	98.8	99.9	99.9	99.3	98.5	98.9
3. 其他衣着配件	98.6	101.4	101.0	99.9	98.1	98.1
四、纺织品	99.3	100.2	100.2	100.2	100.1	100.1
1. 服装材料	101.0	101.1	101.3	101.3	101.3	101.3
2. 床上用品	98.9	100.0	99.9	99.9	99.8	99.9

分月同比指数（2022年）

6月	7月	8月	9月	10月	11月	12月
104.0	**104.0**	**103.4**	**104.0**	**103.6**	**102.2**	**102.0**
104.0	106.3	105.0	107.7	107.7	103.4	102.9
106.4	106.0	106.8	106.2	106.2	104.5	104.1
120.8	116.8	113.1	115.0	116.9	118.1	122.2
106.0	106.4	106.0	106.3	107.0	106.2	105.4
108.7	108.0	108.1	108.4	109.0	105.9	104.7
101.0	107.4	96.6	102.0	86.3	69.9	76.9
97.4	112.2	112.6	123.3	136.6	124.0	112.9
103.6	108.6	109.4	110.9	111.3	109.7	108.0
90.9	92.2	95.5	99.9	102.6	103.4	103.2
105.5	105.1	101.0	108.3	116.4	113.3	113.2
100.6	101.0	101.1	100.8	100.7	100.2	100.3
116.7	114.0	111.5	115.2	111.0	108.9	108.2
101.0	100.9	101.0	100.9	100.6	100.6	100.4
104.8	104.9	105.0	105.2	105.4	106.2	104.9
105.1	105.6	105.4	105.5	105.6	105.1	104.5
100.4	100.8	100.7	100.9	101.2	101.3	101.3
101.4	101.3	101.5	101.8	101.7	101.5	101.4
103.3	103.4	103.4	104.6	103.2	103.0	102.6
100.4	100.4	100.4	100.4	100.8	100.5	100.5
101.2	101.1	101.4	101.5	101.7	101.5	101.5
100.4	100.4	100.5	100.4	99.8	99.1	99.0
100.3	100.3	100.6	100.5	99.6	98.8	98.6
100.7	100.9	101.1	100.8	100.2	99.7	99.7
100.3	99.7	99.9	100.1	99.1	98.1	97.8
99.9	100.6	101.3	101.0	100.2	99.1	99.2
101.0	101.1	100.8	100.6	100.4	100.2	100.0
101.1	101.3	101.0	100.8	100.5	100.3	100.0
101.0	101.0	100.7	100.2	100.2	100.2	100.4
98.9	98.3	98.2	98.1	98.1	98.6	99.2
98.1	97.9	97.5	97.9	97.3	97.4	98.2
100.0	99.9	97.9	97.5	98.6	98.3	98.2
101.2	100.8	101.3	101.2	100.8	100.2	100.1
99.7	99.7	97.0	96.6	98.1	97.8	97.8

4－13 续表

（上年同月＝100）

类　　别	年平均	1月	2月	3月	4月	5月
五、家用电器及音像器材	100.1	101.2	101.9	100.8	100.3	99.9
1.家庭设备	100.7	101.5	102.5	101.2	100.8	100.5
2.文娱用耐用消费品	98.6	100.5	100.5	99.7	99.3	98.2
3.专业音像器材	101.2	101.9	102.0	102.0	99.9	99.9
六、文化办公用品	102.1	103.3	104.5	104.1	103.4	100.5
七、日用品	100.8	98.5	98.9	100.0	101.4	101.8
1.日用百货	101.2	99.7	100.1	100.3	101.1	100.2
2.厨具餐具茶具	102.9	98.3	101.4	101.1	103.3	103.5
3.清洗用品	98.4	96.6	95.7	99.4	101.2	103.2
4.其他日用品	101.6	96.7	97.7	99.1	101.9	105.3
八、体育娱乐用品	103.3	101.1	102.5	102.8	103.9	104.7
1.体育户外用品	107.7	103.1	106.1	106.7	108.7	111.6
2.娱乐用品	99.5	99.3	99.4	99.5	99.8	98.8
九、交通、通信用品	100.0	99.4	99.2	99.8	99.4	99.4
1.交通运输机械	100.1	100.3	100.0	100.0	99.6	99.8
2.通信器材	99.9	98.1	98.0	99.6	99.0	98.7
十、家具	100.6	101.0	101.3	101.1	101.2	101.0
十一、化妆品	103.1	94.9	97.7	98.9	101.1	104.3
十二、金银饰品	101.9	96.1	97.8	102.9	104.5	103.9
十三、中西药品及医疗保健用品	101.0	100.3	100.5	100.6	100.7	100.9
1.医疗卫生器具	93.6	96.0	93.5	95.4	93.6	94.9
2.中药	102.9	101.0	101.5	101.4	103.3	103.5
3.西药	100.4	100.2	100.4	100.4	99.9	100.1
4.保健器具及用品	99.8	99.8	100.1	100.0	99.8	99.9
十四、书报杂志及电子出版物	102.8	102.4	102.3	102.7	102.9	102.9
1.教材及参考书	102.3	102.1	102.0	102.2	102.4	102.4
2.书报杂志及音像制品	103.0	103.0	103.0	103.0	103.0	103.0
3.计算机办公软件	104.8	101.2	101.2	103.7	104.2	104.2
十五、燃料	119.7	121.0	122.3	124.2	126.8	126.2
1.煤炭及制品	112.8	121.7	115.2	121.4	120.8	120.0
2.石油及制品	120.7	120.9	123.4	124.6	127.7	127.0
十六、建筑材料及五金电料	101.3	102.3	102.1	102.0	101.8	101.4
1.建筑装潢材料	101.6	102.8	102.4	102.5	102.4	102.1
2.五金水暖	100.4	100.9	101.3	100.5	100.0	99.2

6月	7月	8月	9月	10月	11月	12月
99.3	99.4	99.4	99.3	100.0	100.0	99.8
99.9	100.2	100.1	99.7	100.8	100.6	100.6
97.7	97.5	97.6	98.0	98.2	98.3	97.5
101.0	101.0	101.4	101.4	101.4	101.3	101.3
99.7	99.8	102.8	102.6	101.3	102.1	101.3
101.9	100.4	101.1	100.7	101.2	101.8	102.1
100.6	101.0	100.9	101.3	102.0	103.6	103.4
108.0	101.4	106.0	102.0	101.2	103.9	104.7
101.1	96.6	98.4	98.1	98.3	96.3	96.8
104.9	102.6	103.1	101.5	102.1	101.9	102.9
104.4	104.8	103.7	103.0	104.7	101.5	102.6
109.8	110.9	108.8	106.6	109.9	104.2	106.1
99.6	99.5	99.3	99.7	100.1	99.3	99.6
99.2	100.1	100.1	100.9	101.7	100.3	100.6
99.7	100.5	100.2	101.1	101.3	99.3	99.2
98.3	99.4	99.9	100.8	102.2	101.9	102.8
101.2	101.1	100.9	100.5	100.0	99.0	98.9
105.2	105.5	103.8	106.6	105.4	107.2	106.6
102.7	102.3	101.5	101.5	102.1	103.8	104.2
100.8	100.9	101.1	101.4	101.5	101.5	101.3
94.2	92.4	92.3	92.9	92.9	92.6	92.8
103.5	103.5	103.3	103.7	103.7	103.8	103.2
99.9	100.2	100.6	100.9	101.0	100.9	100.9
99.9	99.8	99.8	99.7	99.7	99.7	99.7
102.9	103.0	103.1	102.9	103.1	103.0	103.1
102.5	102.5	102.5	101.9	101.9	102.5	102.5
103.0	103.0	103.0	103.0	103.0	103.0	103.0
104.2	105.2	106.4	106.9	109.4	105.6	105.6
130.1	123.0	119.3	118.0	111.9	109.2	108.0
119.9	114.4	111.4	111.8	110.1	97.1	96.8
131.5	124.1	120.4	119.0	112.2	111.0	109.9
101.4	101.4	101.2	101.0	100.4	100.3	100.2
101.9	101.9	101.6	101.3	100.2	100.0	100.0
99.7	100.0	99.8	100.2	100.8	100.9	100.9

4-14 商品零售价格

（上月=100）

类　别	1月	2月	3月	4月	5月
总指数	**100.6**	**100.5**	**100.8**	**100.3**	**99.8**
一、食品	102.2	99.9	99.3	100.2	98.7
1. 粮食	100.1	100.1	101.5	101.0	100.9
2. 薯类	108.0	105.2	100.7	109.7	103.7
3. 豆类	100.4	100.3	100.3	100.3	100.2
4. 食用油	99.9	100.2	100.3	100.6	100.8
5. 菜及食用菌	108.3	98.3	99.8	93.3	84.8
6. 畜肉类	99.4	97.1	95.1	100.4	103.4
7. 禽肉类	100.9	100.8	99.0	100.4	100.9
8. 水产品	104.4	102.5	98.4	101.2	98.9
9. 蛋类	100.2	94.5	99.3	108.0	102.9
10. 奶类	100.5	99.4	99.3	100.0	99.7
11. 干鲜瓜果类	106.7	103.9	98.7	101.4	99.5
12. 糖果糕点类	99.7	99.3	100.3	100.4	100.6
13. 调味品	100.6	100.7	100.3	100.7	100.7
14. 其他食品类	99.8	100.2	100.7	100.7	99.9
15. 餐饮业零售	100.2	100.5	99.9	100.7	100.0
二、饮料、烟酒	100.1	100.2	100.4	99.8	100.1
1. 茶及饮料	100.2	100.0	100.6	100.4	99.9
2. 卷烟	100.0	100.2	100.0	100.2	100.0
3. 酒类	100.0	100.2	100.7	99.1	100.3
三、服装、鞋帽	99.7	99.8	100.2	99.9	100.0
1. 服装	99.6	99.8	100.1	99.8	100.0
(1)男士服装	99.8	99.9	100.2	100.1	100.0
(2)女士服装	99.6	99.6	100.2	99.7	100.1
(3)儿童服装	99.5	99.9	100.0	99.7	100.0
2. 鞋帽袜	99.9	99.9	100.5	100.0	100.0
(1)鞋	99.9	99.9	100.6	99.9	99.9
(2)袜子	99.7	99.8	100.2	100.0	100.3
(3)帽子	100.0	99.7	100.2	101.9	100.1
3. 其他衣着配件	99.9	99.6	99.7	99.7	99.8
四、纺织品	100.4	100.1	99.9	99.9	100.0
1. 服装材料	102.4	100.0	100.3	100.0	100.6
2. 床上用品	99.8	100.1	99.8	99.9	99.9

分月环比指数(2022 年)

6 月	7 月	8 月	9 月	10 月	11 月	12 月
100.0	**100.3**	**99.7**	**100.2**	**100.3**	**99.8**	**99.6**
97.5	103.1	100.6	101.1	101.0	99.2	99.7
100.2	100.0	100.0	100.0	100.2	100.6	100.2
90.8	101.5	100.8	94.9	98.9	101.7	102.4
100.1	99.9	99.9	100.0	100.1	100.1	100.0
101.6	101.4	100.8	100.2	100.6	100.1	100.1
85.9	114.2	104.6	105.1	98.9	88.7	103.0
101.9	114.0	99.3	102.1	106.8	99.7	93.7
100.8	101.9	100.8	100.8	99.8	100.9	99.3
97.2	98.9	100.3	101.6	98.6	99.6	99.9
94.0	101.6	102.9	106.1	103.9	101.3	96.6
100.4	99.3	100.6	99.3	99.7	99.7	100.5
94.0	96.5	99.3	99.6	100.8	103.3	103.0
100.2	103.9	100.1	100.1	99.8	100.3	100.2
100.3	100.1	100.4	99.5	100.7	100.3	99.8
99.9	100.9	100.4	99.9	99.8	100.2	100.8
100.1	100.1	99.8	100.3	100.0	100.0	100.2
100.4	100.2	99.8	99.9	100.1	100.0	100.2
100.2	100.3	99.5	99.8	99.8	100.3	100.3
100.0	100.0	100.0	100.0	100.2	100.0	100.0
100.9	100.2	99.8	99.9	100.4	99.9	100.4
100.1	99.7	99.6	100.4	100.2	99.8	100.1
100.2	99.6	99.6	100.5	100.2	99.8	100.1
100.2	99.8	99.7	100.5	100.2	99.8	100.1
100.1	99.6	99.6	100.5	100.2	99.8	100.1
100.3	99.5	99.6	100.2	100.4	99.8	100.1
99.9	99.8	99.6	100.0	100.0	99.9	99.9
99.9	99.7	99.6	100.1	99.9	99.8	99.9
99.8	100.1	99.4	99.8	100.2	99.9	100.3
100.1	99.8	99.9	100.2	100.6	100.1	100.4
100.0	99.8	100.1	100.1	100.1	99.6	100.1
99.9	99.9	99.7	100.0	100.3	99.9	100.0
100.2	100.1	100.3	100.2	100.0	100.0	100.1
99.8	99.9	99.6	99.9	100.4	99.9	100.0

4－14　续表

（上年同月＝100）

类　　别	1月	2月	3月	4月	5月
五、家用电器及音像器材	99.9	100.8	99.9	100.0	99.8
1. 家庭设备	99.8	101.5	100.1	100.1	99.9
2. 文娱用耐用消费品	100.2	99.8	99.5	99.8	99.7
3. 专业音像器材	100.0	100.1	100.0	100.0	100.0
六、文化办公用品	97.4	101.1	100.2	99.9	99.2
七、日用品	99.1	100.2	100.8	100.8	100.2
1. 日用百货	99.6	100.3	100.4	100.1	100.0
2. 厨具餐具茶具	99.5	101.5	99.2	101.7	100.8
3. 清洗用品	98.6	99.4	101.9	101.2	99.2
4. 其他日用品	98.7	100.2	101.2	100.9	101.7
八、体育娱乐用品	100.4	101.3	100.3	100.9	101.1
1. 体育户外用品	101.1	102.3	100.4	101.4	102.2
2. 娱乐用品	99.6	100.1	100.2	100.3	99.7
九、交通、通信用品	100.5	99.6	100.4	99.5	99.8
1. 交通运输机械	100.1	99.5	99.9	99.5	100.0
2. 通信器材	101.3	99.9	101.3	99.6	99.5
十、家具	100.0	100.1	100.5	100.1	99.9
十一、化妆品	98.2	101.3	100.6	102.4	101.4
十二、金银饰品	100.8	102.0	104.5	99.1	100.2
十三、中西药品及医疗保健用品	100.1	100.3	100.3	100.3	100.1
1. 医疗卫生器具	100.5	99.6	98.0	98.6	99.8
2. 中药	99.9	100.8	100.8	100.8	100.1
3. 西药	100.1	100.2	100.3	100.0	100.2
4. 保健器具及用品	99.9	99.9	100.0	101.2	100.0
十四、书报杂志及电子出版物	100.5	100.1	100.5	100.1	100.0
1. 教材及参考书	100.0	100.2	100.4	100.1	99.9
2. 书报杂志及音像制品	100.9	100.0	100.1	100.0	100.0
3. 计算机办公软件	100.7	100.0	102.4	100.4	100.0
十五、燃料	101.8	104.0	105.9	102.1	100.4
1. 煤炭及制品	100.4	95.8	102.3	100.2	98.9
2. 石油及制品	102.0	104.7	106.2	102.2	100.5
十六、建筑材料及五金电料	100.0	100.0	100.0	100.1	99.9
1. 建筑装潢材料	100.1	100.1	100.1	100.1	100.0
2. 五金水暖	99.8	99.9	99.6	100.3	99.7

6月	7月	8月	9月	10月	11月	12月
98.9	100.4	99.6	99.7	100.1	98.8	100.5
98.9	100.7	99.4	99.7	100.2	98.5	100.6
98.4	99.8	99.8	99.6	99.9	98.9	100.5
101.2	100.0	100.0	100.0	100.0	100.0	100.0
100.1	100.7	101.6	100.9	100.2	99.6	100.2
100.3	99.9	99.8	99.7	100.6	99.3	100.8
100.0	100.4	100.0	100.2	100.7	100.7	100.1
100.9	99.3	100.6	98.1	100.2	98.5	102.5
100.5	99.5	99.9	99.9	100.6	98.5	100.3
100.0	99.8	98.8	99.5	100.8	98.2	101.9
99.4	100.5	99.1	99.6	101.5	97.7	100.8
98.9	100.9	98.5	99.3	102.6	96.2	101.4
100.1	99.9	99.9	100.0	100.1	99.7	100.0
99.7	100.4	99.8	100.1	100.3	99.5	100.3
99.9	100.0	99.7	99.9	100.5	100.0	99.9
99.4	101.1	99.9	100.4	100.0	98.5	101.0
100.0	101.4	100.0	99.7	100.1	100.0	100.0
99.3	99.6	100.9	101.5	100.3	100.3	99.8
99.5	96.4	101.6	99.1	101.1	103.0	100.7
100.3	99.8	100.2	100.2	100.1	100.0	100.0
99.9	99.4	99.8	99.7	99.6	99.6	100.1
100.4	100.1	100.3	100.4	100.3	100.2	100.2
100.4	99.7	100.4	100.3	100.2	99.8	99.9
99.9	100.0	99.8	99.9	100.0	100.4	100.0
100.0	100.2	100.1	100.8	100.2	100.0	100.0
100.0	100.1	100.0	101.6	100.0	100.1	100.0
100.0	100.0	100.0	100.0	100.4	100.0	100.0
100.0	101.0	101.1	100.0	100.0	100.0	100.0
105.1	97.2	96.3	99.3	99.3	101.4	95.7
100.5	96.7	99.2	102.7	102.8	96.5	101.4
105.5	97.3	96.1	99.0	99.1	101.8	95.3
100.2	99.9	99.7	100.1	100.0	100.1	100.0
100.1	99.7	99.7	99.9	100.0	100.0	99.9
100.6	100.5	99.6	100.5	100.1	100.2	100.0

4－15 城市商品零售价格

（上月＝100）

类别	1月	2月	3月	4月	5月
总指数	**100.6**	**100.5**	**100.7**	**100.2**	**99.8**
一、食品	102.4	99.8	99.2	100.1	98.8
1.粮食	100.1	100.0	101.2	101.1	101.0
2.薯类	107.4	106.4	100.1	109.6	103.5
3.豆类	100.3	100.3	100.3	100.3	100.0
4.食用油	100.2	99.8	99.7	101.0	100.5
5.菜及食用菌	108.7	98.0	99.4	92.7	85.8
6.畜肉类	99.5	97.2	95.5	100.3	103.1
7.禽肉类	100.9	100.6	98.9	100.4	100.9
8.水产品	104.7	102.5	98.4	101.2	98.7
9.蛋类	100.2	94.6	99.5	107.6	102.7
10.奶类	100.6	99.3	99.2	100.0	99.7
11.干鲜瓜果类	106.8	103.9	98.6	101.4	99.9
12.糖果糕点类	99.6	99.1	100.3	100.5	100.8
13.调味品	100.6	100.4	100.3	101.0	100.8
14.其他食品类	99.8	100.2	100.7	100.7	99.8
15.餐饮业零售	100.3	100.5	100.0	100.9	100.0
二、饮料、烟酒	100.0	100.1	100.5	99.8	100.1
1.茶及饮料	100.1	100.0	100.5	100.4	99.9
2.卷烟	100.0	100.2	100.0	100.2	100.0
3.酒类	99.9	100.2	100.8	99.0	100.4
三、服装、鞋帽	99.7	99.8	100.2	99.9	100.0
1.服装	99.6	99.8	100.2	99.8	100.0
(1)男士服装	99.8	99.8	100.2	100.1	100.0
(2)女士服装	99.5	99.7	100.3	99.7	100.1
(3)儿童服装	99.5	99.9	100.2	99.7	99.9
2.鞋帽袜	99.8	99.8	100.4	100.1	99.9
(1)鞋	99.9	99.9	100.4	99.9	99.9
(2)袜子	99.6	99.6	100.1	100.0	100.4
(3)帽子	100.0	99.6	100.3	102.4	100.1
3.其他衣着配件	99.9	99.6	99.9	99.8	99.8
四、纺织品	100.4	100.1	99.9	99.9	100.1
1.服装材料	102.9	100.0	100.3	100.0	100.7
2.床上用品	99.8	100.1	99.8	99.9	99.9

分月环比指数（2022年）

6月	7月	8月	9月	10月	11月	12月
100.0	**100.3**	**99.6**	**100.2**	**100.3**	**99.8**	**99.6**
97.4	103.2	100.5	101.0	101.1	99.2	99.8
100.2	100.1	100.0	100.1	100.2	100.6	100.3
90.9	101.9	100.5	94.6	99.0	102.1	101.7
100.1	99.9	99.9	100.0	100.0	100.2	99.9
101.9	102.1	100.8	100.1	100.6	100.2	100.2
85.9	114.5	104.5	104.7	99.6	89.0	103.3
101.7	113.6	99.2	102.0	106.4	99.9	94.0
100.9	101.3	100.7	100.6	99.8	101.5	99.4
97.0	98.7	100.2	101.8	98.5	99.6	100.0
94.1	101.5	102.2	106.2	103.9	101.3	96.4
100.5	99.2	100.7	99.2	99.7	99.7	100.5
93.9	96.8	99.1	99.3	101.0	103.0	102.6
100.3	105.0	100.1	100.1	99.8	100.3	100.2
100.3	100.1	100.4	99.3	100.8	100.2	99.8
99.7	101.0	100.5	99.9	99.8	100.3	100.9
100.2	100.0	99.7	100.3	99.9	100.0	100.2
100.4	100.2	99.7	99.9	100.1	100.1	100.3
100.3	100.3	99.4	99.7	99.7	100.3	100.4
100.0	100.0	100.0	100.0	100.1	100.0	100.0
100.8	100.2	99.7	99.9	100.4	99.9	100.5
100.1	99.6	99.6	100.4	100.2	99.8	100.1
100.2	99.6	99.6	100.5	100.3	99.8	100.1
100.2	99.8	99.7	100.5	100.2	99.8	100.1
100.1	99.6	99.6	100.6	100.3	99.8	100.1
100.4	99.4	99.5	100.2	100.6	99.9	100.1
99.9	99.7	99.6	100.1	100.0	99.8	100.0
99.9	99.6	99.6	100.1	99.9	99.8	99.9
99.7	100.2	99.2	99.7	100.2	99.9	100.4
100.1	99.9	99.9	100.3	100.7	100.0	100.3
100.0	99.8	100.1	100.2	100.1	99.5	100.0
99.9	99.9	100.0	100.0	100.1	100.0	100.0
100.3	100.1	100.3	100.2	100.0	100.0	100.1
99.8	99.9	100.0	100.0	100.2	100.0	100.0

4－15 续表

（上年同月＝100）

类　别	1月	2月	3月	4月	5月
五、家用电器及音像器材	99.9	100.8	99.8	99.9	99.9
1. 家庭设备	99.8	101.5	100.1	100.0	99.9
2. 文娱用耐用消费品	100.2	99.8	99.3	99.8	99.8
3. 专业音像器材	100.0	100.1	100.0	100.0	100.0
六、文化办公用品	97.3	101.1	100.3	99.9	99.2
七、日用品	99.1	100.2	100.7	100.7	100.2
1. 日用百货	99.6	100.3	100.3	100.1	100.1
2. 厨具餐具茶具	99.5	101.2	99.4	101.6	100.8
3. 清洗用品	98.7	99.5	101.6	101.0	99.1
4. 其他日用品	98.8	100.0	101.2	100.7	101.4
八、体育娱乐用品	100.5	101.3	100.3	100.9	101.1
1. 体育户外用品	101.0	102.2	100.4	101.4	102.0
2. 娱乐用品	99.7	100.1	100.2	100.2	99.7
九、交通、通信用品	100.4	99.6	100.3	99.5	99.8
1. 交通运输机械	100.1	99.4	99.9	99.5	100.0
2. 通信器材	101.3	99.9	101.2	99.5	99.5
十、家具	100.0	100.1	100.6	100.1	99.9
十一、化妆品	98.3	101.2	100.6	102.2	101.4
十二、金银饰品	100.9	102.3	104.7	98.9	100.3
十三、中西药品及医疗保健用品	100.0	100.4	100.3	100.2	100.1
1. 医疗卫生器具	100.6	99.7	97.9	98.6	99.8
2. 中药	99.8	101.0	100.9	100.5	100.1
3. 西药	100.0	100.3	100.4	100.1	100.1
4. 保健器具及用品	99.8	99.9	100.0	101.3	100.0
十四、书报杂志及电子出版物	100.3	100.1	100.5	100.1	100.0
1. 教材及参考书	100.0	100.3	100.4	100.0	99.9
2. 书报杂志及音像制品	100.6	100.0	100.1	100.0	100.0
3. 计算机办公软件	100.8	100.0	102.4	100.4	100.0
十五、燃料	101.8	104.0	105.9	102.1	100.4
1. 煤炭及制品	100.4	96.1	102.2	100.1	98.9
2. 石油及制品	101.9	104.7	106.2	102.2	100.5
十六、建筑材料及五金电料	100.0	100.0	99.9	100.2	100.0
1. 建筑装潢材料	100.1	100.1	100.0	100.1	100.1
2. 五金水暖	99.8	99.9	99.6	100.4	99.7

6月	7月	8月	9月	10月	11月	12月
98.8	100.3	99.6	99.7	100.1	98.8	100.5
98.9	100.6	99.4	99.7	100.1	98.5	100.6
98.2	99.8	99.8	99.5	99.9	98.9	100.6
101.2	100.0	100.0	100.0	100.0	100.0	100.0
100.1	100.6	101.6	101.0	100.2	99.6	100.2
100.3	99.9	99.8	99.7	100.5	99.2	100.9
100.0	100.3	100.0	100.3	100.5	100.5	100.0
100.7	99.4	100.5	98.3	100.2	98.6	102.4
100.8	99.8	99.8	100.0	100.6	98.6	100.6
99.8	100.0	98.9	99.5	100.8	98.4	101.9
99.4	100.5	99.1	99.6	101.4	97.8	100.8
98.9	100.8	98.6	99.4	102.4	96.4	101.4
100.1	99.9	99.9	100.0	100.0	99.7	100.1
99.7	100.3	99.8	100.0	100.3	99.5	100.3
99.9	100.0	99.7	99.8	100.5	100.0	99.9
99.4	101.1	99.9	100.4	99.9	98.5	101.0
100.0	101.6	100.0	99.7	100.1	100.1	100.0
99.3	99.6	100.9	101.6	100.4	100.3	99.8
99.4	96.0	102.0	99.0	101.3	103.3	100.7
100.4	99.7	100.2	100.2	100.2	100.0	100.0
100.0	99.4	99.8	99.7	99.6	99.6	100.0
100.4	100.1	100.4	100.3	100.3	100.2	100.3
100.6	99.5	100.4	100.3	100.2	99.8	99.8
99.9	100.0	99.8	99.9	100.0	100.5	100.0
100.0	100.2	100.1	100.8	100.2	100.0	100.0
100.0	100.2	100.0	101.6	100.0	100.0	100.0
100.0	100.0	100.0	100.0	100.4	100.0	100.0
100.0	101.0	101.1	100.0	100.0	100.0	100.0
105.1	97.2	96.3	99.3	99.3	101.4	95.7
100.4	96.7	99.2	102.5	102.9	96.5	101.3
105.5	97.3	96.1	99.0	99.1	101.8	95.3
100.3	99.9	99.7	100.1	100.0	100.0	100.0
100.1	99.5	99.7	99.9	99.9	100.0	99.9
100.6	100.6	99.6	100.6	100.0	100.2	100.0

4－16　农村商品零售价格

（上月＝100）

类　　别	1 月	2 月	3 月	4 月	5 月
总指数	**100.5**	**100.5**	**100.8**	**100.5**	**99.8**
一、食品	101.4	100.1	99.8	100.7	98.6
1. 粮食	100.1	100.2	102.4	100.5	100.7
2. 薯类	110.8	100.3	103.7	110.3	104.7
3. 豆类	100.9	100.3	100.4	100.7	100.9
4. 食用油	99.2	100.8	101.4	99.7	101.4
5. 菜及食用菌	106.3	100.0	102.2	96.2	79.9
6. 畜肉类	98.7	96.8	93.3	100.9	104.8
7. 禽肉类	101.1	101.6	99.2	100.5	100.8
8. 水产品	102.7	102.8	98.1	101.4	100.5
9. 蛋类	100.1	94.0	98.5	109.6	103.3
10. 奶类	100.0	100.2	100.1	100.0	100.1
11. 干鲜瓜果类	106.4	104.0	98.8	101.8	97.1
12. 糖果糕点类	99.9	99.9	100.2	100.0	100.0
13. 调味品	100.7	101.6	100.6	99.7	100.5
14. 其他食品类	100.4	100.5	101.0	100.9	100.3
15. 餐饮业零售	100.2	100.7	99.5	99.9	100.0
二、饮料、烟酒	100.3	100.2	100.3	99.8	100.0
1. 茶及饮料	100.7	100.6	100.9	100.3	99.9
2. 卷烟	100.0	100.0	100.0	100.1	100.0
3. 酒类	100.2	100.2	100.1	99.3	100.0
三、服装、鞋帽	99.9	99.9	100.1	99.9	100.1
1. 服装	99.8	99.8	99.8	99.9	100.1
（1）男士服装	99.8	100.1	99.9	100.0	100.1
（2）女士服装	99.9	99.5	99.8	99.8	100.0
（3）儿童服装	99.8	100.1	99.5	99.9	100.5
2. 鞋帽袜	100.0	100.0	100.8	99.8	100.1
（1）鞋	100.0	100.1	101.0	99.8	100.0
（2）袜子	100.0	100.0	100.3	100.0	100.2
（3）帽子	100.0	100.0	99.4	99.1	100.5
3. 其他衣着配件	99.8	99.6	98.9	99.3	100.0
四、纺织品	100.0	100.0	100.0	99.7	100.0
1. 服装材料	100.0	100.2	100.0	100.0	100.0
2. 床上用品	100.1	100.0	100.0	99.7	100.1

分月环比指数(2022 年)

6月	7月	8月	9月	10月	11月	12月
100.0	**100.3**	**99.7**	**100.3**	**100.3**	**99.7**	**99.5**
97.9	102.7	101.0	101.5	100.9	99.2	99.3
100.1	99.6	100.1	99.9	100.1	100.3	100.0
90.3	99.9	101.8	96.1	98.4	100.3	105.5
100.4	100.2	100.3	99.9	100.6	100.0	100.7
100.8	99.9	100.6	100.6	100.5	99.8	100.0
86.0	112.1	105.4	107.4	95.3	87.2	101.6
102.7	116.2	99.6	102.3	108.3	98.9	92.0
100.6	104.1	101.0	101.6	99.8	98.6	98.9
99.0	99.8	101.0	100.0	99.7	99.2	99.0
93.8	101.7	104.9	105.6	104.2	101.0	97.1
99.9	100.1	100.0	99.8	100.0	100.0	100.1
94.4	94.7	100.2	101.6	99.8	104.9	105.0
100.0	100.2	100.2	100.0	99.7	100.3	100.0
100.4	100.1	100.3	100.1	100.0	100.7	100.0
100.7	100.4	100.0	100.3	100.1	99.9	100.0
99.9	100.4	100.2	100.2	100.2	100.0	100.1
100.5	100.1	100.0	100.0	100.2	100.0	100.0
100.1	100.1	100.0	100.0	100.0	100.1	100.0
100.0	100.0	100.0	100.0	100.3	100.0	100.0
101.2	100.1	99.9	100.1	100.3	100.0	100.0
100.1	99.8	99.6	100.1	99.9	99.7	100.0
100.1	99.7	99.6	100.1	99.9	99.6	100.0
100.1	99.9	99.8	100.3	100.1	99.8	100.0
100.2	99.5	99.4	100.1	99.8	99.6	100.0
99.8	100.2	100.2	99.9	99.6	99.4	100.2
100.0	99.9	99.6	100.0	99.9	99.9	99.9
100.0	99.9	99.6	100.0	99.9	99.8	99.8
100.0	100.0	99.6	100.0	100.0	100.0	100.2
100.0	99.4	99.7	99.9	100.0	100.5	100.7
99.9	99.8	99.7	100.0	100.1	100.3	100.6
99.9	99.9	98.0	99.8	101.2	99.7	100.0
99.9	99.6	100.5	99.9	100.0	100.1	99.9
99.9	100.0	97.3	99.7	101.5	99.6	100.0

4-16 续表

类　　别	1月	2月	3月	4月	5月
五、家用电器及音像器材	100.0	101.1	100.3	100.1	99.8
1. 家庭设备	99.8	101.6	100.4	100.4	99.9
2. 文娱用耐用消费品	100.4	100.2	100.3	99.6	99.4
3. 专业音像器材	100.0	100.1	100.0	100.0	100.0
六、文化办公用品	98.0	100.9	100.1	99.9	99.5
七、日用品	99.1	100.3	101.0	101.0	100.3
1. 日用百货	99.6	100.3	100.7	100.3	99.7
2. 厨具餐具茶具	99.5	102.7	98.4	102.8	101.2
3. 清洗用品	98.1	99.0	102.9	101.9	99.8
4. 其他日用品	98.6	100.6	101.2	101.4	102.6
八、体育娱乐用品	100.3	101.4	100.4	101.1	101.6
1. 体育户外用品	101.4	102.9	100.6	101.9	103.6
2. 娱乐用品	99.3	100.0	100.3	100.5	99.7
九、交通、通信用品	100.6	99.8	100.5	99.7	99.7
1. 交通运输机械	100.0	99.6	100.0	99.7	99.9
2. 通信器材	101.4	99.9	101.4	99.7	99.4
十、家具	100.1	100.1	99.7	100.0	100.0
十一、化妆品	98.0	101.9	100.5	103.3	101.6
十二、金银饰品	100.1	100.5	103.8	100.6	99.8
十三、中西药品及医疗保健用品	100.4	100.0	99.9	100.4	100.2
1. 医疗卫生器具	99.0	98.0	99.9	99.2	100.0
2. 中药	100.2	100.1	100.1	102.0	100.3
3. 西药	100.5	100.0	99.9	99.7	100.2
4. 保健器具及用品	100.0	100.0	99.9	99.9	100.0
十四、书报杂志及电子出版物	101.4	100.0	100.3	100.2	100.0
1. 教材及参考书	100.2	100.0	100.1	100.4	100.0
2. 书报杂志及音像制品	103.0	100.0	100.0	100.0	100.0
3. 计算机办公软件	100.6	100.0	102.4	100.4	100.0
十五、燃料	102.0	103.5	105.8	102.0	100.6
1. 煤炭及制品	100.5	95.3	102.6	100.2	98.9
2. 石油及制品	102.2	104.9	106.3	102.3	100.8
十六、建筑材料及五金电料	99.9	100.0	100.3	100.0	99.8
1. 建筑装潢材料	99.9	100.0	100.5	99.9	99.9
2. 五金水暖	100.0	99.9	99.6	100.0	99.4

6月	7月	8月	9月	10月	11月	12月
99.2	100.7	99.6	99.8	100.2	98.5	100.4
99.0	101.1	99.5	99.7	100.3	98.4	100.6
99.4	99.9	99.8	99.9	99.9	98.7	99.9
101.1	100.0	100.0	100.0	100.0	100.0	100.0
100.1	100.7	101.9	100.6	100.2	99.6	100.0
100.2	99.7	99.9	99.7	100.8	99.6	100.6
100.1	100.4	100.0	100.2	101.0	100.9	100.2
102.1	98.4	101.0	97.1	100.1	98.2	103.4
99.2	98.3	100.3	99.5	100.6	98.0	99.3
100.7	99.3	98.6	99.6	100.8	97.5	102.1
99.3	100.4	99.0	99.0	101.9	97.3	100.9
98.4	100.9	98.1	98.0	103.7	94.8	101.9
100.1	99.9	99.8	99.9	100.4	99.7	100.0
99.9	100.4	99.8	100.2	100.4	99.4	100.3
100.0	100.0	99.7	100.1	100.3	100.0	99.9
99.7	101.2	99.9	100.3	100.5	98.4	100.9
100.0	100.0	99.9	99.9	100.1	99.3	99.9
99.5	99.7	100.7	101.1	100.1	100.3	99.7
99.7	98.7	99.2	99.8	100.2	101.2	100.7
99.8	100.1	100.2	100.3	100.1	100.0	99.9
99.0	98.1	99.9	99.6	100.0	99.7	100.2
100.2	100.1	99.9	100.6	100.0	100.1	99.6
99.6	100.1	100.4	100.2	100.1	99.9	100.1
100.0	100.0	100.0	99.9	100.0	100.0	100.0
100.0	100.1	100.1	100.7	100.0	100.3	100.0
99.9	100.0	100.0	101.3	100.0	100.6	100.0
100.0	100.0	100.0	100.0	100.0	100.0	100.0
100.0	101.0	101.1	100.0	100.0	100.0	100.0
104.9	97.2	96.4	99.5	99.4	101.2	95.8
100.8	96.6	99.0	103.1	102.3	96.3	101.6
105.4	97.3	96.1	99.0	99.0	101.8	95.0
100.1	100.1	99.7	100.1	100.1	100.2	100.0
99.9	100.0	99.7	100.0	100.0	100.1	100.0
100.7	100.4	99.8	100.5	100.3	100.4	99.9

4－17　27个调查市县居民

（上年＝100）

市　县	居民消费价格总指数	食品烟酒					衣着
			粮食	鲜菜	畜肉类	蛋类	
全省平均	**101.5**	**102.1**	**106.0**	**97.5**	**95.7**	**107.2**	**100.4**
城市平均	**101.4**	**101.9**	**106.1**	**97.8**	**95.6**	**106.6**	**100.5**
郑州市	101.2	101.7	107.1	99.9	94.3	106.1	101.2
开封市	101.1	101.3	106.9	93.0	94.2	106.8	100.1
洛阳市	101.6	102.8	104.6	100.5	97.8	102.3	99.8
平顶山市	101.3	101.8	107.6	100.4	96.0	108.5	100.8
安阳市	101.3	101.5	105.1	91.5	95.7	104.9	99.8
鹤壁市	101.6	102.2	109.1	95.2	96.4	104.6	104.6
新乡市	101.1	102.1	106.0	97.4	97.5	107.1	99.8
焦作市	101.8	102.4	109.8	96.5	95.0	107.9	101.1
濮阳市	101.3	100.6	103.3	95.6	94.2	107.1	99.4
许昌市	101.6	101.7	102.2	95.7	95.6	109.7	99.8
漯河市	100.9	100.7	106.1	95.1	95.7	108.5	101.0
三门峡市	101.3	101.6	104.4	99.7	94.0	107.8	97.3
南阳市	101.8	101.8	108.9	91.7	93.8	107.6	101.0
商丘市	101.4	102.2	105.7	104.6	97.0	113.4	99.4
信阳市	102.1	103.9	104.1	105.0	99.6	108.1	100.1
周口市	101.5	101.6	102.4	95.6	95.3	110.5	99.6
驻马店市	101.4	101.4	104.0	94.7	93.4	106.9	101.5
济源市	101.1	101.5	106.0	93.2	104.4	102.0	95.2
农村平均	**101.7**	**102.5**	**105.8**	**96.7**	**95.9**	**108.3**	**100.4**
滑县	101.8	102.3	108.8	90.9	94.0	102.1	99.3
辉县市	101.5	101.0	105.5	85.6	98.3	107.3	99.0
襄城县	101.7	102.9	109.9	96.9	91.7	108.9	99.0
灵宝市	101.8	102.8	104.8	96.2	96.4	108.9	102.2
镇平县	101.7	102.4	108.2	96.1	96.5	111.4	102.0
永城市	101.8	103.4	109.1	96.6	97.8	117.2	101.6
固始县	102.3	103.2	102.4	104.6	97.7	109.4	101.0
淮阳县	101.2	100.9	100.3	99.1	94.0	103.5	101.4
汝南县	101.3	102.8	102.5	105.8	95.0	102.8	95.6

消费价格指数(2022 年)

居住	水、电、燃料	生活用品及服务	交通和通讯	教育文化和娱乐	医疗保健	其他用品和服务
100.1	**102.3**	**101.1**	**104.4**	**101.3**	**100.7**	**101.4**
99.5	**101.1**	**101.2**	**104.6**	**101.8**	**100.7**	**101.2**
98.4	100.5	101.6	104.5	103.2	100.4	101.3
99.1	101.3	100.3	104.7	101.1	101.9	99.3
99.6	102.7	101.1	104.0	102.4	100.7	99.4
100.0	100.7	99.9	103.3	103.0	100.0	100.7
100.3	100.8	101.2	105.2	100.5	100.3	102.0
99.9	101.0	100.4	105.4	99.1	100.1	101.2
98.8	100.2	100.1	104.3	100.5	101.4	101.9
100.4	101.6	101.8	104.2	101.5	100.9	103.6
100.8	101.7	101.2	105.1	101.6	100.1	103.1
100.8	102.2	101.0	105.1	101.2	100.9	101.4
98.9	100.9	101.8	105.2	100.8	99.7	102.6
99.9	100.8	102.0	104.9	102.9	99.7	100.6
100.9	101.0	101.7	104.7	100.6	101.9	101.2
100.1	100.6	100.8	104.7	101.5	99.5	100.2
100.5	101.0	101.4	105.2	98.9	102.0	100.6
100.5	102.2	101.4	104.8	100.9	101.0	102.4
100.8	101.4	101.9	104.4	98.4	102.0	100.8
101.1	103.7	100.6	104.7	100.7	100.1	104.2
101.3	**104.5**	**100.9**	**104.1**	**100.3**	**100.8**	**101.9**
102.0	105.5	101.2	104.3	101.1	100.4	101.1
102.1	105.7	101.7	104.2	101.0	101.2	101.4
100.5	103.3	100.4	104.2	101.9	100.6	101.0
101.4	106.5	100.8	103.5	100.4	100.1	102.8
100.7	102.5	101.0	104.4	100.5	100.2	101.9
99.8	101.1	100.7	103.9	101.3	100.8	101.5
102.2	108.8	101.0	103.9	99.0	103.0	103.7
102.0	103.6	100.7	104.2	98.2	100.1	101.9
100.8	102.5	100.2	104.3	100.4	100.3	101.5

4－18　27 个调查市县商品

（上年＝100）

市　县	商品零售价格总指数	食品类	饮料、烟酒	服装、鞋帽类	纺织品类	家用电器及音像器材	文化办公用品	日用品
全省平均	**102.7**	**102.4**	**100.3**	**100.4**	**100.3**	**99.5**	**101.5**	**100.0**
城市平均	**102.6**	**102.3**	**99.9**	**100.5**	**100.5**	**99.4**	**101.4**	**99.7**
郑州市	102.4	102.3	99.0	101.2	101.6	98.6	101.5	99.9
开封市	102.9	101.7	98.3	100.0	97.1	98.8	101.0	97.6
洛阳市	102.9	102.9	100.7	99.6	100.1	99.5	99.7	97.9
平顶山市	102.3	102.7	99.3	100.6	100.2	98.1	101.4	97.8
安阳市	102.7	101.5	99.3	99.5	99.5	101.0	101.5	101.2
鹤壁市	102.6	102.5	102.2	104.4	96.4	99.6	101.0	99.8
新乡市	102.2	102.6	99.6	99.9	101.1	97.6	100.8	99.6
焦作市	103.1	103.0	102.6	100.5	104.0	100.6	101.2	98.7
濮阳市	102.2	100.9	99.7	99.4	100.9	99.7	101.0	99.4
许昌市	102.7	102.1	101.2	99.9	100.0	95.3	101.7	101.3
漯河市	103.0	101.2	100.5	101.0	101.7	102.5	102.1	100.4
三门峡市	102.4	101.7	102.6	97.2	96.7	103.6	101.7	99.7
南阳市	103.3	102.3	101.5	101.1	103.5	102.7	103.7	101.2
商丘市	102.5	102.8	98.9	99.6	98.0	101.6	101.2	99.5
信阳市	103.8	104.3	101.2	100.0	97.8	102.8	102.1	99.8
周口市	103.2	102.1	100.6	99.7	99.4	100.5	101.7	100.9
驻马店市	103.1	101.6	102.4	101.6	98.2	100.0	101.3	101.6
济源市	102.8	101.6	102.6	95.8	100.3	100.1	101.2	100.7
农村平均	**103.0**	**103.0**	**101.7**	**100.1**	**99.3**	**100.1**	**102.1**	**100.8**
滑县	103.4	103.5	101.7	99.3	100.5	101.0	102.1	101.3
辉县市	102.5	101.3	101.4	99.0	98.8	100.0	102.7	100.2
襄城县	102.8	104.6	102.2	98.9	98.9	100.0	101.1	101.3
灵宝市	102.9	103.5	101.4	102.0	100.0	99.4	101.6	100.5
镇平县	102.8	103.6	100.2	102.2	102.2	100.2	101.7	100.2
永城市	103.1	104.5	100.9	101.4	100.0	99.7	101.9	101.0
固始县	104.0	103.9	102.2	101.1	101.4	99.1	102.6	100.9
淮阳县	102.9	100.8	102.8	101.4	99.1	101.2	101.6	100.8
汝南县	102.4	103.5	101.2	95.6	93.7	99.5	103.1	101.0

零售价格指数(2022 年)

体育娱乐用品	交通、通信用品	家具	化妆品类	金银饰品类	中西药品及医疗保健用品类	书报杂志及电子出版物类	燃料类	建筑材料及五金电料类
103.4	**99.6**	**102.6**	**102.3**	**102.5**	**101.3**	**101.8**	**117.8**	**101.8**
103.5	**99.6**	**102.9**	**102.2**	**102.6**	**101.3**	**101.6**	**117.4**	**101.9**
102.9	99.1	106.8	101.9	102.7	101.4	100.5	116.7	101.4
103.2	100.5	102.0	103.5	102.3	106.3	106.8	117.2	102.7
102.6	100.7	100.8	101.3	99.5	101.5	103.9	118.3	101.6
103.0	98.8	99.6	101.3	105.5	100.3	100.0	117.1	102.0
102.8	100.7	100.9	102.5	103.2	100.8	100.9	117.1	101.1
103.2	98.3	99.4	102.3	102.1	100.3	101.7	117.5	99.7
103.9	98.4	101.6	100.9	102.7	98.8	101.4	117.1	101.6
103.9	98.2	101.3	104.0	101.4	102.9	104.0	119.1	99.3
104.6	99.2	100.6	102.7	103.5	100.6	100.8	118.0	101.4
103.8	100.2	100.9	103.6	101.3	101.4	101.3	117.9	102.2
105.4	100.4	100.4	103.5	102.9	99.2	101.1	118.0	104.4
105.4	99.6	104.1	103.2	103.3	98.1	101.2	116.7	100.8
105.2	99.7	98.3	102.5	103.6	102.0	98.1	117.4	104.7
103.9	99.9	99.4	103.3	101.2	97.7	102.8	116.7	102.4
104.2	100.2	96.8	102.5	102.7	101.6	104.0	117.8	108.7
104.5	100.5	99.8	104.2	102.5	103.3	101.2	118.3	101.9
102.4	99.6	102.9	100.7	103.9	104.5	101.7	118.1	102.1
105.8	100.1	99.0	101.5	112.1	101.3	103.4	118.9	98.3
103.3	**100.0**	**100.6**	**103.1**	**101.9**	**101.0**	**102.8**	**119.7**	**101.3**
103.3	100.6	99.6	104.1	99.9	101.8	103.8	120.4	100.8
103.1	99.9	102.8	103.3	101.2	100.2	100.7	119.4	104.4
102.3	98.8	98.4	101.7	99.9	101.8	103.2	119.2	99.8
103.6	100.8	102.2	103.0	100.3	96.3	102.2	120.8	100.9
103.6	99.3	102.1	102.6	103.6	100.3	101.4	118.1	100.4
106.1	99.2	99.4	102.8	100.7	102.0	102.5	117.4	100.0
103.2	100.0	102.8	101.6	106.5	101.2	109.2	124.1	100.7
103.9	100.5	98.1	104.1	103.2	102.2	101.8	119.4	101.4
98.8	100.0	101.7	103.3	102.8	100.9	100.7	118.2	101.6

主要统计指标解释

居民消费价格指数 是反映一定时期内城乡居民购买并用于日常生活消费的商品和服务项目价格水平变动趋势和程度的相对数。居民消费价格水平的变动率在一定程度上反映了通货膨胀(或紧缩)的程度。编制居民消费价格指数(CPI)的目的,是为了了解市场价格变动的基本情况,分析研究价格变动对社会经济和居民生活支出的影响,满足各级政府制定政策和计划、进行宏观调控的需要;同时居民消费价格指数也是国民经济核算和社会担保实际支付调整的重要指标。

城市居民消费价格指数 是反映城市居民家庭所购买用于日常生活消费的商品和服务项目价格变动趋势和程度的相对数。城市居民消费价格指数可以用以观察分析消费商品和服务项目价格变动对职工货币工资的影响,作为研究职工生活和确定工资政策以及相关社会保障政策的依据。

农村居民消费价格指数 是反映农村居民家庭所购买用于日常生活消费的商品和服务项目价格变动趋势和程度的相对数。农村居民消费价格指数可以用以观察分析农村消费商品和服务项目价格变动对农村居民生活消费支出的影响,直接反映农民生活水平的实际变化情况,为分析和研究农村居民生活问题和制定相关惠农政策提供依据。

商品零售价格指数 是工业、商业、餐饮和其他零售企业向城乡居民、机关团体出售生活消费品和办公用品的价格,不包括服务项目价格。商品零售价格的变动直接影响到城乡居民的生活支出和国家的财政收入,影响居民购买力和市场供需平衡,影响消费与积累的比例。编制商品零售价格指数(RPI),以此反映市场商品零售价格变动趋势和变动程度,从另一个侧面对上述经济活动进行观察和分析。

生产价格

资料整理：朱毓瑞　王　帅

5－1　历年工业生产者出厂及购进价格指数

（上年＝100）

年　份	工业生产者出厂价格总指数	按轻、重工业分		按部类分		工业生产者购进价格总指数
		轻工业	重工业	生产资料	生活资料	
1989	119.7	116.6	122.6	121.4	117.5	130.0
1990	105.5	105.3	105.5	105.4	105.4	105.5
1991	104.3	102.0	106.2	105.7	102.1	104.4
1992	106.2	104.1	108.0	107.3	104.6	110.0
1993	118.1	108.8	125.9	124.4	108.4	133.0
1994	124.1	129.5	119.4	119.4	131.1	122.0
1995	115.0	119.9	110.9	114.3	116.2	114.1
1996	104.1	102.8	105.1	104.8	103.0	106.0
1997	100.6	98.5	102.1	101.2	99.5	100.6
1998	95.3	94.2	96.0	95.8	94.2	94.8
1999	95.4	93.9	96.5	96.0	94.4	94.3
2000	104.0	99.6	106.5	106.0	98.0	105.1
2001	100.5	98.7	101.5	101.1	98.6	101.9
2002	98.6	96.8	99.7	98.8	98.2	97.6
2003	105.0	103.2	106.9	105.7	102.7	107.8
2004	110.2	106.4	113.9	111.4	106.4	115.7
2005	106.1	102.6	109.2	107.3	101.9	108.3
2006	104.3	101.3	106.7	105.3	100.7	105.3
2007	105.2	105.7	104.9	104.5	107.7	106.4
2008	112.1	107.9	115.4	113.3	108.1	111.9
2009	94.9	98.4	92.2	93.3	101.1	97.1
2010	107.8	104.3	110.7	108.8	103.9	110.2
2011	107.2	106.9	107.3	107.7	105.5	110.1
2012	99.4	100.1	99.2	98.6	102.5	99.2
2013	98.5	101.8	97.3	97.5	102.2	99.3
2014	98.1	100.9	96.9	97.2	100.9	98.4
2015	95.4	99.8	93.6	93.9	100.4	95.4
2016	99.0	99.1	99.0	99.2	98.6	99.2
2017	106.8	101.9	108.9	109.7	99.6	107.3
2018	103.6	101.3	104.5	104.9	99.9	104.0
2019	100.2	101.0	99.8	100.0	100.5	101.2
2020	99.2	101.3	98.2	98.4	101.2	99.4
2021	107.8	101.6	110.4	111.7	97.8	109.5
2022	105.0	104.2	105.2	105.4	103.4	105.7

5－2 主要年份分类工业生产者出厂价格指数

（上年＝100）

项目名称	1990年	1995年	2000年	2005年	2010年	2015年	2017年	2018年	2019年	2020年	2021年	2022年
总指数	**105.5**	**115.0**	**104.0**	**106.1**	**107.8**	**95.4**	**106.8**	**103.6**	**100.2**	**99.2**	**107.8**	**105.0**
核心指数						96.4	106.5	103.5	99.8	98.6	108.0	103.6
高技术						101.2	97.5	99.5	95.6	95.7	98.1	104.8
能源						87.4	120.0	107.9	98.1	93.5	116.3	114.5
按轻重工业分												
轻工业	105.3	119.9	99.6	102.6	104.3	99.8	101.9	101.3	101.0	101.3	101.6	104.2
以农产品为原料	106.5	120.8	99.6	101.1	106.0	99.6	101.8	101.7	101.5	102.4	101.2	103.8
以非农产品为原料	101.8	116.0	99.5	104.4	102.4	100.5	102.3	99.9	99.0	97.5	102.4	105.0
重工业	105.5	110.9	106.5	109.2	110.7	93.6	108.9	104.5	99.8	98.2	110.4	105.2
采掘	108.5	108.8	116.3	125.6	116.7	82.1	116.0	106.7	103.1	98.8	131.5	119.7
原料	107.1	106.5	108.8	107.1	112.9	93.4	115.7	105.2	98.7	98.3	116.5	108.2
加工	102.8	117.2	99.6	104.2	105.0	96.9	105.5	103.9	99.8	98.1	106.2	102.4
按两大部类分												
生产资料	105.4	114.3	106.0	107.3	108.8	93.9	109.7	104.9	100.0	98.4	111.7	105.4
采掘	108.5	108.8	115.3	123.6	116.8	82.1	116.0	106.7	103.1	98.8	131.5	119.7
原料	106.8	112.0	108.2	106.3	112.0	94.1	116.1	105.1	98.3	98.0	115.8	108.2
加工	103.1	119.2	100.2	103.3	104.6	96.7	106.5	104.6	100.2	98.5	108.3	102.7
生活资料	105.4	116.2	98.0	101.9	103.9	100.4	99.6	99.9	100.5	101.2	97.8	103.4
食品	102.7	115.4	94.3	102.1	103.7	100.4	99.9	100.6	103.8	105.8	98.7	103.9
衣着	112.1	118.0	104.0	102.8	105.6	100.8	100.3	99.7	99.8	99.3	100.0	102.9
一般日用品	100.0	116.8	101.0	101.7	103.7	100.1	101.4	100.5	99.4	97.9	98.2	104.9
耐用消费品	96.2	107.1	97.9	99.7	103.9	100.0	96.5	97.8	93.6	93.4	95.5	102.2
按初级中间最终产品分												
初级产品						82.1	116.0	106.7	103.1	98.8	131.7	118.7
矿产品						82.1	116.0	106.7	103.1	98.8	131.5	119.7
中间产品						96.3	107.9	104.1	100.3	99.4	108.9	104.8
最终产品						98.9	101.7	102.2	100.2	99.7	102.0	104.9
最终投资品						98.3	102.6	103.3	99.3	97.9	103.3	104.5
最终消费品						99.6	100.5	100.5	101.5	102.3	100.1	105.5
按工业部门分												
冶金工业	116.4	103.9	109.6	104.8	116.4	90.5	117.3	105.0	101.0	102.2	121.3	100.5
电力工业	102.3	105.9	105.4	105.0	103.6	96.9	101.1	101.4	98.4	100.1	101.2	108.9
煤炭及炼焦工业	103.5	108.9	96.9	124.5	113.1	83.1	140.9	112.0	98.1	90.3	139.5	113.9
石油工业	114.8	104.3	146.8	125.8	127.9	77.6	113.4	113.1	96.5	83.8	120.2	129.4
化学工业	106.8	124.8	100.6	106.4	107.3	96.8	107.4	104.7	97.7	97.0	116.1	110.7
机械工业	100.8	112.2	99.0	101.5	101.4	99.0	100.1	100.7	98.9	98.2	100.7	103.1
建筑材料工业	96.8	110.8	100.4	108.4	101.1	98.9	105.4	104.7	104.2	99.1	100.4	99.6
森林工业	95.7	108.9	101.4	99.5	99.9	100.7	101.0	101.7	100.5	100.2	100.0	99.3
食品工业	102.4	115.4	94.3	101.9	103.7	99.9	99.8	100.5	103.8	105.9	99.5	103.8
纺织工业	109.1	119.3	107.7	95.4	116.4	95.9	105.4	104.2	99.2	94.3	108.9	103.9
缝纫工业	130.9	129.1	105.7	103.3	105.3	99.5	101.0	99.9	99.0	99.4	100.9	100.4
皮革工业	99.9	126.8	100.9	104.0	102.7	109.3	102.1	101.5	101.1	99.4	99.4	104.5
造纸工业	98.4	140.5	101.2	102.3	103.4	98.8	111.7	107.2	93.5	96.5	103.5	100.7
文教艺术用品工业	97.7	100.4	97.6	101.7	101.8	98.6	100.0	102.5	100.2	93.7	88.6	100.1
其他工业	100.9	144.7	100.5	101.9	103.5	99.6	106.4	107.6	96.9	93.0	105.6	110.5

5－3 主要年份分类工业生产者购进价格指数

（上年＝100）

项目名称	1990年	1995年	2000年	2005年	2010年	2015年	2017年	2018年	2019年	2020年	2021年	2022年
总 指 数	**105.5**	**114.1**	**105.1**	**108.3**	**110.2**	**95.4**	**107.3**	**104.0**	**101.2**	**99.4**	**109.5**	**105.0**
按初级中间最终产品分												
初级产品						91.7	109.1	104.3	102.4	99.5	116.7	107.0
农产品						97.0	99.4	100.1	102.9	104.4	103.8	104.0
矿产品						86.1	119.4	107.8	101.7	94.1	125.8	109.7
废料						90.7	104.5	110.3	103.9	103.4	123.0	99.4
中间产品						97.0	106.5	103.9	100.7	99.4	107.5	105.4
九大类原材料购进价格指数												
燃料、动力类	105.1	109.2	107.9	115.2	108.9	91.0	113.1	106.1	98.2	93.0	125.8	120.1
黑色金属材料类	107.7	95.0	102.2	106.0	108.4	85.4	117.4	107.1	105.0	100.7	121.9	96.7
钢材		95.7	104.2	106.7	105.9	91.9	113.1	106.1	98.9	99.6	120.1	99.2
其他		94.2	99.3	105.1	113.1	71.8	122.9	108.3	112.9	102.3	124.9	92.9
有色金属材料及电线类	98.6	126.7	111.6	115.4	123.2	95.4	118.3	104.9	98.1	97.6	116.5	104.3
化工原料类	89.9	123.8	111.2	107.5	116.8	92.7	107.2	103.9	96.6	93.3	112.0	104.8
木材及纸浆类	111.5	108.3	100.6	103.1	104.7	98.2	105.4	106.5	98.4	97.6	105.5	100.9
建筑材料及非金属类	104.3		99.6	114.9	103.9	98.7	106.6	107.7	111.1	104.7	104.6	108.7
建筑材料类		100.4										
非金属矿类		109.3										
其他工业原材料及半成品类			99.9	112.5	107.4	100.5	101.4	101.9	101.1	101.8	101.8	102.1
农副产品类	106.2	135.1	98.2	102.5	108.3	97.0	99.4	100.0	102.9	104.4	97.9	101.4
纺织原料类	123.6	116.3	107.4	100.6	118.1	93.4	103.9	99.9	98.3	97.4	110.6	111.8

5－4 各月分类工业生产者

（上年同期＝100）

项目名称	全年	1月	2月	3月	4月	5月
总指数	**105.0**	**109.6**	**109.7**	**109.6**	**109.5**	**107.1**
核心指数	103.6	109.6	110.0	109.5	108.1	104.9
高技术	104.8	101.6	102.3	106.5	104.1	103.7
能源	114.5	122.4	120.5	122.3	129.5	128.2
按轻重工业分						
轻工业	104.2	103.2	103.5	103.4	103.4	104.3
以农产品为原料	103.8	101.9	101.7	101.4	102.2	103.7
以非农产品为原料	105.0	106.2	107.4	107.7	105.8	105.4
重工业	105.2	112.2	112.3	112.1	112.0	108.3
采掘	119.7	139.6	139.0	139.7	146.3	144.8
原材料	108.5	117.5	116.1	115.8	117.2	113.6
加工	102.4	107.4	108.1	108.1	106.8	102.9
按生产生活资料分						
生产资料	105.4	113.3	113.3	112.9	112.6	108.9
采掘	119.7	139.6	139.0	139.7	146.3	144.8
原材料	108.2	117.3	115.9	115.3	116.4	112.9
加工	102.7	109.2	109.8	109.4	108.0	104.1
生活资料	103.4	99.5	99.9	100.6	100.9	102.2
食品	103.9	97.6	97.4	98.3	100.1	102.9
衣着	102.9	102.2	102.3	102.2	102.1	102.6
一般日用品	104.9	100.8	102.9	103.0	103.5	104.5
耐用消费品	102.2	100.6	101.4	102.1	100.3	99.9
按初级中间最终产品分						
初级产品	118.7	139.9	139.0	138.7	144.1	141.2
矿产品	119.7	139.6	139.0	139.7	146.3	144.8
中间产品	104.8	109.8	110.0	109.7	109.6	106.6
最终产品	104.9	104.9	105.1	105.3	105.5	105.3
最终投资品	104.5	106.2	106.4	106.7	106.4	105.4
最终消费品	105.5	103.0	103.2	103.1	104.1	105.2
按工业部门分						
冶金工业	100.5	116.2	117.1	114.8	111.9	101.5
电力工业	108.9	108.0	108.3	107.4	109.2	109.8
煤炭及炼焦工业	113.9	138.6	132.2	137.7	155.8	151.1
石油工业	129.4	131.6	130.5	134.3	140.5	138.5
化学工业	110.7	119.4	120.2	117.7	116.5	115.5
机械工业	103.1	103.4	103.9	105.4	104.0	102.9
建筑材料工业	99.6	102.3	102.0	102.6	102.9	102.0
森林工业	99.3	101.7	101.6	100.8	99.7	99.4
食品工业	103.8	97.9	97.6	98.5	100.3	102.4
纺织工业	103.8	117.6	117.2	112.6	110.6	110.5
缝纫工业	100.4	100.3	101.0	100.6	100.2	100.2
皮革工业	104.5	104.2	103.5	102.5	103.0	104.3
造纸工业	100.7	103.9	102.9	99.3	99.4	99.8
文教艺术用品工业	100.1	98.7	98.8	98.8	98.9	99.1
其他工业	110.5	113.3	114.4	113.6	114.3	113.9

出厂价格同比指数(2022年)

6月	7月	8月	9月	10月	11月	12月
106.9	**105.6**	**103.1**	**101.2**	**99.4**	**98.7**	**100.8**
104.6	103.0	101.0	99.2	97.7	97.9	99.6
103.5	103.4	103.3	102.8	107.9	107.0	111.7
124.8	120.6	112.3	106.7	99.6	95.9	103.1
104.9	106.1	105.2	105.4	105.3	103.1	102.4
104.9	106.9	105.7	105.6	106.2	103.2	102.0
104.8	104.5	104.1	105.0	103.4	102.9	103.2
107.6	105.4	102.3	99.5	97.1	97.0	100.1
136.5	125.3	112.3	103.9	92.6	90.6	105.0
112.5	109.8	105.5	102.9	98.9	97.4	99.1
103.0	101.6	99.8	97.5	96.9	97.8	100.1
108.2	105.8	102.6	99.8	96.3	96.1	98.6
136.5	125.3	112.3	103.9	92.6	90.6	105.0
111.9	109.3	105.4	102.9	99.3	97.5	99.2
104.0	102.4	100.3	98.0	95.4	96.2	97.8
103.1	104.8	104.2	104.9	108.3	106.3	106.6
104.8	108.7	107.8	108.7	109.6	106.5	104.9
103.9	104.2	104.1	103.8	104.2	101.6	101.5
104.1	105.9	105.3	107.7	106.7	108.5	106.7
99.8	99.2	98.8	98.6	108.5	106.4	110.5
134.1	124.1	110.6	103.0	92.4	90.8	103.1
136.5	125.3	112.3	103.9	92.6	90.6	105.0
106.7	105.6	103.2	101.4	98.8	98.3	99.6
105.6	105.9	105.0	104.7	104.8	103.3	103.2
105.2	104.6	103.5	102.5	102.6	101.7	103.0
106.3	108.0	107.2	108.1	108.3	105.7	103.5
101.5	96.4	93.1	90.1	87.6	90.5	93.3
110.9	110.7	110.2	110.1	110.8	108.1	103.5
137.8	125.8	103.4	90.5	79.6	77.9	98.7
137.4	135.4	131.1	132.5	125.0	113.2	110.1
114.6	112.8	108.7	107.5	100.0	99.4	101.4
102.5	102.2	102.0	100.8	103.1	102.6	104.6
100.7	101.2	99.1	97.5	94.6	95.4	95.4
99.2	98.7	99.5	98.6	98.0	97.2	97.2
104.4	108.1	107.1	108.3	109.8	106.8	105.2
108.6	104.6	100.3	96.9	94.1	89.5	88.9
100.6	100.5	100.0	99.9	100.2	100.7	100.8
106.3	107.0	107.3	106.8	106.9	101.6	101.4
99.1	101.4	101.0	101.2	101.2	100.8	99.2
100.4	100.4	101.4	101.5	102.0	101.0	100.4
115.0	113.4	111.4	108.8	104.7	102.8	102.7

5－5 各月分大中类工业生产者

（上年同期＝100）

大中类行业名称	全年	1月	2月	3月	4月	5月
煤炭开采和洗选业	123.3	158.6	155.6	155.2	164.8	164.9
烟煤和无烟煤开采洗选	123.3	158.6	155.6	155.2	164.8	164.9
石油和天然气开采业	142.0	136.6	140.2	142.5	157.0	154.0
石油开采	144.1	139.3	143.4	145.9	161.6	156.9
天然气开采	113.2	101.6	100.0	100.0	100.0	114.4
黑色金属矿采选业	88.5	89.9	96.7	101.1	105.0	85.5
铁矿采选	88.5	89.9	96.7	101.1	105.0	85.5
有色金属矿采选业	115.5	113.7	115.4	118.4	120.1	118.3
常用有色金属矿采选	117.7	109.7	112.8	116.3	117.4	114.0
贵金属矿采选	104.4	99.0	100.5	104.6	106.3	105.1
稀有稀土金属矿采选	128.7	143.1	142.2	141.7	144.3	143.2
非金属矿采选业	98.6	102.0	103.1	102.4	102.6	101.2
土砂石开采	98.4	101.7	102.9	102.1	102.3	100.9
采盐	170.4	224.4	219.2	218.3	220.5	215.6
农副食品加工业	105.3	95.0	94.7	96.2	99.2	102.6
谷物磨制	112.5	107.5	103.7	111.6	112.8	114.0
饲料加工	108.8	108.8	108.0	107.8	108.4	105.6
植物油加工	103.3	102.4	104.9	101.2	103.2	102.6
屠宰及肉类加工	98.6	74.0	76.1	76.2	81.8	91.5
蔬菜、菌类、水果和坚果加工	104.8	104.6	101.2	102.1	103.2	105.1
其他农副食品加工	96.9	105.4	101.9	93.7	96.7	97.1
食品制造业	105.3	108.1	107.5	107.2	106.8	105.7
焙烤食品制造	104.8	102.5	103.7	104.3	104.7	104.5
糖果、巧克力及蜜饯制造	101.7	100.0	100.0	100.0	100.0	100.0
方便食品制造	102.1	102.0	99.2	100.2	100.5	104.3
乳制品制造	101.6	103.2	104.6	103.6	104.5	99.3
罐头食品制造	106.8	106.9	107.7	106.0	115.7	108.9
调味品、发酵制品制造	106.8	107.5	107.2	107.7	107.8	107.0
其他食品制造	109.2	119.6	119.3	117.2	114.4	109.7
酒、饮料及精制茶制造业	102.7	98.7	99.9	99.8	99.4	101.5
酒的制造	102.8	96.9	98.6	98.8	97.8	100.3
饮料制造	103.0	100.8	101.3	101.0	101.3	103.0
精制茶加工	99.4	98.6	100.3	99.6	98.9	99.5
烟草制品业	100.0	100.0	100.0	100.0	100.0	100.0
卷烟制造	100.0	100.0	100.0	100.0	100.0	100.0
其他烟草制品制造	100.0	99.9	99.9	100.0	100.0	100.0

出厂价格同比指数(2022 年)

6 月	7 月	8 月	9 月	10 月	11 月	12 月
150.7	134.6	113.4	100.7	84.7	81.8	101.2
150.7	134.6	113.4	100.7	84.7	81.8	101.2
158.6	159.8	144.3	140.8	136.1	121.5	119.6
161.9	162.2	145.7	142.1	137.3	121.9	119.6
114.4	127.2	126.7	122.8	120.6	115.0	120.9
84.1	72.6	74.3	82.1	86.2	98.3	95.8
84.1	72.6	74.3	82.1	86.2	98.3	95.8
115.8	109.4	111.2	110.5	114.1	119.6	119.8
115.7	107.0	126.9	124.3	121.7	124.2	121.3
107.1	104.4	103.0	103.5	105.5	106.0	108.2
128.0	118.8	107.2	107.3	118.8	134.2	135.3
101.6	100.0	95.5	93.6	94.3	94.5	94.2
101.3	99.7	95.3	93.4	94.2	94.5	94.2
215.6	213.7	195.8	176.1	134.2	100.7	94.9
106.2	113.0	110.7	113.6	116.3	110.8	107.5
116.2	116.7	117.3	116.5	115.5	109.9	109.4
108.3	109.0	107.6	109.4	110.7	111.0	110.7
104.5	104.2	104.0	105.4	102.9	102.7	101.8
98.5	117.4	111.0	119.2	131.2	118.4	109.6
106.1	105.3	104.1	107.3	106.4	107.3	104.7
97.2	100.3	100.3	97.2	92.2	89.8	91.3
105.6	105.5	105.3	105.0	104.1	101.7	101.1
106.1	105.9	105.6	105.5	105.3	105.1	104.8
100.0	100.0	100.0	102.8	105.5	106.3	106.3
103.8	103.7	103.3	101.8	102.2	103.5	101.3
100.0	100.6	101.3	96.0	100.5	100.5	105.8
103.4	102.6	103.8	105.4	106.3	107.7	108.9
108.6	107.9	108.1	108.1	108.1	102.8	101.4
108.7	108.8	108.2	109.9	104.9	97.9	96.8
101.8	102.0	106.9	104.2	106.4	104.7	107.2
100.9	101.0	107.4	104.2	109.5	106.3	111.4
103.3	103.4	107.0	104.8	103.4	103.2	103.2
99.0	99.5	99.5	99.5	99.5	99.5	99.0
100.0	100.0	100.0	100.0	100.0	100.0	100.0
100.0	100.0	100.0	100.0	100.0	100.0	100.0
100.0	100.0	100.0	100.0	100.0	100.0	100.0

5-5 续表1

（上年同期=100）

大中类行业名称	全年	1月	2月	3月	4月	5月
纺织业	103.8	117.6	117.2	112.6	110.6	110.5
棉纺织及印染精加工	104.3	118.9	118.6	114.5	112.3	112.4
毛纺织及染整精加工	97.2	106.6	106.0	101.0	100.9	99.2
家用纺织制成品制造	100.1	112.5	111.1	101.4	101.1	99.7
产业用纺织制成品制造	102.8	108.8	108.2	104.7	103.0	101.9
纺织服装、服饰业	100.4	100.3	101.0	100.6	100.2	100.2
机织服装制造	100.7	100.0	100.9	100.9	100.5	100.6
针织或钩针编织服装制造	98.1	100.7	100.4	98.6	98.4	98.4
服饰制造	101.6	101.5	101.9	101.6	101.0	100.4
皮革、毛皮、羽毛及其制品和制鞋业	104.1	103.5	102.8	102.1	102.9	103.8
皮革鞣制加工	98.6	101.2	100.8	97.0	97.6	98.5
皮革制品制造	99.0	91.6	92.5	92.8	95.3	100.9
毛皮鞣制及制品加工	124.4	123.7	120.7	122.1	122.3	123.6
羽毛(绒)加工及制品制造	99.5	96.5	95.3	97.6	101.2	98.8
制鞋业	98.1	98.1	98.1	98.1	98.1	98.1
木材加工和木、竹、藤、棕、草制品业	99.1	102.3	102.3	101.1	99.6	99.1
人造板制造	98.5	103.2	102.9	101.6	99.2	98.4
木制品制造	100.8	100.0	100.6	99.9	100.8	101.0
家具制造业	99.9	106.8	107.4	103.2	100.6	100.9
木质家具制造	99.9	99.8	99.5	99.9	100.1	100.3
金属家具制造	99.4	113.9	115.6	106.0	100.7	101.3
其他家具制造	101.0	102.3	102.3	102.3	102.3	100.5
造纸和纸制品业	100.7	103.9	102.9	99.3	99.4	99.8
纸浆制造	108.7	109.4	105.2	109.3	112.0	112.5
造纸	102.5	108.9	105.5	97.9	97.1	98.8
纸制品制造	98.8	99.6	100.5	100.0	100.9	100.0
印刷和记录媒介复制业	100.6	99.2	99.4	99.6	99.5	99.5
印刷	100.6	99.2	99.4	99.6	99.5	99.5
文教、工美、体育和娱乐用品制造业	110.8	104.5	107.8	107.5	111.0	112.8
乐器制造	104.1	99.5	100.2	100.5	103.0	103.3
工艺美术及礼仪用品制造	111.7	105.1	108.6	108.4	112.1	114.0
游艺器材及娱乐用品制造	94.9	94.8	94.6	93.3	93.2	93.9
石油、煤炭及其他燃料加工业	109.7	113.6	107.0	119.8	141.3	131.4
精炼石油产品制造	130.3	130.6	130.4	139.6	147.7	141.5
煤炭加工	93.1	101.4	90.4	104.0	135.2	123.3
化学原料和化学制品制造业	115.3	131.1	132.2	127.2	126.0	124.2

6月	7月	8月	9月	10月	11月	12月
108.6	104.6	100.3	96.9	94.1	89.5	88.9
110.0	105.1	100.7	96.7	93.4	88.3	87.8
100.8	100.8	95.9	92.6	88.5	88.0	87.5
98.7	101.8	96.7	96.1	96.4	95.2	92.9
103.3	101.6	100.5	100.6	102.3	99.6	99.2
100.6	100.5	100.0	99.9	100.2	100.7	100.8
101.2	101.2	100.6	100.4	100.8	100.6	100.9
97.6	97.4	97.1	96.7	95.4	98.3	97.9
101.0	100.7	100.4	100.7	102.9	104.1	103.6
105.9	106.7	106.8	106.3	106.3	101.3	101.4
98.5	98.4	98.6	98.0	97.6	98.0	98.9
101.5	100.4	101.0	101.1	103.5	104.4	104.5
132.1	135.6	135.7	134.6	134.7	108.5	106.9
101.2	103.8	101.2	100.0	98.8	98.8	101.2
98.1	98.1	98.1	98.1	98.1	98.1	98.1
98.9	98.3	99.4	98.1	97.3	96.3	96.3
98.4	97.3	98.7	97.0	96.0	94.6	94.7
100.4	101.1	101.5	101.2	101.2	101.3	101.1
100.1	99.4	97.9	96.8	96.2	95.6	95.1
99.9	99.9	99.8	100.0	100.0	100.0	100.0
99.9	98.5	95.7	93.4	92.1	90.9	90.0
100.5	100.4	100.4	100.5	100.4	100.1	100.1
99.1	101.4	101.0	101.2	101.2	100.8	99.2
115.1	116.4	106.2	103.6	110.2	96.8	109.6
99.9	105.0	104.4	104.3	104.3	103.4	102.1
97.6	97.6	97.8	98.5	98.1	98.9	96.2
101.0	101.0	102.2	102.2	102.2	101.0	100.5
101.0	101.0	102.2	102.2	102.2	101.0	100.5
113.8	112.3	112.2	111.8	114.7	113.5	107.7
103.3	104.8	104.8	103.0	109.7	109.5	107.6
115.0	113.5	113.3	112.8	115.7	114.5	108.2
94.8	94.6	94.0	95.5	96.9	96.9	96.7
124.2	120.2	104.3	94.9	90.3	86.4	101.5
139.2	135.9	131.4	131.9	124.1	110.1	110.9
110.9	106.0	81.2	69.3	67.2	67.6	91.8
123.1	118.8	111.5	108.0	98.3	97.3	99.5

5－5 续表2

（上年同期＝100）

大中类行业名称	全年	1月	2月	3月	4月	5月
基础化学原料制造	116.1	135.4	135.9	131.5	127.1	125.7
肥料制造	125.3	128.0	130.8	134.9	143.5	142.5
农药制造	123.7	159.0	156.7	152.6	144.2	138.3
涂料、油墨、颜料及类似产品制造	101.5	110.9	110.9	107.9	106.6	103.9
合成材料制造	98.9	129.2	126.7	109.2	107.8	105.3
专用化学产品制造	116.2	132.6	137.0	127.3	122.7	118.6
炸药、火工及焰火产品制造	117.9	106.7	108.0	119.4	122.0	123.6
日用化学产品制造	115.9	117.8	118.0	115.2	117.7	121.1
医药制造业	104.9	99.4	99.8	102.5	102.3	104.4
化学药品原料药制造	100.0	99.3	97.7	99.6	97.1	101.2
化学药品制剂制造	107.5	101.6	99.9	104.4	106.8	105.8
中药饮片加工	146.7	146.7	146.7	146.7	146.7	173.3
中成药生产	105.3	102.9	105.2	105.3	105.5	107.6
兽用药品制造	96.3	93.8	92.8	100.8	99.7	94.2
生物药品制品制造	98.4	96.6	88.7	99.2	98.2	95.5
卫生材料及医药用品制造	95.3	78.8	86.0	85.2	84.7	86.1
化学纤维制造业	100.9	134.0	127.1	115.6	100.8	100.0
纤维素纤维原料及纤维制造	123.1	110.4	127.1	127.1	127.4	126.3
合成纤维制造	91.3	142.8	123.7	108.3	91.2	90.4
橡胶和塑料制品业	100.4	100.9	101.7	101.6	102.9	102.0
橡胶制品业	100.5	96.6	96.7	98.4	100.6	100.8
塑料制品业	100.4	102.3	103.4	102.6	103.6	102.3
非金属矿物制品业	102.9	106.2	105.7	106.2	106.7	105.7
水泥、石灰和石膏制造	100.4	105.0	103.9	107.7	111.5	110.5
石膏、水泥制品及类似制品制造	97.8	101.5	99.1	98.6	100.3	100.2
砖瓦、石材等建筑材料制造	102.6	103.3	103.0	103.8	103.2	103.2
玻璃制造	88.6	99.3	110.2	106.8	101.5	94.4
玻璃制品制造	87.0	63.7	63.4	67.1	89.3	75.1
玻璃纤维和玻璃纤维增强塑料制品制造	92.1	110.3	111.3	97.8	92.8	90.4
陶瓷制品制造	102.7	100.7	101.3	102.4	103.0	103.8
耐火材料制品制造	100.6	99.8	99.7	101.8	99.6	98.1
石墨及其他非金属矿物制品制造	114.8	126.4	125.7	124.5	120.7	121.6
黑色金属冶炼和压延加工业	93.2	116.3	119.9	114.3	108.1	91.9
炼铁	98.1	112.3	111.6	113.4	114.3	106.8
炼钢	101.8	143.4	136.0	125.1	123.1	102.1
钢压延加工	91.4	113.5	118.8	112.9	105.6	89.0

6月	7月	8月	9月	10月	11月	12月
122.3	118.6	111.3	107.9	98.1	96.4	102.3
145.4	133.3	125.2	118.7	102.9	104.5	106.9
126.2	123.5	121.4	118.0	104.2	93.2	90.8
101.2	100.8	98.1	95.9	95.1	95.0	93.7
105.3	100.0	89.4	86.4	81.1	81.8	80.3
119.1	120.7	113.6	113.0	103.2	101.1	98.0
123.1	124.9	125.2	129.0	115.8	112.3	109.4
120.0	117.9	113.4	113.6	118.5	111.3	107.6
103.8	106.9	106.7	111.1	104.6	108.4	109.9
98.1	96.9	98.3	102.3	92.4	110.2	107.6
105.5	110.5	110.3	112.6	110.0	112.0	111.1
173.3	171.3	177.5	162.7	113.0	120.9	120.9
106.2	106.7	106.9	107.2	103.1	102.8	104.3
97.9	97.8	97.8	96.7	94.2	94.1	95.4
99.6	100.1	95.4	106.3	105.0	98.4	100.9
84.2	95.9	93.7	110.8	113.8	113.2	124.4
99.0	97.1	90.1	89.1	92.2	89.6	94.2
124.7	125.2	123.7	117.1	129.2	121.5	118.6
89.2	85.9	77.4	77.7	79.4	77.9	83.2
101.8	101.6	100.6	99.8	96.8	96.7	98.9
100.5	100.9	101.6	102.6	102.9	102.7	102.5
102.3	101.8	100.3	98.9	95.0	94.9	97.8
105.1	105.2	103.1	101.1	96.9	96.8	97.4
108.1	112.0	105.9	98.0	82.4	86.4	83.8
98.1	98.0	97.8	96.2	95.9	95.0	93.6
103.5	103.7	102.1	102.0	100.9	100.5	102.2
82.3	77.7	74.2	74.6	79.0	85.9	90.4
109.8	98.6	104.6	94.6	90.8	107.9	113.1
88.8	89.8	82.8	83.6	85.7	85.8	94.2
104.6	104.7	104.0	102.4	102.5	100.8	101.9
98.7	101.2	100.4	102.5	101.6	102.2	101.7
118.2	117.8	114.4	111.7	104.1	99.3	101.7
94.4	88.9	82.8	80.8	77.0	77.6	83.1
103.7	93.0	91.8	88.2	80.4	81.7	89.1
105.2	95.8	87.6	86.3	82.1	78.5	80.9
91.7	87.1	81.0	79.1	75.7	76.8	82.5

5－5 续表3

（上年同期＝100）

大中类行业名称	全年	1月	2月	3月	4月	5月
铁合金冶炼	109.4	132.3	125.1	123.2	123.9	123.7
有色金属冶炼和压延加工业	102.9	117.3	117.1	116.1	114.4	106.3
常用有色金属冶炼	103.3	120.1	115.3	115.7	114.1	107.4
贵金属冶炼	100.4	94.5	97.1	103.3	104.6	102.1
有色金属合金制造	102.9	104.7	103.2	107.0	105.8	101.4
有色金属压延加工	103.3	125.7	127.8	122.0	118.9	107.2
金属制品业	103.4	108.8	108.8	107.6	106.9	104.2
结构性金属制品制造	103.2	110.9	110.6	108.6	108.7	106.1
金属工具制造	98.4	97.9	97.2	97.2	97.2	97.2
集装箱及金属包装容器制造	111.4	102.1	108.1	108.1	115.1	115.3
金属丝绳及其制品制造	95.3	106.1	101.6	99.5	97.5	96.5
建筑、安全用金属制品制造	100.7	90.5	90.5	94.4	94.4	92.3
金属制日用品制造	103.8	109.7	109.7	106.1	104.7	109.3
铸造及其他金属制品制造	105.3	111.2	112.2	110.9	109.1	104.8
通用设备制造业	101.7	103.0	103.2	102.8	102.7	104.0
锅炉及原动设备制造	99.9	99.1	102.6	100.4	101.9	100.8
金属加工机械制造	101.8	99.2	99.4	101.3	101.9	101.9
物料搬运设备制造	99.3	105.1	104.0	103.5	103.5	104.6
泵、阀门、压缩机及类似机械制造	101.1	101.6	100.5	101.2	100.9	100.7
轴承、齿轮和传动部件制造	99.7	99.5	100.5	98.2	93.7	105.4
烘炉、风机、包装等设备制造	100.7	101.8	102.0	102.7	102.0	99.6
通用零部件制造	108.9	108.2	108.1	108.1	110.3	110.4
专用设备制造业	101.0	102.1	102.2	101.4	101.2	100.9
采矿、冶金、建筑专用设备制造	100.2	101.7	101.3	100.3	100.2	100.2
化工、木材、非金属加工专用设备制造	104.4	100.6	104.7	104.7	104.7	103.8
食品、饮料、烟草及饲料生产专用设备制造	100.5	100.5	100.0	100.9	100.0	100.1
印刷、制药、日化及日用品生产专用设备制造	100.0	100.0	100.0	100.0	100.0	100.0
纺织、服装和皮革加工专用设备制造	103.3	96.2	101.5	101.2	102.9	106.8
农、林、牧、渔专用机械制造	100.9	103.9	103.7	103.2	102.5	99.1
医疗仪器设备及器械制造	103.7	103.9	103.7	103.8	104.2	103.8
环保、邮政、社会公共服务及其他专用设备制造	101.4	102.9	102.9	101.2	100.6	102.6
汽车制造业	102.4	104.0	104.3	105.3	104.2	103.0
汽车整车制造	100.1	99.8	99.8	100.2	100.2	100.2
汽车用发动机制造	100.4	101.9	101.8	101.6	101.6	101.8
改装汽车制造	102.7	106.2	106.5	105.4	102.1	99.3
电车制造	100.2	98.1	97.8	99.0	99.0	99.0

6月	7月	8月	9月	10月	11月	12月
124.1	113.2	105.0	97.6	90.2	85.4	91.7
104.8	98.9	96.5	91.8	89.3	93.8	95.7
106.4	100.1	98.1	95.1	90.8	91.9	92.8
99.8	97.5	98.6	98.0	100.9	102.1	106.9
105.5	103.5	103.1	100.0	100.7	101.5	98.2
105.1	97.7	93.7	86.7	83.6	91.4	93.7
101.7	100.7	101.1	100.9	100.6	100.2	100.3
103.2	101.6	99.3	99.0	98.0	97.1	97.3
97.4	97.4	100.1	100.5	100.2	99.5	99.5
115.3	115.1	114.5	109.8	110.0	112.5	110.9
92.0	91.2	92.3	92.5	91.7	90.9	93.5
92.3	92.3	110.7	110.7	113.0	115.1	113.8
103.3	102.2	100.8	100.8	101.3	101.3	97.1
103.0	102.3	102.4	102.4	102.3	102.1	102.4
102.6	102.5	102.0	100.2	98.5	99.7	99.4
99.9	100.1	98.8	99.0	98.3	98.9	99.0
102.4	104.5	104.1	101.5	101.3	103.4	101.4
101.7	100.4	98.9	93.1	93.0	92.5	92.5
100.9	101.6	101.1	101.3	101.6	100.7	100.7
99.4	98.9	100.3	100.7	98.6	103.2	98.5
100.9	100.7	100.7	99.8	99.7	99.7	99.2
110.6	111.1	111.0	111.1	103.1	106.9	108.8
100.8	100.8	100.5	100.8	100.3	100.7	100.8
100.3	100.0	99.9	100.1	99.5	99.6	99.8
103.2	103.2	103.2	106.5	106.5	106.4	105.3
101.1	101.0	100.8	100.7	100.5	100.1	100.2
100.0	100.0	100.0	100.0	100.0	100.0	100.0
101.7	106.3	106.8	102.8	103.1	106.9	103.4
99.7	100.0	99.2	99.0	98.8	100.6	101.2
103.8	103.4	103.7	104.5	103.0	102.9	104.2
101.6	101.6	100.8	101.1	101.0	100.9	99.9
102.8	102.5	101.8	100.8	100.0	100.3	99.7
100.2	100.2	100.2	100.2	100.2	100.0	100.0
100.3	100.5	99.6	99.2	98.9	98.8	98.9
98.6	98.5	101.6	101.1	101.3	109.3	102.5
99.0	102.6	102.9	102.3	100.5	101.5	101.0

5－5 续表4

（上年同期＝100）

大中类行业名称	全年	1月	2月	3月	4月	5月
汽车车身、挂车制造	100.6	98.9	99.0	121.4	99.1	99.1
汽车零部件及配件制造	104.8	108.4	109.0	109.3	109.4	107.2
铁路、船舶、航空航天和其他运输设备制造业	102.0	101.1	101.4	102.5	102.3	100.3
铁路运输设备制造	104.8	106.7	105.0	108.9	107.9	100.1
摩托车制造	100.9	99.1	100.1	100.2	100.2	100.3
电气机械和器材制造业	104.4	105.2	106.4	108.1	105.8	104.1
电机制造	101.4	103.3	102.9	102.5	102.2	101.5
输配电及控制设备制造	107.1	107.3	107.3	107.8	111.2	107.3
电线、电缆、光缆及电工器材制造	99.3	99.0	99.6	100.5	97.8	95.6
电池制造	111.2	101.8	104.8	121.2	109.5	115.5
家用电力器具制造	97.4	113.4	116.7	107.4	99.5	94.3
非电力家用器具制造	118.7	117.9	126.2	121.1	121.1	120.7
照明器具制造	100.2	97.8	97.8	101.4	99.8	100.3
计算机、通信和其他电子设备制造业	104.9	102.2	102.9	107.5	105.1	103.2
计算机制造	95.7	98.7	99.5	99.5	98.0	93.7
通信设备制造	103.0	98.3	99.0	101.3	100.0	99.9
电子器件制造	93.8	100.0	91.8	91.8	91.8	91.8
电子元件及电子专用材料制造	118.2	119.3	125.0	144.5	134.1	123.3
仪器仪表制造业	95.9	100.4	99.4	97.4	95.7	95.6
通用仪器仪表制造	96.8	103.5	102.1	99.1	96.9	96.7
专用仪器仪表制造	88.4	86.4	86.4	86.4	86.4	86.4
光学仪器制造	101.3	100.1	100.1	100.1	100.0	100.0
衡器制造	101.2	104.9	104.9	117.8	113.2	113.2
其他仪器仪表制造业	97.2	97.5	95.6	95.9	95.9	95.5
其他制造业	96.2	94.3	95.7	97.5	99.0	99.2
日用杂品制造	96.2	94.3	95.7	97.5	99.0	99.2
废弃资源综合利用业	106.7	144.6	138.5	127.5	121.2	106.3
金属废料和碎屑加工处理	106.7	144.6	138.5	127.5	121.2	106.3
电力、热力生产和供应业	108.9	108.0	108.3	107.4	109.2	109.8
电力生产	113.6	115.7	114.0	113.3	117.2	116.5
电力供应	106.3	103.5	105.0	103.9	104.5	106.1
热力生产和供应	100.0	100.0	100.0	100.0	100.0	100.0
燃气生产和供应业	126.2	130.5	127.8	126.5	129.2	132.5
燃气生产和供应业	126.2	130.5	127.8	126.5	129.2	132.5
水的生产和供应业	100.8	101.6	101.6	100.8	100.6	100.5
自来水生产和供应	100.5	102.3	102.3	101.1	100.0	99.9
污水处理及其再生利用	101.3	100.2	100.2	100.2	101.7	101.7

6月	7月	8月	9月	10月	11月	12月
97.9	102.7	97.7	97.8	97.8	97.5	98.1
106.9	105.7	103.7	101.5	99.8	98.8	98.9
101.6	101.7	104.5	102.0	102.1	101.1	103.5
105.2	106.6	111.1	101.2	100.1	98.3	107.5
100.3	99.8	102.0	102.3	102.7	102.2	102.0
104.6	104.6	104.0	103.0	102.6	102.0	103.4
99.8	100.0	100.8	101.5	101.3	100.5	100.4
105.5	107.7	108.5	106.1	104.5	104.7	107.3
100.1	102.3	100.2	97.6	99.3	99.7	99.9
118.0	114.5	112.4	113.8	109.7	105.9	108.6
94.3	90.5	89.2	89.9	93.4	93.4	93.4
119.7	119.8	119.7	121.4	120.5	109.4	109.6
100.2	100.2	100.6	100.4	100.8	101.6	101.4
102.5	101.9	102.0	100.0	109.7	107.6	113.7
95.1	93.8	93.8	93.7	93.4	94.8	94.0
99.9	99.8	99.6	99.3	112.9	110.2	116.2
91.8	94.3	94.3	94.3	94.3	94.3	94.3
119.4	115.5	116.6	106.7	106.0	105.4	114.0
96.7	95.2	94.7	94.7	93.6	93.3	94.1
98.4	96.4	95.7	95.9	94.1	91.3	92.4
86.4	86.4	86.4	86.4	86.4	100.0	100.0
100.0	100.0	101.5	101.5	104.1	104.1	104.1
106.7	103.8	99.6	95.3	95.3	80.4	80.8
97.4	97.4	97.0	98.0	98.7	98.7	98.7
98.7	96.0	94.3	95.0	93.8	94.5	96.3
98.7	96.0	94.3	95.0	93.8	94.5	96.3
108.7	110.5	90.6	92.4	89.6	93.8	78.4
108.7	110.5	90.6	92.4	89.6	93.8	78.4
110.9	110.7	110.2	110.1	110.8	108.1	103.5
119.4	118.8	115.5	113.3	115.7	108.6	97.8
106.1	106.2	107.4	108.6	108.3	108.2	108.0
100.0	100.0	100.0	100.0	100.0	100.0	100.0
132.0	131.0	129.4	133.2	125.2	117.1	107.0
132.0	131.0	129.4	133.2	125.2	117.1	107.0
100.6	100.5	100.6	100.6	100.6	100.6	100.7
100.0	99.9	100.1	100.0	100.1	100.1	100.2
101.7	101.7	101.7	101.7	101.7	101.7	101.7

5-6 各月分类工业生产者

（上月=100）

项目名称	全年	1月	2月	3月	4月	5月
总指数	**100.8**	**99.8**	**100.5**	**101.3**	**100.9**	**100.2**
核心指数	99.6	99.8	100.7	101.4	100.5	99.8
高技术	111.7	99.9	100.4	103.3	100.3	100.6
能源	103.1	100.3	101.0	101.9	103.3	101.5
按轻重工业分						
轻工业	102.4	99.8	100.1	100.4	100.5	101.0
以农产品为原料	102.0	99.7	99.5	100.3	100.4	101.1
以非农产品为原料	103.2	100.1	101.4	100.7	100.9	100.7
重工业	100.1	99.8	100.7	101.7	101.0	100.0
采掘	105.0	99.7	101.7	101.6	103.6	102.8
原材料	99.1	99.8	100.6	102.4	101.7	100.1
加工	100.1	99.9	100.6	101.4	100.5	99.6
按生产生活资料分						
生产资料	98.6	99.8	100.8	101.6	101.0	100.1
采掘	105.0	99.7	101.7	101.6	103.6	102.8
原材料	99.2	99.7	100.6	102.2	101.4	100.2
加工	97.8	99.9	100.7	101.4	100.5	99.7
生活资料	106.6	99.9	99.9	100.5	100.5	100.7
食品	104.9	99.7	99.1	100.3	100.9	101.7
衣着	101.5	99.4	99.7	100.3	99.8	100.5
一般日用品	106.7	100.7	102.1	100.4	101.1	100.5
耐用消费品	110.5	100.0	100.0	101.1	100.1	99.5
按初级中间最终产品分						
初级产品	103.1	100.0	101.7	101.5	103.4	102.6
矿产品	105.0	99.7	101.7	101.6	103.6	102.8
中间产品	99.6	99.8	100.6	101.5	101.0	100.1
最终产品	103.2	100.1	100.3	100.6	100.6	100.5
最终投资品	103.0	100.1	100.4	101.0	100.5	100.4
最终消费品	103.5	100.3	100.1	100.0	100.8	100.6
按工业部门分						
冶金工业	93.3	99.9	101.5	102.5	101.0	98.3
电力工业	103.5	100.9	101.0	99.7	101.4	99.6
煤炭及炼焦工业	98.7	100.2	99.5	102.8	105.4	105.5
石油工业	110.1	98.9	103.6	106.5	104.4	99.6
化学工业	101.4	99.0	101.6	102.0	101.4	101.4
机械工业	104.6	99.9	100.2	101.6	100.2	100.1
建筑材料工业	95.4	100.0	99.2	100.1	99.8	99.0
森林工业	97.2	99.6	99.8	99.5	98.6	99.6
食品工业	105.2	99.8	99.2	100.4	100.9	101.4
纺织工业	88.9	99.4	101.0	99.7	99.0	99.9
缝纫工业	100.8	99.8	99.9	100.5	100.0	100.4
皮革工业	101.4	99.1	99.4	100.0	99.8	100.5
造纸工业	99.2	99.2	99.6	100.7	100.6	100.6
文教艺术用品工业	100.4	100.0	99.6	100.3	100.0	99.9
其他工业	102.7	100.4	101.6	99.6	101.0	101.3

出厂价格环比指数(2022 年)

6 月	7 月	8 月	9 月	10 月	11 月	12 月
99.4	**99.0**	**98.6**	**99.9**	**101.2**	**99.8**	**100.2**
99.5	98.3	98.9	99.5	101.1	99.8	100.3
100.0	99.3	99.8	100.4	106.5	98.4	102.4
98.0	98.8	95.7	101.0	101.6	99.7	100.6
100.1	101.2	99.5	100.5	100.4	99.7	99.2
100.5	101.8	99.3	100.5	100.6	99.5	99.0
99.4	99.8	99.8	100.4	100.2	100.0	99.8
99.1	98.1	98.2	99.6	101.5	99.8	100.6
96.7	96.9	94.8	100.2	104.6	101.4	101.3
98.9	97.7	97.2	100.4	100.5	99.6	100.2
99.5	98.4	98.9	99.2	101.6	99.8	100.7
99.1	98.0	98.2	99.6	100.3	100.0	100.1
96.7	96.9	94.8	100.2	104.6	101.4	101.3
98.9	97.8	97.6	100.3	100.6	99.6	100.3
99.4	98.2	98.9	99.2	99.8	100.1	99.9
100.3	101.7	99.5	100.6	103.3	99.2	100.4
100.6	103.6	99.1	100.8	100.9	99.6	98.7
101.5	100.1	100.4	99.9	100.1	100.2	99.7
99.3	100.9	99.5	101.8	100.2	100.6	99.5
100.0	99.8	99.7	99.9	109.6	97.6	103.3
96.9	97.2	93.9	100.4	104.1	101.3	100.6
96.7	96.9	94.8	100.2	104.6	101.4	101.3
99.5	98.9	98.5	99.9	100.2	99.8	99.8
100.3	100.4	99.4	100.0	101.2	99.7	100.1
100.2	99.6	99.4	99.4	101.8	99.6	100.6
100.4	101.6	99.4	100.8	100.4	99.7	99.5
97.7	94.9	98.0	99.5	99.9	99.9	100.2
100.7	100.1	99.6	100.4	100.4	99.5	100.1
92.5	96.0	88.3	102.0	105.6	100.4	102.1
100.9	100.3	97.3	101.2	98.7	99.0	99.7
100.5	98.2	97.6	99.4	100.2	100.1	100.0
99.8	99.8	100.0	99.6	102.9	99.5	101.1
98.5	99.4	98.6	99.3	100.6	101.0	99.8
100.4	99.9	100.0	100.0	100.1	99.8	99.8
100.7	103.5	99.0	100.9	101.0	99.6	98.8
99.2	97.2	97.8	99.3	99.3	97.8	98.7
100.5	99.6	99.9	100.1	100.1	100.4	99.6
102.0	100.5	100.8	99.5	99.9	99.9	100.1
98.7	100.1	99.9	100.6	99.7	100.6	98.8
100.2	99.8	100.7	100.2	100.2	99.8	99.7
101.5	99.0	99.5	98.7	100.1	100.2	99.8

5-7 各月分大中类工业生产者

（上月=100）

大中类行业名称	全年	1月	2月	3月	4月	5月
煤炭开采和洗选业	101.2	99.4	101.3	100.8	103.4	104.9
烟煤和无烟煤开采洗选	101.2	99.4	101.3	100.8	103.4	104.9
石油和天然气开采业	119.6	90.3	110.1	110.2	118.6	95.2
石油开采	119.6	89.6	111.0	111.0	119.9	94.9
天然气开采	120.9	100.0	100.0	100.0	100.0	100.0
黑色金属矿采选业	95.8	107.0	106.4	105.1	106.8	91.0
铁矿采选	95.8	107.0	106.4	105.1	106.8	91.0
有色金属矿采选业	119.8	102.1	101.9	103.5	102.4	100.4
常用有色金属矿采选	121.3	105.0	101.8	102.4	102.1	99.0
贵金属矿采选	108.2	100.4	100.1	103.4	101.5	100.3
稀有稀土金属矿采选	135.3	101.4	104.6	104.9	103.9	102.2
非金属矿采选业	94.2	99.1	100.0	98.3	99.2	101.6
土砂石开采	94.2	99.1	100.0	98.3	99.2	101.6
采盐	94.9	100.0	100.0	99.7	99.7	97.8
农副食品加工业	107.5	99.0	98.6	100.7	101.5	102.2
谷物磨制	109.4	100.1	99.8	105.5	100.5	100.2
饲料加工	110.7	100.4	100.6	101.7	100.9	99.9
植物油加工	101.8	99.9	102.4	101.2	100.2	100.2
屠宰及肉类加工	109.6	96.8	95.2	95.5	103.8	107.0
蔬菜、菌类、水果和坚果加工	104.7	100.3	97.7	100.8	100.3	100.8
其他农副食品加工	91.3	99.5	99.6	99.6	101.2	99.1
食品制造业	101.1	100.9	99.6	99.6	99.8	100.4
焙烤食品制造	104.8	100.3	101.5	100.5	100.5	100.2
糖果、巧克力及蜜饯制造	106.3	100.0	100.0	100.0	100.0	100.0
方便食品制造	101.3	101.5	97.3	101.1	100.7	100.3
乳制品制造	105.8	103.5	101.2	96.7	99.3	99.9
罐头食品制造	108.9	101.5	100.0	98.6	102.4	101.8
调味品、发酵制品制造	101.4	100.7	99.9	100.6	100.5	100.1
其他食品制造	96.8	99.9	100.1	98.6	98.6	100.7
酒、饮料及精制茶制造业	107.2	99.6	100.7	100.0	99.5	102.6
酒的制造	111.4	99.0	100.9	100.2	99.0	103.4
饮料制造	103.2	100.2	100.5	99.9	100.0	102.0
精制茶加工	99.0	100.4	99.6	99.4	99.7	99.9
烟草制品业	100.0	100.0	100.0	100.0	100.0	100.0
卷烟制造	100.0	100.0	100.0	100.0	100.0	100.0
其他烟草制品制造	100.0	100.0	100.0	100.0	100.0	100.0

出厂价格环比指数（2022 年）

6 月	7 月	8 月	9 月	10 月	11 月	12 月
94.3	95.8	91.2	101.1	106.2	102.1	101.9
94.3	95.8	91.2	101.1	106.2	102.1	101.9
106.0	107.0	93.5	94.5	98.4	98.9	99.2
106.3	106.8	93.1	94.0	98.4	98.5	98.8
100.0	111.2	99.6	101.8	98.3	103.9	105.1
99.5	91.3	95.2	96.2	98.9	96.6	103.7
99.5	91.3	95.2	96.2	98.9	96.6	103.7
100.2	97.1	103.8	100.6	103.8	101.4	101.1
99.3	94.8	116.6	99.2	102.4	99.6	98.8
101.4	97.8	99.7	99.7	101.4	101.3	101.1
99.7	98.6	96.8	103.5	108.6	103.4	103.4
99.6	99.5	99.5	98.1	100.9	99.4	98.9
99.6	99.5	99.5	98.1	100.9	99.4	98.9
100.0	101.1	98.3	98.3	100.0	100.0	100.0
101.1	106.2	97.7	101.9	101.8	99.3	97.6
101.2	101.1	100.4	99.5	99.6	100.5	100.7
101.7	100.5	100.0	100.9	101.8	101.4	100.4
100.5	99.7	99.4	99.4	100.2	100.0	98.7
101.2	118.3	93.4	106.4	105.0	97.0	92.5
100.2	99.6	100.4	101.4	102.9	100.4	100.0
99.7	100.6	99.7	95.1	95.9	100.1	101.1
100.0	100.3	100.1	100.1	100.0	99.7	100.6
101.7	100.0	100.0	100.0	99.8	100.3	99.9
100.0	100.0	100.0	102.8	102.7	100.7	100.0
99.4	100.3	100.2	99.8	100.2	100.2	100.4
99.5	100.7	101.6	98.5	99.7	100.2	105.1
101.1	101.1	100.8	101.5	100.7	99.5	99.6
101.6	99.8	100.1	100.2	100.6	97.7	99.5
99.5	100.5	99.6	100.4	99.6	99.4	99.9
100.5	100.2	105.4	99.0	99.5	100.2	99.9
100.9	100.1	107.6	100.1	100.2	99.7	100.1
100.1	100.4	103.5	97.6	98.7	100.7	99.7
100.0	100.0	100.0	100.0	100.0	100.0	100.0
100.0	100.0	100.0	100.0	100.0	100.0	100.0
100.0	100.0	100.0	100.0	100.0	100.0	100.0
100.0	100.0	100.0	100.0	100.0	100.0	100.0

5-7 续表 1

（上月=100）

大中类行业名称	全年	1月	2月	3月	4月	5月
纺织业	88.9	99.4	101.0	99.7	99.0	99.9
棉纺织及印染精加工	87.8	99.4	101.2	99.9	98.9	99.9
毛纺织及染整精加工	87.5	100.0	100.0	100.0	99.8	98.3
家用纺织制成品制造	92.9	98.4	98.6	97.5	99.3	100.3
产业用纺织制成品制造	99.2	100.3	101.2	99.2	100.5	99.9
纺织服装、服饰业	100.8	99.8	99.9	100.5	100.0	100.4
机织服装制造	100.9	99.8	99.9	100.8	100.1	100.8
针织或钩针编织服装制造	97.9	99.3	99.9	99.7	100.0	99.6
服饰制造	103.6	100.4	100.2	99.8	99.5	99.3
皮革、毛皮、羽毛及其制品和制鞋业	101.4	99.2	99.4	100.0	99.9	100.4
皮革鞣制加工	98.9	99.9	99.7	100.0	100.4	100.0
皮革制品制造	104.5	99.7	100.9	100.2	99.1	100.6
毛皮鞣制及制品加工	106.9	99.3	97.6	99.8	99.1	101.4
羽毛(绒)加工及制品制造	101.2	100.0	100.0	100.0	101.2	100.0
制鞋业	98.1	98.1	100.0	100.0	100.0	100.0
木材加工和木、竹、藤、棕、草制品业	96.3	99.5	99.7	99.3	98.2	99.4
人造板制造	94.7	99.3	99.6	99.0	97.5	99.2
木制品制造	101.1	100.3	100.0	100.3	100.1	100.1
家具制造业	95.1	99.1	99.7	99.0	100.7	99.7
木质家具制造	100.0	100.0	100.0	100.0	100.0	100.0
金属家具制造	90.0	98.1	99.3	98.0	101.4	99.3
其他家具制造	100.1	100.0	100.0	100.0	100.0	100.1
造纸和纸制品业	99.2	99.2	99.6	100.7	100.6	100.6
纸浆制造	109.6	98.1	96.6	107.7	104.9	99.5
造纸	102.1	99.3	99.2	101.6	100.4	101.0
纸制品制造	96.2	99.3	100.0	99.6	100.4	100.4
印刷和记录媒介复制业	100.5	99.9	99.4	100.4	100.0	100.0
印刷	100.5	99.9	99.4	100.4	100.0	100.0
文教、工美、体育和娱乐用品制造业	107.7	100.4	103.1	99.8	103.4	100.7
乐器制造	107.6	102.1	100.2	100.1	100.6	100.3
工艺美术及礼仪用品制造	108.2	100.4	103.3	99.8	103.7	100.7
游艺器材及娱乐用品制造	96.7	100.2	100.2	99.6	99.6	99.5
石油、煤炭及其他燃料加工业	101.5	99.2	99.5	111.1	108.1	103.1
精炼石油产品制造	110.9	96.3	104.4	113.4	105.7	99.4
煤炭加工	91.8	102.2	94.8	108.6	110.8	106.9
化学原料和化学制品制造业	99.5	98.6	102.4	102.8	102.5	101.5

6月	7月	8月	9月	10月	11月	12月
99.2	97.2	97.8	99.3	99.3	97.8	98.7
99.0	96.8	97.6	99.2	99.1	97.6	98.5
102.8	100.0	95.1	96.5	95.6	99.4	99.4
99.4	100.6	99.5	99.4	100.7	99.1	99.8
100.2	98.7	98.6	100.5	102.0	98.4	99.6
100.5	99.6	99.9	100.1	100.1	100.4	99.6
100.8	99.4	99.9	100.2	99.9	99.7	99.7
99.2	99.7	99.7	99.5	99.3	103.0	99.2
100.9	100.4	100.7	100.3	101.8	101.0	99.2
101.8	100.5	100.7	99.6	99.9	99.9	100.1
99.6	99.6	100.0	99.6	99.6	100.0	100.4
100.4	100.3	100.6	100.1	101.8	100.7	100.0
107.6	102.1	102.4	98.8	99.5	99.5	100.0
100.0	100.0	100.0	100.0	100.0	100.0	100.0
100.0	100.0	100.0	100.0	100.0	100.0	100.0
100.6	99.9	100.0	100.0	100.1	99.8	99.8
100.8	99.8	100.0	100.0	100.1	99.7	99.7
100.0	99.9	100.1	100.0	100.1	100.1	100.1
99.7	99.3	100.0	99.3	99.7	99.1	99.8
100.0	100.0	100.0	100.0	100.0	100.0	100.0
99.3	98.6	100.0	98.6	99.3	98.1	99.6
100.0	100.0	100.0	100.0	100.0	100.0	100.0
98.7	100.1	99.9	100.6	99.7	100.6	98.8
99.9	98.3	100.2	99.1	104.2	94.4	107.2
99.7	100.4	99.7	100.5	99.9	100.4	99.9
97.8	100.0	100.1	100.9	99.3	101.2	97.3
100.4	99.7	101.0	100.3	99.9	99.8	99.7
100.4	99.7	101.0	100.3	99.9	99.8	99.7
100.1	99.4	99.7	99.9	102.8	98.7	99.5
100.0	101.4	100.2	98.0	106.3	100.1	98.3
100.2	99.4	99.7	100.0	102.8	98.7	99.5
99.2	99.7	98.5	100.3	100.0	99.7	100.0
94.9	98.4	89.2	102.3	101.5	96.8	99.3
101.8	100.0	96.3	100.7	99.7	97.7	96.4
88.1	96.6	80.8	104.6	103.9	95.6	103.0
101.0	96.8	95.9	98.3	100.7	99.6	99.8

5－7 续表2

（上月＝100）

大中类行业名称	全年	1月	2月	3月	4月	5月
基础化学原料制造	102.3	96.3	102.7	104.7	101.6	101.4
肥料制造	106.9	100.4	104.6	104.1	106.0	105.2
农药制造	90.8	99.8	100.9	98.3	100.1	101.3
涂料、油墨、颜料及类似产品制造	93.7	99.8	100.3	99.9	100.6	99.1
合成材料制造	80.3	98.4	99.1	102.7	98.7	98.6
专用化学产品制造	98.0	101.0	102.0	98.7	103.3	98.9
炸药、火工及焰火产品制造	109.4	100.3	102.3	102.7	102.0	100.9
日用化学产品制造	107.6	101.0	101.5	99.9	103.8	103.6
医药制造业	109.9	100.9	101.7	101.9	100.0	101.5
化学药品原料药制造	107.6	97.6	98.3	101.9	97.1	101.5
化学药品制剂制造	111.1	106.3	98.4	104.2	103.0	99.0
中药饮片加工	120.9	100.0	100.0	100.0	100.0	118.2
中成药生产	104.3	99.3	105.7	99.8	99.9	100.0
兽用药品制造	95.4	99.2	98.9	106.6	98.9	98.8
生物药品制品制造	100.9	102.4	96.7	105.2	100.1	98.4
卫生材料及医药用品制造	124.4	100.5	109.1	99.1	99.4	101.6
化学纤维制造业	94.2	97.3	103.5	101.2	99.4	98.9
纤维素纤维原料及纤维制造	118.6	102.1	115.1	103.2	97.1	99.2
合成纤维制造	83.2	95.2	97.8	100.0	100.8	98.7
橡胶和塑料制品业	98.9	99.4	100.1	100.7	100.9	99.9
橡胶制品业	102.5	100.9	100.2	100.8	101.8	100.3
塑料制品业	97.8	99.0	100.0	100.7	100.6	99.8
非金属矿物制品业	97.4	100.1	99.6	100.1	99.9	99.8
水泥、石灰和石膏制造	83.8	96.5	98.5	100.4	99.7	96.6
石膏、水泥制品及类似制品制造	93.6	100.7	97.6	99.0	100.5	98.6
砖瓦、石材等建筑材料制造	102.2	103.9	99.8	100.1	99.9	100.1
玻璃制造	90.4	97.2	104.4	101.4	97.0	99.6
玻璃制品制造	113.1	103.5	99.6	99.5	101.1	99.2
玻璃纤维和玻璃纤维增强塑料制品制造	94.2	98.6	98.0	99.4	98.1	99.4
陶瓷制品制造	101.9	100.1	100.8	100.5	100.1	100.2
耐火材料制品制造	101.7	99.9	99.5	101.6	99.4	99.3
石墨及其他非金属矿物制品制造	101.7	99.8	101.0	99.9	100.1	102.6
黑色金属冶炼和压延加工业	83.1	96.7	102.3	101.7	103.0	98.4
炼铁	89.1	99.7	103.1	101.7	100.6	100.5
炼钢	80.9	102.5	105.3	100.0	104.5	97.6
钢压延加工	82.5	95.8	102.2	101.9	103.1	98.4

6月	7月	8月	9月	10月	11月	12月
100.4	96.7	96.3	99.2	102.2	100.2	100.9
104.9	94.0	95.4	94.6	98.4	98.9	101.2
100.3	99.0	100.0	99.7	96.5	97.7	96.9
99.3	99.5	98.5	96.5	101.3	100.1	98.8
99.2	95.2	92.2	98.5	101.2	96.4	98.4
98.6	100.4	95.7	101.9	99.6	101.3	96.9
99.6	101.0	100.2	100.0	100.0	99.9	100.1
100.6	99.4	96.1	99.5	104.2	99.2	98.7
99.0	101.0	99.8	102.2	99.4	102.2	100.0
99.6	99.0	102.0	100.6	100.6	108.6	100.9
100.0	103.8	99.3	100.0	98.9	100.1	97.9
100.0	98.8	103.7	91.6	101.9	107.0	100.0
99.9	99.4	99.8	100.3	99.3	101.0	100.0
100.4	100.2	100.0	99.9	95.7	99.9	97.3
100.0	100.6	96.8	100.1	99.4	100.0	101.4
94.3	103.7	97.7	118.3	99.2	99.5	101.7
100.3	96.5	97.1	98.6	101.0	100.1	100.4
101.9	100.0	100.3	97.9	99.7	100.0	101.9
99.5	94.5	95.1	99.1	101.8	100.2	99.5
100.8	99.5	97.9	99.6	100.0	99.7	100.6
99.5	99.2	99.9	99.7	100.4	100.0	99.8
101.1	99.6	97.3	99.5	99.9	99.6	100.9
99.7	99.3	98.8	99.0	100.1	101.1	99.9
93.5	96.2	96.9	97.8	104.5	104.8	97.8
99.2	99.7	98.9	98.8	99.7	100.8	99.8
100.1	99.7	98.6	99.7	99.7	100.3	100.3
92.9	98.6	98.9	100.7	99.0	99.1	101.6
120.7	87.0	106.1	90.8	99.1	118.5	92.6
101.1	103.3	95.0	98.5	100.5	101.4	101.2
100.2	100.1	99.2	99.6	100.4	100.0	100.6
100.3	100.8	99.9	101.5	99.5	99.9	100.2
101.0	100.5	98.7	98.8	99.0	99.3	101.0
96.4	93.0	95.0	99.3	98.7	98.7	98.7
97.2	91.0	97.5	99.5	98.7	99.4	100.2
92.2	88.0	95.5	100.0	99.4	95.5	100.0
96.5	93.6	94.8	99.2	98.7	98.8	98.4

5－7 续表3

（上月＝100）

大中类行业名称	全年	1月	2月	3月	4月	5月
铁合金冶炼	91.7	98.0	93.5	103.1	103.4	98.9
有色金属冶炼和压延加工业	95.7	101.2	101.2	103.5	99.8	97.6
常用有色金属冶炼	92.8	98.8	97.8	103.7	99.8	98.7
贵金属冶炼	106.9	100.4	100.9	104.3	101.1	100.1
有色金属合金制造	98.2	100.0	101.1	100.9	100.1	100.9
有色金属压延加工	93.7	103.5	104.0	103.4	99.4	95.7
金属制品业	100.3	100.8	100.4	99.5	100.4	100.2
结构性金属制品制造	97.3	99.9	100.6	100.4	100.5	99.7
金属工具制造	99.5	100.2	99.3	100.0	100.0	100.0
集装箱及金属包装容器制造	110.9	100.3	105.9	100.1	106.5	100.2
金属丝绳及其制品制造	93.5	100.8	98.9	99.4	100.3	100.3
建筑、安全用金属制品制造	113.8	100.0	100.0	92.6	100.0	100.0
金属制日用品制造	97.1	103.8	100.0	96.7	100.0	104.4
铸造及其他金属制品制造	102.4	101.7	100.3	100.0	100.1	100.2
通用设备制造业	99.4	99.3	99.9	100.0	100.3	101.3
锅炉及原动设备制造	99.0	100.0	100.1	99.7	100.0	100.3
金属加工机械制造	101.4	100.0	100.0	100.5	100.1	100.0
物料搬运设备制造	92.5	99.4	99.4	99.4	100.4	102.1
泵、阀门、压缩机及类似机械制造	100.7	100.5	99.9	100.4	99.5	100.4
轴承、齿轮和传动部件制造	98.5	99.7	100.0	99.9	98.7	107.4
烘炉、风机、包装等设备制造	99.2	100.0	100.3	100.8	99.4	99.0
通用零部件制造	108.8	97.3	100.0	100.0	102.5	100.1
专用设备制造业	100.8	100.2	100.2	100.0	100.0	100.4
采矿、冶金、建筑专用设备制造	99.8	99.9	100.1	99.9	100.1	100.0
化工、木材、非金属加工专用设备制造	105.3	100.0	104.1	100.0	100.0	102.9
食品、饮料、烟草及饲料生产专用设备制造	100.2	100.1	99.7	100.6	99.6	99.7
印刷、制药、日化及日用品生产专用设备制造	100.0	100.0	100.0	100.0	100.0	100.0
纺织、服装和皮革加工专用设备制造	103.4	99.8	100.2	99.8	101.9	104.2
农、林、牧、渔专用机械制造	101.2	100.2	99.8	99.9	99.9	99.7
医疗仪器设备及器械制造	104.2	102.4	99.6	100.3	100.0	100.3
环保、邮政、社会公共服务及其他专用设备制造	99.9	100.0	100.0	100.0	99.5	101.3
汽车制造业	99.7	100.3	100.3	100.8	99.3	99.4
汽车整车制造	100.0	100.0	100.0	100.0	100.0	100.0
汽车用发动机制造	98.9	100.3	100.0	99.8	100.2	100.0
改装汽车制造	102.5	98.5	100.0	99.1	99.7	99.7
电车制造	101.0	99.7	97.8	101.3	100.0	100.0

6月	7月	8月	9月	10月	11月	12月
103.9	97.3	94.0	99.0	96.6	102.9	101.5
97.8	94.6	99.0	99.3	100.1	100.4	101.4
97.8	94.6	99.8	100.0	100.8	100.0	101.0
99.0	96.9	99.4	99.4	100.1	102.6	102.8
101.5	98.2	100.5	96.5	101.1	99.4	98.2
97.0	93.4	98.0	99.0	99.5	99.8	101.4
99.0	100.1	100.6	100.0	100.1	99.7	99.6
98.7	99.4	98.8	100.3	99.7	99.2	100.0
100.0	100.0	100.0	100.0	100.0	100.0	100.0
100.0	99.8	100.0	96.6	101.3	102.3	97.7
99.8	99.1	97.0	99.6	98.7	99.6	99.7
100.0	100.0	120.0	100.0	101.7	101.9	98.8
95.8	102.3	98.6	100.0	100.0	100.0	95.9
99.2	100.7	100.4	99.9	100.4	99.5	99.9
99.1	100.1	99.4	98.9	100.1	101.0	100.0
100.0	100.0	98.7	100.4	99.3	100.5	100.0
100.3	100.0	99.1	101.3	99.8	99.9	100.4
99.3	100.1	98.4	94.8	100.1	99.2	99.9
99.8	100.3	100.2	99.7	100.1	99.9	100.0
93.7	101.1	101.3	101.2	96.7	104.1	95.5
100.0	99.9	100.0	100.0	100.0	100.0	100.0
100.0	99.8	99.7	100.1	103.0	103.7	102.5
99.7	100.1	100.0	99.9	99.9	100.5	100.0
99.8	100.2	100.0	99.8	100.0	100.2	99.9
98.3	100.0	100.0	100.0	100.0	100.0	100.0
100.1	99.9	100.1	100.3	100.0	100.0	100.0
100.0	100.0	100.0	100.0	100.0	100.0	100.0
96.2	103.2	99.7	97.8	100.6	104.0	96.4
100.3	100.0	99.6	99.7	99.9	101.8	100.4
100.0	100.1	100.2	100.8	99.2	100.2	100.9
99.1	100.0	100.0	100.0	100.0	100.0	100.0
99.9	100.0	100.2	99.5	99.9	100.8	99.4
100.0	100.0	100.0	100.0	100.0	100.0	100.0
98.7	100.1	99.9	100.0	99.7	100.1	100.1
99.8	100.1	102.0	101.0	100.2	106.9	95.7
100.0	103.5	100.0	99.4	99.6	100.2	99.5

5-7 续表4

（上月=100）

大中类行业名称	全年	1月	2月	3月	4月	5月
汽车车身、挂车制造	98.1	99.5	100.0	123.1	81.4	100.0
汽车零部件及配件制造	98.9	101.1	100.7	100.2	100.1	98.8
铁路、船舶、航空航天和其他运输设备制造业	103.5	100.3	99.6	101.2	99.2	99.6
铁路运输设备制造	107.5	100.9	98.4	104.5	97.2	98.0
摩托车制造	102.0	100.1	100.0	100.0	100.0	100.2
电气机械和器材制造业	103.4	100.2	100.8	101.3	101.5	100.4
电机制造	100.4	99.9	99.6	100.0	100.0	99.7
输配电及控制设备制造	107.3	99.8	100.4	101.3	103.6	100.3
电线、电缆、光缆及电工器材制造	99.9	100.5	100.5	100.2	98.3	100.0
电池制造	108.6	100.4	103.1	104.5	102.8	106.0
家用电力器具制造	93.4	100.0	100.0	100.0	100.0	94.8
非电力家用器具制造	109.6	104.3	104.1	100.0	100.0	100.8
照明器具制造	101.4	99.5	100.2	100.8	99.1	100.2
计算机、通信和其他电子设备制造业	113.7	99.4	99.9	104.1	100.3	99.8
计算机制造	94.0	100.0	100.0	100.0	100.0	94.0
通信设备制造	116.2	100.0	100.0	101.6	100.0	99.9
电子器件制造	94.3	100.0	91.8	100.0	100.0	100.0
电子元件及电子专用材料制造	114.0	96.7	103.4	117.2	101.4	100.0
仪器仪表制造业	94.1	100.5	99.3	99.5	98.1	99.9
通用仪器仪表制造	92.4	100.6	99.1	99.0	97.4	99.9
专用仪器仪表制造	100.0	100.0	100.0	100.0	100.0	100.0
光学仪器制造	104.1	100.0	100.0	100.0	100.0	100.0
衡器制造	80.8	100.0	100.0	110.0	100.0	100.0
其他仪器仪表制造业	98.7	99.5	99.5	100.0	100.0	99.6
其他制造业	96.3	99.0	101.0	100.0	100.5	99.7
日用杂品制造	96.3	99.0	101.0	100.0	100.5	99.7
废弃资源综合利用业	78.4	104.0	101.2	100.0	100.0	100.0
金属废料和碎屑加工处理	78.4	104.0	101.2	100.0	100.0	100.0
电力、热力生产和供应业	103.5	100.9	101.0	99.7	101.4	99.6
电力生产	97.8	99.3	100.5	100.6	102.4	97.0
电力供应	108.0	102.1	101.4	99.0	100.8	101.5
热力生产和供应	100.0	100.0	100.0	100.0	100.0	100.0
燃气生产和供应业	107.0	103.6	101.6	98.5	99.7	101.0
燃气生产和供应业	107.0	103.6	101.6	98.5	99.7	101.0
水的生产和供应业	100.7	100.1	100.0	100.0	100.5	99.9
自来水生产和供应	100.2	100.0	100.0	100.0	100.0	99.9
污水处理及其再生利用	101.7	100.2	100.0	100.0	101.5	100.0

6月	7月	8月	9月	10月	11月	12月
98.6	100.7	99.6	100.4	100.0	99.4	99.7
100.0	99.7	100.0	98.6	99.7	100.4	99.7
101.4	99.7	102.1	98.0	99.9	100.0	102.6
105.2	98.8	102.7	93.1	98.1	101.2	110.3
100.0	100.0	101.8	99.9	100.6	99.6	99.9
99.6	100.1	99.9	99.9	99.9	99.6	100.1
100.6	100.8	100.4	100.6	99.8	99.2	99.9
99.2	101.8	101.1	99.4	100.1	100.3	99.9
100.6	99.6	98.8	99.5	100.5	100.7	100.6
99.0	96.9	99.1	100.7	99.3	96.8	100.2
100.0	100.0	98.5	100.7	99.3	100.0	100.0
99.2	100.8	99.9	99.8	100.2	100.1	100.2
99.9	100.0	100.0	100.0	100.6	101.1	100.0
100.1	99.1	99.9	99.8	109.9	97.7	103.5
100.0	100.0	100.0	100.0	100.0	100.0	100.0
100.0	99.8	99.8	99.8	113.5	96.9	104.6
100.0	102.7	100.0	100.0	100.0	100.0	100.0
100.6	94.8	100.4	99.6	100.4	100.0	100.3
101.1	99.0	99.4	99.9	100.1	96.4	100.8
101.7	98.7	99.1	100.1	100.0	95.6	101.0
100.0	100.0	100.0	100.0	100.0	100.0	100.0
100.0	100.0	101.5	100.0	102.6	100.0	100.0
96.2	97.3	96.8	95.7	100.0	84.4	100.5
100.3	100.0	99.5	100.3	100.0	100.0	100.0
99.5	96.8	98.7	100.2	100.8	100.0	100.2
99.5	96.8	98.7	100.2	100.8	100.0	100.2
100.0	100.0	82.5	103.1	98.0	100.0	89.3
100.0	100.0	82.5	103.1	98.0	100.0	89.3
100.7	100.1	99.6	100.4	100.4	99.5	100.1
101.8	100.4	97.3	98.7	102.1	97.7	100.1
100.0	99.9	101.3	101.5	99.3	100.8	100.1
100.0	100.0	100.0	100.0	100.0	100.0	100.0
98.5	98.8	99.8	103.6	97.4	100.7	103.9
98.5	98.8	99.8	103.6	97.4	100.7	103.9
100.0	100.0	100.1	99.9	100.1	100.0	100.1
100.0	100.0	100.1	99.9	100.1	100.0	100.1
100.0	100.0	100.0	100.0	100.0	100.0	100.0

5-8 各月分类工业生产者

（2020年=100）

项目名称	全年	1月	2月	3月	4月	5月
总指数	**113.2**	**111.8**	**112.4**	**113.9**	**114.9**	**115.2**
核心指数	111.9	111.3	112.0	113.6	114.2	114.0
高技术	102.8	97.8	98.2	101.5	101.8	102.4
能源	133.2	129.2	130.5	133.0	137.3	139.4
按轻重工业分						
轻工业	105.8	103.6	103.8	104.2	104.8	105.8
以农产品为原料	105.0	103.1	102.6	102.9	103.3	104.4
以非农产品为原料	107.6	104.7	106.2	107.0	108.0	108.8
重工业	116.2	115.3	116.0	118.1	119.2	119.2
采掘	157.4	152.3	155.0	157.5	163.2	167.7
原材料	126.4	124.9	125.7	128.7	130.9	131.0
加工	108.8	108.3	108.9	110.5	111.0	110.5
按生产生活资料分						
生产资料	117.7	117.1	118.0	119.9	121.1	121.2
采掘	157.4	152.3	155.0	157.5	163.2	167.7
原材料	125.3	124.0	124.8	127.5	129.4	129.7
加工	111.2	111.2	112.0	113.5	114.1	113.8
生活资料	101.2	98.2	98.1	98.7	99.2	99.9
食品	102.6	99.3	98.4	98.7	99.5	101.2
衣着	102.9	101.7	101.3	101.6	101.5	102.0
一般日用品	103.1	99.1	101.2	101.6	102.7	103.3
耐用消费品	97.6	95.1	95.2	96.2	96.2	95.7
按初级中间最终产品分						
初级产品	156.3	152.4	155.0	157.3	162.6	166.8
矿产品	157.4	152.3	155.0	157.5	163.2	167.7
中间产品	114.1	112.9	113.6	115.3	116.4	116.5
最终产品	107.0	105.0	105.3	105.9	106.6	107.1
最终投资品	108.0	106.1	106.5	107.6	108.2	108.6
最终消费品	105.6	103.3	103.4	103.5	104.3	104.9
按工业部门分						
冶金工业	121.9	124.2	126.1	129.3	130.6	128.3
电力工业	110.1	108.1	109.1	108.8	110.3	109.9
煤炭及炼焦工业	158.9	158.8	158.0	162.4	171.2	180.6
石油工业	155.5	139.4	144.5	153.8	160.6	159.9
化学工业	128.5	124.2	126.2	128.7	130.6	132.4
机械工业	103.8	101.8	101.9	103.5	103.7	103.8
建筑材料工业	100.0	103.2	102.4	102.5	102.3	101.3
森林工业	99.3	101.0	100.8	100.3	98.9	98.5
食品工业	103.3	99.9	99.1	99.5	100.4	101.7
纺织工业	113.0	117.3	118.6	118.2	117.0	116.9
缝纫工业	101.4	100.6	100.5	101.0	101.0	101.4
皮革工业	103.9	102.8	102.2	102.1	101.9	102.4
造纸工业	104.2	103.8	103.3	104.0	104.6	105.3
文教艺术用品工业	88.7	88.5	88.1	88.4	88.4	88.4
其他工业	116.7	113.8	115.6	115.2	116.3	117.8

出厂价格定基指数(2022 年)

6 月	7 月	8 月	9 月	10 月	11 月	12 月
114.5	**113.4**	**111.8**	**111.6**	**112.9**	**112.7**	**112.9**
113.3	111.4	110.2	109.7	110.9	110.7	111.1
102.4	101.7	101.5	101.9	108.4	106.7	109.3
136.6	135.0	129.2	130.5	132.5	132.1	132.9
105.9	107.1	106.5	107.0	107.5	107.2	106.3
104.8	106.7	106.0	106.6	107.1	106.6	105.5
108.1	107.8	107.6	108.1	108.3	108.2	108.0
118.2	116.0	113.9	113.4	115.1	114.9	115.6
162.1	157.2	149.1	149.4	156.2	158.3	160.4
129.6	126.7	123.2	123.6	124.3	123.7	124.0
110.0	108.3	107.1	106.3	108.0	107.8	108.5
120.1	117.7	115.6	115.2	115.6	115.6	115.7
162.1	157.2	149.1	149.4	156.2	158.3	160.4
128.3	125.5	122.4	122.8	123.5	123.0	123.3
113.2	111.2	109.9	109.1	108.9	108.9	108.8
100.2	101.9	101.3	101.9	105.3	104.4	104.8
101.8	105.5	104.5	105.4	106.3	105.9	104.5
103.5	103.5	103.9	103.8	103.8	104.1	103.8
102.6	103.5	102.9	104.8	104.9	105.5	105.0
95.7	95.5	95.3	95.2	104.3	101.8	105.2
161.6	157.0	147.5	148.1	154.2	156.2	157.1
162.1	157.2	149.1	149.4	156.2	158.3	160.4
115.9	114.6	112.9	112.8	113.1	112.9	112.7
107.4	107.8	107.2	107.1	108.4	108.1	108.2
108.8	108.4	107.7	107.0	109.0	108.6	109.2
105.3	107.0	106.3	107.1	107.6	107.2	106.7
125.4	119.0	116.6	116.0	115.9	115.7	116.0
110.7	110.8	110.4	110.8	111.3	110.8	110.8
167.0	160.4	141.6	144.5	152.6	153.2	156.5
161.4	161.8	157.5	159.3	157.2	155.6	155.1
133.0	130.6	127.5	126.8	127.1	127.2	127.2
103.6	103.4	103.4	103.0	105.9	105.4	106.5
99.8	99.2	97.8	97.2	97.8	98.7	98.5
98.9	98.8	98.8	98.8	98.9	98.7	98.6
102.4	106.0	105.0	106.0	107.1	106.7	105.4
115.9	112.7	110.2	109.4	108.7	106.3	104.9
102.0	101.5	101.5	101.5	101.6	102.1	101.6
104.4	104.9	105.7	105.2	105.1	105.1	105.2
103.9	104.1	104.0	104.7	104.4	105.0	103.8
88.6	88.4	89.0	89.1	89.4	89.2	88.9
119.6	118.4	117.8	116.2	116.4	116.6	116.4

5－9　各月分大类工业生产者

（2020 年＝100）

大类行业名称	全年	1 月	2 月	3 月	4 月	5 月
煤炭开采和洗选业	175.8	174.8	177.0	178.4	184.4	193.4
石油和天然气开采业	193.0	145.0	159.7	176.0	208.8	198.7
黑色金属矿采选业	111.2	110.9	118.0	124.0	132.5	120.6
有色金属矿采选业	133.4	122.5	124.8	129.2	132.3	132.9
非金属矿采选业	102.7	105.0	105.0	103.2	102.4	104.0
农副食品加工业	103.3	97.9	96.5	97.2	98.7	100.8
食品制造业	108.7	109.1	108.6	108.2	108.0	108.4
酒、饮料和精制茶制造业	102.6	98.4	99.1	99.1	98.6	101.1
烟草制品业	100.0	100.0	100.0	100.0	100.0	100.0
纺织业	113.0	117.3	118.6	118.2	117.0	116.9
纺织服装、服饰业	101.4	100.6	100.5	101.0	101.0	101.4
皮革、毛皮、羽毛及其制品和制鞋业	103.6	102.5	101.9	101.8	101.7	102.2
木材加工和木、竹、藤、棕、草制品业	99.0	101.4	101.1	100.4	98.6	98.0
家具制造业	106.6	108.5	108.2	107.1	107.8	107.5
造纸和纸制品业	104.2	103.8	103.3	104.0	104.6	105.3
印刷和记录媒介复制业	87.6	87.4	86.9	87.2	87.3	87.2
文教、工美、体育和娱乐用品制造业	109.0	102.9	106.1	105.9	109.5	110.3
石油、煤炭及其他燃料加工业	143.2	131.8	131.2	145.7	157.5	162.3
化学原料和化学制品制造业	146.3	140.5	143.9	147.9	151.5	153.8
医药制造业	103.9	99.0	100.7	102.5	102.5	104.0
化学纤维制造业	126.2	126.3	130.7	132.2	131.4	129.9
橡胶和塑料制品业	104.3	103.9	104.0	104.7	105.6	105.5
非金属矿物制品业	105.1	106.8	106.4	106.5	106.4	106.2
黑色金属冶炼和压延加工业	122.0	126.7	129.6	131.9	135.9	133.8
有色金属冶炼和压延加工业	122.6	125.2	126.8	131.2	131.0	127.9
金属制品业	110.3	110.4	110.8	110.3	110.7	110.9
通用设备制造业	102.6	102.5	102.4	102.4	102.7	104.0
专用设备制造业	102.9	102.7	102.9	102.8	102.8	103.2
汽车制造业	104.1	104.2	104.5	105.3	104.5	103.9
铁路、船舶、航空航天和其他运输设备制造业	103.1	102.3	101.9	103.2	102.3	101.9
电气机械和器材制造业	108.1	105.0	105.8	107.2	108.8	109.3
计算机、通信和其他电子设备制造业	101.5	96.4	96.3	100.3	100.6	100.4
仪器仪表制造业	97.2	100.4	99.7	99.2	97.3	97.2
其他制造业	96.5	97.5	98.5	98.5	99.0	98.7
废弃资源综合利用业	143.5	153.6	155.4	155.4	155.4	155.4
电力、热力生产和供应业	110.1	108.1	109.1	108.8	110.3	109.9
燃气生产和供应业	136.5	136.4	138.6	136.6	136.2	137.5
水的生产和供应业	103.6	103.2	103.2	103.1	103.7	103.6

出厂价格定基指数(2022 年)

6 月	7 月	8 月	9 月	10 月	11 月	12 月
182.4	174.8	159.3	161.1	171.1	174.6	177.9
210.6	225.4	210.7	199.1	195.8	193.6	192.1
119.9	109.4	104.2	100.3	99.2	95.8	99.3
133.2	129.4	134.3	135.1	140.3	142.3	143.8
103.6	103.1	102.6	100.7	101.5	100.9	99.8
101.9	108.2	105.8	107.7	109.7	109.0	106.3
108.4	108.8	108.9	109.0	109.0	108.7	109.3
101.6	101.9	107.4	106.3	105.8	106.0	105.9
100.0	100.0	100.0	100.0	100.0	100.0	100.0
115.9	112.7	110.2	109.4	108.7	106.3	104.9
102.0	101.5	101.5	101.5	101.6	102.1	101.6
104.0	104.5	105.2	104.8	104.7	104.6	104.7
98.6	98.4	98.5	98.5	98.6	98.3	98.1
107.1	106.4	106.4	105.7	105.3	104.4	104.2
103.9	104.1	104.0	104.7	104.4	105.0	103.8
87.5	87.2	88.1	88.4	88.3	88.1	87.9
110.4	109.8	109.4	109.4	112.4	111.0	110.4
154.1	151.6	135.2	138.3	140.4	135.9	134.9
155.3	150.3	144.2	141.7	142.6	142.1	141.9
103.0	104.1	103.9	106.2	105.6	107.9	107.8
130.4	125.8	122.1	120.4	121.6	121.7	122.3
106.3	105.8	103.5	103.1	103.1	102.7	103.3
105.8	105.1	103.8	102.8	102.9	104.1	104.0
128.9	119.9	114.0	113.2	111.7	110.2	108.8
125.1	118.3	117.1	116.3	116.4	116.9	118.5
109.7	109.8	110.5	110.4	110.6	110.2	109.8
103.1	103.2	102.6	101.5	101.6	102.7	102.6
102.8	103.0	102.9	102.8	102.7	103.2	103.3
103.8	103.8	104.0	103.5	103.4	104.2	103.6
103.3	102.9	105.1	102.9	102.9	102.9	105.6
108.9	109.0	108.9	108.8	108.7	108.3	108.4
100.5	99.5	99.5	99.2	109.1	106.5	110.2
98.3	97.3	96.7	96.6	96.8	93.3	94.0
98.2	95.1	93.8	94.0	94.7	94.7	94.9
155.4	155.4	128.3	132.2	129.6	129.6	115.8
110.7	110.8	110.4	110.8	111.3	110.8	110.8
135.4	133.8	133.5	138.4	134.8	135.7	140.9
103.6	103.6	103.7	103.7	103.7	103.7	103.8

5－10　工业生产者出厂价格完整同比指数(2022年)

（上年＝100）

项目名称	指 数
煤炭开采和洗选业	123.3
烟煤和无烟煤开采洗选	123.3
无烟煤开采洗选	134.6
烟煤开采洗选	118.9
石油和天然气开采业	142.0
石油开采	144.1
陆地石油开采	144.1
天然气开采	113.2
陆地天然气开采	113.2
黑色金属矿采选业	88.5
铁矿采选	88.5
铁矿石成品矿	88.5
有色金属矿采选业	115.5
常用有色金属矿采选	117.7
铅锌矿采选	117.7
贵金属矿采选	104.4
金矿采选	104.4
稀有稀土金属矿采选	128.7
钨钼矿采选	128.7
钨矿	112.2
钼矿	134.4
非金属矿采选业	98.6
土砂石开采	98.4
石灰石、石膏开采	103.5
石灰石	103.5
粘土及其他土砂石开采	89.4
砂石	89.4
采盐	170.4
井盐	170.4
农副食品加工业	105.3
谷物磨制	112.5
稻谷加工	96.8
小麦加工	115.5
饲料加工	108.8
其他饲料加工	108.8
配合饲料	108.6
浓缩饲料	111.9
混合饲料	107.5
植物油加工	103.3
食用植物油加工	103.3
食用植物油	103.3
屠宰及肉类加工	98.6
牲畜屠宰	93.6
鲜、冷藏肉及冻肉	93.6
禽类屠宰	101.7
肉制品及副产品加工	98.2
蒸煮香肠制品	97.3
酱卤烧烤肉制品	102.9
其他未列明肉制品	109.7
蔬菜、菌类、水果和坚果加工	104.8
蔬菜加工	108.4
食用菌加工	97.1
水果和坚果加工	108.0
其他农副食品加工	96.9
淀粉及淀粉制品制造	94.7
豆制品制造	104.1
蛋品加工	100.4
食品制造业	105.3
焙烤食品制造	104.8
糕点、面包制造	101.1
糕点制造	100.3
面包制造	102.5
饼干及其他焙烤食品制造	107.4
饼干	103.1

5－10 续表 1

（上年＝100）

项目名称	指　数	项目名称	指　数
膨化食品	106.2	食品添加剂	105.3
其他焙烤食品	108.7	饲料添加剂	109.5
糖果、巧克力及蜜饯制造	101.7	其他未列明食品制造	99.2
糖果、巧克力制造	101.7	酒、饮料和精制茶制造业	102.7
糖果	101.7	酒的制造	102.8
方便食品制造	102.1	酒精制造	121.3
米、面制品制造	114.4	白酒制造	89.4
速冻食品制造	95.1	啤酒制造	106.2
方便面制造	111.0	葡萄酒制造	115.9
方便面	111.0	饮料制造	103.0
其他方便食品制造	102.0	碳酸饮料制造	104.8
干制方便食品	102.0	瓶（罐）装饮用水制造	104.9
乳制品制造	101.6	果菜汁及果菜汁饮料制造	103.0
液体乳制造	101.6	含乳饮料和植物蛋白饮料制造	101.5
罐头食品制造	106.8	含乳饮料	97.2
肉、禽类罐头制造	100.3	植物蛋白饮料	104.3
蔬菜、水果罐头制造	108.1	茶饮料及其他饮料制造	101.1
调味品、发酵制品制造	106.8	茶饮料	101.1
味精制造	125.5	精制茶加工	99.4
酱油、食醋及类似制品制造	103.5	精制茶	99.4
酱油	103.9	烟草制品业	100.0
食醋	101.0	卷烟制造	100.0
其他调味品、发酵制品制造	104.0	卷烟	100.0
复合调味品	103.5	其他烟草制品制造	100.0
发酵类制品	112.7	纺织业	103.8
其他食品制造	109.2	棉纺织及印染精加工	104.3
保健食品制造	103.7	棉纺纱加工	104.5
冷冻饮品及食用冰制造	100.0	纱	104.4
盐加工	142.7	缝纫线	110.1
食用盐	119.9	棉织造加工	102.6
非食用盐	160.1	布（棉布、棉混纺布、化纤布）	102.6
食品及饲料添加剂制造	106.1	毛纺织及染整精加工	97.2

5-10 续表2

（上年＝100）

项目名称	指　数	项目名称	指　数
毛条和毛纱线加工	97.2	木材加工和木、竹、藤、棕、草制品业	99.1
家用纺织制成品制造	100.1	人造板制造	98.5
毛巾类制品制造	100.1	胶合板制造	97.3
产业用纺织制成品制造	102.8	纤维板制造	95.3
非织造布制造	99.4	刨花板制造	111.3
纺织带和帘子布制造	106.8	其他人造板制造	100.1
其他产业用纺织制成品制造	99.9	木质制品制造	100.8
纺织服装、服饰业	100.4	木门窗制造	98.9
机织服装制造	100.7	木地板制造	104.1
其他机织服装制造	100.7	家具制造业	99.9
西服及西服套装	95.6	木质家具制造	99.9
上衣	98.8	卧室用木质家具	100.8
衬衫	103.5	客厅、餐厅用木质家具	99.9
裤	101.0	金属家具制造	99.4
职业服装、工作服及类似服装	104.8	办公室用金属家具	99.4
针织或钩针编织服装制造	98.1	其他家具制造	101.0
其他针织或钩针编织服装制造	98.1	软体坐具	101.0
服饰制造	101.6	造纸和纸制品业	100.7
皮革、毛皮、羽毛及其制品和制鞋业	104.1	纸浆制造	108.7
皮革鞣制加工	98.6	木竹浆制造	108.7
半成品革	96.8	造纸	102.5
成品革	98.8	机制纸及纸板制造	102.5
皮革制品制造	99.0	未涂布印刷书写用纸	107.7
皮箱、包（袋）制造	99.2	其他机制纸及纸板	101.0
手提包（袋）、背包	99.2	加工纸制造	103.0
皮手套及皮装饰制品制造	98.0	纸制品制造	98.8
毛皮鞣制及制品加工	124.4	纸和纸板容器制造	98.5
其他毛皮制品加工	124.4	其他纸制品制造	99.4
羽毛（绒）加工及制品制造	99.5	卫生用纸制品	100.3
羽毛（绒）加工	99.5	其他纸制品	99.2
制鞋业	98.1	印刷和记录媒介复制业	100.6
皮鞋制造	98.1	印刷	100.6

5－10 续表3

（上年＝100）

项目名称	指 数	项目名称	指 数
书、报刊印刷	100.4	其他无机碱产品	115.2
多色印刷品	100.4	无机盐制造	115.0
包装装潢及其他印刷	100.6	氟化物及其盐	125.8
塑料印刷品	102.0	贵金属化合物	91.2
其他包装装潢及印刷	100.0	有机化学原料制造	113.6
文教、工美、体育和娱乐用品制造业	110.8	链烯烃	131.1
乐器制造	104.1	芳烃	119.2
中乐器制造	104.1	环醇	118.7
工艺美术及礼仪用品制造	111.7	羧酸及其衍生物	77.8
地毯、挂毯制造	97.3	醚	110.4
机制地毯、挂毯	97.3	改性乙醇（部分）	109.0
其他工艺美术及礼仪用品制造	112.0	其他基础化学原料制造	113.2
游艺器材及娱乐用品制造	94.9	金属氧化物	125.0
露天游乐场所游乐设备制造	94.9	其他未列明基础化学原料	105.2
石油、煤炭及其他燃料加工业	109.7	肥料制造	125.3
精炼石油产品制造	130.3	氮肥制造	128.1
原油加工及石油制品制造	130.3	磷肥制造	115.4
汽油	121.8	钾肥制造	143.8
煤油	173.9	复混肥料制造	123.8
柴油	121.0	有机肥料及微生物肥料制造	105.7
润滑油	105.2	微生物肥料	105.7
其他原油加工及石油制品制造	142.7	农药制造	123.7
煤炭加工	93.1	化学农药制造	125.7
炼焦	93.1	杀虫（杀螨）用原药及制剂	125.7
焦炭	93.1	生物化学农药及微生物农药制造	104.8
化学原料和化学制品制造业	115.3	涂料、油墨、颜料及类似产品制造	101.5
基础化学原料制造	116.1	涂料制造	101.6
无机酸制造	101.6	水性涂料	103.6
硫酸	101.6	非水性涂料	99.6
无机碱制造	132.6	建筑涂料	103.7
烧碱	154.9	工业颜料制造	101.2
纯碱类	130.1	无机颜料	101.2

5－10　续表4

（上年＝100）

项目名称	指　数	项目名称	指　数
合成材料制造	98.9	心血管系统用药	99.8
初级形态塑料及合成树脂制造	91.1	化学药品制剂制造	107.5
合成纤维单（聚合）体制造	112.0	注射液	112.7
合成纤维单体	113.2	输液	100.1
合成纤维聚合物	109.4	片剂	120.3
专用化学产品制造	116.2	胶囊剂	108.4
化学试剂和助剂制造	119.6	颗粒剂	99.1
催化剂及载体	101.1	冻干粉针剂	98.2
橡胶助剂	102.4	中药饮片加工	146.7
塑料助剂	106.3	植物类饮片	146.7
炭黑	150.5	中成药生产	105.3
其他化学试剂和助剂	118.2	中成药丸剂	104.4
专项化学用品制造	130.9	中成药颗粒剂	104.2
油田用化学制剂	100.0	中成药糖浆	132.7
其他专项化学用品制造	143.7	中成药片剂	106.4
林产化学产品制造	88.6	中成药胶囊	99.8
竹材、木材水解产品	88.6	中成药合剂	101.5
文化用信息化学品制造	104.0	膏药	123.6
环境污染处理专用药剂材料制造	106.2	兽用药品制造	96.3
水处理剂	106.2	兽用疫苗	96.1
其他专用化学产品制造	112.3	兽用药品	96.5
炸药、火工及焰火产品制造	117.9	生物药品制品制造	98.4
炸药及火工产品制造	117.9	生物药品制造	98.4
炸药	117.9	卫生材料及医药用品制造	95.3
日用化学产品制造	115.9	卫生材料及敷料	95.3
肥皂及洗涤剂制造	118.9	化学纤维制造业	100.9
香料、香精制造	111.6	纤维素纤维原料及纤维制造	123.1
医药制造业	104.9	人造纤维（纤维素纤维）制造	123.1
化学药品原料药制造	100.0	合成纤维制造	91.3
抗菌素（抗感染药）	104.7	锦纶纤维制造	110.2
激素类药	80.9	涤纶纤维制造	106.7
抗肿瘤药	108.2	氨纶纤维制造	61.9

5-10 续表5

（上年=100）

项目名称	指数	项目名称	指数
橡胶和塑料制品业	100.4	建筑砌块	104.5
橡胶制品业	100.5	砖	96.6
轮胎制造	102.6	防水建筑材料制造	104.5
轮胎外胎	102.6	沥青和改性沥青防水卷材	104.5
橡胶板、管、带制造	97.3	玻璃制造	88.6
橡胶传动带	97.3	平板玻璃制造	75.8
橡胶零件制造	103.2	特种玻璃制造	99.7
塑料制品业	100.4	玻璃制品制造	87.0
塑料薄膜制造	98.9	技术玻璃制品制造	77.7
塑料板、管、型材制造	101.4	日用玻璃制品制造	127.5
塑料管及附件	101.8	玻璃包装容器制造	99.6
其他塑料板、管、型材	99.9	玻璃纤维和玻璃纤维增强塑料制品制造	92.1
塑料丝、绳及编织品制造	98.9	玻璃纤维及制品制造	70.3
泡沫塑料制造	98.7	玻璃纤维布	70.3
塑料包装箱及容器制造	102.5	玻璃纤维增强塑料制品制造	100.0
塑料零件及其他塑料制品制造	103.6	陶瓷制品制造	102.7
其他未列明塑料制品	103.6	建筑陶瓷制品制造	106.5
非金属矿物制品业	102.9	瓷质砖	106.9
水泥、石灰和石膏制造	100.4	其他建筑陶瓷制品	106.0
水泥制造	100.4	卫生陶瓷制品制造	101.4
通用硅酸盐水泥	100.2	特种陶瓷制品制造	101.3
特性水泥	116.2	日用陶瓷制品制造	104.3
硅酸盐水泥熟料	96.9	耐火材料制品制造	100.6
石膏、水泥制品及类似制品制造	97.8	耐火陶瓷制品及其他耐火材料制造	100.6
水泥制品制造	97.8	致密定形耐火制品	99.3
商品混凝土	97.8	其他耐火材料制品	101.8
水泥混凝土电杆	100.9	石墨及其他非金属矿物制品制造	114.8
预应力混凝土桩	105.5	石墨及碳素制品制造	129.1
混凝土轨枕及铁道用混凝土制品	95.0	石墨制品	126.7
轻质建筑材料制造	99.8	碳制品	147.0
砖瓦、石材等建筑材料制造	102.6	其他石墨及碳素产品	128.7
粘土砖瓦及建筑砌块制造	102.1	其他非金属矿物制品制造	110.0

5－10 续表 6

（上年＝100）

项目名称	指　数	项目名称	指　数
磨具	100.2	原铝（电解铝）	106.2
磨料	106.1	镁冶炼	124.9
沥青、泥炭	137.3	贵金属冶炼	100.4
其他非金属矿物制品	114.4	金冶炼	103.8
黑色金属冶炼和压延加工业	93.2	冶炼产金	103.8
炼铁	98.1	银冶炼	88.4
生铁	98.1	有色金属合金制造	102.9
炼钢	101.8	常用有色金属合金	101.7
非合金钢粗钢	101.8	硬质合金	107.5
钢压延加工	91.4	有色金属压延加工	103.3
轧制锻造钢坯	92.6	铜压延加工	95.0
棒材	89.4	铝压延加工	104.8
钢筋（线材）	86.1	铝材	104.8
特厚板	89.7	其他有色金属压延加工	118.0
厚钢板	90.2	金属制品业	103.4
热轧薄宽钢带	90.8	结构性金属制品制造	103.2
冷轧窄钢带	108.6	金属结构制造	100.4
无缝钢管	95.8	钢结构	98.4
焊接钢管	85.9	钢铁结构体部件、加工钢材	104.2
其他钢材	103.9	金属门窗制造	108.0
铁合金冶炼	109.4	金属工具制造	98.4
特种铁合金	113.8	切削工具制造	98.4
其他铁合金	99.7	集装箱及金属包装容器制造	111.4
有色金属冶炼和压延加工业	102.9	金属压力容器制造	108.4
常用有色金属冶炼	103.3	金属包装容器及材料制造	114.3
铜冶炼	99.8	钢铁制包装容器	114.3
精炼铜（电解铜）	99.8	金属丝绳及其制品制造	95.3
铅锌冶炼	102.3	钢绞线	90.0
铅	99.4	金属丝绳制品	95.9
锌	115.1	建筑、安全用金属制品制造	100.7
铝冶炼	105.2	建筑装饰及水暖管道零件制造	100.7
氧化铝	106.7	供暖用散热器（暖气片）	100.7

5-10 续表7

（上年=100）

项目名称	指数	项目名称	指数
金属制日用品制造	103.8	阀门和旋塞制造	102.7
金属制餐具和器皿制造	103.8	液压动力机械及元件制造	101.0
铝制厨用器皿及餐具制造业	103.8	液压元件	101.0
铸造及其他金属制品制造	105.3	轴承、齿轮和传动部件制造	99.7
黑色金属铸造	104.7	滚动轴承制造	99.8
铸铁件	104.8	齿轮及齿轮减、变速箱制造	99.6
铸钢件	104.6	齿轮传动轴	99.6
锻件及粉末冶金制品制造	107.2	齿轮	100.0
锻件	107.2	烘炉、风机、包装等设备制造	100.7
通用设备制造业	101.7	风机、风扇制造	99.6
锅炉及原动设备制造	99.9	离心式通风机	99.6
锅炉及辅助设备制造	99.3	气体、液体分离及纯净设备制造	98.4
工业锅炉	98.3	气体、液体分离及纯净设备	100.0
锅炉及辅助设备零件	100.4	其他气体、液体分离及纯净设备	95.2
内燃机及配件制造	100.8	制冷、空调设备制造	101.9
内燃机零部件及配件	100.8	工商用制冷设备	100.7
金属加工机械制造	101.8	工商用冷藏、冷冻柜及类似设备	100.1
金属切削机床制造	100.4	工商用空调设备	116.8
数控切削机床	100.4	制冷、空调设备零部件	101.1
金属成形机床制造	115.3	通用零部件制造	108.9
普通金属成形机床	115.3	紧固件制造	99.3
其他金属加工机械制造	98.2	钢铁制紧固件	99.3
物料搬运设备制造	99.3	机械零部件加工	111.5
生产专用起重机制造	99.5	其他通用零部件制造	100.0
连续搬运设备制造	100.0	专用设备制造业	101.0
输送机械(输送机和提升机)	100.0	采矿、冶金、建筑专用设备制造	100.2
电梯、自动扶梯及升降机制造	96.6	矿山机械制造	99.6
电梯	96.6	采掘、凿岩设备	98.4
泵、阀门、压缩机及类似机械制造	101.1	矿物破碎机械	100.5
泵及真空设备制造	99.2	矿物粉磨机械	100.0
气体压缩机械制造	102.6	矿物筛分、洗选设备	91.8
非制冷设备用压缩机	102.6	矿山设备专用配套件及其他矿山专用设备	100.1

5－10　续表8

（上年＝100）

项目名称	指 数	项目名称	指 数
石油钻采专用设备制造	105.5	畜牧机械制造	101.4
石油钻探、开采专用设备零件及其他石油钻采专用设备	105.5	家禽畜饲养机械及其他畜牧机械制造业	101.4
建筑工程用机械制造	100.6	农林牧渔机械配件制造	103.3
挖掘、铲土运输机械	99.9	医疗仪器设备及器械制造	103.7
压实机械	104.1	医疗、外科及兽医用器械制造	103.7
其他建筑工程用机械制造业	100.0	注射穿刺器械	100.6
建筑材料生产专用机械制造	101.5	手术室、急救室、诊疗室设备及器具	104.8
混凝土机械	98.7	环保、邮政、社会公共服务及其他专用设备制造	101.4
建筑材料专用窑炉	113.5	环境保护专用设备制造	100.9
非金属矿物混合搅拌机械	92.0	大气污染防治设备	100.9
冶金专用设备制造	99.9	社会公共安全设备及器材制造	109.6
金属轧制设备	99.9	灭火器及零件	109.6
化工、木材、非金属加工专用设备制造	104.4	水资源专用机械制造	100.9
模具制造	104.4	汽车制造业	102.4
其他模具	104.4	汽车整车制造	100.1
食品、饮料、烟草及饲料生产专用设备制造	100.5	汽柴油车整车制造	100.3
食品、酒、饮料及茶生产专用设备制造	101.2	运动型多用途乘用车(SUV)	100.8
食品制造机械	101.2	大型客车	100.0
烟草生产专用设备制造	100.0	中型客车	100.9
印刷、制药、日化及日用品生产专用设备制造	100.0	轻型载货车	100.0
印刷专用设备制造	100.0	微型载货车	99.1
印刷机设备	100.0	新能源车整车制造	99.1
纺织、服装和皮革加工专用设备制造	103.3	新能源乘用车	99.1
纺织专用设备制造	103.3	汽车用发动机制造	100.4
农、林、牧、渔专用机械制造	100.9	改装汽车制造	102.7
拖拉机制造	98.6	电车制造	100.2
大型拖拉机	99.9	汽车车身、挂车制造	100.6
中型拖拉机	97.0	挂车、半挂车	100.6
机械化农业及园艺机具制造	103.5	汽车零部件及配件制造	104.8
播种机	97.3	车身以及零配件	109.2
农作物收获机械	100.0	底盘以及零配件	104.8
其他机械化农业及园艺机具制造	111.4	汽车电子制造	100.0

5－10 续表9

（上年＝100）

项目名称	指 数	项目名称	指 数
汽车通用件	101.2	其他电线、电缆	107.3
铁路、船舶、航空航天和其他运输设备制造业	102.0	绝缘制品制造	100.9
铁路运输设备制造	104.8	电池制造	111.2
铁路机车车辆配件制造	104.8	锂离子电池制造	117.6
铁路机车转向架、轴、轮	106.0	铅蓄电池制造	100.4
其他铁路机车车辆配件	100.0	家用电力器具制造	97.4
摩托车制造	100.9	家用制冷电器具制造	100.0
摩托车整车制造	101.1	家用空气调节器制造	96.4
两轮摩托车	100.0	房间空气调节器	96.4
三轮摩托车	102.1	非电力家用器具制造	118.7
摩托车零部件及配件制造	100.6	太阳能器具制造	118.7
电气机械和器材制造业	104.4	照明器具制造	100.2
电机制造	101.4	照明灯具制造	100.2
发电机及发电机组制造	100.0	户外照明用灯具及装置	100.2
交流发电机	100.0	计算机、通信和其他电子设备制造业	104.9
电机及发电机组专用零件	100.0	计算机制造	95.7
电动机制造	102.5	计算机零部件制造	95.7
交流电动机	102.5	通信设备制造	103.0
输配电及控制设备制造	107.1	通信终端设备制造	103.0
变压器、整流器和电感器制造	105.4	移动通信手持机(手机)	103.0
变压器	105.4	电子器件制造	93.8
配电开关控制设备制造	102.6	光电子器件制造	93.8
高压电路开关、保护电器装置	105.6	电子束光电器件	93.8
低压开关、保护控制装置	87.1	电子元件及电子专用材料制造	118.2
电力控制或电力分配装置	101.3	电阻电容电感元件制造	108.3
电力电子元器件制造	100.0	电容器	109.2
电力连接装置	100.0	电阻器及电阻网络	100.1
光伏设备及元器件制造	113.1	敏感元件及传感器制造	104.7
其他输配电及控制设备制造	112.6	传感器	104.7
电线、电缆、光缆及电工器材制造	99.3	电子专用材料制造	126.0
电线、电缆制造	99.2	电子半导体材料	126.0
专用电缆	98.3	仪器仪表制造业	95.9

5－10 续表 10

（上年＝100）

项目名称	指 数	项目名称	指 数
通用仪器仪表制造	96.8	打火机及其他烟具	96.2
工业自动控制系统装置制造	99.1	废弃资源综合利用业	106.7
工业自动控制系统	97.5	金属废料和碎屑加工处理	106.7
流量仪表	99.9	熔炼用废钢	106.7
电工仪器仪表制造	106.0	电力、热力生产和供应业	108.9
电磁参数测量仪器仪表	106.0	电力生产	113.6
绘图、计算及测量仪器制造	94.9	火力发电	114.5
量具	93.5	水力发电	100.0
其他绘图、计算及测量仪器	101.5	其他电力生产	100.0
实验分析仪器制造	104.5	电力供应	106.3
专用仪器仪表制造	88.4	热力生产和供应	100.0
环境监测专用仪器仪表制造	88.4	燃气生产和供应业	126.2
光学仪器制造	101.3	燃气生产和供应业	126.2
其他光学仪器及零件、附件	101.3	天然气生产和供应业	126.2
衡器制造	101.2	天然气供应	126.2
工业用衡器	101.2	水的生产和供应业	100.8
其他仪器仪表制造业	97.2	自来水生产和供应	100.5
其他制造业	96.2	自来水供应	100.5
日用杂品制造	96.2	污水处理及其再生利用	101.3
其他日用杂品制造	96.2	污水的处理及深度净化	101.3

5-11 各月分类工业生产者购进价格同比指数(2022年)

(上年同期=100)

项目名称	全年	1月	2月	3月	4月	5月	6月
总指数	**105.7**	**110.8**	**109.9**	**109.8**	**109.6**	**108.6**	**108.4**
按初级中间最终产品分							
初级产品	107.0	113.0	110.7	111.8	113.5	111.5	111.1
农产品	104.0	100.1	99.2	98.4	100.9	102.4	104.2
矿产品	109.7	122.1	118.5	121.8	123.1	118.8	117.0
废料	99.4	116.2	114.1	110.8	110.3	104.1	102.0
中间产品	105.4	110.1	109.6	109.2	108.5	107.8	107.6
九大类原材料购进价格指数							
燃料、动力类	120.1	131.6	126.9	129.3	132.1	134.4	130.7
黑色金属材料类	96.7	113.8	110.6	108.8	105.9	97.7	97.7
钢材	99.2	119.1	116.7	114.7	108.5	101.3	101.2
其他	92.9	105.4	101.4	100.0	102.0	92.2	92.4
有色金属材料及电线类	104.3	114.1	115.2	114.9	112.6	106.5	107.1
化工原料类	104.8	115.7	115.5	112.6	109.8	106.8	107.3
木材及纸浆类	100.9	105.1	104.4	102.6	102.7	102.1	101.7
建筑材料类及非金属类	108.7	115.8	113.0	117.5	116.7	115.4	114.2
其他工业原材料及半成品类	102.1	103.2	104.1	103.4	103.2	103.1	101.9
农副产品类	101.4	90.7	90.2	90.3	92.6	96.5	100.4
纺织原料类	111.8	126.9	126.6	125.0	124.9	123.9	123.4

5-11 续表

(上年同期=100)

项目名称	7月	8月	9月	10月	11月	12月
总指数	**106.5**	**104.2**	**102.6**	**99.6**	**99.3**	**101.0**
按初级中间最终产品分						
初级产品	108.3	104.6	102.9	99.0	97.4	103.0
农产品	107.1	106.7	108.4	111.0	106.8	103.8
矿产品	110.7	104.8	101.0	93.8	93.1	103.8
废料	93.3	90.7	90.4	88.0	88.4	91.0
中间产品	106.1	104.1	102.6	99.9	99.9	100.5
九大类原材料购进价格指数						
燃料、动力类	126.6	119.2	111.0	102.3	101.5	111.5
黑色金属材料类	90.1	87.7	88.9	87.2	87.4	91.0
钢材	96.0	91.3	89.4	87.3	86.2	88.1
其他	81.5	82.2	88.1	87.4	89.8	96.9
有色金属材料及电线类	101.4	98.2	96.6	94.5	96.3	98.9
化工原料类	105.9	102.7	101.2	95.1	94.6	95.4
木材及纸浆类	101.4	99.4	99.9	98.0	97.3	97.2
建筑材料类及非金属类	113.0	113.7	108.5	96.8	92.9	93.7
其他工业原材料及半成品类	101.3	100.7	100.4	100.9	101.3	102.2
农副产品类	105.5	105.7	109.2	114.8	115.6	110.7
纺织原料类	114.8	106.8	103.3	97.9	92.5	86.3

5-12 各月分类工业生产者购进价格环比指数(2022年)

(上月=100)

项目名称	全年	1月	2月	3月	4月	5月	6月
总指数	**101.0**	**100.2**	**100.2**	**101.0**	**101.0**	**100.7**	**100.4**
按初级中间最终产品分							
初级产品	103.0	99.3	99.8	102.1	102.8	100.7	101.1
农产品	103.8	99.9	98.5	100.4	102.0	102.0	100.4
矿产品	103.8	98.7	100.6	103.2	103.5	99.8	101.8
废料	91.0	100.5	100.5	102.8	101.3	100.0	99.0
中间产品	100.5	100.4	100.4	100.7	100.5	100.7	100.2
九大类原材料购进价格指数							
燃料、动力类	111.5	100.7	101.3	102.6	103.6	103.9	100.3
黑色金属材料类	91.0	101.1	99.2	101.3	101.3	98.9	100.7
钢材	88.1	98.9	98.9	101.0	100.0	99.3	100.1
其他	96.9	105.4	99.7	101.9	103.5	98.2	101.8
有色金属材料及电线类	98.9	100.1	101.3	102.1	100.3	99.4	100.2
化工原料类	95.4	98.7	100.5	101.7	100.1	97.9	100.8
木材及纸浆类	97.2	98.6	100.0	99.7	100.6	99.8	100.2
建筑材料类及非金属类	93.7	100.4	99.3	101.3	98.9	100.2	98.9
其他工业原材料及半成品类	102.2	100.5	100.3	99.9	100.7	100.3	99.8
农副产品类	110.7	99.5	98.8	100.3	101.7	102.8	102.2
纺织原料类	86.3	102.1	101.9	100.3	100.0	100.7	99.9

5-12 续表

(上月=100)

项目名称	7月	8月	9月	10月	11月	12月
总指数	**98.6**	**98.5**	**99.9**	**100.3**	**100.3**	**100.0**
按初级中间最终产品分						
初级产品	99.2	97.9	99.7	101.4	99.4	99.8
农产品	101.8	99.0	100.5	101.2	99.5	98.4
矿产品	98.1	97.1	99.0	101.8	99.4	100.8
废料	92.7	97.6	100.3	98.0	98.5	99.8
中间产品	98.4	98.7	100.0	99.9	100.6	100.0
九大类原材料购进价格指数						
燃料、动力类	99.6	97.5	100.2	100.5	100.6	100.4
黑色金属材料类	94.4	96.6	98.6	99.2	98.2	101.5
钢材	96.2	96.7	98.4	99.2	98.8	100.1
其他	91.3	96.5	99.1	99.1	97.1	104.1
有色金属材料及电线类	94.9	98.1	100.6	100.5	100.9	100.7
化工原料类	99.5	98.3	99.2	98.7	100.4	99.7
木材及纸浆类	100.0	99.0	100.4	98.6	100.2	100.2
建筑材料类及非金属类	97.1	99.2	97.6	100.1	100.6	100.0
其他工业原材料及半成品类	99.7	99.7	100.0	101.0	99.7	100.5
农副产品类	101.9	99.6	101.9	101.1	102.3	98.3
纺织原料类	93.8	95.0	98.6	99.0	97.4	97.1

5-13 各月分类工业生产者购进价格定基指数(2022年)

(2020年=100)

项目名称	全年	1月	2月	3月	4月	5月	6月
总指数	**115.7**	**114.3**	**114.6**	**115.7**	**116.9**	**117.7**	**118.2**
按初级中间最终产品分							
初级产品	124.8	120.5	120.2	122.8	126.2	127.0	128.4
农产品	107.9	104.9	103.4	103.8	105.9	108.1	108.5
矿产品	138.0	131.6	132.5	136.7	141.5	141.3	143.9
废料	122.2	124.9	125.6	129.0	130.7	130.7	129.4
中间产品	113.3	112.6	113.0	113.8	114.4	115.2	115.4
九大类原材料购进价格指数							
燃料、动力类	151.2	139.8	141.6	145.2	150.4	156.4	156.9
黑色金属材料类	117.9	122.8	121.8	123.4	125.0	123.6	124.4
钢材	119.1	124.9	123.6	124.7	124.8	123.9	124.0
其他	116.1	119.4	119.1	121.4	125.6	123.3	125.5
有色金属材料及电线类	121.5	121.5	123.1	125.7	126.1	125.3	125.5
化工原料类	117.4	118.1	118.6	120.6	120.7	118.2	119.1
木材及纸浆类	106.5	107.0	106.9	106.6	107.2	107.0	107.2
建筑材料类及非金属类	113.7	117.6	116.9	118.3	117.1	117.2	115.9
其他工业原材料及半成品类	103.9	103.1	103.4	103.4	104.1	104.4	104.2
农副产品类	99.4	94.0	92.9	93.2	94.8	97.4	99.5
纺织原料类	123.6	128.9	131.3	131.7	131.7	132.6	132.5

5-13 续表

(2020年=100)

项目名称	7月	8月	9月	10月	11月	12月
总指数	**116.5**	**114.8**	**114.7**	**114.9**	**115.3**	**115.3**
按初级中间最终产品分						
初级产品	127.4	124.7	124.3	126.0	125.3	125.0
农产品	110.4	109.3	109.9	111.3	110.8	109.0
矿产品	141.1	137.1	135.7	138.2	137.3	138.5
废料	119.9	117.0	117.4	115.1	113.4	113.1
中间产品	113.6	112.1	112.1	112.0	112.7	112.7
九大类原材料购进价格指数						
燃料、动力类	156.3	152.3	152.6	153.3	154.2	154.8
黑色金属材料类	117.4	113.5	111.9	111.0	109.0	110.6
钢材	119.2	115.3	113.4	112.5	111.1	111.2
其他	114.6	110.6	109.6	108.6	105.4	109.7
有色金属材料及电线类	119.1	116.8	117.5	118.1	119.1	120.0
化工原料类	118.5	116.5	115.5	114.0	114.4	114.1
木材及纸浆类	107.2	106.1	106.5	105.0	105.3	105.5
建筑材料类及非金属类	112.5	111.6	109.0	109.1	109.7	109.8
其他工业原材料及半成品类	103.9	103.6	103.6	104.6	104.3	104.8
农副产品类	101.4	101.0	102.9	104.1	106.5	104.6
纺织原料类	124.3	118.0	116.3	115.2	112.2	108.9

5－14 工业生产者购进价格完整同比指数(2022 年)

(上年＝100)

项目名称	指数	项目名称	指数
农业	106.3	其他木材	98.2
谷物种植	114.9	林产品采集	103.7
稻谷种植	99.7	木竹材林产品采集	114.8
小麦种植	113.9	非木竹材林产品采集	101.8
玉米种植	103.2	天然橡胶	102.0
其他谷物种植	156.1	其他非木竹材林产品	101.1
高粱	96.5	畜牧业	100.1
大麦	107.9	牲畜饲养	97.0
其他谷物	206.6	牛的饲养	96.8
豆类、油料和薯类种植	100.7	猪的饲养	96.8
豆类种植	107.5	其他牲畜饲养	79.2
大豆	107.9	家禽饲养	106.7
其他豆类及豆秸	105.1	鸡的饲养	106.7
油料种植	99.7	其他畜牧业	103.5
花生	98.4	其他未列明畜牧业产品	103.5
芝麻	103.3	农、林、牧、渔专业及辅助性活动	100.5
棉、麻、糖、烟草种植	109.6	农业专业及辅助性活动	100.5
棉花种植	112.7	农产品初加工活动	100.5
麻类种植	100.0	煤炭开采和洗选业	113.1
烟草种植	100.0	烟煤和无烟煤开采洗选	113.1
蔬菜、食用菌及园艺作物种植	102.2	无烟煤开采洗选	115.7
蔬菜种植	102.2	烟煤开采洗选	112.3
坚果、含油果、香料和饮料作物种植	84.0	其他煤炭采选	102.1
香料作物种植	83.8	石油和天然气开采业	143.0
调味香料	83.7	石油开采	143.7
香味料	99.6	陆地石油开采	143.7
茶及其他饮料作物种植	92.1	天然气开采	127.3
中药材种植	110.5	陆地天然气开采	127.3
其他农业	105.5	黑色金属矿采选业	86.3
林业	102.6	铁矿采选	77.7
木材和竹材采运	101.0	铁矿石成品矿	77.7
木材采运	101.0	锰矿、铬矿采选	136.6
针叶原木	104.0	锰矿	140.0
非针叶原木	103.8	铬矿石	126.7

5－14 续表1

（上年＝100）

项目名称	指 数	项目名称	指 数
有色金属矿采选业	106.4	配合饲料	130.4
常用有色金属矿采选	106.6	其他未列明饲料	108.2
铜矿采选	103.5	植物油加工	109.5
铅锌矿采选	108.6	食用植物油加工	109.5
铝矿采选	110.6	食用植物油	108.3
其他常用有色金属矿采选	94.1	其他食用植物油	116.4
钛矿	94.1	制糖业	102.3
贵金属矿采选	106.3	屠宰及肉类加工	94.8
金矿采选	106.3	牲畜屠宰	93.9
稀有稀土金属矿采选	67.3	鲜、冷藏肉及冻肉	93.9
钨钼矿采选	67.3	禽类屠宰	102.3
钼矿	67.3	肉制品及副产品加工	121.4
非金属矿采选业	100.2	动物肠衣	103.1
土砂石开采	99.3	其他未列明肉制品	130.5
石灰石、石膏开采	97.7	蔬菜、菌类、水果和坚果加工	110.4
石灰石	97.7	蔬菜加工	141.0
粘土及其他土砂石开采	99.3	食用菌加工	99.0
粘土	99.0	水果和坚果加工	104.6
砂石	99.3	其他农副食品加工	102.2
化学矿开采	168.2	淀粉及淀粉制品制造	102.5
磷矿石	168.2	豆制品制造	102.7
采盐	144.4	其他未列明农副食品加工	101.4
矿盐	144.4	食品制造业	103.5
石棉及其他非金属矿采选	118.9	乳制品制造	107.1
石墨、滑石采选	123.9	液体乳制造	103.5
石墨	123.9	乳粉制造	110.4
其他未列明非金属矿采选	116.8	其他乳制品制造	100.0
农副食品加工业	97.2	调味品、发酵制品制造	106.4
谷物磨制	111.2	味精制造	107.1
稻谷加工	101.7	其他调味品、发酵制品制造	106.3
小麦加工	112.7	复合调味品	107.8
玉米加工	93.9	发酵类制品	106.1
饲料加工	118.5	其他食品制造	97.5
其他饲料加工	118.5	食品及饲料添加剂制造	97.2

5－14 续表2

（上年＝100）

项目名称	指　数	项目名称	指　数
食品添加剂	97.5	木材加工	103.3
饲料添加剂	85.7	锯材加工	98.9
其他未列明食品制造	100.2	木片加工	101.5
酒、饮料和精制茶制造业	104.2	单板加工	103.9
酒的制造	108.4	人造板制造	102.4
酒精制造	98.8	纤维板制造	106.7
啤酒制造	113.7	其他人造板制造	99.2
葡萄酒制造	103.9	木质制品制造	100.0
饮料制造	106.6	软木制品及其他木制品制造	100.0
果菜汁及果菜汁饮料制造	106.6	造纸和纸制品业	99.7
精制茶加工	95.3	纸浆制造	120.0
精制茶	95.3	木竹浆制造	121.4
纺织业	111.8	非木竹浆制造	116.4
棉纺织及印染精加工	112.1	造纸	104.3
棉纺纱加工	113.0	机制纸及纸板制造	104.3
已梳皮棉	113.7	未涂布印刷书写用纸	107.5
纱	104.4	其他机制纸及纸板	101.9
线	104.9	加工纸制造	104.1
棉织造加工	104.1	纸制品制造	99.1
布（棉布、棉混纺布、化纤布）	104.1	纸和纸板容器制造	99.1
毛纺织及染整精加工	100.0	其他纸制品制造	99.9
毛条和毛纱线加工	101.4	其他纸制品	99.9
毛织造加工	99.8	石油、煤炭及其他燃料加工业	132.4
特种羊毛或动物细毛织物	99.8	精炼石油产品制造	126.1
丝绢纺织及印染精加工	115.2	原油加工及石油制品制造	126.1
缫丝加工	115.2	汽油	125.1
皮革、毛皮、羽毛及其制品和制鞋业	99.7	柴油	117.0
皮革鞣制加工	101.8	润滑油	109.1
成品革	101.8	石脑油	121.2
毛皮鞣制及制品加工	99.5	液化石油气	122.8
毛皮鞣制加工	99.5	石油焦	149.0
羽毛（绒）加工及制品制造	105.7	石油沥青	106.4
羽毛（绒）加工	105.7	煤炭加工	136.2
木材加工和木、竹、藤、棕、草制品业	102.7	炼焦	136.2

5-14 续表3

（上年=100）

项目名称	指　数	项目名称	指　数
焦炭	135.0	涂料、油墨、颜料及类似产品制造	101.3
煤焦油	142.2	密封用填料及类似品制造	101.3
化学原料和化学制品制造业	103.4	合成材料制造	102.1
基础化学原料制造	107.4	初级形态塑料及合成树脂制造	102.0
无机酸制造	94.5	合成纤维单(聚合)体制造	104.5
硫酸	94.5	合成纤维单体	102.2
无机碱制造	140.4	合成纤维聚合物	116.0
烧碱	146.0	专用化学产品制造	118.1
纯碱类	129.6	化学试剂和助剂制造	119.5
其他无机碱产品	131.4	化学试剂	119.8
无机盐制造	103.8	催化剂及载体	124.1
非金属卤化物及硫化物	115.7	其他化学试剂和助剂	99.9
金属硫化物及硫酸盐	124.6	专项化学用品制造	142.0
氟化物及其盐	76.3	工业用脂肪酸	142.0
氯化物及其盐	94.2	林产化学产品制造	98.9
氰化物、氧氰化物及氰络合物	107.6	其他林产化学产品	98.9
碳化物及碳酸盐	101.9	其他专用化学产品制造	111.1
有机化学原料制造	103.4	炸药、火工及焰火产品制造	99.1
链烯烃	100.3	炸药及火工产品制造	99.1
芳烃	114.8	炸药	103.9
烃磺化、硝化或亚硝化衍生物	117.7	火工产品	89.6
无环醇及其衍生物	83.3	日用化学产品制造	106.9
羧酸及其衍生物	110.5	香料、香精制造	106.9
氨基化合物	105.0	医药制造业	105.4
其他有机化学原料	108.9	化学药品原料药制造	106.7
其他基础化学原料制造	99.4	抗菌素(抗感染药)	105.3
金属氧化物	106.2	解热镇痛药	100.7
气体及稀有气体	72.5	维生素类	98.8
其他未列明基础化学原料	104.9	激素类药	120.4
肥料制造	122.4	抗肿瘤药	92.7
氮肥制造	124.1	心血管系统用药	100.2
磷肥制造	129.2	呼吸系统用药	100.0
钾肥制造	153.2	调解水、电解质、酸碱平衡药	103.6
复混肥料制造	100.3	生化药(酶及辅酶)	97.5

5－14 续表4

（上年＝100）

项目名称	指数	项目名称	指数
其他化学药品原料药	103.4	其他未列明塑料制品	97.0
中成药生产	97.8	非金属矿物制品业	111.2
中成药片剂	92.4	水泥、石灰和石膏制造	111.4
其他中成药	100.0	水泥制造	100.1
生物药品制品制造	102.2	通用硅酸盐水泥	100.1
生物药品制造	102.2	硅酸盐水泥熟料	102.8
化学纤维制造业	129.7	石灰和石膏制造	119.7
纤维素纤维原料及纤维制造	134.3	石灰	119.7
化纤浆粕制造	135.6	砖瓦、石材等建筑材料制造	89.4
人造纤维(纤维素纤维)制造	116.9	其他建筑材料制造	89.4
合成纤维制造	111.0	玻璃制造	105.2
锦纶纤维制造	100.7	平板玻璃制造	105.2
涤纶纤维制造	112.2	玻璃制品制造	97.6
橡胶和塑料制品业	102.9	技术玻璃制品制造	86.4
橡胶制品业	107.5	光学玻璃制造	101.5
轮胎制造	98.8	玻璃包装容器制造	101.9
轮胎外胎	98.8	陶瓷制品制造	101.7
橡胶板、管、带制造	109.0	特种陶瓷制品制造	101.7
橡胶输送带	106.5	耐火材料制品制造	114.9
橡胶传动带	111.2	耐火陶瓷制品及其他耐火材料制造	114.9
塑料制品业	102.1	其他耐火材料制品	114.9
塑料薄膜制造	106.9	石墨及其他非金属矿物制品制造	107.2
塑料板、管、型材制造	103.3	石墨及碳素制品制造	104.8
塑料板、片	115.6	石墨制品	104.8
塑料条、棒、型材	101.8	其他非金属矿物制品制造	107.4
其他塑料板、管、型材	100.0	磨具	100.0
塑料丝、绳及编织品制造	98.1	磨料	107.2
泡沫塑料制造	102.1	沥青、泥炭	133.8
塑料人造革、合成革制造	106.9	其他非金属矿物制品	94.6
塑料包装箱及容器制造	100.1	黑色金属冶炼和压延加工业	99.0
塑料零件及其他塑料制品制造	99.6	炼铁	94.6
医疗卫生用塑料制品	97.1	生铁	95.8
塑料粒料	104.8	其他炼铁产品	92.2
其他塑料零件	91.0	炼钢	102.8

5－14 续表 5

（上年＝100）

项目名称	指　数	项目名称	指　数
非合金钢粗钢	103.0	金冶炼	104.2
低合金钢粗钢	99.6	矿山成品金	104.6
钢压延加工	99.2	冶炼产金	104.1
轧制锻造钢坯	104.2	银冶炼	90.9
大型型钢	96.2	有色金属合金制造	104.1
中小型型钢	99.6	贵金属合金	104.1
棒材	101.0	有色金属压延加工	104.8
钢筋（线材）	92.5	铜压延加工	102.1
厚钢板	96.0	铝压延加工	107.6
中板	101.4	铝材	107.6
热轧薄板	100.9	其他有色金属压延加工	109.1
冷轧薄板	99.2	金属制品业	105.7
中厚宽钢带	96.3	结构性金属制品制造	98.6
冷轧薄宽钢带	94.8	金属结构制造	98.6
热轧窄钢带	85.1	钢结构	94.8
镀层板带	93.8	钢铁结构体部件、加工钢材	98.8
无缝钢管	101.8	金属工具制造	96.4
焊接钢管	94.3	其他金属工具制造	96.4
其他钢材	99.1	集装箱及金属包装容器制造	115.2
铁合金冶炼	105.3	金属包装容器及材料制造	115.2
普通铁合金	105.8	钢铁制包装容器	115.1
特种铁合金	98.9	铝制包装容器	126.8
有色金属冶炼和压延加工业	103.4	金属丝绳及其制品制造	106.4
常用有色金属冶炼	102.4	钢丝	100.9
铜冶炼	100.2	铜丝	108.3
粗铜	100.3	钢丝绳	111.8
精炼铜（电解铜）	99.7	金属丝绳制品	103.8
铅锌冶炼	101.9	其他金属丝绳及其制品	104.9
铅	101.9	建筑、安全用金属制品制造	111.2
铝冶炼	104.2	建筑、家具用金属配件制造	100.5
氧化铝	105.2	锁具及配件	100.0
原铝（电解铝）	104.5	其他建筑、家具用金属配件	100.8
镁冶炼	114.6	安全、消防用金属制品制造	140.9
贵金属冶炼	103.4	其他安全、消防用金属制品	140.9

5－14 续表6

（上年＝100）

项目名称	指 数	项目名称	指 数
金属制日用品制造	106.0	紧固件制造	101.4
其他金属制日用品制造	106.0	钢铁制紧固件	101.4
铸造及其他金属制品制造	110.2	其他通用零部件制造	85.8
黑色金属铸造	103.9	专用设备制造业	102.4
铸铁件	104.6	环保、邮政、社会公共服务及其他专用设备制造	102.4
铸钢件	102.6	其他专用设备制造	102.4
锻件及粉末冶金制品制造	123.6	汽车制造业	94.0
锻件	101.8	汽车用发动机制造	97.9
冲压件、钣金件	128.5	汽车车身、挂车制造	100.2
其他未列明金属制品制造	100.6	汽车车身	100.2
通用设备制造业	103.0	汽车零部件及配件制造	92.3
锅炉及原动设备制造	99.9	车身以及零配件	91.3
内燃机及配件制造	99.9	底盘以及零配件	98.2
其他内燃机	99.9	汽车通用件	98.1
金属加工机械制造	100.6	铁路、船舶、航空航天和其他运输设备制造业	106.6
机床功能部件及附件制造	100.6	铁路运输设备制造	99.9
泵、阀门、压缩机及类似机械制造	106.1	铁路机车车辆配件制造	99.9
气体压缩机械制造	106.4	其他铁路机车车辆配件	99.9
空调压缩机	107.4	摩托车制造	107.4
冰箱压缩机	101.5	摩托车零部件及配件制造	107.4
其他气体压缩机械及零件	100.5	电气机械和器材制造业	104.4
阀门和旋塞制造	103.5	电机制造	105.4
液压动力机械及元件制造	101.0	发电机及发电机组制造	105.0
液压元件	101.0	交流发电机	105.7
轴承、齿轮和传动部件制造	104.2	电机及发电机组专用零件	105.0
滚动轴承制造	103.5	电动机制造	105.8
齿轮及齿轮减、变速箱制造	100.0	交流电动机	105.8
齿轮传动装置（齿轮箱）	100.0	其他电机及零件	100.6
其他传动部件制造	104.4	输配电及控制设备制造	101.0
其他齿轮、传动和驱动部件及零件	104.4	变压器、整流器和电感器制造	99.0
烘炉、风机、包装等设备制造	97.6	互感器	99.0
制冷、空调设备制造	97.6	电容器及其配套设备制造	100.1
制冷、空调设备零部件	97.6	电力电容器	100.1
通用零部件制造	86.4	配电开关控制设备制造	101.3

5－14 续表7

（上年＝100）

项目名称	指　数	项目名称	指　数
高压电路开关、保护电器装置	100.4	通用仪器仪表制造	105.3
低压开关、保护控制装置	100.0	工业自动控制系统装置制造	99.1
电力控制或电力分配装置	112.7	执行器	97.7
其他配电开关控制设备	100.5	其他工业自动控制系统装置	100.0
电线、电缆、光缆及电工器材制造	101.4	电工仪器仪表制造	99.3
电线、电缆制造	101.4	电力自动化仪表及系统	98.6
绝缘电线	102.8	其他电工仪器仪表	100.0
其他电线、电缆	100.4	其他通用仪器制造	108.8
电池制造	99.2	光学仪器制造	99.9
锂离子电池制造	99.0	其他光学仪器及零件、附件	99.9
其他电池制造	103.2	废弃资源综合利用业	99.4
其他电池及类似品	103.2	金属废料和碎屑加工处理	99.0
计算机、通信和其他电子设备制造业	99.6	熔炼用废钢	98.4
通信设备制造	99.3	有色金属废料与碎屑	107.4
通信终端设备制造	99.3	非金属废料和碎屑加工处理	103.7
移动通信终端设备零件	99.3	造纸废料、废纸	104.5
电子器件制造	95.2	其他非金属废料和碎屑	99.6
集成电路制造	95.2	电力、热力生产和供应业	112.9
集成电路成品	110.6	电力供应	113.0
其他集成电路	90.4	热力生产和供应	105.3
电子元件及电子专用材料制造	107.3	燃气生产和供应业	129.8
电阻电容电感元件制造	106.8	燃气生产和供应业	129.8
电子元件、组件零件	106.8	天然气生产和供应业	130.0
电子电路制造	103.5	天然气供应	130.0
挠性印制电路板	103.5	液化天然气（LNG）供应业	133.6
敏感元件及传感器制造	98.8	煤气生产和供应业	111.2
传感器	98.8	水的生产和供应业	100.4
电子专用材料制造	110.9	自来水生产和供应	100.4
磁性材料元件	91.2	自来水生产	100.4
电子半导体材料	122.8	自来水供应	106.2
仪器仪表制造业	105.2	其他水的处理、利用与分配	100.0

5－15　郑州市分月商品住宅

（上年同月＝100）

项　目	1月	2月	3月	4月	5月
新建商品住宅	**101.5**	**100.8**	**99.4**	**98.4**	**97.5**
90平方米及以下	101.4	100.8	99.4	97.9	96.9
90－144平方米	101.8	101.0	99.4	98.3	97.3
144平方米以上	100.6	100.3	99.3	98.9	98.9
二手住宅	**100.5**	**99.8**	**99.2**	**98.2**	**97.3**
90平方米及以下	100.2	99.5	99.0	97.7	96.7
90－144平方米	100.7	100.1	98.6	98.6	98.1
144平方米以上	100.9	100.2	99.7	98.5	97.1

5－15　续表

（上月＝100）

项　目	1月	2月	3月	4月	5月
新建商品住宅	**99.8**	**99.8**	**99.3**	**99.7**	**99.9**
90平方米及以下	100.0	99.9	99.7	98.9	99.6
90－144平方米	99.8	99.8	99.2	99.9	99.9
144平方米以上	99.6	99.7	99.5	99.9	100.5
二手住宅	**99.8**	**99.6**	**99.8**	**99.5**	**99.7**
90平方米及以下	99.9	99.8	99.8	99.4	99.6
90－144平方米	99.6	99.4	99.9	99.8	100.0
144平方米以上	99.9	99.5	99.9	99.2	99.5

销售价格指数(2022年)

6月	7月	8月	9月	10月	11月	12月
96.6	**96.4**	**96.2**	**96.2**	**96.2**	**96.4**	**96.6**
95.7	95.6	95.5	96.0	95.1	96.2	96.4
96.1	95.9	95.8	95.7	95.0	96.4	96.6
98.9	99.1	98.2	98.0	96.3	96.9	96.7
96.2	**95.4**	**94.9**	**94.7**	**94.7**	**94.5**	**94.3**
95.7	95.1	94.4	94.0	94.0	93.7	93.7
97.2	96.3	95.9	95.9	96.1	95.9	95.4
95.3	94.4	93.8	93.7	93.3	93.4	93.4

6月	7月	8月	9月	10月	11月	12月
99.8	**100.3**	**99.6**	**99.7**	**99.5**	**99.6**	**99.4**
99.6	100.8	99.7	99.8	99.1	99.7	99.6
99.8	100.1	99.8	99.6	99.8	99.6	99.3
100.2	100.3	98.9	99.7	99.0	99.6	99.7
99.3	**99.5**	**99.2**	**99.6**	**99.5**	**99.2**	**99.4**
99.3	99.5	99.0	99.5	99.4	98.9	99.4
99.5	99.7	99.5	99.8	99.7	99.3	99.2
99.2	99.0	99.0	99.3	99.4	99.5	99.7

5－16 洛阳市分月商品住宅

（上年同月＝100）

项 目	1月	2月	3月	4月	5月
新建商品住宅	**102.3**	**101.9**	**101.3**	**99.9**	**98.5**
90平方米及以下	100.3	100.3	99.7	99.1	98.1
90－144平方米	102.7	102.2	101.6	100.0	98.4
144平方米以上	101.6	101.6	101.0	100.5	99.3
二手住宅	**100.6**	**99.9**	**99.1**	**97.3**	**96.0**
90平方米及以下	100.5	99.9	98.7	97.5	95.6
90－144平方米	100.6	99.8	99.5	97.2	95.9
144平方米以上	100.9	100.0	98.6	97.4	96.8

5－16 续表

（上月＝100）

类 别	1月	2月	3月	4月	5月
新建商品住宅	**99.7**	**99.6**	**99.5**	**99.3**	**99.3**
90平方米及以下	100.0	100.0	99.4	99.9	99.5
90－144平方米	99.7	99.6	99.5	99.2	99.2
144平方米以上	99.8	99.7	99.6	99.7	99.4
二手住宅	**99.4**	**99.2**	**99.6**	**99.1**	**99.2**
90平方米及以下	99.2	99.5	99.0	99.2	99.2
90－144平方米	99.4	99.2	100.2	99.0	99.1
144平方米以上	99.5	98.4	99.4	99.5	99.6

销售价格指数(2022年)

6月	7月	8月	9月	10月	11月	12月
97.8	**97.4**	**96.6**	**96.0**	**95.2**	**95.0**	**95.2**
96.9	96.6	95.7	95.5	95.1	95.9	96.7
97.6	97.0	96.3	95.8	95.0	94.6	94.9
99.6	99.8	98.6	97.4	96.3	96.3	96.0
95.0	**94.3**	**93.6**	**93.0**	**92.3**	**92.5**	**92.4**
94.8	94.4	93.3	92.8	91.6	91.8	91.7
95.0	93.9	93.6	93.0	92.7	92.6	92.7
95.8	95.1	94.3	93.5	92.7	93.3	93.0

6月	7月	8月	9月	10月	11月	12月
99.7	**100.1**	**99.7**	**99.6**	**99.3**	**99.6**	**99.5**
99.2	100.0	100.0	99.9	99.6	99.8	99.4
99.7	100.1	99.7	99.7	99.3	99.6	99.5
100.3	100.5	99.3	99.0	99.3	99.7	99.6
99.3	**99.6**	**99.4**	**99.4**	**99.2**	**99.3**	**99.3**
99.2	99.9	99.1	99.6	99.0	99.1	99.3
99.4	99.4	99.7	99.3	99.2	99.2	99.4
99.3	99.4	99.2	99.5	99.7	100.0	99.2

5－17　平顶山市分月商品住宅

（上年同月＝100）

类　别	1月	2月	3月	4月	5月
新建商品住宅	**101.3**	**100.3**	**99.7**	**99.4**	**98.9**
90平方米及以下	100.7	100.6	99.7	99.5	98.1
90－144平方米	101.5	100.2	99.6	99.3	99.1
144平方米以上	100.9	101.1	100.5	99.5	98.8
二手住宅	**99.8**	**99.2**	**98.6**	**98.1**	**97.7**
90平方米及以下	98.8	98.6	98.3	98.2	97.7
90－144平方米	100.2	99.1	98.6	97.8	97.5
144平方米以上	100.6	100.5	99.7	98.9	98.4

5－17　续表

（上月＝100）

类　别	1月	2月	3月	4月	5月
新建商品住宅	**99.8**	**99.3**	**99.7**	**99.9**	**99.8**
90平方米及以下	98.9	99.8	99.4	100.0	98.7
90－144平方米	99.9	99.1	99.8	100.0	100.0
144平方米以上	100.0	100.0	99.2	99.1	99.8
二手住宅	**99.8**	**99.8**	**99.6**	**99.7**	**99.7**
90平方米及以下	99.7	99.5	99.7	99.8	99.7
90－144平方米	99.9	99.8	99.6	99.5	99.9
144平方米以上	99.7	100.1	99.4	99.9	99.4

销售价格指数(2022年)

6月	7月	8月	9月	10月	11月	12月
98.7	**98.9**	**98.1**	**97.6**	**97.0**	**97.1**	**97.4**
98.3	98.8	97.4	97.1	96.5	96.6	97.2
98.8	98.9	98.1	97.7	97.2	97.3	97.6
98.5	98.9	98.3	97.8	96.5	96.7	96.4
97.5	**97.1**	**96.7**	**96.4**	**96.1**	**96.0**	**95.8**
97.7	97.0	96.8	96.3	96.0	96.1	95.9
97.2	96.7	96.6	96.4	96.0	95.9	95.7
98.3	98.4	97.2	97.0	96.6	96.0	95.7

6月	7月	8月	9月	10月	11月	12月
99.9	**100.1**	**99.6**	**99.8**	**99.7**	**99.8**	**100.2**
100.3	100.4	99.6	100.1	100.0	100.0	99.9
99.9	100.0	99.6	99.8	99.6	99.7	100.2
99.6	100.0	99.5	99.6	99.5	99.9	100.2
99.8	**99.4**	**99.7**	**99.5**	**99.6**	**99.6**	**99.7**
99.9	99.3	99.6	99.4	99.7	99.9	99.5
99.6	99.4	99.9	99.4	99.5	99.4	99.7
99.9	100.0	98.8	99.7	99.5	99.4	99.8

5－18 郑州、洛阳、平顶山市

郑州市(2020 年＝100)

类　别	1 月	2 月	3 月	4 月	5 月
新建商品住宅	**101.2**	**101.0**	**100.3**	**100.0**	**99.9**
90 平方米及以下	101.2	101.1	100.7	99.7	99.2
90－144 平方米	101.1	100.9	100.1	100.0	99.8
144 平方米以上	101.3	101.1	100.5	100.5	101.0
二手住宅	**99.3**	**98.9**	**98.7**	**98.3**	**98.0**
90 平方米及以下	99.0	98.8	98.6	98.1	97.7
90－144 平方米	99.4	98.8	98.6	98.5	98.5
144 平方米以上	99.6	99.1	99.0	98.3	97.8

5－18 续表 1

洛阳市(2020 年＝100)

类　别	1 月	2 月	3 月	4 月	5 月
新建商品住宅	**103.6**	**103.2**	**102.7**	**102.0**	**101.3**
90 平方米及以下	100.7	100.7	100.1	100.0	99.4
90－144 平方米	104.1	103.6	103.2	102.3	101.5
144 平方米以上	103.2	102.9	102.5	102.2	101.6
二手住宅	**102.1**	**101.3**	**100.9**	**100.1**	**99.3**
90 平方米及以下	101.3	100.8	99.8	99.0	98.2
90－144 平方米	102.4	101.7	101.8	100.8	99.9
144 平方米以上	102.7	101.1	100.5	100.1	99.7

5－18 续表 2

平顶山市(2020 年＝100)

类　别	1 月	2 月	3 月	4 月	5 月
新建商品住宅	**103.3**	**102.6**	**102.3**	**102.1**	**101.9**
90 平方米及以下	102.6	102.4	101.8	101.8	100.5
90－144 平方米	103.4	102.4	102.2	102.2	102.2
144 平方米以上	103.7	103.7	102.8	101.9	101.6
二手住宅	**101.6**	**101.4**	**101.0**	**100.6**	**100.4**
90 平方米及以下	101.4	100.9	100.6	100.5	100.2
90－144 平方米	101.6	101.4	101.0	100.5	100.3
144 平方米以上	102.2	102.2	101.6	101.6	101.0

商品住宅销售价格定基指数(2022年)

6月	7月	8月	9月	10月	11月	12月
99.7	**100.0**	**99.6**	**99.3**	**98.8**	**98.4**	**97.9**
98.8	99.5	99.3	99.1	98.2	98.0	97.6
99.6	99.7	99.5	99.1	98.9	98.5	97.9
101.2	101.5	100.3	100.1	99.0	98.6	98.3
97.4	**96.8**	**96.1**	**95.7**	**95.2**	**94.4**	**93.8**
96.9	96.4	95.5	95.0	94.5	93.4	92.8
98.0	97.7	97.2	97.0	96.6	96.0	95.2
97.0	96.0	95.1	94.4	93.8	93.4	93.1

6月	7月	8月	9月	10月	11月	12月
101.0	**101.1**	**100.8**	**100.4**	**99.7**	**99.3**	**98.9**
98.6	98.6	98.6	98.5	98.2	98.0	97.4
101.2	101.3	100.9	100.6	99.9	99.5	99.0
101.9	102.4	101.7	100.7	100.0	99.7	99.3
98.6	**98.2**	**97.6**	**97.0**	**96.3**	**95.6**	**95.0**
97.4	97.4	96.5	96.1	95.1	94.3	93.6
99.3	98.7	98.4	97.7	96.9	96.1	95.6
99.0	98.3	97.5	97.1	96.7	96.7	96.0

6月	7月	8月	9月	10月	11月	12月
101.8	**101.9**	**101.5**	**101.2**	**100.9**	**100.7**	**100.9**
100.8	101.2	100.8	100.9	100.9	100.9	100.8
102.1	102.1	101.7	101.4	101.1	100.8	101.0
101.2	101.2	100.8	100.4	99.9	99.8	100.0
100.1	**99.6**	**99.3**	**98.7**	**98.3**	**97.9**	**97.5**
100.1	99.4	99.0	98.4	98.1	98.0	97.5
100.0	99.4	99.3	98.7	98.2	97.6	97.4
100.9	100.9	99.8	99.4	98.9	98.3	98.2

主要统计指标解释

工业生产者出厂价格指数 是反映一定时期内全部工业产品第一次出售时的出厂价格总水平的变动趋势和变动幅度的相对数。工业生产者出厂价格是指工业企业向商业（物资）部门或商业企业、其他生产单位、个人出售产品的价格，它是工业产品进入流通领域的最初价格，是制定工业产品批发价格和零售价格的基础。工业生产者出厂价格指数按轻重工业分类，可以分为轻工业出厂价格指数和重工业出厂价格指数；按两大部类分类，可以分为生产资料出厂价格指数和生活资料出厂价格指数。

工业生产者购进价格指数 是反映工业企业作为生产投入，从物资交易市场或能源、原材料生产企业购买原材料、燃料及动力产品时，所支付的价格水平变动趋势和程度的统计指标，它是扣除工业企业物质消耗成本中的价格变动影响的重要依据。目前，编制的工业生产者购进价格指数所调查的产品包括燃料、动力类，黑色金属材料类，有色金属材料和电线类，化工原料类，木材及纸浆类，建筑材料及非金属矿类，其他工业原材料及半成品类，农副产品类，纺织原料类共九大类的产品。

国家统计局从 2011 年 1 月开始实施新的工业生产者价格统计调查制度方法。“工业品价格统计”改称为“工业生产者价格统计”，相应地将“工业品出厂价格指数”和“原材料、燃料、动力购进价格指数”分别改称为“工业生产者出厂价格指数”和“工业生产者购进价格指数”。

2016 年制度更名为《工业生产者价格统计报表制度》，调整调查项目目录。

按国家统计局的要求，新的国家标准《国民经济行业分类》（GB/T4754－2017）从 2017 年统计年报和 2018 年定期统计报表起统一使用新标准。2018 年工业生产者出厂价格指数行业分类标准按新的国民经济行业分类标准执行。

2021 年进行了基期轮换，开始编制以 2020 年为基期的价格指数，参考联合国《全部经济活动的国际标准行业分类》（ISICRev. 4）和我国《国民经济行业分类》（GB/T4754－2017）两大标准，制造了调查分类目录和产品目录。

为适应分析的需要，在工业生产者出厂价格指数分类中增加了核心指数、高技术指数、能源类指数、初级产品、中间产品、最终产品等新的分类指数。

核心指数是指扣除农副食品加工产品、煤炭、石油、发电等能源类相关产品的其他产品价格变动总体情况的度量指标。

高技术指数是指核电、生物制品、部分药品及医疗器械、飞机制造、大部分通讯电子产品、部分仪表、机床等科技含量比较高的产品价格变动总体情况的度量指标。

能源指数是指煤炭开采、石油天然气开采及加工、核能发电、火力发电、风能发电等能源类产品价格变动总体情况的度量指标。

初级产品指数是指直接开采的产品及废旧物资回收直接粗加工的产品价格波动指数。

中间产品指数是指工业加工处理后可能重新投入生产环节的产品价格变动总体情况的度量指标。

最终产品指数是指工业加工处理后可能投入最终消费或者投资的产品价格变动总体情况的度量指标。

部分产品可以既是中间产品，又是最终产品。

商品住宅销售价格指数 商品住宅销售价格指数是综合反映商品住宅价格水平总体变化趋势和变化幅度的相对数。中国商品住宅销售价格指数由70个大中城市的新建商品住宅销售价格指数和二手住宅销售价格指数组成，河南只有郑州、洛阳、平顶山三市作为国家调查城市，开展商品住宅销售价格指数调查编制工作。

调查范围为70个大中城市的市辖区，不包括县。新建商品住宅价格调查为全面调查，基础数据直接采用当地房地产主管部门的网签备案数据，包括成交总价（合同金额）、建筑面积、签约时间、行政区划等资料；二手住宅销售价格调查为非全面调查，采用重点调查和典型调查相结合的方法，按照房地产经纪机构或房屋居住服务平台等相关企业上报、房地产主管部门提供与调查员实地采价相结合的方式收集基础数据。

农产品价格

资料整理：樊福顺

6-1 历年农产品生产者价格指数

(上年=100)

农产品名称	2001年	2005年	2010年	2015年	2016年	2017年	2018年	2019年	2020年	2021年	2022
总指数		**100.7**	**112.5**	**100.7**	**103.2**	**94.9**	**97.9**	**119.9**	**116.8**	**98.0**	**97.2**
农业产品	**105.2**	**99.8**	**120.5**	**95.9**	**96.4**	**99.8**	**100.1**	**103.2**	**105.4**	**108.8**	**103.9**
谷物	121.0	96.5	111.3	94.3	91.4	103.8	100.8	99.9	105.4	111.8	111.0
小麦	124.3	97.4	110.5	98.3	95.6	107.5	98.6	98.7	100.9	107.6	120.8
稻谷	102.6	97.5	105.4	98.0	100.2	94.2	92.7	100.3	104.3	101.6	101.8
玉米	117.9	94.4	115.0	86.5	81.2	100.3	107.0	101.7	113.6	122.3	104.7
薯类	94.4	111.5	115.9	95.1	111.7	105.8	118.7	106.7	90.3	113.4	112.4
豆类	93.9	88.8	112.0	84.9	92.3	93.8	92.0	102.8	107.5	120.6	104.6
油料	94.8	97.0	118.1	98.8	102.0	91.0	89.6	113.1	113.1	99.8	103.3
花生	92.4	97.1	118.1	102.0	105.1	91.6	87.9	114.6	115.2	98.4	102.7
油菜籽	103.2	87.3	105.4	99.6	100.0	86.2				98.4	
芝麻	101.6	105.0	103.0	96.1	78.5	94.5	98.4	105.2	102.1	108.6	113.6
棉花(籽棉)	85.0	100.4	141.8	96.4	97.0	101.5	89.4				
烟草	114.9	104.3	103.9	105.2	96.7	104.4	102.7	97.7	97.6	95.3	93.0
蔬菜	101.6	111.3	138.4	100.9	112.7	85.2	96.9	109.6	104.6	114.5	90.8
水果	85.2	118.0	120.5	87.0	98.2	108.4	108.6	126.5	85.4	105.4	119.4
林业产品		**104.9**	**92.3**	**84.9**	**102.9**	**103.7**	**105.8**	**102.3**	**96.3**	**114.5**	**99.5**
牧业(畜产品)		**102.0**	**99.5**	**109.2**	**114.0**	**86.6**	**94.0**	**148.4**	**137.4**	**81.0**	**91.9**
牛	126.8	112.6	105.9	100.2	97.9	97.2	108.2	121.7	107.5	104.0	97.4
羊	112.8	116.7	110.2	88.0	75.2	119.9	116.0	118.6	105.0	100.9	89.4
猪	95.8	96.4	97.7	116.9	123.4	81.4	81.2	162.4	160.4	64.6	88.4
家禽		102.5	113.3	93.3	101.8	90.8	127.5	106.9	78.7	113.1	101.5
禽蛋	118.7	104.9	105.9	94.2	92.3	85.8	120.8	106.1	76.1	133.4	112.1
渔业	**89.2**	**103.0**	**102.0**	**99.4**	**99.3**	**100.9**	**102.8**	**95.8**	**106.6**	**111.6**	**100.8**

6-2 分季度农产品生产者价格指数(2022年)

(以上年同期价格为100)

农产品名称	全年	一季度	二季度	三季度	四季度
总指数	**97.2**	**86.4**	**91.3**	**113.3**	**123.3**
种植业产品	**103.9**	**107.6**	**108.7**	**109.5**	**100.9**
谷物	111.0	111.9	119.6	115.7	107.1
小麦	120.8	122.5	125.9	118.9	116.5
稻谷	101.8	100.1		102.4	101.6
玉米	104.7	102.7	102.2	109.7	104.7
薯类	112.4	104.3		121.4	113.9
豆类	104.6	110.9			100.1
油料	103.3	91.5	103.7	121.8	101.2
花生	102.7	89.8	101.6	121.8	100.0
油菜籽					
芝麻	113.6	116.6	114.3		110.3
棉花(籽棉)					
烟草	93.0			81.9	105.2
蔬菜	90.8	109.5	89.9	86.2	77.3
水果	119.4	107.8	114.5	108.7	139.3
林业产品	**99.5**	**101.8**	**100.0**	**100.0**	**96.8**
牧业(畜产品)	91.9	66.2	80.4	116.5	140.8
牛	97.4	100.8	96.6	93.6	98.8
羊	89.4	90.6	81.8	85.1	95.8
猪	88.4	43.8	71.5	133.4	157.9
家禽	101.5	97.3	99.8	105.2	104.9
禽蛋	112.1	109.3	114.3	108.3	116.3
渔业	**100.8**	**101.3**	**102.1**	**107.3**	**92.5**

6-3 各月农产品集贸市场平均价格(2022 年)

单位:元/公斤

农产品名称	1 月	2 月	3 月	4 月	5 月	6 月	7 月	8 月	9 月	10 月	11 月	12 月
粮食类												
籼稻(中等)	2.48	2.48	2.35	2.35	2.40	2.26	2.26			2.26	2.58	2.58
粳稻(中等)	2.90	2.85	2.80	2.70	2.65	2.70	2.80	2.80	2.90	2.95	2.92	2.95
小麦(中等)	2.69	2.73	2.88	2.89	2.92	3.03	2.99	3.04	3.03	3.16	3.21	3.19
玉米(中等)	2.59	2.60	2.69	2.70	2.72	2.77	2.73	2.67	2.64	2.71	2.72	2.77
大豆(中等)	7.20	7.37	7.41	7.42	7.33	7.57	7.53	7.40	7.42	7.41	7.01	7.33
籼米(中等)	5.15	5.09	5.11	5.12	5.16	5.18	5.24	5.48	5.50	5.82	6.12	5.93
粳米(中等)	5.33	5.36	5.36	5.36	5.30	5.28	5.24	5.25	5.27	5.25	5.36	5.42
经济类												
棉花[籽棉](中准级)	7.58	7.60	6.10	6.15	6.20	6.15	6.10	6.10	6.10	6.10	6.10	6.00
花生仁(中等)	11.79	11.73	11.52	11.78	12.14	12.16	12.08	12.13	12.65	12.80	13.09	12.93
油菜籽(普通)	6.00	5.97	6.00	6.03	6.07	6.13	6.07	6.25	6.30	6.67	6.60	6.67
畜产品类												
活猪(中等)	15.69	13.48	12.62	14.03	15.68	16.99	22.17	21.87	23.68	27.34	24.09	17.88
仔猪(普通)	24.10	21.80	22.06	26.32	32.19	35.66	45.78	46.98	46.42	50.53	48.07	40.47
猪肉(去骨统肉)	25.48	22.42	20.85	22.73	24.26	26.47	32.90	33.40	35.23	41.79	36.25	29.67
活牛(中等)	34.99	34.85	34.43	33.99	34.01	33.55	33.74	33.95	34.01	34.25	33.62	34.46
牛肉(去骨统肉)	80.00	79.92	79.29	78.73	79.73	78.85	79.38	78.68	78.93	80.43	81.07	79.77
活羊(中等)	36.12	35.70	35.09	34.52	34.14	33.31	33.65	33.82	34.10	34.03	33.90	33.48
羊肉(去骨统肉)	87.73	87.69	86.65	85.67	84.79	83.08	83.35	83.54	83.38	83.75	85.50	82.75
活鸡(普通肉鸡)	17.37	16.97	16.64	16.60	16.83	17.01	17.50	17.30	17.63	17.53	17.59	17.35
鸡蛋(普通鲜蛋)	9.86	8.65	9.18	10.38	10.46	9.59	10.35	10.59	11.24	12.81	12.23	11.72
水产品类												
草鱼(1-2 公斤)	18.64	17.30	16.67	16.49	16.18	15.96	16.26	16.92	16.71	16.73	16.21	15.99
鲤鱼(1-2 公斤)	15.74	15.00	14.68	14.71	14.21	13.87	14.11	14.62	14.30	13.80	12.69	13.05
鲢鱼(1-2 公斤)	12.57	11.76	11.61	11.86	11.29	11.30	11.48	11.27	11.28	10.84	10.08	10.21
带鱼(0.5-1 公斤)	22.93	21.87	21.40	22.00	22.67	22.67	23.07	23.40	23.40	23.37	23.27	23.67
蔬菜类												
大白菜(中等)	2.54	2.22	3.76	2.65	2.07	2.16	2.43	2.67	2.67	2.08	1.21	0.95
黄瓜(中等)	11.73	8.23	8.50	4.76	3.00	2.60	4.24	6.06	4.20	5.21	6.39	6.42
西红柿(中等)	11.52	9.39	8.67	7.29	5.07	3.34	4.51	3.93	4.81	7.78	5.86	5.53
菜椒(中等)	10.39	9.61	11.84	8.49	5.95	4.42	5.68	6.10	7.28	7.53	5.64	6.47
四季豆(中等)	13.96	13.36	15.32	11.16	7.96	8.13	8.64	9.09	9.61	8.67	8.33	9.43
水果类												
红富士苹果(中等)	9.27	9.30	9.35	9.48	9.15	8.40	8.37	7.85	7.83	8.37	8.33	8.16
香蕉(中等)	6.48	6.60	6.47	6.48	6.24	5.50	5.07	5.25	5.08	5.21	5.58	5.54
橙子(中等)	10.17	10.13	10.27	10.20	10.33	10.40	10.47	8.10	8.10	9.87	9.89	10.09

主要统计指标解释

农产品生产者价格指数 是指农产品生产者第一手（直接）出售其产品时实际获得的单位产品价格，采取抽样调查和重点调查相结合的方法。农产品生产者价格指数是反映一定时期内，农产品生产者出售的农产品价格水平变动趋势及幅度的相对数。该指数可以客观反映农产品生产价格水平和结构变动情况，满足农业与国民经济核算需要。其中某代表品生产价格指数是通过对全部有出售该产品行为的调查单位的个体指数进行几何平均求得的，类价格指数是通过对其所属的类（或代表品）的价格指数进行加权平均求得的。季度累计价格指数的计算方法与分季指数的计算方法相同。

农产品集贸市场价格 是指农产品主产区集贸市场主要农产品的成交价格。

人民生活

资料整理：韩　超　左俊勇　孙江丽　孙培浩　王　力　王晨宇

7-1 历年居民收支情况

单位:元

年 份	居民人均可支配收入	居民人均生活消费支出
1978	133.3	107.9
1979	165.0	137.3
1980	189.4	163.4
1981	241.0	193.6
1982	247.3	207.4
1983	298.4	226.8
1984	330.0	250.8
1985	369.0	304.1
1986	392.2	346.7
1987	443.6	370.5
1988	484.7	430.9
1989	557.8	478.4
1990	639.8	533.7
1991	673.7	573.2
1992	753.6	613.5
1993	904.9	737.2
1994	1196.9	970.9
1995	1587.6	1229.5
1996	1979.6	1538.2
1997	2196.4	1683.6
1998	2358.2	1702.3
1999	2525.1	1695.4
2000	2649.4	1937.8
2001	2887.6	2089.5
2002	3272.1	2300.5
2003	3527.3	2520.0
2004	4061.4	2813.0
2005	4668.5	3293.5
2006	5409.3	3848.8
2007	6492.5	4675.9
2008	7637.0	5420.3
2009	8426.0	6065.2
2010	9520.0	6831.3
2011	11206.5	7967.9
2012	12772.2	9103.4
2013	14203.7	10002.5
2014	15695.2	11000.4
2015	17124.8	11835.1
2016	18443.1	12712.3
2017	20170.0	13729.6
2018	21963.5	15168.5
2019	23902.7	16331.8
2020	24810.1	16142.6
2021	26811.2	18391.3
2022	28222.4	19019.5

注:2013 年以前为纯收入口径。

7－2　调查户家庭基本情况（2022 年）

指　　标	单　位	数　值
基本情况		
户均常住人口	人	3.3
户均劳动力人数	人	2.2
平均每户家庭从业人口比重	%	0.7
平均每一从业人口负担人数	人	1.5
户主文化程度		
未上过学	%	1.1
小学	%	12.4
初中	%	48.6
高中	%	22.3
大学专科	%	10.1
大学本科	%	5.1
研究生	%	0.4
常住从业人员就业类型		
雇主	%	0.5
公职人员	%	1.6
事业单位人员	%	5.5
国有企业雇员	%	3.2
其他雇员	%	54.2
农业自营	%	24.9
非农自营	%	10.1
常住从业人员从事主要行业		
第一产业	%	26.5
第二产业	%	24.6
第三产业	%	48.9

7－3　居民家庭居住情况（2022年）

项　目	单　位	数　值
期末人均住房情况		
现住房建筑面积	平方米	51.60
主要建筑材料		
钢筋混凝土	%	41.82
砖混材料	%	52.67
砖瓦砖木	%	5.50
竹草土坯	%	0.00
其他	%	0.01
住宅外道路路面情况		
水泥或柏油路面	%	90.49
沙石或石板等硬质路面	%	6.43
其他	%	3.08
粪便清掏和处理情况		
自行清掏后运送到处理厂处理并利用	%	18.19
自行清掏后自主无害化处理并利用	%	9.20
自行清掏后直接掩埋在土坑里	%	39.74
自行清掏后直接作为粪肥使用	%	21.71
自行清掏后弃置在开放地带	%	3.94
政府或集体统一组织清掏并处理	%	3.71
需要清掏但建成以来从未清掏过	%	1.31
根据厕所功能设计不需要清掏	%	2.20
住户主要饮用水来源情况		
经过净化处理的自来水	%	85.57
受保护的井水和泉水	%	13.57
不受保护的井水和泉水	%	0.69
江河湖泊水	%	0.03
收集雨水	%	0.00
桶装水	%	0.14
其他水源	%	0
获取饮用水存在哪些困难（可多选）		
单次取水往返时间超过半小时	%	0.03
间断或定时供水	%	1.51
当年连续缺水时间超过15天	%	0.11
无上述困难	%	98.35
住户饮用水使用前采取的主要处理措施		
煮沸	%	89.60
加漂白剂/氯等	%	0.26
使用水过滤器	%	7.24
其他处理措施	%	1.19
没有任何水处理措施	%	1.71
厨房使用情况		
住宅内独用	%	80.90

7－3 续表1

项　　目	单　位	数　值
住宅内合用	%	0.21
院内独用	%	18.26
院内合用	%	0.29
其他地方独用	%	0.04
其他地方合用	%	0.01
无厨房	%	0.28
住户厕所类型		
水冲式卫生厕所(冲入下水道)	%	57.75
水冲式卫生厕所(冲入化粪池)	%	19.35
水冲式卫生厕所(冲入防渗厕坑)	%	5.90
水冲式非卫生厕所(冲入其他地方)	%	4.28
卫生旱厕	%	7.93
普通旱厕	%	4.79
住户厕所使用情况		
住宅内独用	%	80.17
住宅内合用	%	0.54
院内独用	%	17.89
院内合用	%	0.21
其他地方独用	%	0.99
其他地方合用	%	0.01
公用厕所	%	0.19
无厕所	%	0.00
住户洗澡设施情况		
统一供热水	%	2.71
家庭自装热水器	%	87.36
其他	%	5.54
无洗澡设施	%	4.39
住宅或院内是否有洗手设施及肥皂和水?		
有洗手设施,并有肥皂和水	%	99.08
有洗手设施,但是没有肥皂或水	%	0.92
没有洗手设施	%	0
住户主要取暖设备状况		
由市政或小区集中供暖	%	15.92
自行供暖	%	69.13
无取暖设备	%	14.96
取水位置		
住宅内管道取水	%	84.08
住宅内其他方式取水	%	1.89
院内管道取水	%	12.72
院内其他方式取水	%	1.00
其他位置取水	%	0.31

7-3 续表2

项　　目	单　位	数　值
住户主要取暖用能源状况		
柴草	%	2.64
煤炭	%	2.21
.罐装液化石油气	%	2.47
管道液化石油气	%	0.22
管道煤气	%	0.06
管道天然气	%	4.86
电	%	68.04
燃料用油	%	0.01
沼气	%	0.00
其他	%	0.85
无取暖行为	%	18.64
主要炊用能源状况		
柴草	%	2.25
煤炭	%	0.67
罐装液化石油气	%	35.26
管道液化石油气	%	0.96
管道煤气	%	0.19
管道天然气	%	41.64
电	%	18.53
燃料用油	%	0.07
沼气	%	0.06
其他	%	0.08
无炊用行为	%	0.29

7-4 居民人均总收入(2022年)

指　　标	单　位	数　值
总收入	**元**	**31233.3**
工资性收入	元	14185.8
工资	元	13696.4
实物福利	元	38.0
其他	元	451.5
经营性收入	元	7717.9
第一产业经营性收入	元	3742.2
农业	元	3018.9
林业	元	48.8
牧业	元	641.0
渔业	元	33.5
第二产业经营性收入	元	803.4
第三产业经营性收入	元	3172.3
财产性收入	元	1838.5
转移性收入	元	7491.0

7－5 居民人均总收入构成(2022年)

指　　标	单　位	构　成
总收入	%	**100.0**
工资性收入	%	45.4
工资	%	43.9
实物福利	%	0.1
其他	%	1.4
经营性收入	%	24.7
第一产业经营性收入	%	12.0
农业	%	9.7
林业	%	0.2
牧业	%	2.1
渔业	%	0.1
第二产业经营性收入	%	2.6
第三产业经营性收入	%	10.2
财产性收入	%	5.9
转移性收入	%	24.0

7－6 居民人均可支配收入(2022年)

指　　标	单　位	数　值
可支配收入	**元**	**28222.4**
工资性收入	元	14185.8
工资	元	13696.4
实物福利	元	38.0
其他	元	451.5
经营净收入	元	5800.5
第一产业经营净收入	元	2355.1
农业	元	2038.4
林业	元	34.0
牧业	元	261.8
渔业	元	21.0
第二产业经营净收入	元	672.8
第三产业经营净收入	元	2772.6
财产净收入	元	1763.6
转移净收入	元	6472.4

7-7 居民人均可支配收入构成(2022年)

指　　标	单　位	构　成
可支配收入	%	**100.0**
工资性收入	%	50.3
工资	%	48.5
实物福利	%	0.1
其他	%	1.6
经营净收入	%	20.6
第一产业经营净收入	%	8.3
农业	%	7.2
林业	%	0.1
牧业	%	0.9
渔业	%	0.1
第二产业经营净收入	%	2.4
第三产业经营净收入	%	9.8
财产净收入	%	6.2
转移净收入	%	22.9

7-8 居民人均现金可支配收入(2022年)

指　　标	单　位	数　值
现金可支配收入	**元**	**26561.1**
现金工资性收入	元	14147.9
工资	元	13696.4
其他工资性收入	元	451.5
现金经营净收入	元	5574.6
第一产业现金经营净收入	元	1987.2
农业	元	1669.2
林业	元	19.6
牧业	元	277.6
渔业	元	20.9
第二产业现金经营净收入	元	710.9
第三产业现金经营净收入	元	2876.5
现金财产净收入	元	749.0
现金转移净收入	元	6089.6

7－9　居民人均现金可支配收入构成(2022年)

指　　标	单　位	构　成
现金可支配收入	%	**100.0**
现金工资性收入	%	53.3
工资	%	51.6
其他工资性收入	%	1.7
现金经营净收入	%	21.0
第一产业现金经营净收入	%	7.5
农业	%	6.3
林业	%	0.1
牧业	%	1.0
渔业	%	0.1
第二产业现金经营净收入	%	2.7
第三产业现金经营净收入	%	10.8
现金财产经营净收入	%	2.8
现金转移经营净收入	%	22.9

7－10　居民人均总支出(2022年)

指　　标	单　位	数　值
总支出	元	**24991.2**
消费支出	元	19019.5
食品烟酒	元	5466.5
衣着	元	1323.3
居住	元	4143.5
生活用品及服务	元	1202.9
交通通信	元	2355.9
教育文化娱乐	元	2180.1
医疗保健	元	1920.1
其他用品和服务	元	426.8
生产经营费用支出	元	1711.8
第一产业经营费用支出	元	1323.4
第二产业经营费用支出	元	92.5
第三产业经营费用支出	元	295.8
财产性支出	元	74.9
生活贷款利息支出	元	71.2

7－10 续表

指　　标	单　位	数　值
其他财产性支出	元	3.8
转移性支出	元	1018.5
个人所得税	元	54.8
社会保障支出	元	860.4
外来从业人员寄给家人的支出	元	6.6
赡养支出	元	55.8
其他转移性支出	元	41.0
部分商业保险支出	元	236.0
意外伤害保险	元	15.3
商业医疗保险(含大病保险)	元	101.1
其他非储蓄性商业保险	元	18.2
其他储蓄性商业保险	元	101.4
购置资产及非经常性转移支出	元	2238.8
购置资产支出	元	714.0
非经常性转移支出	元	1524.8
借贷性支出	元	691.6
存入储蓄款	元	5.9
借出款	元	17.9
归还借款	元	97.6
购买有价证券	元	3.3
其他投资支出	元	6.1
归还住房贷款	元	415.4
归还汽车贷款	元	97.9
归还教育贷款	元	3.1
归还其他贷款	元	39.6
其他借贷支出	元	4.9
服务性消费支出	元	6564.6

7－11　居民人均总支出构成(2022 年)

指　　标	单　位	构　成
总支出	%	**100.0**
消费支出	%	76.1
食品烟酒	%	21.9
衣着	%	5.3
居住	%	16.6
生活用品及服务	%	4.8
交通通信	%	9.4
教育文化娱乐	%	8.7
医疗保健	%	7.7
其他用品和服务	%	1.7
生产经营费用支出	%	6.8
第一产业经营费用支出	%	5.3
第二产业经营费用支出	%	0.4
第三产业经营费用支出	%	1.2
财产性支出	%	0.3
生活贷款利息支出	%	0.3
其他财产性支出	%	0.0
转移性支出	%	4.1
个人所得税	%	0.2
社会保障支出	%	3.4
外来从业人员寄给家人的支出	%	0.0
赡养支出	%	0.2
其他转移性支出	%	0.2
部分商业保险支出	%	0.9
意外伤害保险	%	0.1
商业医疗保险(含大病保险)	%	0.4
其他非储蓄性商业保险	%	0.1

7－11 续表

指　　标	单　位	构　成
其他储蓄性商业保险	%	0.4
购置资产及非经常性转移支出	%	9.0
购置资产支出	%	2.9
非经常性转移支出	%	6.1
借贷性支出	%	2.8
存入储蓄款	%	0.0
借出款	%	0.1
归还借款	%	0.4
购买有价证券	%	0.0
其他投资支出	%	0.0
归还住房贷款	%	1.7
归还汽车贷款	%	0.4
归还教育贷款	%	0.0
归还其他贷款	%	0.2
其他借贷支出	%	0.0
服务性消费支出	%	21.4

7－12 居民人均生活消费支出(2022年)

指　　标	单　位	数　值
全年生活消费支出	**元**	**19019.5**
食品烟酒	元	5466.9
衣着	元	1323.3
居住	元	4143.5
生活用品及服务	元	1202.9
交通通讯	元	2355.9
教育文化娱乐	元	2180.1
医疗保健	元	1920.1
其他用品和服务	元	426.8

7-13 居民人均生活消费支出构成(2022年)

指　标	单 位	构 成
全年生活消费支出	%	**100.0**
食品烟酒	%	28.7
衣着	%	7.0
居住	%	21.8
生活用品及服务	%	6.3
交通通讯	%	12.4
教育文化娱乐	%	11.5
医疗保健	%	10.1
其他用品和服务	%	2.2

7-14 居民人均现金生活消费支出(2022年)

指　标	单 位	数 值
全年生活消费支出	**元**	**15895.2**
食品烟酒	元	5371.2
衣着	元	1323.2
居住	元	1493.3
生活用品及服务	元	1201.1
交通通讯	元	2354.6
教育文化娱乐	元	2180.0
医疗保健	元	1547.4
其他用品和服务	元	424.2

7－15 居民人均现金生活消费支出构成(2022 年)

指　　标	单　位	构　成
全年生活消费支出	%	**100.0**
食品烟酒	%	33.8
衣着	%	8.3
居住	%	9.4
生活用品及服务	%	7.6
交通通讯	%	14.8
教育文化娱乐	%	13.7
医疗保健	%	9.7
其他用品和服务	%	2.7

7－16 居民家庭平均每百户主要消费品年末拥有量(2022 年)

指　　标	单　位	数　值
1. 家用汽车	辆	45.68
2. 其中:新能源汽车	辆	1.12
3. 摩托车	台	22.32
4. 助力车	台	133.90
5. 洗衣机	台	102.08
6. 电冰箱(柜)	台	101.11
7. 微波炉	台	32.90
8. 彩色电视机	台	115.91
9. 空调	台	170.90
10. 热水器	台	90.61
11. 烤箱	台	10.12
12. 洗碗机	台	2.02
13. 排油烟机	台	59.18
14. 固定电话	线	5.46
15. 移动电话	部	273.60
17. 计算机	台	43.82
19. 照相机	台	5.45
20. 乐器	架	3.99
21. 健身器材	台	3.84
22. 空气净化器(含新风系统)	台	5.57
23. 地面清洁电器	台	6.01

7－17 按收入分组的居民家庭平均每人总收入(2022年)

单位:元

项目	低收入户	中低收入户	中等收入户	中高收入户	高收入户
总收入	**12923.72**	**18671.27**	**26580.39**	**38241.24**	**71898.81**
工资性收入	3910.26	8623.55	13391.52	19478.06	30996.77
工资	3849.65	8507.89	13092.27	18833.18	29330.48
实物福利	7.04	17.39	36.56	43.27	105.43
其他	53.56	98.28	262.69	601.61	1560.86
经营性收入	4489.43	4613.14	6185.38	8427.05	17658.06
第一产业经营收入	3808.03	3424.93	3800.01	3935.17	3778.37
农业	3516.45	3073.24	3411.41	2943.31	1828.15
林业	61.59	68.76	54.69	33.33	14.27
牧业	195.76	276.02	308.66	955.12	1820.24
渔业	34.24	6.91	25.25	3.41	115.71
第二产业经营收入	60.62	121.35	336.13	879.87	3297.78
第三产业经营收入	620.78	1066.85	2049.25	3612.00	10581.92
财产性收入	276.23	544.96	1302.80	2526.47	5682.73
转移性收入	4247.80	4889.62	5700.69	7809.66	17561.25
家庭外出从业人员寄回带回收入	3136.23	3355.53	2984.08	2726.42	3600.22

7－18 按收入分组的居民家庭平均每人总支出(2022年)

单位:元

项目	低收入户	中低收入户	中等收入户	中高收入户	高收入户
总支出	**15764.68**	**17591.11**	**22838.98**	**28679.01**	**46516.33**
消费支出	11988.77	13953.92	16978.44	21741.29	35256.55
生产经营费用支出	1623.12	1183.33	1510.75	2094.80	2360.57
第一产业经营费用支出	1411.38	1083.76	1251.51	1443.58	1476.23
农业	1185.20	932.61	1086.21	788.43	560.28
林业	17.20	19.89	11.91	7.35	3.27
牧业	196.51	130.58	149.96	647.34	858.80
渔业	12.47	0.69	3.44	0.46	53.88
第二产业经营费用支出	4.13	0.59	10.35	345.46	145.17
第三产业经营费用支出	207.61	98.97	248.89	305.76	739.17
财产性支出	37.13	11.55	73.22	91.45	197.73
转移性支出	370.49	507.36	770.64	1298.76	2617.56
部分商业保险支出	46.97	104.19	202.77	237.14	725.26
购置资产及非经常性转移支出	1389.78	1446.46	2632.51	2438.71	3779.72
借贷性支出	308.41	384.30	670.63	776.87	1578.95

7-19 按收入分组的居民家庭平均每人可支配收入(2022年)

单位:元

项目	低收入户	中低收入户	中等收入户	中高收入户	高收入户
可支配收入	**10782.39**	**16842.97**	**24081.39**	**34537.00**	**66211.59**
工资性收入	3910.26	8623.55	13391.52	19478.06	30996.77
工资	3849.65	8507.89	13092.27	18833.18	29330.48
实物福利	7.04	17.39	36.56	43.27	105.43
其他	53.56	98.28	262.69	601.61	1560.86
经营净收入	2755.72	3303.74	4530.23	6113.02	14786.16
第一产业经营净收入	2321.59	2276.48	2490.09	2444.76	2229.38
农业	2269.84	2098.34	2278.80	2120.50	1221.64
林业	38.21	45.80	42.22	25.70	11.00
牧业	-8.19	126.13	147.78	295.61	935.05
渔业	21.73	6.22	21.28	2.95	61.68
第二产业经营净收入	55.30	113.59	310.18	466.99	3026.22
第三产业经营净收入	378.83	913.66	1729.96	3201.27	9530.57
财产净收入	239.11	533.41	1229.59	2435.02	5485.00
转移净收入	3877.30	4382.26	4930.06	6510.91	14943.66

7-20 按收入分组的居民家庭平均每人生活消费支出(2022)

单位:元

项目	低收入户	中低收入户	中等收入户	中高收入户	高收入户
全年生活消费支出	**11988.77**	**13953.92**	**16978.44**	**21741.29**	**35256.55**
食品烟酒	3586.94	4218.78	5084.50	6292.67	9334.57
衣着	891.43	1020.90	1161.65	1500.41	2343.45
居住	2424.75	2878.98	3673.44	5176.85	7669.67
生活用品及服务	739.69	851.57	1023.41	1321.48	2427.49
交通通讯	1218.07	1543.56	2140.34	2911.35	4688.01
教育文化娱乐	1676.22	1937.51	2061.44	2324.70	3203.55
医疗保健	1251.60	1251.53	1538.42	1807.77	4407.52
其他用品和服务	200.08	251.08	295.24	406.04	1182.30

7－21 按收入分组的居民家庭平均每人现金可支配收入(2022年)

单位:元

项目	低收入户	中低收入户	中等收入户	中高收入户	高收入户
现金可支配收入(未扣除生产费用)	**9174.64**	**16114.11**	**23078.96**	**32998.84**	**62199.76**
现金工资性收入	3903.22	8606.17	13354.96	19434.79	30891.34
工资	3849.65	8507.89	13092.27	18833.18	29330.48
其他工资性收入	53.56	98.28	262.69	601.61	1560.86
现金经营净收入	1340.52	3034.85	4538.03	6393.28	15390.34
第一产业现金经营净收入	870.86	1946.21	2411.90	2552.63	2394.99
农业	834.21	1761.74	2211.08	2221.69	1360.95
林业	12.40	33.74	25.80	18.61	3.40
牧业	2.52	144.51	154.40	309.41	968.87
渔业	21.74	6.22	20.61	2.92	61.77
第二产业现金经营净收入	56.48	120.76	325.78	534.41	3152.60
第三产业现金经营净收入	413.17	967.88	1800.35	3306.24	9842.75
现金财产净收入	138.15	217.62	532.63	928.17	2404.11
现金转移净收入	3792.76	4255.47	4653.34	6242.60	13513.97
家庭外出从业人员寄回带回收入	3136.23	3355.53	2984.08	2726.42	3600.22

7－22 按收入分组的居民家庭平均每人生活消费现金支出(2022年)

单位:元

项目	低收入户	中低收入户	中等收入户	中高收入户	高收入户
全年生活现金消费支出	**10233.89**	**11880.99**	**14288.71**	**18199.57**	**28698.07**
食品烟酒	3489.02	4132.19	4986.04	6214.90	9211.90
衣着	891.34	1020.85	1161.58	1500.36	2343.24
居住	850.14	1017.34	1354.81	1970.64	2659.62
生活用品及服务	739.55	851.11	1022.08	1319.62	2421.45
交通通讯	1218.07	1543.52	2139.04	2906.98	4686.72
教育文化娱乐	1676.20	1937.51	2061.44	2324.69	3203.28
医疗保健	1170.64	1129.73	1270.94	1558.10	2995.58
其他用品和服务	198.93	248.74	292.78	404.28	1176.29

7－23 历年城镇居民收支

单位:元

年 份	城镇居民人均可支配收入	城镇居民人均生活消费支出
1978	315.0	274.0
1979	361.0	303.0
1980	365.0	335.0
1981	395.0	363.2
1982	429.0	382.5
1983	452.5	405.0
1984	497.5	431.7
1985	600.6	556.7
1986	724.2	653.8
1987	814.2	711.3
1988	946.1	896.6
1989	1111.5	964.0
1990	1267.7	1067.7
1991	1384.8	1200.0
1992	1608.0	1342.6
1993	1962.8	1609.3
1994	2618.6	2155.2
1995	3299.5	2674.0
1996	3755.4	3009.4
1997	4093.6	3378.0
1998	4219.4	3415.7
1999	4532.4	3497.5
2000	4766.3	3830.7
2001	5267.4	4110.2
2002	6245.4	4504.7
2003	6926.1	4941.6
2004	7704.9	5294.2
2005	8668.0	6038.0
2006	9810.3	6685.2
2007	11477.1	7826.7
2008	13231.1	8837.5
2009	14371.6	9567.0
2010	15930.3	10838.5
2011	18194.8	12336.5
2012	20442.6	13733.0
2013	22398.0	14822.0
2014	23672.0	16184.0
2015	25575.6	17154.3
2016	27232.9	18087.8
2017	29557.9	19422.3
2018	31874.2	20989.2
2019	34201.0	21971.6
2020	34750.3	20644.9
2021	37094.8	23177.5
2022	38483.7	23539.3

注:2013 年以前为纯收入口径。

7－24　城镇调查户家庭基本情况（2022 年）

指　标	单　位	数　值
基本情况		
户均常住人口	人	3.3
户均劳动力人数	人	2.3
平均每户家庭从业人口比重	%	0.7
平均每一从业人口负担人数	人	1.5
户主文化程度		
未上过学	%	0.6
小学	%	7.5
初中	%	37.4
高中	%	28.0
大学专科	%	16.4
大学本科	%	9.4
研究生	%	0.8
常住从业人员就业类型		
雇主	%	0.8
公职人员	%	2.5
事业单位人员	%	9.5
国有企业雇员	%	5.9
其他雇员	%	63.2
农业自营	%	7.0
非农自营	%	11.0
常住从业人员从事主要行业		
第一产业	%	8.1
第二产业	%	25.6
第三产业	%	66.3

7-25 城镇居民家庭居住情况(2022年)

项　　目	单　位	数　值
期末人均住房情况		
现住房建筑面积	平方米	48.05
主要建筑材料		
钢筋混凝土	%	51.74
砖混材料	%	45.95
砖瓦砖木	%	2.31
竹草土坯	%	0.00
其他	%	0.00
住宅外道路路面情况		
水泥或柏油路面	%	95.61
沙石或石板等硬质路面	%	3.11
其他	%	1.27
粪便清掏和处理情况		
自行清掏后运送到处理厂处理并利用	%	20.94
自行清掏后自主无害化处理并利用	%	8.88
自行清掏后直接掩埋在土坑里	%	32.23
自行清掏后直接作为粪肥使用	%	18.91
自行清掏后弃置在开放地带	%	8.50
政府或集体统一组织清掏并处理	%	5.33
需要清掏但建成以来从未清掏过	%	2.54
根据厕所功能设计不需要清掏	%	2.66
住户主要饮用水来源情况		
经过净化处理的自来水	%	91.06
受保护的井水和泉水	%	8.34
不受保护的井水和泉水	%	0.55
江河湖泊水	%	0.00
收集雨水	%	0.00
桶装水	%	0.05
其他水源	%	0.00
获取饮用水存在哪些困难(可多选)		
单次取水往返时间超过半小时	%	0.03
间断或定时供水	%	1.30
当年连续缺水时间超过15天	%	0.00
无上述困难	%	98.68
住户饮用水使用前采取的主要处理措施		
煮沸	%	90.39

7－25 续表 1

项　　目	单　位	数　值
加漂白剂/氯等	%	0.23
使用水过滤器	%	7.27
其他处理措施	%	0.88
没有任何水处理措施	%	1.22
厨房使用情况		
住宅内独用	%	90.36
住宅内合用	%	0.21
院内独用	%	8.86
院内合用	%	0.03
其他地方独用	%	0.03
其他地方合用	%	0.00
无厨房	%	0.52
住户厕所类型		
水冲式卫生厕所(冲入下水道)	%	79.61
水冲式卫生厕所(冲入化粪池)	%	10.16
水冲式卫生厕所(冲入防渗厕坑)	%	2.36
水冲式非卫生厕所(冲入其他地方)	%	1.61
卫生旱厕	%	3.66
普通旱厕	%	2.60
住户厕所使用情况		
住宅内独用	%	88.42
住宅内合用	%	0.68
院内独用	%	9.79
院内合用	%	0.13
其他地方独用	%	0.62
其他地方合用	%	0.00
公用厕所	%	0.36
无厕所	%	0.00
住户洗澡设施情况		
统一供热水	%	4.13
家庭自装热水器	%	89.56
其他	%	3.38
无洗澡设施	%	2.94
住宅或院内是否有洗手设施及肥皂和水?		
有洗手设施,并有肥皂和水	%	99.38

7－25 续表2

项 目	单 位	数 值
有洗手设施,但是没有肥皂或水	%	0.62
没有洗手设施	%	0.00
住户主要取暖设备状况		
由市政或小区集中供暖	%	29.35
自行供暖	%	60.34
无取暖设备	%	10.31
取水位置		
住宅内管道取水	%	93.14
住宅内其他方式取水	%	1.06
院内管道取水	%	5.38
院内其他方式取水	%	0.21
其他位置取水	%	0.21
住户主要取暖用能源状况		
柴草	%	0.42
煤炭	%	1.58
.罐装液化石油气	%	1.27
管道液化石油气	%	0.10
管道煤气	%	0.00
管道天然气	%	6.83
电	%	57.40
燃料用油	%	0.00
沼气	%	0.00
其他	%	0.96
无取暖行为	%	31.43
主要炊用能源状况		
柴草	%	0.47
煤炭	%	0.21
罐装液化石油气	%	23.25
管道液化石油气	%	0.81
管道煤气	%	0.16
管道天然气	%	62.62
电	%	11.87
燃料用油	%	0.03
沼气	%	0.03
其他	%	0.08
无炊用行为	%	0.49

7－26　城镇居民人均总收入（2022 年）

指　　标	单　位	数　值
总收入	**元**	**41241.7**
工资性收入	元	21899.8
工资	元	21050.4
实物福利	元	61.8
其他	元	787.7
经营性收入	元	6466.3
第一产业经营性收入	元	856.8
农业	元	608.9
林业	元	6.2
牧业	元	238.6
渔业	元	3.2
第二产业经营性收入	元	1053.3
第三产业经营性收入	元	4556.1
财产性收入	元	3510.6
转移性收入	元	9365.0

7－27　城镇居民人均总收入构成（2022 年）

指　　标	单　位	构　成
总收入	%	**100.0**
工资性收入	%	53.1
工资	%	51.0
实物福利	%	0.1
其他	%	1.9
经营性收入	%	15.7
第一产业经营性收入	%	2.1
农业	%	1.5
林业	%	0.0
牧业	%	0.6
渔业	%	0.0
第二产业经营性收入	%	2.6
第三产业经营性收入	%	11.0
财产性收入	%	8.5
转移性收入	%	22.7

7－28　城镇居民人均可支配收入(2022年)

指　　标	单　位	数　值
可支配收入	**元**	**38483.7**
工资性收入	元	21899.8
工资	元	21050.4
实物福利	元	61.8
其他	元	787.7
经营净收入	元	5549.9
第一产业经营净收入	元	536.9
农业	元	404.3
林业	元	1.9
牧业	元	128.0
渔业	元	2.8
第二产业经营净收入	元	921.0
第三产业经营净收入	元	4092.0
财产净收入	元	3381.3
转移净收入	元	7652.8

7－29　城镇居民人均可支配收入构成(2022年)

指　　标	单　位	构　成
可支配收入	%	**100.0**
工资性收入	%	56.9
工资	%	54.7
实物福利	%	0.2
其他	%	2.0
经营净收入	%	14.4
第一产业经营净收入	%	1.4
农业	%	1.1
林业	%	0.0
牧业	%	0.3
渔业	%	0.0
第二产业经营净收入	%	2.4
第三产业经营净收入	%	10.6
财产净收入	%	8.8
转移净收入	%	19.9

7－30 城镇居民人均现金可支配收入(2022年)

指　标	单 位	数 值
现金可支配收入	**元**	**36006.5**
现金工资性收入	元	21838.1
工资	元	21050.4
其他工资性收入	元	787.7
现金经营净收入	元	5727.1
第一产业现金经营净收入	元	500.3
农业	元	369.3
林业	元	－1.7
牧业	元	130.2
渔业	元	2.5
第二产业现金经营净收入	元	988.7
第三产业现金经营净收入	元	4238.1
现金财产经营净收入	元	1273.7
现金转移经营净收入	元	7167.7

7－31 城镇居民人均现金可支配收入构成(2022年)

指　标	单 位	构 成
现金可支配收入	%	**100.0**
现金工资性收入	%	60.7
工资	%	58.5
其他工资性收入	%	2.2
现金经营净收入	%	15.9
第一产业现金经营净收入	%	1.4
农业	%	1.0
林业	%	－0.0
牧业	%	0.4
渔业	%	0.0
第二产业现金经营净收入	%	2.7
第三产业现金经营净收入	%	11.8
现金财产经营净收入	%	3.5
现金转移经营净收入	%	19.9

7－32 城镇居民人均总支出（2022年）

指　　标	单　位	数　值
总支出	元	**29629.1**
消费支出	元	23539.3
食品烟酒	元	6681.0
衣着	元	1637.2
居住	元	5357.1
生活用品及服务	元	1509.8
交通通信	元	2916.8
教育文化娱乐	元	2597.8
医疗保健	元	2220.1
其他用品和服务	元	619.6
生产经营费用支出	元	689.0
第一产业经营费用支出	元	306.3
第二产业经营费用支出	元	64.7
第三产业经营费用支出	元	318.0
财产性支出	元	129.4
生活贷款利息支出	元	126.0
其他财产性支出	元	3.4
转移性支出	元	1712.2
个人所得税	元	98.0
社会保障支出	元	1451.1
外来从业人员寄给家人的支出	元	3.9
赡养支出	元	85.2
其他转移性支出	元	74.0
部分商业保险支出	元	396.9
意外伤害保险	元	16.2
商业医疗保险（含大病保险）	元	165.2
其他非储蓄性商业保险	元	28.6
其他储蓄性商业保险	元	186.9
购置资产及非经常性转移支出	元	2301.0
购置资产支出	元	638.1
非经常性转移支出	元	1662.8
借贷性支出	元	861.4
存入储蓄款	元	8.7
借出款	元	34.2
归还借款	元	62.8
购买有价证券	元	6.9
其他投资支出	元	9.1
归还住房贷款	元	579.8
归还汽车贷款	元	92.6
归还教育贷款	元	0.1
归还其他贷款	元	57.1
其他借贷支出	元	10.0
服务性消费支出	元	5564.6

7－33 城镇居民人均总支出构成(2022 年)

指　　标	单　位	构　成
总支出	%	**100.0**
消费支出	%	79.4
食品烟酒	%	22.5
衣着	%	5.5
居住	%	18.1
生活用品及服务	%	5.1
交通通信	%	9.8
教育文化娱乐	%	8.8
医疗保健	%	7.5
其他用品和服务	%	2.1
生产经营费用支出	%	2.3
第一产业经营费用支出	%	1.0
第二产业经营费用支出	%	0.2
第三产业经营费用支出	%	1.1
财产性支出	%	0.4
生活贷款利息支出	%	0.4
其他财产性支出	%	0.0
转移性支出	%	5.8
个人所得税	%	0.3
社会保障支出	%	4.9
外来从业人员寄给家人的支出	%	0.0
赡养支出	%	0.3
其他转移性支出	%	0.2
部分商业保险支出	%	1.3
意外伤害保险	%	0.1
商业医疗保险(含大病保险)	%	0.6
其他非储蓄性商业保险	%	0.1
其他储蓄性商业保险	%	0.6
购置资产及非经常性转移支出	%	7.8
购置资产支出	%	2.2
非经常性转移支出	%	5.6
借贷性支出	%	2.9
存入储蓄款	%	0.0
借出款	%	0.1
归还借款	%	0.2
购买有价证券	%	0.0
其他投资支出	%	0.0
归还住房贷款	%	2.0
归还汽车贷款	%	0.3
归还教育贷款	%	0.0
归还其他贷款	%	0.2
其他借贷支出	%	0.0
服务性消费支出	%	0.0

7－34　城镇居民人均生活消费支出(2022年)

指　　标	单　位	数　值
全年生活消费支出	**元**	**23539.3**
食品烟酒	元	6681.0
衣着	元	1637.2
居住	元	5357.1
生活用品及服务	元	1509.8
交通通讯	元	2916.8
教育文化娱乐	元	2597.8
医疗保健	元	2220.1
其他用品和服务	元	619.6

7－35　城镇居民人均生活消费支出构成(2022年)

指　　标	单　位	构　成
全年生活消费支出	%	**100.0**
食品烟酒	%	28.4
衣着	%	7.0
居住	%	22.8
生活用品及服务	%	6.4
交通通讯	%	12.4
教育文化娱乐	%	11.0
医疗保健	%	9.4
其他用品和服务	%	2.6

7－36　城镇居民人均现金生活消费支出(2022 年)

指　　标	单　位	数　值
全年现金生活消费支出	**元**	**19505.5**
食品烟酒	元	6611.5
衣着	元	1637.1
居住	元	1873.5
生活用品及服务	元	1507.0
交通通讯	元	2914.1
教育文化娱乐	元	2597.7
医疗保健	元	1748.0
其他用品和服务	元	616.7

7－37　城镇居民人均现金生活消费支出构成(2022 年)

指　　标	单　位	构　成
全年现金生活消费支出	%	**100.0**
食品烟酒	%	33.9
衣着	%	8.4
居住	%	9.6
生活用品及服务	%	7.7
交通通讯	%	14.9
教育文化娱乐	%	13.3
医疗保健	%	9.0
其他用品和服务	%	3.2

7－38 城镇居民家庭平均每百户主要消费品年末拥有量(2022年)

指　　标	单　位	数　值
1. 家用汽车	辆	53.05
2. 其中:新能源汽车	辆	1.44
3. 摩托车	辆	12.61
4. 助力车	台	130.65
5. 洗衣机	台	102.90
6. 电冰箱(柜)	台	101.24
7. 微波炉	台	47.43
8. 彩色电视机	台	117.70
9. 空调	台	209.48
10. 热水器	台	97.86
11. 烤箱	台	10.90
12. 洗碗机	台	2.88
13. 排油烟机	台	82.70
14. 固定电话	线	6.68
15. 移动电话	部	264.46
17. 计算机	台	61.60
19. 照相机	台	9.63
20. 乐器	架	7.55
21. 健身器材	台	6.67
22. 空气净化器(含新风系统)	台	10.33
23. 地面清洁电器	台	10.53

7－39 按收入分组的城镇居民家庭平均每人总收入(2022年)

单位:元

项　　目	低收入户	中低收入户	中等收入户	中高收入户	高收入户
总收入	**17907.06**	**28346.85**	**37821.69**	**50522.07**	**89768.30**
工资性收入	11320.88	17420.06	22463.04	28150.26	36855.95
工资	11192.67	17041.94	21664.72	26934.72	34564.76
实物福利	13.65	45.62	51.13	87.89	143.62
其他	114.56	332.50	747.19	1127.65	2147.56
经营性收入	2191.27	3014.61	4238.11	4474.56	23206.15
第一产业经营收入	824.66	483.60	504.61	578.29	2217.34
农业	739.08	444.76	484.80	401.04	1039.87
林业	3.41	1.99	6.85	7.96	13.56
牧业	81.79	25.57	12.15	167.03	1163.87
渔业	0.37	11.28	0.82	2.26	0.04
第二产业经营收入	262.30	392.06	596.07	581.39	4359.52
第三产业经营收入	1104.31	2138.95	3137.43	3314.88	16629.29
财产性收入	1425.39	2464.90	3071.48	4832.51	7311.06
转移性收入	2969.52	5447.28	8049.06	13064.74	22395.14
家庭外出从业人员寄回带回收入	1108.23	1824.66	2246.83	2183.57	4634.59

7－40　按收入分组的城镇居民家庭平均每人总支出(2022 年)

单位:元

项　　目	低收入户	中低收入户	中等收入户	中高收入户	高收入户
总支出	**16703.44**	**23343.56**	**28553.44**	**34081.89**	**54994.13**
消费支出	13897.21	18675.81	22711.29	27060.86	42516.14
生产经营费用支出	383.38	282.89	589.44	309.82	2303.15
第一产业经营费用支出	311.63	150.45	160.88	170.18	865.66
农业	260.48	140.17	156.07	102.22	324.43
林业	14.34	1.08	0.88	0.44	1.77
牧业	36.78	7.90	3.92	67.43	539.46
渔业	0.03	1.30	0.00	0.08	0.00
第二产业经营费用支出	7.98	44.17	54.18	15.97	250.96
第三产业经营费用支出	63.77	88.26	374.39	123.68	1186.54
财产性支出	37.85	121.01	124.94	185.70	225.13
转移性支出	855.85	1139.93	1705.16	2334.37	3158.87
部分商业保险支出	150.59	264.34	279.90	334.34	1192.47
购置资产及非经常性转移支出	1013.24	2335.77	2309.49	2443.39	4076.68
借贷性支出	365.34	523.82	833.22	1413.40	1521.69

7－41　按收入分组的城镇居民家庭平均每人可支配收入(2022 年)

单位:元

项　　目	低收入户	中低收入户	中等收入户	中高收入户	高收入户
可支配收入	**16553.94**	**26690.43**	**35200.73**	**47469.48**	**83415.86**
工资性收入	11320.88	17420.06	22463.04	28150.26	36855.95
工资	11192.67	17041.94	21664.72	26934.72	34564.76
实物福利	13.65	45.62	51.13	87.89	143.62
其他	114.56	332.50	747.19	1127.65	2147.56
经营净收入	1731.78	2619.15	3447.24	3942.04	20237.80
第一产业经营净收入	500.81	322.20	339.45	399.16	1314.31
农业	469.61	296.39	324.90	290.42	690.11
林业	-10.92	0.63	5.97	7.52	11.79
牧业	41.78	15.67	7.76	99.04	612.37
渔业	0.34	9.51	0.82	2.18	0.04
第二产业经营净收入	244.94	336.05	432.97	543.19	3873.79
第三产业经营净收入	986.03	1960.90	2674.82	2999.69	15049.70
财产净收入	1387.54	2343.89	2946.54	4646.81	7085.93
转移净收入	2113.75	4307.33	6343.91	10730.37	19236.18

7－42 按收入分组的城镇居民家庭平均每人生活消费支出(2022 年)

单位:元

项　　目	低收入户	中低收入户	中等收入户	中高收入户	高收入户
全年生活消费支出	**13897.21**	**18675.81**	**22711.29**	**27060.86**	**42516.14**
食品烟酒	4309.08	5508.83	6438.93	8056.25	10786.58
衣着	992.37	1330.64	1596.21	1971.96	2747.90
居住	3037.33	4316.18	5710.17	6449.57	8734.58
生活用品及服务	767.37	1146.23	1367.33	1883.15	2942.88
交通通讯	1433.77	2051.96	3114.01	2841.11	6277.02
教育文化娱乐	1926.51	2417.84	2533.36	2902.27	3634.43
医疗保健	1192.31	1541.83	1514.33	2310.37	5605.63
其他用品和服务	238.46	362.30	436.96	646.18	1787.13

7－43 按收入分组的城镇居民家庭平均每人现金可支配收入(2022 年)

单位:元

项　　目	低收入户	中低收入户	中等收入户	中高收入户	高收入户
现金可支配收入	**15232.74**	**25002.84**	**33193.76**	**44310.93**	**78176.09**
现金工资性收入	11307.23	17374.44	22411.91	28062.37	36712.32
工资	11192.67	17041.94	21664.72	26934.72	34564.76
其他工资性收入	114.56	332.50	747.19	1127.65	2147.56
现金经营净收入	1655.52	2646.89	3704.01	4126.37	20908.34
第一产业现金经营净收入	360.65	248.31	399.08	369.75	1357.03
农业	327.02	223.16	391.33	260.37	737.70
林业	－11.11	0.12	－0.65	7.47	－1.54
牧业	44.49	16.65	7.62	99.75	620.86
渔业	0.25	8.38	0.78	2.15	0.00
第二产业现金经营净收入	254.32	347.89	541.89	565.42	4108.56
第三产业现金经营净收入	1040.55	2050.69	2763.04	3191.20	15442.75
现金财产净收入	291.95	892.44	871.38	1859.05	3203.63
现金转移净收入	1978.05	4089.07	6206.46	10263.15	17351.79
家庭外出从业人员寄回带回收入	1108.23	1824.66	2246.83	2183.57	4634.59

7－44 按收入分组的城镇居民家庭平均每人现金生活消费支出(2022年)

单位:元

项 目	低收入户	中低收入户	中等收入户	中高收入户	高收入户
全年现金生活消费支出	**11684.41**	**15784.99**	**18917.07**	**22200.20**	**34653.16**
食品烟酒	4275.62	5451.79	6385.24	7967.53	10644.85
衣着	992.37	1330.50	1596.11	1971.74	2747.69
居住	990.86	1699.78	2110.71	2138.07	2878.53
生活用品及服务	767.06	1144.83	1365.47	1879.56	2934.01
交通通讯	1433.70	2049.21	3109.54	2836.25	6274.93
教育文化娱乐	1926.51	2417.84	2533.34	2902.27	3633.86
医疗保健	1060.40	1330.24	1382.62	1861.35	3761.01
其他用品和服务	237.88	360.80	434.05	643.43	1778.27

7－45 历年农村居民收支

单位:元

年 份	城镇居民人均可支配收入	农村居民人均生活消费支出
1978	104.71	81.70
1979	133.56	110.83
1980	160.78	135.51
1981	215.57	165.57
1982	216.74	177.90
1983	272.00	196.35
1984	301.17	219.64
1985	328.78	260.19
1986	333.64	292.48
1987	377.72	309.90
1988	401.32	346.73
1989	457.06	390.05
1990	526.95	437.73
1991	539.29	454.68
1992	588.48	472.61

7－45 续表

单位:元

年 份	城镇居民人均可支配收入	农村居民人均生活消费支出
1993	695.85	564.93
1994	909.81	731.78
1995	1231.97	929.39
1996	1579.19	1206.43
1997	1733.89	1270.52
1998	1864.05	1240.30
1999	1948.36	1163.98
2000	1985.82	1315.83
2001	2097.86	1375.60
2002	2215.74	1451.51
2003	2235.68	1508.67
2004	2553.15	1664.09
2005	2870.58	1891.57
2006	3261.03	2229.28
2007	3851.60	2676.41
2008	4454.24	3044.21
2009	4806.95	3388.47
2010	5523.73	3682.21
2011	6604.03	4319.95
2012	7524.94	5032.14
2013	8475.34	5627.73
2014	9966.07	7277.21
2015	10852.86	7887.45
2016	11696.74	8586.59
2017	12719.18	9211.52
2018	13830.74	10392.01
2019	15163.70	11545.99
2020	16107.90	12201.10
2021	17533.30	14073.20
2022	18697.26	14823.92

注:2013 年以前为纯收入口径。

7－46　农村调查家庭基本情况(2022 年)

指　　标	单　位	数　值
基本情况		
户均常住人口	人	3.4
户均劳动力人数	人	2.1
平均每户家庭从业人口比重	%	0.6
平均每一从业人口负担人数	人	1.6
户主文化程度		
未上过学	%	1.7
小学	%	18.1
初中	%	61.6
高中	%	15.8
大学专科	%	2.7
大学本科	%	0.2
研究生	%	0.0
常住从业人员就业类型		
雇主	%	0.1
公职人员	%	0.6
事业单位人员	%	1.2
国有企业雇员	%	0.3
其他雇员	%	41.7
农业自营	%	41.1
非农自营	%	8.6
常住从业人员从事主要行业		
第一产业	%	46.2
第二产业	%	23.6
第三产业	%	30.2

7－47　农村居民家庭居住情况(2022年)

项　　目	单　位	数　值
期末人均住房情况		
现住房建筑面积	平方米	55.52
主要建筑材料		
钢筋混凝土	%	26.47
砖混材料	%	52.55
砖瓦砖木	%	7.97
竹草土坯	%	0.00
其他	%	0.03
住宅外道路路面情况		
水泥或柏油路面	%	84.60
沙石或石板等硬质路面	%	10.24
其他	%	5.16
粪便清掏和处理情况		
自行清掏后运送到处理厂处理并利用	%	17.24
自行清掏后自主无害化处理并利用	%	9.30
自行清掏后直接掩埋在土坑里	%	42.36
自行清掏后直接作为粪肥使用	%	22.68
自行清掏后弃置在开放地带	%	2.35
政府或集体统一组织清掏并处理	%	3.15
需要清掏但建成以来从未清掏过	%	0.89
根据厕所功能设计不需要清掏	%	2.04
住户主要饮用水来源情况		
经过净化处理的自来水	%	79.25
受保护的井水和泉水	%	19.58
不受保护的井水和泉水	%	0.87
江河湖泊水	%	0.06
收集雨水	%	0.00
桶装水	%	0.24
其他水源	%	0.00
获取饮用水存在哪些困难(可多选)		
单次取水往返时间超过半小时	%	0.03
间断或定时供水	%	1.76
当年连续缺水时间超过15天	%	0.24
无上述困难	%	97.97
住户饮用水使用前采取的主要处理措施		
煮沸	%	88.69

7－47　续表1

项　　目	单　位	数　值
加漂白剂/氯等	%	0.30
使用水过滤器	%	7.19
其他处理措施	%	1.55
没有任何水处理措施	%	2.27
厨房使用情况		
住宅内独用	%	70.03
住宅内合用	%	0.21
院内独用	%	29.07
院内合用	%	0.60
其他地方独用	%	0.06
其他地方合用	%	0.03
无厨房	%	0.00
住户厕所类型		
水冲式卫生厕所(冲入下水道)	%	32.63
水冲式卫生厕所(冲入化粪池)	%	29.91
水冲式卫生厕所(冲入防渗厕坑)	%	9.97
水冲式非卫生厕所(冲入其他地方)	%	7.34
卫生旱厕	%	12.84
普通旱厕	%	7.31
住户厕所使用情况		
住宅内独用	%	70.69
住宅内合用	%	0.39
院内独用	%	27.19
院内合用	%	0.30
其他地方独用	%	1.40
其他地方合用	%	0.03
公用厕所	%	0.00
无厕所	%	0.00
住户洗澡设施情况		
统一供热水	%	1.07
家庭自装热水器	%	84.84
其他	%	8.03
无洗澡设施	%	6.06
住宅或院内是否有洗手设施及肥皂和水?		
有洗手设施,并有肥皂和水	%	98.75

7－47 续表2

项　　目	单　位	数　值
有洗手设施，但是没有肥皂或水	%	1.25
没有洗手设施	%	0.00
住户主要取暖设备状况		
由市政或小区集中供暖	%	0.48
自行供暖	%	79.22
无取暖设备	%	20.30
取水位置		
住宅内管道取水	%	73.67
住宅内其他方式取水	%	2.84
院内管道取水	%	21.16
院内其他方式取水	%	1.91
其他位置取水	%	0.42
住户主要取暖用能源状况		
柴草	%	5.19
煤炭	%	2.93
.罐装液化石油气	%	3.85
管道液化石油气	%	0.36
管道煤气	%	0.12
管道天然气	%	2.60
电	%	80.27
燃料用油	%	0.03
沼气	%	0.00
其他	%	0.72
无取暖行为	%	3.94
主要炊用能源状况		
柴草	%	4.30
煤炭	%	1.19
罐装液化石油气	%	49.07
管道液化石油气	%	1.13
管道煤气	%	0.24
管道天然气	%	17.52
电	%	26.18
燃料用油	%	0.12
沼气	%	0.09
其他	%	0.09
无炊用行为	%	0.06

7-48 农村居民人均总收入(2022 年)

指　　标	单　位	数　值
总收入	**元**	**21942.9**
工资性收入	元	7025.4
工资	元	6870.0
实物福利	元	15.9
其他	元	139.5
经营性收入	元	8879.7
第一产业经营性收入	元	6420.5
农业	元	5256.0
林业	元	88.3
牧业	元	1014.5
渔业	元	61.7
第二产业经营性收入	元	571.5
第三产业经营性收入	元	1887.8
财产性收入	元	286.4
转移性收入	元	5751.4

7-49 农村居民人均总收入构成(2022 年)

指　　标	单　位	构　成
总收入	%	**100.0**
工资性收入	%	32.0
工资	%	31.3
实物福利	%	0.1
其他	%	0.6
经营性收入	%	40.5
第一产业经营性收入	%	29.3
农业	%	24.0
林业	%	0.4
牧业	%	4.6
渔业	%	0.3
第二产业经营性收入	%	2.6
第三产业经营性收入	%	8.6
财产性收入	%	1.3
转移性收入	%	26.2

7－50　农村居民人均可支配收入(2022 年)

指　　标	单　位	数　值
可支配收入	**元**	**18697.3**
工资性收入	元	7025.4
工资	元	6870.0
实物福利	元	15.9
其他	元	139.5
经营净收入	元	6033.1
第一产业经营净收入	元	4043.0
农业	元	3555.3
林业	元	63.7
牧业	元	386.0
渔业	元	38.0
第二产业经营净收入	元	442.4
第三产业经营净收入	元	1547.8
财产净收入	元	262.0
转移净收入	元	5376.8

7－51　农村居民人均可支配收入构成(2022 年)

指　　标	单　位	构　成
可支配收入	%	**100.0**
工资性收入	%	37.6
工资	%	36.7
实物福利	%	0.1
其他	%	0.7
经营净收入	%	32.3
第一产业经营净收入	%	21.6
农业	%	19.0
林业	%	0.3
牧业	%	2.1
渔业	%	0.2
第二产业经营净收入	%	2.4
第三产业经营净收入	%	8.3
财产净收入	%	1.4
转移净收入	%	28.8

7－52 农村居民人均现金可支配收入(2022 年)

指 标	单 位	数 值
现金可支配收入	**元**	**17793.4**
现金工资性收入	元	7009.5
工资	元	6870.0
其他工资性收入	元	139.5
现金经营净收入	元	5433.1
第一产业现金经营净收入	元	3367.5
农业	元	2875.8
林业	元	39.3
牧业	元	414.3
渔业	元	38.0
第二产业现金经营净收入	元	453.1
第三产业现金经营净收入	元	1612.5
现金财产经营净收入	元	262.0
现金转移经营净收入	元	5088.9

7－53 农村居民人均现金可支配收入构成(2022 年)

指 标	单 位	构 成
现金可支配收入	%	**100.0**
现金工资性收入	%	39.4
工资	%	38.6
其他工资性收入	%	0.8
现金经营净收入	%	30.5
第一产业现金经营净收入	%	18.9
农业	%	16.2
林业	%	0.2
牧业	%	2.3
渔业	%	0.2
第二产业现金经营净收入	%	2.5
第三产业现金经营净收入	%	9.1
现金财产经营净收入	%	1.5
现金转移经营净收入	%	28.6

7－54　农村居民人均总支出(2022年)

指　　标	单　位	数　值
总支出	**元**	**20685.8**
消费支出	元	14823.9
食品烟酒	元	4339.9
衣着	元	1032.0
居住	元	3017.1
生活用品及服务	元	917.9
交通通信	元	1835.3
教育文化娱乐	元	1792.4
医疗保健	元	1641.5
其他用品和服务	元	247.8
生产经营费用支出	元	2661.2
第一产业经营费用支出	元	2267.6
第二产业经营费用支出	元	118.4
第三产业经营费用支出	元	275.3
财产性支出	元	24.4
生活贷款利息支出	元	20.3
其他财产性支出	元	4.1
转移性支出	元	374.6
个人所得税	元	14.7
社会保障支出	元	312.1
外来从业人员寄给家人的支出	元	9.0
赡养支出	元	28.4
其他转移性支出	元	10.4
部分商业保险支出	元	86.7
意外伤害保险	元	14.5
商业医疗保险(含大病保险)	元	41.6
其他非储蓄性商业保险	元	8.5
其他储蓄性商业保险	元	22.0
购置资产及非经常性转移支出	元	2181.1
购置资产支出	元	784.4
非经常性转移支出	元	1396.7
借贷性支出	元	533.9
存入储蓄款	元	3.3
借出款	元	2.7
归还借款	元	130.0
购买有价证券	元	0.0
其他投资支出	元	3.2
归还住房贷款	元	262.7
归还汽车贷款	元	102.8
归还教育贷款	元	5.8
归还其他贷款	元	23.3
其他借贷支出	元	0.2
服务性消费支出	元	4203.0

7－55　农村居民人均总支出构成(2022年)

指　　标	单　位	构　成
总支出	%	**100.0**
消费支出	%	71.7
食品烟酒	%	21.0
衣着	%	5.0
居住	%	14.6
生活用品及服务	%	4.4
交通通信	%	8.9
教育文化娱乐	%	8.7
医疗保健	%	7.9
其他用品和服务	%	1.2
生产经营费用支出	%	12.9
第一产业经营费用支出	%	11.0
第二产业经营费用支出	%	0.6
第三产业经营费用支出	%	1.3
财产性支出	%	0.1
生活贷款利息支出	%	0.1
其他财产性支出	%	0.0
转移性支出	%	1.8
个人所得税	%	0.1
社会保障支出	%	1.5
外来从业人员寄给家人的支出	%	0.0
赡养支出	%	0.1
其他转移性支出	%	0.1
部分商业保险支出	%	0.4
意外伤害保险	%	0.1
商业医疗保险(含大病保险)	%	0.2
其他非储蓄性商业保险	%	0.0
其他储蓄性商业保险	%	0.1
购置资产及非经常性转移支出	%	10.5
购置资产支出	%	3.8
非经常性转移支出	%	6.8
借贷性支出	%	2.6
存入储蓄款	%	0.0
借出款	%	0.0
归还借款	%	0.6
购买有价证券	%	0.0
其他投资支出	%	0.0
归还住房贷款	%	1.3
归还汽车贷款	%	0.5
归还教育贷款	%	0.0
归还其他贷款	%	0.1
其他借贷支出	%	0.0
服务性消费支出	%	20.3

7－56　农村居民人均总生活消费支出(2022年)

指　　标	单　位	数　值
全年生活消费支出	**元**	**14823.9**
食品烟酒	元	4339.9
衣着	元	1032.0
居住	元	3017.1
生活用品及服务	元	917.9
交通通讯	元	1835.3
教育文化娱乐	元	1792.4
医疗保健	元	1641.5
其他用品和服务	元	247.8

7－57　农村居民人均总生活消费支出构成(2022年)

指　　标	单　位	构　成
全年生活消费支出	%	**100.0**
食品烟酒	%	29.3
衣着	%	7.0
居住	%	20.4
生活用品及服务	%	6.2
交通通讯	%	12.4
教育文化娱乐	%	12.1
医疗保健	%	11.1
其他用品和服务	%	1.7

7－58　农村居民人均现金生活消费支出(2022年)

指　　标	单　位	数　值
全年现金生活消费支出	**元**	**12544.0**
食品烟酒	元	4219.9
衣着	元	1031.9
居住	元	1140.4
生活用品及服务	元	917.2
交通通讯	元	1835.3
教育文化娱乐	元	1792.4
医疗保健	元	1361.3
其他用品和服务	元	245.6

7－59　农村居民人均现金生活消费支出构成(2022年)

指　　标	单　位	构　成
全年现金生活消费支出	%	**100.0**
食品烟酒	%	33.6
衣着	%	8.2
居住	%	9.1
生活用品及服务	%	7.3
交通通讯	%	14.6
教育文化娱乐	%	14.3
医疗保健	%	10.9
其他用品和服务	%	2.0

7-60 农村居民家庭平均每百户主要消费品年末拥有量(2022年)

指　标	单　位	数　值
1. 家用汽车	辆	38.67
2. 其中:新能源汽车	辆	0.82
3. 摩托车	辆	31.55
4. 助力车	台	136.98
5. 洗衣机	台	101.31
6. 电冰箱(柜)	台	100.99
7. 微波炉	台	19.10
8. 彩色电视机	台	114.22
9. 空调	台	134.24
10. 热水器	台	83.71
11. 烤箱	台	9.38
12. 洗碗机	台	1.21
13. 排油烟机	台	36.83
14. 固定电话	线	4.30
15. 移动电话	部	282.30
17. 计算机	台	26.92
19. 照相机	台	1.48
20. 乐器	架	0.61
21. 健身器材	台	1.14
22. 空气净化器(含新风系统)	台	1.05
23. 地面清洁电器	台	1.71

7-61 按收入分组的农村居民家庭平均每人总收入(2022年)

单位:元

项　目	低收入户	中低收入户	中等收入户	中高收入户	高收入户
总收入	**11768.98**	**15288.50**	**18983.47**	**25325.73**	**44723.15**
工资性收入	2800.86	4882.04	7769.68	9343.09	12051.36
工资	2755.18	4821.26	7642.71	9148.47	11627.82
实物福利	2.80	12.22	17.36	30.19	20.50
其他	42.88	48.56	109.61	164.43	403.05
经营性收入	5005.40	4736.94	5622.26	8840.99	23981.27
第一产业经营收入	4441.90	3861.28	4637.61	6377.76	14900.68
农业	4094.73	3572.70	4151.94	5701.37	10001.02
林业	89.41	49.79	84.48	115.99	110.66
牧业	199.65	227.10	398.81	511.22	4565.19
渔业	58.11	11.70	2.38	49.18	223.81
第二产业经营收入	46.93	29.49	49.11	227.37	3089.99
第三产业经营收入	516.58	846.17	935.55	2235.86	5990.59
财产性收入	165.21	168.51	180.32	321.16	706.62
转移性收入	3797.50	5501.01	5411.20	6820.48	7983.90
家庭外出从业人员寄回带回收入	2722.50	4368.05	4142.39	4489.99	4483.93

7－62　按收入分组的农村居民家庭平均每人总支出(2022 年)

单位:元

项　　目	低收入户	中低收入户	中等收入户	中高收入户	高收入户
总支出	**15484.95**	**16796.43**	**18007.08**	**22627.77**	**34237.02**
消费支出	11470.09	12984.49	13875.57	16063.97	21684.19
生产经营费用支出	2116.04	1370.82	1536.08	2466.54	6804.72
第一产业经营费用支出	1842.84	1176.43	1442.11	2097.43	5564.68
农业	1534.49	1020.16	1240.50	1799.92	2816.54
林业	23.88	11.18	17.06	28.47	22.46
牧业	261.60	143.04	183.93	263.63	2622.22
渔业	22.87	2.05	0.61	5.41	103.46
第二产业经营费用支出	1.17	7.08	0.43	1.17	716.65
第三产业经营费用支出	272.04	187.30	93.54	367.94	523.39
财产性支出	56.03	9.54	13.08	17.73	22.71
转移性支出	310.19	373.80	337.28	394.63	489.99
部分商业保险支出	46.27	40.14	106.40	125.14	133.86
购置资产及非经常性转移支出	1296.74	1604.78	1721.59	2813.31	4026.81
借贷性支出	189.58	412.85	417.09	746.45	1074.74

7－63　按收入分组的农村居民家庭平均每人可支配收入(2022 年)

单位:元

项　　目	低收入户	中低收入户	中等收入户	中高收入户	高收入户
可支配收入	**9162.21**	**13420.37**	**16959.75**	**22269.98**	**36969.39**
工资性收入	2800.86	4882.04	7769.68	9343.09	12051.36
工资	2755.18	4821.26	7642.71	9148.47	11627.82
实物福利	2.80	12.22	17.36	30.19	20.50
其他	42.88	48.56	109.61	164.43	403.05
经营净收入	2764.85	3252.15	3948.91	6197.66	16740.20
第一产业经营净收入	2512.10	2604.64	3106.58	4180.96	9115.30
农业	2492.15	2481.98	2857.39	3828.69	7031.72
林业	54.47	37.42	62.98	85.03	87.56
牧业	-69.68	75.59	184.43	223.92	1876.14
渔业	35.16	9.65	1.77	43.32	119.89
第二产业经营净收入	45.39	19.88	43.68	224.76	2319.36
第三产业经营净收入	207.37	627.62	798.65	1791.93	5305.55
财产净收入	109.18	158.98	167.24	303.43	683.91
转移净收入	3487.32	5127.21	5073.92	6425.80	7493.91

7－64 按收入分组的农村居民家庭平均每人生活消费支出(2022年)

单位:元

项目	低收入户	中低收入户	中等收入户	中高收入户	高收入户
全年生活消费支出	**11470.09**	**12984.49**	**13875.57**	**16063.97**	**21684.19**
食品烟酒	3385.65	3948.66	4141.08	4669.94	6051.44
衣着	820.27	999.70	1012.28	1063.63	1356.30
居住	2387.53	2443.36	2933.28	3245.82	4490.05
生活用品及服务	681.05	891.43	844.43	1007.63	1271.60
交通通讯	1209.30	1277.21	1563.49	2411.65	3121.80
教育文化娱乐	1678.42	1739.89	1857.57	1909.07	1799.59
医疗保健	1137.73	1426.11	1281.21	1504.27	3249.23
其他用品和服务	170.14	258.13	242.24	251.98	344.19

7－65 按收入分组的农村居民家庭平均每人现金可支配收入(2022年)

单位:元

项目	低收入户	中低收入户	中等收入户	中高收入户	高收入户
现金可支配收入(未扣除生产费用)	**7166.24**	**12367.66**	**16429.17**	**21942.11**	**36621.42**
现金工资性收入	2798.06	4869.82	7752.32	9312.90	12030.86
工资	2755.18	4821.26	7642.71	9148.47	11627.82
其他工资性收入	42.88	48.56	109.61	164.43	403.05
现金经营净收入	848.00	2310.37	3543.92	6149.97	17520.08
第一产业现金经营净收入	557.70	1629.11	2653.23	4055.84	9679.54
农业	543.97	1533.92	2391.07	3710.47	7535.01
林业	24.93	12.49	46.23	59.07	62.85
牧业	－46.42	73.05	214.11	243.13	1961.57
渔业	35.22	9.65	1.82	43.18	120.10
第二产业现金经营净收入	45.76	22.40	48.68	226.20	2373.34
第三产业现金经营净收入	244.54	658.86	842.01	1867.92	5467.20
现金财产净收入	109.18	158.98	167.24	303.43	683.91
现金转移净收入	3411.00	5028.49	4965.69	6175.82	6386.56
家庭外出从业人员寄回带回收入	2722.50	4368.05	4142.39	4489.99	4483.93

7－66 按收入分组的农村居民家庭平均每人生活消费现金支出(2022年)

单位:元

项　　目	低收入户	中低收入户	中等收入户	中高收入户	高收入户
全年生活消费现金支出	**9755.90**	**11181.35**	**11828.55**	**13638.58**	**17858.24**
食品烟酒	3277.69	3847.91	4027.14	4537.87	5895.78
衣着	820.21	999.52	1012.24	1063.63	1356.30
居住	856.48	836.54	1106.64	1193.44	1917.56
生活用品及服务	680.97	891.30	843.67	1006.44	1269.72
交通通讯	1209.30	1277.21	1563.49	2411.59	3121.78
教育文化娱乐	1678.40	1739.87	1857.57	1909.07	1799.59
医疗保健	1063.37	1332.58	1177.79	1269.87	2154.92
其他用品和服务	169.48	256.42	240.01	246.67	342.60

7－67 主要年份农村农户固定资产投资情况

单位:万元

指　标	2005年	2010年	2015年	2016年	2017年	2018年	2019年	2020年	2021年	2022年
农村投资总额	**4502000**	**7866446**	**7090634**	**6611615**	**6065769**	**6292064**	**5801276**	**5107626**	**4616950**	**4083366**
按投资来源分										
国内贷款	8114	35450	97688	247007	258350	285469	270071	152913	129069	110999
自筹资金	4468528	7732178	6922895	6321870	5756872	5947315	5472752	4891088	4417352	3901837
其他资金	25358	98818	70051	42737	50547	59280	58453	63625	70529	70530
按投资构成分										
建筑工程	3293919	6923459	6413649	5842618	5241444	5424050	4634375	3995198	3336995	3208866
设备工器具购置	947275	800540	595780	617002	440058	521988	736505	548604	537649	537531
其他	255283	134574	81205	151995	384267	346027	430395	563825	742306	336969
按投资方向分										
农林牧渔业	916446	850420	724561	906768	1018041	1138885	833672	1143130	1061543	821804
制造业	45436	40859	66211	41796	32486	32223	41069	29616	12816	13073
电力煤气及水的生产和供应业	10799	4006	7544	0	7560	2302	3138	2743	10337	548
建筑业	118045	26340	45680	0	5807	76408	56923	27644	130452	82940
批发和零售业	36392	34536	40094	0	153575	78764	61357	131106	69515	161486
交通运输、仓储和邮电业	349604	280767	312028	143329	109709	140793	554194	175368	202126	25425
住宿和餐饮	2060	2544	36945		9577	51605	45490	12781	24689	36040
房地产业	2699392	6412652	5592884	5350269	4641694	4660315	4153432	3531369	3025309	2904608
租赁和商务服务业	1093		28344	51334	61392	8597	17086	11124	21195	5268
居民服务和其他服务业	314408	214322	233283	15482	17651	95090	34914	42745	58968	32174

7-68 分行业农村农户固定资产投资增速及结构(2022年)

单位:%

产　　业	增　速	结　构
总　　计	**-11.56**	**100.00**
农、林、牧、渔业	-22.58	20.13
制造业	2.01	0.32
电力、热力、燃气及水的生产和供应业	-94.70	0.01
建筑业	-36.42	2.03
批发和零售业	132.30	3.95
交通运输、仓储和邮政业	-87.42	0.62
住宿和餐饮业	45.98	0.88
房地产业	-3.99	71.13
租赁和商务服务业	-75.15	0.13
居民服务和其他服务业	-45.44	0.79

7-69 河南省各省辖市及省直管县居民收支(2022年)

单位:元

地　区	居民人均可支配收入	居民人均生活消费支出
省 辖 市		
郑 州 市	41048.9	26483.8
开 封 市	25945.0	20191.7
洛 阳 市	31586.2	22213.4
平 顶 山	28119.9	17901.9
安 阳 市	28457.8	17012.8
鹤 壁 市	31029.9	18391.0
新 乡 市	28909.4	19100.8
焦 作 市	31473.6	21725.2
濮 阳 市	26263.0	15769.8
许 昌 市	30320.5	18951.0
漯 河 市	29632.5	19433.3
三 门 峡	28020.4	19028.0
南 阳 市	26868.8	17725.3
商 丘 市	23894.5	15737.9
信 阳 市	25376.3	17817.1
周 口 市	21983.4	15890.8
驻 马 店	23849.8	18098.1
济 源 市	33902.4	15694.1
省直管县		
巩 义 市	35355.0	18284.4
兰 考 县	23449.0	20057.5
汝 州 市	27820.2	16575.7
滑　　县	20798.8	17468.8
长 垣 县	30879.7	21552.0
邓 州 市	26582.8	20617.9
永 城 市	28878.5	19889.3
固 始 县	24801.7	17830.1
鹿 邑 县	24179.8	17329.5
新 蔡 县	21418.5	18731.1

7－70　河南省各省辖市及省直管县城镇居民收支(2022 年)

单位:元

地　区	居民人均可支配收入	居民人均生活消费支出
省 辖 市		
郑 州 市	46286.5	28936.4
开 封 市	35630.9	27621.7
洛 阳 市	43632.9	29191.9
平 顶 山	38375.4	21825.2
安 阳 市	38475.8	20527.9
鹤 壁 市	37730.3	21846.9
新 乡 市	37731.3	23752.0
焦 作 市	37488.4	25018.4
濮 阳 市	37402.4	19587.2
许 昌 市	38237.8	22684.1
漯 河 市	38680.8	24766.9
三 门 峡	36204.7	23865.7
南 阳 市	37774.1	22890.7
商 丘 市	35974.8	20461.7
信 阳 市	34818.9	22241.9
周 口 市	31720.2	20949.4
驻 马 店	34770.9	24506.7
济 源 市	41138.4	17382.2
省直管县		
巩 义 市	39575.4	19401.5
兰 考 县	31302.0	25302.3
汝 州 市	34798.8	21014.9
滑　　县	31985.2	20507.3
长 垣 县	35109.0	24769.6
邓 州 市	35939.0	26504.2
永 城 市	39487.5	22002.2
固 始 县	33637.8	20876.2
鹿 邑 县	32688.5	21516.0
新 蔡 县	31348.3	25647.8

7-71 河南省各省辖市及省直管县农村居民收支(2022年)

单位:元

地　区	居民人均可支配收入	居民人均生活消费支出
省　辖　市		
郑　州　市	28237.0	20484.4
开　封　市	18093.5	14168.8
洛　阳　市	18305.9	14520.2
平　顶　山	17984.5	14024.6
安　阳　市	19510.7	13873.6
鹤　壁　市	22977.2	14237.5
新　乡　市	20321.7	14573.1
焦　作　市	23688.2	17462.6
濮　阳　市	17641.9	12815.3
许　昌　市	22706.9	15361.3
漯　河　市	21251.3	14492.9
三　门　峡	19303.2	13875.3
南　阳　市	18782.5	13895.2
商　丘　市	15868.3	12603.1
信　阳　市	17923.0	14324.3
周　口　市	15201.9	12367.5
驻　马　店	16366.3	13706.6
济　源　市	24948.1	13605.2
省直管县		
巩　义　市	30457.2	16988.0
兰　考　县	18213.7	16560.9
汝　州　市	22100.7	12937.3
滑　　　县	16254.2	16234.3
长　垣　县	27196.1	18749.6
邓　州　市	20411.4	16735.3
永　城　市	19835.1	18088.2
固　始　县	19025.0	15838.7
鹿　邑　县	17803.0	14192.0
新　蔡　县	16717.6	15456.6

7－72 脱贫地区农民家庭平均每人总收入

单位:元

项目	2000年	2005年	2010年	2015年	2016年	2017年	2018年	2019年	2020年	2021年	2022年
全年总收入(未扣除生产费用)	**2348.31**	**3151.89**	**5577.39**	**11696.51**	**12344.28**	**13516.33**	**14391.86**	**15816.52**	**16733.74**	**18415.70**	**19157.23**
工资性收入	454.22	763.18	1709.82	2424.47	2829.11	3257.37	3919.55	4536.64	4838.77	5641.81	6038.02
工资	88.77	76.43	135.15	1477.61	1806.91	2082.38	2867.03	3643.87	4214.97	5260.20	5856.41
实物福利	135.81	195.48	452.61	1.23	0.91	1.11	8.31	5.68	10.96	12.32	6.94
其他	229.64	491.27	1122.07	945.64	1021.28	1173.88	1044.21	887.09	612.84	369.29	174.67
经营性收入	1788.70	2260.04	3582.47	6374.38	6442.34	6714.12	6316.75	6664.22	6633.08	7096.22	7135.74
第一产业经营收入	1553.94	1986.31	3050.84	5097.82	4868.79	5004.18	4546.92	4787.33	4936.69	5220.02	5261.36
农业	1162.36	1457.49	2310.89	3937.37	3770.77	3876.47	3574.68	3877.27	3756.20	4238.93	4352.07
林业	43.22	52.85	107.30	155.42	126.80	154.54	186.78	136.51	124.92	91.91	113.77
牧业	343.27	467.94	613.46	988.84	954.92	951.89	757.10	712.39	1011.25	810.36	730.95
渔业	5.09	8.03	19.18	16.19	16.30	21.28	28.36	61.15	44.32	78.82	64.57
第二产业经营收入	63.84	70.83	141.75	297.63	364.69	491.91	421.99	319.89	311.47	208.58	242.33
第三产业经营收入	170.92	202.90	389.88	978.93	1208.86	1218.03	1347.84	1557.00	1384.92	1667.62	1632.04
财产性收入	12.21	28.58	28.86	96.63	122.98	133.55	170.41	129.53	185.31	140.07	160.44
转移性收入	93.18	100.09	256.24	2801.02	2949.85	3411.29	3985.15	4486.13	5076.57	5537.61	5823.04
其中:家庭外出从业人员寄回带回收入				2128.88	2277.60	2656.84	2956.70	3191.69	3522.89	3919.17	4100.69

注:2007年以前为44个扶贫开发重点县数据,2008－2012年为31个国家级扶贫开发重点县数据,2013年以后为53个贫困县数据。2014年开始为新口径数据。

7-73 脱贫地区农民家庭平均每人总支出

单位:元

项 目	2000年	2005年	2010年	2015年	2016年	2017年	2018年	2019年	2020年	2021年	2022年
全年总支出	**1771.76**	**2573.91**	**4567.50**	**10646.53**	**10976.24**	**11903.28**	**13170.07**	**14469.43**	**14990.91**	**16701.66**	**17197.69**
生产经营费用支出	433.97	700.13	1225.27	2106.26	1930.84	2103.82	1908.00	2000.26	1939.09	2096.66	2014.50
第一产业经营费用支出	381.61	630.77	1058.27	1784.36	1524.61	1623.22	1551.18	1544.93	1662.71	1678.01	1611.05
农业	247.80	406.12	754.92	1223.34	1057.88	1128.54	1119.12	1138.89	1051.00	1217.23	1212.81
林业	2.21	7.52	13.39	18.91	10.45	10.09	13.39	23.98	23.73	15.46	19.32
牧业	130.42	215.07	282.58	538.66	451.75	482.97	402.89	352.71	583.30	433.17	373.74
渔业	1.18	2.06	7.38	3.46	4.53	1.63	15.77	29.36	4.68	12.14	5.18
第二产业经营费用支出	15.98	24.74	63.71	81.19	118.21	187.19	63.03	45.13	35.08	23.70	21.08
第三产业经营费用支出	36.38	44.62	103.28	240.71	288.02	293.41	293.79	410.20	241.29	394.95	382.36
部分商业保险支出				13.41	16.16	15.41	49.25	79.93	35.33	34.24	32.44
购置资产及非经常性转移支出				1368.04	1369.82	1353.85	1686.61	1828.58	1720.80	1687.95	1531.07
借贷性支出				134.99	130.47	169.12	229.48	270.18	336.87	329.41	384.94
消费支出	1128.84	1694.82	3088.58	6865.51	7360.17	8044.71	8979.10	9958.13	10637.69	12156.09	12867.46
食品烟酒	567.39	823.10	1306.01	2157.17	2261.08	2339.16	2555.32	2831.93	3199.56	3836.38	4027.74
衣着	76.86	109.15	224.72	539.16	558.01	602.10	669.58	749.13	784.53	952.53	979.87
居住	155.79	289.02	654.85	1482.22	1559.60	1749.62	2035.67	2210.34	2393.64	2490.83	2713.76
生活用品及服务	49.08	73.14	178.58	502.32	550.83	574.41	653.39	689.23	772.64	830.67	851.34
交通通信	50.89	127.63	297.07	784.73	916.71	1008.21	1035.97	1093.06	1193.32	1197.33	1437.56
教育文化娱乐	128.04	160.65	175.69	658.09	755.31	879.22	986.39	1137.72	1082.35	1374.04	1419.84
医疗保健	54.67	84.82	196.00	598.70	607.22	720.06	890.76	1082.54	1046.44	1299.70	1253.03
其他用品和服务	46.12	27.31	55.67	143.11	151.42	171.92	152.01	164.18	165.19	174.60	184.32
财产性支出	16.56	2.38	2.92	2.02	3.15	3.28	5.23	5.02	9.35	18.99	11.78
转移性支出	67.69	93.12	214.77	156.31	165.62	213.08	312.41	327.34	311.78	378.32	355.49

注:2007年以前为44个扶贫开发重点县数据,2008-2012年为31个国家级扶贫开发重点县数据,2013年以后为53个贫困县数据。2014年开始为新口径数据。

7-74 脱贫地区农民家庭平均每人可支配收入

单位:元

项 目	2000年	2005年	2010年	2015年	2016年	2017年	2018年	2019年	2020年	2021年	2022年
全年可支配收入	**1749.31**	**2330.90**	**4208.78**	**9176.02**	**10020.66**	**10945.31**	**11966.02**	**13282.35**	**14276.50**	**15733.12**	**16624.82**
工资性收入	454.22	763.18	1709.82	2424.47	2829.11	3257.37	3919.55	4536.64	4838.77	5641.81	6038.02
工资				1477.61	1806.91	2082.38	2867.03	3643.87	4214.97	5260.20	5856.41
实物福利				1.23	0.91	1.11	8.31	5.68	10.96	12.32	6.94
其他				945.64	1021.28	1173.88	1044.21	887.09	612.84	369.29	174.67
经营净收入	1215.22	1472.65	2254.07	4013.96	4287.49	4359.46	4208.58	4462.41	4497.03	4810.94	4970.60
第一产业经营净收入	1050.51	1276.41	1904.26	3163.01	3201.51	3219.91	2861.45	3112.90	3150.20	3417.56	3548.41
农业	835.46	994.33	1485.23	2575.58	2586.79	2603.64	2347.92	2626.82	2605.21	2919.26	3063.87
林业	40.30	44.58	93.01	135.90	114.72	143.69	172.85	112.06	99.53	71.90	90.83
牧业	171.22	231.70	314.56	439.04	488.40	453.09	331.17	345.41	405.95	359.95	334.39
渔业	3.53	5.80	11.46	12.49	11.60	19.48	9.51	28.61	39.51	66.45	59.33
第二产业经营净收入	42.10	44.04	74.82	203.63	234.15	292.08	348.77	264.06	262.92	181.82	217.58
第三产业经营净收入	122.61	152.20	274.99	647.32	851.83	847.47	998.37	1085.45	1083.90	1211.56	1204.61
财产净收入	12.21	29.04	28.86	91.78	119.83	130.27	165.18	124.51	175.95	121.08	148.67
转移净收入	67.66	66.03	216.03	2645.80	2784.23	3198.21	3672.71	4158.79	4764.75	5159.29	5467.54
其中:家庭外出从业人员寄回带回收入				2128.88	2277.60	2656.84	2956.70	3191.69	3522.89	3919.17	4100.69

注:2007 年以前为 44 个扶贫开发重点县数据,2008-2012 年为 31 个国家级扶贫开发重点县数据,2013 年以后为 53 个贫困县数据。2014 年开始为新口径数据。

7－75 脱贫地区农民家庭平均每人现金收入

单位:元

项　目	2000年	2005年	2010年	2015年	2016年	2017年	2018年	2019年	2020年	2021年	2022年
全年现金收入(未扣除生产费用)	**1500.48**	**2237.64**	**4234.55**	**10160.85**	**11109.43**	**12137.11**	**13297.81**	**14506.54**	**15706.68**	**17390.13**	**17874.29**
现金工资性收入	450.17	763.18	1708.34	2423.25	2828.20	3256.26	3911.24	4530.96	4827.81	5629.49	6031.07
工资				1477.61	1806.91	2082.38	2867.03	3643.87	4214.97	5260.20	5856.41
其他工资性收入				945.64	1021.28	1173.88	1044.21	887.09	612.84	369.29	174.67
现金经营性收入	960.63	1358.43	2250.75	4961.61	5333.35	5471.12	5377.29	5563.10	5819.70	6309.62	6033.65
第一产业现金经营收入	739.87	1084.70	1719.69	3685.05	3759.79	3761.18	3607.46	3686.21	4123.30	4433.42	4159.28
农业	452.32	598.97	1030.96	2564.01	2710.76	2686.89	2700.20	2834.72	2997.24	3487.34	3328.89
林业	23.96	42.77	96.61	132.76	94.52	118.25	142.98	105.02	101.07	80.38	64.03
牧业	260.74	435.95	576.07	972.46	938.70	935.19	736.59	686.00	981.43	787.66	702.48
渔业	2.85	7.01	16.04	15.83	15.81	20.86	27.68	60.47	43.56	78.04	63.87
第二产业现金经营收入	58.11	70.83	141.18	297.63	364.69	491.91	421.99	319.89	311.47	208.58	242.33
第三产业现金经营收入	162.65	202.90	389.87	978.93	1208.86	1218.03	1347.84	1557.00	1384.92	1667.62	1632.04
现金财产性收入	10.60	28.58	27.11	95.37	122.98	133.55	170.41	129.53	185.31	140.07	160.44
现金转移性收入	79.08	87.45	248.35	2680.63	2824.91	3276.18	3838.87	4282.95	4873.87	5310.95	5649.12
家庭外出从业人员寄回带回收入				2128.88	2277.60	2656.84	2956.70	3191.69	3522.89	3919.17	4100.69

注:2007年以前为44个扶贫开发重点县数据,2008－2012年为31个国家级扶贫开发重点县数据,2013年以后为53个贫困县数据。2014年开始为新口径数据。

7－76 脱贫地区农民家庭平均每人现金支出

单位:元

项 目	2000年	2005年	2010年	2015年	2016年	2017年	2018年	2019年	2020年	2021年	2022年
全年现金支出	**1317.56**	**2033.84**	**4056.58**	**9454.47**	**9734.81**	**10578.99**	**11612.30**	**12710.22**	**13110.57**	**14753.76**	**15185.45**
生产经营现金费用支出	339.65	562.10	1071.24	2078.91	1903.04	2061.43	1881.37	1978.47	1923.25	2075.59	1996.61
第一产业经营现金费用支出	290.79	501.90	909.73	1757.01	1496.80	1580.83	1524.55	1523.15	1646.87	1656.95	1593.17
农业	210.30	345.09	655.81	1208.24	1037.08	1093.92	1102.43	1125.03	1044.31	1213.41	1208.73
林业	2.16	6.27	12.68	18.88	10.45	10.04	13.39	23.98	23.73	15.46	19.32
牧业	77.48	149.22	236.36	526.44	444.75	475.24	393.04	344.93	574.20	416.42	360.13
渔业	0.85	1.32	4.87	3.45	4.53	1.62	15.69	29.21	4.63	11.65	4.98
第二产业经营现金费用支出	15.74	23.83	60.50	81.19	118.21	187.19	63.03	45.13	35.08	23.70	21.08
第三产业经营现金费用支出	33.12	36.37	101.01	240.71	288.02	293.41	293.79	410.20	241.29	394.95	382.36
部分商业保险支出				13.41	16.16	15.41	49.25	79.93	35.33	34.24	32.44
购置资产及非经常性转移支出				1368.04	1369.82	1353.85	1686.61	1828.58	1720.80	1687.95	1531.07
借贷性支出				134.99	130.47	169.12	229.48	270.18	336.87	329.41	384.94
现金消费支出	786.88	1294.62	2643.34	5700.80	6146.55	6762.81	7447.95	8220.70	8773.19	10229.24	10873.12
食品烟酒	263.59	473.12	901.51	1929.50	2087.55	2161.32	2405.80	2679.08	3022.64	3695.30	3898.00
衣着	73.87	109.15	224.72	539.04	557.88	601.94	669.35	748.79	783.57	952.49	979.83
居住	120.64	238.81	614.11	665.12	644.38	777.56	800.88	828.41	911.63	932.30	1022.52
生活用品及服务	49.07	73.14	178.57	501.49	548.87	572.71	651.81	684.99	758.88	827.50	850.73
交通通信	50.89	127.63	297.07	784.73	916.70	1008.17	1035.83	1092.80	1193.05	1197.33	1437.46
教育文化娱乐	128.04	160.65	175.69	657.78	754.74	879.20	985.61	1137.63	1082.34	1373.91	1419.84
医疗保健	54.67	84.82	196.00	480.05	485.15	590.02	747.80	887.80	859.67	1077.95	1082.06
其他用品和服务	46.11	27.30	55.67	143.08	151.28	171.88	150.88	161.21	161.40	172.46	182.68
现金财产性支出	6.67	2.38	2.92	2.02	3.15	3.28	5.23	5.02	9.35	18.99	11.78
现金转移性支出	66.42	91.38	213.13	156.31	165.62	213.08	312.41	327.34	311.78	378.32	355.49

注:2007 年以前为 44 个扶贫开发重点县数据,2008－2012 年为 31 个国家级扶贫开发重点县数据,2013 年以后为 53 个贫困县数据。2014 年开始为新口径数据。

7-77 农村劳动力外出从业情况构成

单位:%

项 目	2010年	2011年	2012年	2013年	2014年	2015年	2016年	2017年	2018年	2019年	2020年	2021年	2022年
年末就业状况	**100**	**100**	**100**	**100**	**100**	**100**	**100**	**100**	**100**	**100**	**100**	**100**	**100**
本地务农	51.2	51.4	48.1	40.8	40.1	40.1	38.8	38.9	35.3	32.2	31.9	31.7	33.9
本地非农自营	5.6	5.6	5.6	6.6	6.9	6.8	7.0	7.2	6.1	6.2	6.6	6.7	7.1
本地非农务工	8.9	10.0	11.5	18.2	18.5	19.7	19.7	20.3	19.1	20.0	21.1	20.5	21.0
外出从业	28.2	26.9	28.2	26.5	26.3	26.8	28.0	28.9	31.3	32.4	32.9	32.3	33.4
未从业及其他	6.1	6.1	6.6	7.9	8.2	6.6	6.5	4.7	8.2	9.2	7.5	8.9	4.6
外出从业地区(人)	**100**	**100**	**100**	**100**	**100**	**100**	**100**	**100**	**100**	**100**	**100**	**100**	**100**
本省	38.9	42.0	43.0	51.4	51.3	54.3	54.8	53.2	50.2	50.4	50.6	49.3	42.8
乡外县内	49.5	39.3	39.9	43.7	42.2	46.4	41.3	42.9	42.4	45.4	43.7	41.7	36.3
县外省内	50.5	60.7	60.1	56.3	57.8	53.6	58.7	57.1	57.6	54.6	56.3	58.3	63.7
省外	61.1	58.0	57.0	48.6	48.7	45.7	45.2	46.8	49.8	49.6	49.4	50.7	57.2
东部地区	81.1	81.9	79.9	81.6	80.9	80.1	78.5	78.1	81.4	79.1	81.4	80.7	83.7
北京	12.2	9.8	10.0	12.5	13.1	11.1	14.0	10.3	12.2	11.0	7.2	9.0	8.9
上海	6.5	10.1	9.2	6.8	7.4	8.6	8.6	7.1	11.0	11.8	9.0	11.1	11.3
江苏	11.6	13.5	12.9	17.8	16.4	15.9	16.1	13.8	17.4	17.7	17.5	20.4	19.6
浙江	13.8	15.7	17.1	16.8	18.0	18.1	17.4	13.8	20.9	21.5	17.6	22.3	22.9
广东	40.4	33.4	34.3	30.2	30.3	32.2	28.9	20.8	26.4	25.4	25.7	22.0	23.7
中部地区	10.2	9.8	9.1	7.8	9.4	9.6	10.7	10.6	8.5	9.8	8.5	9.4	8.3
西部地区	8.4	7.8	10.5	10.2	9.0	9.8	8.8	9.3	8.7	9.5	8.6	7.7	7.4
其他地区	0.3	0.5	0.5	0.4	0.7	0.5	2.0	2.0	1.4	1.6	1.5	2.1	0.6
外出从事行业	**100**	**100**	**100**	**100**	**100**	**100**	**100**	**100**	**100**	**100**	**100**	**100**	**100**
一产业	1.2	2.0	2.0	1.6	1.3	1.1	1.7	1.5	1.4	1.0	0.9	1.0	0.7
二产业	64.9	68.9	67.8	65.2	63.8	62.1	58.5	57.2	56.4	55.9	58.1	58.1	56.7
制造业	54.7	53.4	52.5	44.2	46.9	45.6	44.3	45.9	48.7	48.5	47.6	44.9	49.4
建筑业	40.7	42.5	43.8	51.3	49.6	50.3	50.6	49.0	47.4	47.9	48.6	51.2	46.8
三产业	33.9	29.0	30.2	33.2	34.9	36.8	39.8	41.3	42.2	43.1	41.0	40.9	42.6
批发和零售业	7.5	5.3	4.9	23.5	24.2	26.6	21.5	19.7	16.3	15.9	16.3	15.8	15.9
住宿和餐饮业	5.6	5.5	6.0	18.1	20.0	16.1	17.7	18.0	15.6	17.2	15.5	17.4	17.0
外出务工月均收入(元)	**1640**	**2108**	**2315**	**2858**	**2930**	**3123**	**3295**	**3500**	**3827**	**4133**	**4340**	**4414**	**-**
社会保障与福利情况													
外出从业的劳动关系	100	100	100	100	100	100	100	100	100	100	100	100	100
无固定期限劳动合同工	14.3	15.0	14.5	14.3	17.0	17.0	9.3	9.0	10.5	15.2	16.6	15.2	10.7
一年及以上劳动合同工	9.6	9.5	9.7	13.2	13.9	10.5	11.9	10.8	11.1	11.4	10.9	11.0	14.3
一年以下劳动合同工	2.5	2.5	2.7	2.6	2.7	2.7	2.6	2.5	3.7	4.2	4.5	5.3	8.5
没有劳动合同	61.4	68.1	68.3	64.8	59.1	62.6	68.6	70.2	65.8	61.0	60.8	59.6	59.8
自营及其他	12.2	4.9	4.8	5.1	7.3	7.2	7.5	7.5	9.0	8.2	7.1	8.9	6.6

注:1. 2012 年以前为全省 42 个县,2013 年以后为全省 18 市 43 县(区)。

2. 外出从业地区类型里“中部地区”不包含河南。

3. 外出从业不含本地非农自营和本地非农务工。

4. 外出务工月均收入包括劳动报酬和各种实物福利。

7－77 续表

单位:%

项目	2010年	2011年	2012年	2013年	2014年	2015年	2016年	2017年	2018年	2019年	2020年	2021年	2022年
单位或雇主提供伙食情况	**100**	**100**	**100**	**100**	**100**	**100**	**100**	**100**	**100**	**100**	**100**	**100**	**100**
每天提供三顿	42.3	39.8	41.1	37.7	35.7	28.7	30.9	30.2	29.9	29.4	26.5	27.1	24.0
每天提供两顿	6.6	9.5	10.3	8.3	8.9	12.7	10.1	10.0	10.4	13.7	11.9	11.0	13.3
每天提供一顿	9.3	10.9	12.7	13.1	12.2	15.4	14.9	16.3	15.4	13.3	14.3	14.1	14.5
不提供,但补贴部分伙食费	3.8	5.5	5.9	5.0	5.6	5.1	5.0	5.4	4.7	4.3	7.2	6.3	7.0
不提供,也没有补贴	38.0	34.3	30.0	35.9	37.6	38.1	39.1	38.1	39.7	39.3	40.1	41.5	41.2
单位或雇主提供住宿情况	**100**	**100**	**100**	**100**	**100**	**100**	**100**	**100**	**100**	**100**	**100**	**100**	**100**
提供住宿	57.8	66.3	64.3	55.0	52.6	56.5	53.3	54.0	56.9	55.6	57.5	57.9	55.0
不提供住宿,但住房有补贴	6.8	5.0	7.5	7.8	8.3	5.7	5.3	5.1	4.7	5.4	3.5	2.4	2.7
不提供住宿,也没有住房补贴	35.4	28.7	28.2	37.2	39.1	37.8	41.4	40.9	38.4	39.0	39.0	39.7	42.3
五险一金缴纳情况													
缴纳养老保险	5.9	4.6	5.1	9.0	10.7	9.1	8.5	8.6	9.1	9.8	9.2	11.2	14.9
缴纳工伤保险	15.9	11.6	14.1	15.7	17.4	15.2	18.3	17.7	19.1	22.8	20.9	25.8	30.2
缴纳医疗保险	8.0	7.5	7.4	9.4	12.2	10.2	18.3	9.7	10.1	10.9	10.5	13.3	16.4
缴纳失业保险	3.3	2.5	2.4	3.9	4.5	5.1	5.6	6.1	6.9	7.2	7.7	9.2	11.1
缴纳生育保险	1.9	1.3	1.3	2.8	3.0	3.4	3.8	5.2	6.2	6.1	6.1	7.0	9.4
缴纳住房公积金	1.8	2.4	2.5	3.6	4.2	4.2	4.9	4.9	5.9	5.8	6.3	6.1	8.6

主要统计指标解释

一、住户收支与生活状况调查指标解释

从2013年度起，国家统计局对分别进行的城乡住户调查实施了一体化改革，规范了城乡划分范围，统一了城乡居民收入指标名称、分类和统计标准，建立了城乡统一的一体化住户调查，并据此采集全国居民有关数据。

（一）居民可支配收入

居民可支配收入指居民可用于最终消费支出和储蓄的总和，即居民可用于自由支配的收入。既包括现金收入，也包括实物收入。按照收入的来源，可支配收入包含四项，分别为：工资性收入、经营性净收入、转移性净收入和财产性净收入。

工资性收入 指就业人员通过各种途径得到的全部劳动报酬和各种福利，包括受雇于单位或个人、从事各种自由职业、兼职和零星劳动得到的全部劳动报酬和福利。

经营净收入 指住户或住户成员从事生产经营活动所获得的净收入，是全部经营收入中扣除经营费用、生产性固定资产折旧和生产税之后得到的净收入。计算公式具体为：

经营净收入＝经营收入－经营费用－生产性固定资产折旧－生产税

财产净收入 指住户或住户成员将其所拥有的金融资产、住房等非金融资产和自然资源交由其他机构单位、住户或个人支配而获得的回报并扣除相关的费用之后得到的净收入。财产净收入包括利息净收入、红利收入、储蓄性保险净收益、转让承包土地经营权租金净收入、出租房屋净收入、出租其他资产净收入和自有住房折算净租金等。财产净收入不包括转让资产所有权的溢价所得。

转移净收入 计算公式为：转移净收入＝转移性收入－转移性支出

转移性收入 指国家、单位、社会团体对住户的各种经常性转移支付和住户之间的经常性收入转移。包括养老金或退休金、社会救济和补助、政策性生产补贴、政策性生活补贴、救灾款、经常性捐赠和赔偿、报销医疗费、住户之间的赡养收入，本住户非常住成员寄回带回的收入等。转移性收入不包括住户之间的实物馈赠。

转移性支出 指居民家庭对国家、单位、住户或个人的经常性或义务性转移支付。包括缴纳的税款、各项社会保障支出、赡养支出、经常性捐赠和赔偿支出以及其他经常转移支出等。

（二）居民消费支出

居民消费支出是指居民用于满足家庭日常生活消费需要的全部支出，既包括现金消费支出，也包括实物消费支出。消费支出可划分为食品烟酒、衣着、居住、生活用品及服务、交通通信、教育文化娱乐、医疗保健以及其他用品及服务八大类。

食品烟酒 指用于各种食品和烟草、酒类的支出。

衣着 指与居民穿着有关的支出，包括服装、服装材料、鞋类、其他衣类及配件、衣着相关加工服务

的支出。

居住 指与居住有关的支出，包括房租、水、电、燃料、物业管理等方面的支出，也包括自有住房折算租金。

生活用品及服务 指家庭及个人的各类生活品及家庭服务。包括家具及室内装饰品、家用器具、家用纺织品、家庭日用杂品、个人用品和家庭服务。

交通通信 指用于交通和通信工具及相关的各种服务费、维修费和车辆保险等支出。

教育文化娱乐 指用于教育、文化和娱乐方面的支出。

医疗保健 指用于医疗和保健的药品、用品和服务的总费用。包括医疗器具及药品，以及医疗服务。

其他用品及服务 指无法直接归入上述各类支出的其他用品与服务支出。

二、2012 年及以前的分城镇和农村住户调查指标解释

2012 年及以前年份，中国的住户调查一直分城乡分别开展。由于分别调查，农村与城镇居民收入、支出等指标的统计口径有所不同，数据也不完全可比，城镇调查城镇居民可支配收入，农村调查农村居民纯收入。城镇居民收入与支出数据，指现金收入或现金支出，不包括实物收支；其中，计算城镇居民人均可支配收入和消费支出时，不包括自有住房折算租金，也不包括购建房支出。农村居民收入与支出数据，分为总收支和现金收支，即农村居民的总收支部分包括了自产自用的实物收支；其中，计算农村居民人均纯收入和消费支出时，也不包括自有住房折算租金，但农村居民居住消费支出中，包括了购建房支出。

为了保持历史数据的可比，本年鉴中 2012 年及以前年份的数据和指标解释仍保持了原城镇住户调查和农村住户调查方案的原貌。

（一）城镇住户调查主要收支指标解释

1．城镇居民家庭总收入

家庭总收入 指居民家庭中生活在一起的所有家庭成员在调查期得到的工薪收入、经营净收入、财产性收入、转移性收入的总和，不包括出售财物和借贷收入。收入的统计标准以实际发生的数额为准，无论收入是补发还是预发，只要是调查期得到的都应如实计算，不作分摊。

工薪收入 指就业人员通过各种途径得到的全部劳动报酬，包括所从事的主要职业的工资以及从事第二职业、其他兼职和零星劳动得到的其他劳动收入。

经营净收入 指家庭成员从事生产经营活动所获得的净收入。是全部生产经营收入中扣除生产成本和税金后所得的收入。如当期收入小于生产费用的开支，其差额记入“其他借贷支出 ”中。

财产性收入 指家庭拥有的动产（如银行存款、有价证券）、不动产（如房屋、车辆、土地、收藏品等）所获得的收入。包括出让财产使用权所获得的利息、租金、专利收入；财产营运所获得的红利收入、财产增值收益等。

利息收入 指资产所有者按预先约定的利率获得的高于存款本金以外的那部分收入。包括各类定期和活期存款利息、债券利息、储蓄性奖券和存款的“中奖”收入。利息与红利的差异：利息一般是预先约定的，与企业的经营状况无关，而红利的多少与企业的经营效益直接有关，一般不预先约定。利息收入是应得收入，包括银行代扣的利息所得税。

转移性收入 指国家、单位、社会团体对居民家庭的各种转移支付和居民家庭间的收入转移。包括政府对个人收入转移的离退休金、失业救济金、赔偿等；单位对个人收入转移的辞退金、保险索赔、住房公积金、家庭间的赠送和赡养等。

记账补贴 指居民家庭因承担记账工作从统计部门、工作单位和其他途径所得到的现金。不包括实物部分。

2. 城镇居民可支配收入

可支配收入 指居民家庭可用于最终消费支出和其他非义务性支出以及储蓄的总和，即居民家庭可以用来自由支配的收入。它是家庭总收入扣除交纳的所得税、个人交纳的社会保障费以及调查户的记账补贴后的收入。计算公式为：

可支配收入 = 家庭总收入 − 交纳所得税 − 个人交纳的社会保障支出 − 记账补贴

3. 城镇居民家庭总支出

家庭总支出 指家庭除借贷支出以外的全部实际支出。包括消费支出、购房建房支出、转移性支出、财产性支出、社会保障支出。支出统计是以实际购得的商品或服务的总价值填报，不论其付款方式是一次付清、分期付款，还是赊购，只要商品或服务已被消费就要按其总价值计量。如果采用分期付款或赊购形式，则要在借贷收入类相应的项目填入实付款与总的应付款的差额。

4. 城镇居民消费支出

消费支出 指居民家庭用于满足家庭日常生活消费需要的全部支出，包括食品、衣着、居住、家庭设备及用品、交通通信、文教娱乐、医疗保健、其他等八大类。消费支出构成是按照商品或服务的用途进行分类，如果消费支出的目的与用途不一致时，必须按照用途归入相应类内。

服务性消费支出 指居民家庭用于本家庭支付社会提供的各种文化和生活方面的非商品性服务费用。不包括为别人付款的服务。服务消费与商品消费不同，其特点在于其劳动过程和消费过程在时间与空间上的统一。

财产性支出 指家庭购买或维护财产所支付的利息等有关费用。

社会保障支出 指居民家庭成员参加国家法律、法规规定的社会保障项目中由个人交纳的保障支出。不包括职工所在单位交纳的那部分社会保障金。

食品支出 指居民为摄取身体所需要的营养和满足某种嗜好而进食的各种消费品，包括在商店、集市、工作单位食堂和饮食业购买的主食、副食、烟草、酒、饮料以及干鲜瓜果、糖果、糕点、奶制品等。

衣着支出 指各种穿着用品及加工穿着品的各种材料，包括棉、麻、丝、毛和各种人造纤维、合成纤维纺织的各种布匹、呢绒、绸缎及其加工的服装，各种鞋、袜、帽及其他零星穿着用品等。

居住支出 指与居住有关的支出，包括住房、水、电、燃料方面的支出。其中的住房支出：指居民家庭用于住房的直接支出，包括房租、房屋维修支出、物业管理费、房屋装潢支出。不包括购建房支出，也不包括自有住房虚拟租金。

家庭设备及用品支出 指家庭各类日用消费品及家庭服务。包括日用耐用消费品、室内装饰品、床上用品、家庭日用杂品、家具、家庭服务。不含个人用品和服务。

交通通信支出 指用于交通和通信工具和相关的各种服务费、维修等支出。

交通 指购置交通工具及零配件、支付各种交通费、修理服务费、油料费等的支出。

通信 指家庭用于通信方面的全部支出。包括通信工具、电话费、邮费及其他通信费用。

文教娱乐支出 指居民家庭用于教育和文化娱乐方面的支出。

文化娱乐用品 指居民家庭用于购置家庭文娱用耐用消费品和其他文娱用品的支出。其中，购买家庭影院的根据其设备配置情况分别记为彩色电视机、影碟机、组合音响等。

文化娱乐服务 指和文化娱乐活动有关的各种服务费用。

教育支出 是指按一定的目的要求，对受教育者的德育、智育、体育、爱好、技能等诸方面施以影响的一种有计划的活动，与这一活动直接相关的支出即为教育支出。包括学费、教材费、家教费、赞助费、寄宿学生的住宿费等。

医疗保健支出 指用于医疗和保健的药品、用品和服务费用。包括医疗器具、保健用品、医药费、滋补保健品、医疗保健服务及其他医疗保健费用。实行医疗改革的单位，医疗基金（医保卡）支付的全部费用计入工资及补贴收入中，同时记入相应的医疗保健支出中。个人先现金支付然后到单位报销的医疗费在记入相应消费的同时，如果是在职职工则记入工资性收入，如果是离退休职工则记入离退休金中。

其他支出 指无法直接归入上述各类支出以外的个人用品和其他商品与服务支出。

其他商品 指七大类以外的个人用品和各种其他商品。

服务 指用于个人消费中的服务费，包括旅馆住宿费、理发洗澡费、美容费等。

（二）农村住户调查主要收支指标解释

1. 农村居民总收入与总支出

总收入 指调查期内农村住户和住户成员从各种来源渠道得到的收入总和。按收入的性质划分为工资性收入、家庭经营收入、财产性收入和转移性收入。

工资性收入 指农村住户成员受雇于单位或个人，靠出卖劳动而获得的收入。

在非企业组织中劳动得到的收入 指农村住户成员在不具备企业性质的行政事业单位和各种组织中劳动得到的收入。包括村干部和民办教师的工资（奖金、补贴），乡及以上行政、事业单位工作人员的工资（奖金、补贴）等。

在本地劳动得到的收入 指农村住户成员在住户所属乡（镇）地域范围内受雇于单位或个人，靠出卖劳动而获得的收入。

常住人口外出从业得到的收入 指农村住户成员到住户所属乡（镇）地域范围以外从业得到的收入。

家庭经营收入 指农村住户以家庭为生产经营单位进行生产筹划和管理而获得的收入。农村住户家庭经营活动按行业划分为农业、林业、牧业、渔业、工业、建筑业、交通运输业邮电业、批发和零贸易餐饮业、社会服务业、文教卫生业和其他家庭经营。

农业收入 指包括谷物种植业，豆类和薯类作物种植业，棉、麻等植物性纺织原料种植业，油料、糖料作物种植业，烟草种植业，药材种植业，蔬菜、瓜类作物种植业，饲料作物种植业，茶、桑、果树种植业。

种植业收入 是指农村住户当年从承包地和自营地上收获的粮食、经济作物、蔬菜、茶叶、水果、水生植物（如菱、藕等）等的主产品和副产品的全部收入。但生产用的绿肥和青饲料不作为收入，用来沤肥的副产品以及野生植物的采集和家庭兼营商品性手工业不作为种植业收入。

林业收入 是指农村住户当年采伐竹木收入、出售树苗和从人工栽培的竹林上不经砍伐而取得的各种林产品收入，如生漆、棕片、五倍籽、松脂、紫胶、竹笋、油桐籽、油茶籽、乌桕籽、核桃、各种林木子实，以及修剪竹木枝叶（荆条、柳条、蒲葵叶）等等；包括野生林木的采集产品收入；但不包括桑叶、茶叶、水果、花卉，它们算在种植业收入中。

畜牧业收入 是指农村住户当年出售、屠宰的畜禽、小动物和畜禽产品收入。包括家畜（仔畜、架子猪也包括在内）、家禽（包括幼禽）及其他小动物收入；也包括出售鹌鹑、鸽子等收入，按出售和屠宰的产品计算。畜禽的繁殖和增重，不计算收入；活的家畜、家禽及其他小动物的产品（如蛋类、羊毛、蜂蜜、蜂蜡等）收入，按全部产品计算；动物屠宰和死后的畜产品（如猪鬃、羊皮、蚕茧等）收入，按全部产品计算。牧区和半牧区农民出卖大牲畜的收入，应作为畜牧业收入；农户出售肉牛的收入和专门饲养大牲畜出售的收入应作为畜牧业收入，但变卖属于固定资产的役畜的现金收入，不能作为牧业收入，而应计算在出售财物收入中；包括野生动物的狩猎及其产品的采集收入。

渔业收入 是指农村住户当年捕捞天然水生的和人工养殖的鱼、虾、蟹、贝、藻类等淡水水产品和海水水产品的全部收入。包括养殖观赏鱼类的收入。

工业收入 是指农村住户的个体企业（有固定场所和生产设备、有专业生产劳动力，年内生产三个月以上）利用手工和机械进行自然资源开采，农副产品，工业品加工和修理以及从事手工业（手工业指依靠手工劳动，使用简单工具从事的工业性生产活动，包括各种制作、刺绣、编织、雕刻、加工等手工业。）所得全部产品收入，来料加工的产品，按加工费计算收入。自制自用的产品不计收入。

建筑业收入 是指农村住户成员当年从事房屋或建筑物的新建和维修以及设备安装所得到的劳动报酬，参加国家举办的基本建设工程所得到的收入。

交通运输业、邮电业收入 是指农村住户成员当年从事对本户以外的单位或个人进行货物运送、旅客运送及从事邮电行业活动的收入。

批零和零售贸易、餐饮业收入 是指从事批发贸易、零售商业和餐饮业活动的收入。

社会服务业 是指从事于日常生活及社会公共服务等服务活动的收入。包括从事社会服务业、金融保险业、房地产管理、旅馆、车店、理发、照相、洗染、缝纫、修理、导游等收入。

文教卫生业 指在文教卫生等单位从事有关活动的收入。如在教育、文化艺术事业、广播电视业从事有关活动的收入；在体育事业单位、体育设施管理单位、体育队、体育训练机构等从事体育活动的收入；在医疗、防治、检疫及其他卫生事业的收入等。

财产性收入 指金融资产或有形非生产性资产的所有者向其他机构单位提供资金或将有形非生产性资产供其支配，作为回报而从中获得的收入。

转移性收入 指农村住户和住户成员无需付出任何对应物而获得的货物、服务、资金或资产所有权等，不包括无偿提供的用于固定资本形成的资金。一般情况下，是指农村住户在二次分配中的所有收入。包括在外人口寄回和带回、农村外部亲友赠送、救济金、保险赔偿收入、退休金、土地征用补偿收入等。

总支出 是指农村住户全年用于生产、生活和再分配等方面的全部实际支出。包括家庭经营费用支出、购置生产性固定资产支出、税费支出、生活消费支出、转移性支出和财产性支出。

家庭经营费用支出 指农村住户以家庭为基本生产经营单位从事生产经营活动而消费的商品和服务、自产自用产品。所消费的未计算为住户收入的自产自用产品，不计算为费用支出；库存的化肥、农药也不计算为本期费用支出。

农业生产支出　指用于农业生产活动费用。如种籽、肥料、农药、小农具购置和修理、油料费、耕畜的饲料、饲草费、机耕费、排灌费、电费等，此外还包括家庭兼营商品性手工业等所支付的有关费用。

种植业生产支出　是指种植各种农作物所支付的生产费用。如种籽、肥料、农药、小农具购置和修理、油料费、耕畜的饲料、饲草费、机耕费、排灌费、电费等。

林业生产支出　是指经营林业生产而支付的费用。如树种、树苗、肥料、农药、电费及小型工具的购置维修等开支，但不包括林业的基本建设投资。

牧业生产支出　是指经营牧业生产所支付的费用。如购买仔畜（包括架子猪）、幼禽支出；肉用牛、羊的饲料、饲草支出；生猪、家禽等的饲料、燃料、防疫医疗费；电费和小型用具购置、维修等支出。但耕畜的饲料费应列为“种植业生产费用支出”。

渔业生产支出　是指养殖水生动物、培养海藻和捕捞生产过程中的开支。包括鱼苗、饵料、电费以及小型渔具和用具的购置、维修及油料费等支出。但不包括添置的固定资产支出。

工业生产支出　是指进行工业生产所支付的生产费用。包括工业生产耗用的原料、燃料、电费及小型工具的购置、维修等开支，还包括来料加工产品所耗用的燃料、电费，但不包括自产自用和来料加工产品所耗用的原材料。

建筑业生产支出　是指为了从事本户以外的房屋或建筑物的新建与维修以及设备安装而耗用的建筑材料、电器设备、燃料、电费以及小型工具的购置、维修等开支。

交通运输业生产支出　是指为从事对本户以外单位或个人进行货物运送和旅客运送所耗用燃料和小型工具的购置、维修等开支。

批零和零售贸易、餐饮业生产支出　是指从事批发贸易、零售商业、和餐饮业活动时所购买的生产用具支出、租用铺面支出、帮工工资支出、燃料支出、电费支出及其他费用开支。

社会服务业生产支出　指用于包括金融保险业、房地产管理、旅馆、车店、理发、照相、洗染、缝纫、修理、导游等日常生活及社会公共服务等服务活动的费用支出。

文教卫生业生产支出　指在文教卫生等单位从事有关活动的支出。如在教育、文化艺术事业、广播电视业从事有关活动的支出；在体育事业单位、体育设施管理单位、体育队、体育训练机构等从事体育活动的支出；在医疗、防治、检疫及其他卫生事业的支出等。

其他家庭生产经营支出　是指上述各项家庭经营费用支出以外的其他支出，包括各项劳务所支出的费用。

购置生产性固定资产支出　指农村住户用于建造和购置生产性固定资产所支出的费用。

税费支出：是指农村住户从事生产经营活动以现金和实物形式缴纳的各种税费。

消费支出　指农村住户用于物质生活和精神生活方面的消费支出。消费支出分为食品支出、衣着支出、居住支出、家庭设备及用品支出、交通通信支出、文教娱乐支出、医疗保健支出、其他支出。

食品支出　指农村居民年内消费各类食品支出。包括主食、副食、其他食品、在外饮食和食品加工费支出。

衣着支出　指农村住户用于各种穿着用品及加工穿着用品的材料支出。包括棉花、丝棉、化纤棉、驼毛、棉布、各种化纤布、绸、缎、呢绒、各类成衣、棉、毛、丝、麻纺织品，背心、汗衫、棉毛衫裤、卫生衫裤、袜子等针织品，毛线、毛线织品、各种鞋、帽等消费品及衣着的加工修理费（指农村住户为加工或修补服装、鞋帽等衣着所支付的服务费）。但不包括用各种布料做的床上用品，室内装饰品。

居住支出 指与农村住户居住有关的所有支出。包括新建（购）房屋、房屋维修、居住服务、租赁住房所付的租金、生活用水、生活用电、用于生活的燃料等支出。

家庭设备及用品支出 指农村住户消费的各种耐用消费品、其他家庭用品及用品的加工修理费用。

交通通信支出 指农村住户用于交通和通讯的工具、各种服务费、维修费用支出。

文教娱乐支出 指农村住户用于文化、教育、娱乐方面的支出。包括文化教育娱乐用品支出和文化教育娱乐服务支出。

医疗保健支出 指农村住户用于医疗和保健的药品、医疗器械和服务费用。包括医药卫生保健用品、医疗保健服务费和医疗卫生设备、用品加工修理费等。

其他支出 指上述各类支出以外的商品和服务支出。

财产性支出 为获得其他住户财产（包括无形资产）的使用权而支付的各种费用。

转移性支出 指农村住户和住户成员没有获得任何对应物而支出的货物、服务、资金或资产所有权等，不包括无偿提供的用于固定资本形成的资金。一般情况下，指农村住户在二次分配中的所有支出。

2. 农村居民现金收入与支出

现金收入 指农村住户和住户成员在调查期内得到以现金形态表现的收入。按来源分成工资性收入、家庭经营现金收入、财产性收入、转移性收入。

现金支出 指农村住户在调查期内用于生产、生活和再分配所支付的现金。包括家庭经营费用支出、缴纳的税费、购买生产性固定资产、生活消费、财产性和转移性支出。

3. 农村居民纯收入

纯收入 指农村住户当年从各个来源得到的总收入相应地扣除所发生的费用后的收入总和。纯收入主要用于再生产投入和当年生活消费支出，也可用于储蓄和各种非义务性支出。“农民人均纯收入”按人口平均的纯收入水平，反映的是一个地区或一个农户农村居民的平均收入水平。计算方法：

纯收入 = 总收入 − 家庭经营费用支出 − 税费支出 − 生产性固定资产折旧 − 农村内部亲友赠送

八 全国及各省区市指标

资料整理：各有关处

8-1 全国及各省区市主要农产品产量(2022年)

单位:万吨

地 区	粮 食	棉 花	油 料	水果	肉类	奶类	禽蛋
全 国	**68652.8**	**597.7**	**3654.2**	**31296.2**	**9226.8**	**3931.0**	**3546.4**
北 京	45.4		0.9	38.3	4.3	26.2	8.7
天 津	256.2	0.3	0.4	57.8	29.4	51.1	20.2
河 北	3865.1	13.9	115.4	1533.9	475.4	546.7	398.4
山 西	1464.3		15.0	1002.8	142.5	142.8	118.0
内蒙古	3900.6		170.0	175.5	277.8	733.8	62.6
辽 宁	2484.5		113.4	879.7	444.3	134.7	315.8
吉 林	4080.8		81.6	166.0	289.6	29.3	95.8
黑龙江	7763.1		14.3	189.4	311.5	501.2	107.8
上 海	95.6		0.3	31.9	9.2	30.2	4.6
江 苏	3769.1	0.6	96.3	1002.1	316.0	68.8	233.4
浙 江	621.0	0.5	33.0	704.5	108.0	19.6	31.7
安 徽	4100.1	2.6	173.4	798.3	474.3	50.7	186.7
福 建	508.7		23.6	864.9	291.7	21.5	59.8
江 西	2151.9	2.2	137.5	749.4	358.6	7.9	68.4
山 东	5543.8	14.5	274.0	3095.5	838.4	304.4	438.1
河 南	6789.4	1.4	684.0	2542.0	655.3	213.2	456.2
湖 北	2741.1	10.3	374.2	1143.2	440.6	9.2	208.0
湖 南	3018.0	8.2	277.0	1208.2	577.3	7.2	117.5
广 东	1291.5		117.4	2028.4	475.8	19.8	47.2
广 西	1393.1	0.1	76.5	3402.5	446.0	13.1	29.3
海 南	146.6		7.5	563.6	68.4	0.3	5.9
重 庆	1072.8		70.8	593.3	201.9	3.2	50.5
四 川	3510.5		433.8	1380.5	661.2	70.8	175.5
贵 州	1114.6		105.6	698.9	239.0	3.7	33.6
云 南	1958.0		63.5	1289.1	520.3	69.0	43.3
西 藏	107.3		4.7	3.1	28.6	53.3	1.1
陕 西	1297.9		56.3	2240.8	131.5	107.9	63.6
甘 肃	1265.0	4.0	61.3	965.5	141.5	91.8	21.6
青 海	107.3		30.9	2.8	40.9	35.1	1.5
宁 夏	375.8		4.5	271.7	36.5	342.5	13.2
新 疆	1813.5	539.1	37.2	1672.6	190.9	222.6	38.2
河南居全国位次	2	8	1	3	3	7	1

8－2 全国及各省区市居民消费和商品零售价格指数(2022年)

(上年＝100)

地 区	居民消费价格总指数	商品零售价格总指数
全 国	**102.0**	**102.7**
北 京	101.8	101.8
天 津	101.9	102.0
河 北	101.8	102.5
山 西	102.1	103.7
内蒙古	101.8	103.8
辽 宁	102.0	102.6
吉 林	102.1	103.1
黑龙江	101.9	102.5
上 海	102.5	101.7
江 苏	102.2	102.9
浙 江	102.2	103.2
安 徽	102.0	102.7
福 建	101.9	102.7
江 西	102.0	102.6
山 东	101.7	102.3
河 南	101.5	102.7
湖 北	102.1	102.8
湖 南	101.8	103.2
广 东	102.2	102.5
广 西	101.9	102.2
海 南	101.6	102.1
重 庆	102.1	102.5
四 川	102.0	102.9
贵 州	101.6	103.0
云 南	101.6	103.1
西 藏	101.5	102.7
陕 西	102.1	103.1
甘 肃	101.9	103.7
青 海	102.4	103.2
宁 夏	102.3	102.4
新 疆	101.8	102.8
河南居全国位次	30	15

8－2 续表

（上年＝100）

地 区	居民消费价格总指数	食品烟酒	衣着	居住	生活用品及服务	交通和通信	教育文化和娱乐	医疗保健	其他用品及服务
全 国	**102.0**	**102.4**	**100.5**	**100.7**	**101.2**	**105.2**	**101.8**	**100.6**	**101.6**
北 京	101.8	103.1	100.6	100.6	101.6	105.0	100.6	100.7	101.6
天 津	101.9	102.2	101.4	100.3	101.6	105.9	101.8	100.2	100.3
河 北	101.8	102.7	99.7	100.7	100.6	104.5	101.4	100.5	101.8
山 西	102.1	103.7	101.6	100.4	100.8	104.6	101.3	100.3	101.4
内蒙古	101.8	102.0	100.3	100.5	101.1	105.8	101.2	100.3	101.8
辽 宁	102.0	102.9	99.2	100.5	100.9	105.9	101.8	100.1	101.8
吉 林	102.1	102.5	99.7	101.9	101.4	104.9	101.2	100.7	101.7
黑龙江	101.9	102.2	101.0	101.3	100.6	105.5	100.9	100.5	101.3
上 海	102.5	104.5	99.0	101.0	102.0	104.4	103.5	102.1	100.6
江 苏	102.2	102.6	101.2	100.9	102.0	104.9	101.6	101.9	101.8
浙 江	102.2	102.6	100.4	100.7	101.8	105.1	103.1	100.3	101.8
安 徽	102.0	102.7	101.3	99.8	101.0	105.3	102.8	100.9	102.0
福 建	101.9	102.4	100.0	100.9	101.3	104.9	101.4	100.3	101.5
江 西	102.0	102.2	100.5	100.9	100.8	105.6	102.1	100.2	101.6
山 东	101.7	102.3	100.3	100.5	101.1	104.8	100.4	100.4	101.8
河 南	101.5	102.1	100.4	100.1	101.1	104.4	101.3	100.7	101.4
湖 北	102.1	102.2	101.0	101.4	101.4	104.7	102.3	100.3	102.4
湖 南	101.8	101.4	101.3	100.7	101.2	106.3	100.9	101.0	101.6
广 东	102.2	102.9	100.6	100.6	101.2	105.8	102.2	100.4	101.6
广 西	101.9	101.9	100.7	100.4	100.5	104.5	104.0	100.9	101.0
海 南	101.6	102.5	100.0	99.3	100.6	105.0	102.1	100.0	100.5
重 庆	102.1	103.9	100.0	99.9	101.4	105.5	101.6	99.7	100.6
四 川	102.0	101.9	101.4	101.0	101.3	105.4	102.0	100.6	101.7
贵 州	101.6	101.0	100.6	100.5	100.8	105.4	101.5	100.3	101.4
云 南	101.6	101.1	100.4	100.2	100.8	105.4	101.6	100.8	102.2
西 藏	101.5	100.8	100.8	100.5	100.5	106.1	100.3	99.9	102.0
陕 西	102.1	102.6	100.5	101.1	101.0	103.8	103.4	100.8	101.9
甘 肃	101.9	102.8	100.4	100.8	100.9	105.0	100.9	100.5	101.2
青 海	102.4	102.8	101.5	101.1	101.2	104.7	103.6	100.4	100.9
宁 夏	102.3	102.2	99.2	100.9	101.4	106.8	101.5	102.3	101.1
新 疆	101.8	101.4	99.8	101.4	101.0	106.1	100.7	100.0	102.3
河南居全国位次	30	23	17	28	15	29	21	9	20

8－3 全国及各省区市分月

(上年同期＝100)

地 区	全年	1月	2月	3月	4月	5月
全 国	**104.1**	**109.1**	**108.8**	**108.3**	**108.0**	**106.4**
北 京	102.3	103.3	102.7	103.2	103.2	102.6
天 津	105.8	110.5	111.0	111.0	109.6	108.2
河 北	100.5	111.6	110.1	107.8	106.4	102.5
山 西	111.4	132.3	128.0	130.8	134.0	124.0
内蒙古	108.6	126.6	128.5	130.6	126.2	118.7
辽 宁	107.9	113.6	112.9	110.8	112.2	110.6
吉 林	101.9	104.1	104.4	103.9	102.9	102.6
黑龙江	110.9	113.2	113.9	114.7	116.2	115.2
上 海	102.6	103.5	103.7	103.4	103.1	103.1
江 苏	103.2	107.8	107.3	106.6	106.1	105.1
浙 江	104.0	108.3	108.0	106.7	106.7	105.9
安 徽	103.2	108.7	108.0	107.5	107.1	105.8
福 建	102.9	105.7	105.4	104.7	104.7	104.3
江 西	103.5	109.7	109.5	108.1	107.5	105.4
山 东	105.1	110.6	110.1	109.9	109.2	107.4
河 南	105.0	109.6	109.7	109.6	109.5	107.1
湖 北	103.4	106.1	106.1	105.8	105.8	105.0
湖 南	102.0	105.7	105.3	104.6	104.5	103.2
广 东	103.0	104.7	104.9	104.5	104.3	104.2
广 西	102.5	108.2	108.4	107.5	107.2	104.9
海 南	115.0	118.1	118.1	117.7	119.6	118.2
重 庆	102.3	105.2	105.3	104.8	104.2	103.7
四 川	102.8	106.9	106.3	105.9	105.8	104.3
贵 州	105.7	110.5	111.4	110.5	110.5	110.3
云 南	105.4	112.6	112.1	111.9	111.2	110.1
西 藏	104.1	103.7	104.1	105.2	104.7	103.6
陕 西	107.3	117.6	117.2	118.3	118.8	112.5
甘 肃	110.9	118.8	120.1	120.3	120.9	115.6
青 海	112.2	121.4	122.3	121.1	120.3	117.4
宁 夏	111.1	120.6	119.9	124.7	125.4	119.6
新 疆	112.3	124.8	125.5	124.3	122.2	119.5
河南居全国位次	15					

工业生产者出厂价格指数(2022年)

6月	7月	8月	9月	10月	11月	12月
106.1	**104.2**	**102.3**	**100.9**	**98.7**	**98.7**	**99.3**
102.4	102.0	102.3	102.2	101.9	101.4	100.8
109.4	106.1	103.4	102.0	99.6	100.3	100.1
101.8	98.6	95.7	94.4	92.3	93.0	95.4
119.8	112.6	103.9	96.8	89.2	91.7	98.5
115.1	108.9	100.8	95.9	85.7	91.5	97.5
111.3	109.4	105.4	104.8	102.4	101.2	101.8
102.6	102.2	101.2	100.7	99.8	99.6	99.5
116.2	112.5	109.4	109.4	105.2	103.1	103.6
103.1	102.7	101.8	101.6	101.4	101.7	101.9
104.9	103.4	101.9	100.9	99.0	98.3	98.5
105.6	104.0	102.8	102.2	100.3	99.3	99.6
104.6	102.9	101.3	99.9	98.3	97.7	97.9
104.4	103.1	101.9	101.0	100.1	99.7	100.2
105.1	102.9	100.9	99.8	98.3	98.0	98.5
107.2	105.1	103.2	102.2	99.2	99.1	99.9
106.9	105.6	103.1	101.2	99.4	98.7	100.8
104.8	103.7	102.5	101.8	100.8	99.9	99.4
102.9	101.7	100.6	99.7	98.4	98.7	99.2
104.3	102.9	101.9	101.4	101.1	100.9	100.9
104.8	103.1	100.2	98.0	95.5	96.3	97.7
120.3	117.8	113.7	114.4	109.5	106.4	108.2
103.2	102.5	101.2	100.9	99.4	99.2	99.2
104.0	103.0	101.6	100.4	98.7	98.4	98.8
108.1	107.1	104.5	101.6	98.5	97.7	99.6
109.1	106.1	102.7	99.9	95.3	97.4	99.1
102.7	102.5	106.1	103.0	103.4	105.2	105.5
111.9	107.4	104.6	99.6	91.9	96.6	99.4
115.3	109.2	105.8	104.8	100.6	100.6	102.8
116.6	111.8	109.4	105.3	101.3	101.6	104.0
117.2	113.4	108.3	101.4	95.5	97.5	100.6
119.4	114.1	108.9	106.5	97.3	96.3	98.8

8－4 全国及各省区市分月

（上年同期＝100）

地区	全年	1月	2月	3月	4月	5月
全国	**106.1**	**112.1**	**111.2**	**110.7**	**110.8**	**109.1**
北京	106.2	108.9	108.3	108.0	108.0	106.4
天津	104.4	109.3	109.4	109.5	109.5	107.2
河北	104.7	116.5	113.4	113.1	115.0	110.4
山西	109.7	121.2	119.7	121.0	122.8	118.9
内蒙古	111.2	129.7	126.4	128.0	128.0	121.1
辽宁	110.1	116.5	115.9	115.6	115.7	113.8
吉林	104.6	105.8	105.2	104.6	105.2	104.6
黑龙江	110.0	110.8	111.5	110.8	112.8	113.2
上海	104.9	107.8	107.9	108.6	107.9	106.2
江苏	105.8	114.0	112.4	111.4	110.5	108.8
浙江	106.1	114.4	112.4	111.4	112.2	110.2
安徽	104.0	111.0	110.1	109.2	109.1	107.5
福建	105.2	110.1	109.4	108.8	108.2	107.3
江西	109.4	116.9	115.9	114.6	116.2	114.6
山东	105.8	110.0	109.6	108.5	108.8	107.7
河南	105.7	110.8	109.9	109.8	109.6	108.6
湖北	107.8	113.0	112.7	112.3	111.7	111.0
湖南	104.8	109.3	108.9	108.4	108.2	106.2
广东	104.1	107.9	107.4	107.0	106.6	106.0
广西	107.3	111.8	111.8	111.0	111.6	110.5
海南	119.8	127.4	122.6	120.9	123.0	123.2
重庆	104.4	110.5	109.7	108.4	107.7	106.2
四川	105.8	109.9	109.0	108.1	108.8	108.0
贵州	111.2	117.8	118.5	117.1	117.1	116.8
云南	107.9	111.6	113.0	113.0	113.3	111.9
西藏						
陕西	106.2	115.6	115.0	116.5	117.0	111.1
甘肃	113.5	123.2	122.8	122.2	123.1	119.8
青海	114.0	123.7	121.9	123.1	121.5	119.1
宁夏	117.6	127.5	125.4	127.5	130.5	126.6
新疆	114.6	124.2	124.6	124.1	121.9	122.2
河南居全国位次	21					

工业生产者购进价格指数(2022 年)

6月	7月	8月	9月	10月	11月	12月
108.5	**106.5**	**104.2**	**102.6**	**100.3**	**99.4**	**100.3**
107.7	106.7	106.5	104.7	104.4	103.2	102.4
106.2	104.4	101.5	100.3	98.6	97.6	100.6
106.9	103.2	100.1	97.2	94.5	94.4	97.4
116.0	110.3	105.4	100.0	95.5	96.5	99.7
118.6	114.0	106.9	101.7	93.3	92.2	95.3
114.0	110.5	106.7	105.5	104.2	102.0	103.4
105.1	105.4	104.2	105.5	104.7	102.7	102.2
113.1	112.1	109.5	108.2	107.8	105.5	106.3
106.4	104.6	103.5	102.9	101.3	100.7	102.2
107.8	105.7	103.1	101.3	99.9	98.2	99.1
109.1	106.4	103.4	101.9	99.1	97.2	98.4
106.1	103.3	101.1	99.9	98.1	97.3	97.3
107.4	105.4	104.0	102.8	101.5	99.5	99.7
112.9	110.2	107.7	105.7	102.4	99.1	100.7
107.4	106.0	104.5	103.5	101.7	101.2	101.5
108.4	106.5	104.2	102.6	99.6	99.3	101.0
110.4	109.8	107.3	105.7	102.4	100.3	99.0
106.2	104.7	103.7	102.0	100.5	100.2	99.8
105.2	104.1	102.4	101.8	100.6	100.5	101.0
110.2	108.4	106.1	103.6	101.7	100.6	102.0
128.0	123.1	120.2	117.6	117.0	111.3	108.0
105.6	104.2	102.6	101.2	99.4	99.0	99.3
108.6	107.9	105.2	103.4	101.3	100.2	101.1
115.3	112.8	109.4	107.4	104.2	101.1	101.7
112.0	109.2	106.2	104.0	100.8	99.9	102.0
109.7	107.4	102.2	98.6	91.5	96.7	100.9
120.5	114.9	111.6	108.4	102.5	100.4	100.2
118.1	115.4	113.1	109.6	103.7	101.5	103.8
124.6	120.1	114.9	111.2	105.7	103.2	104.0
121.5	117.9	113.2	109.4	104.4	100.3	99.0

8-5 全国及各省区市主要价格指数(2022年)

(上年=100)

地 区	工业生产者出厂价格指数	工业生产者购进价格指数
全 国	**104.1**	**106.1**
北 京	102.3	106.2
天 津	105.8	104.4
河 北	100.5	104.7
山 西	111.4	109.7
内蒙古	108.6	111.2
辽 宁	107.9	110.1
吉 林	101.9	104.6
黑龙江	110.9	110.0
上 海	102.6	104.9
江 苏	103.2	105.8
浙 江	104.0	106.1
安 徽	103.2	104.0
福 建	102.9	105.2
江 西	103.5	109.4
山 东	105.1	105.8
河 南	105.0	105.7
湖 北	103.4	107.8
湖 南	102.0	104.8
广 东	103.0	104.1
广 西	102.5	107.3
海 南	115.0	119.8
重 庆	102.3	104.4
四 川	102.8	105.8
贵 州	105.7	111.2
云 南	105.4	107.9
西 藏	104.1	
陕 西	107.3	106.2
甘 肃	110.9	113.5
青 海	112.2	114.0
宁 夏	111.1	117.6
新 疆	112.3	114.6
河南居全国位次	15	21

8-6 全国70个大中城市商品住宅销售价格指数(2022年)

(上年=100)

地　　区	新建商品住宅销售价格指数	二手住宅交易价格指数
北　　京	105.8	105.5
天　　津	97.9	97.0
石 家 庄	97.0	95.6
太　　原	96.0	94.9
呼和浩特	98.0	96.2
沈　　阳	97.5	96.2
大　　连	98.8	98.3
长　　春	98.9	96.4
哈 尔 滨	93.8	92.7
上　　海	103.8	103.7
南　　京	101.5	98.0
杭　　州	106.3	101.4
宁　　波	101.6	99.5
合　　肥	100.7	98.8
福　　州	99.8	98.6
厦　　门	99.1	99.6
南　　昌	101.0	98.6
济　　南	102.6	98.1
青　　岛	101.6	98.6
郑　　州	97.7	96.6
武　　汉	97.4	96.5
长　　沙	104.2	101.2
广　　州	101.4	101.2
深　　圳	102.4	96.9
南　　宁	98.7	95.5
海　　口	101.7	103.3
重　　庆	103.8	100.7
成　　都	104.9	105.7
贵　　阳	98.7	95.7
昆　　明	97.6	100.5
西　　安	103.9	100.1
兰　　州	96.9	96.6
西　　宁	98.0	97.9
银　　川	104.7	98.1
乌鲁木齐	102.2	97.2

注:各地年度数据是根据国家各月反馈数据进行简单平均计算得出。新建商品住宅不包含保障性住房。

8－6 续表

（上年＝100）

地　区	新建商品住宅销售价格指数	二手住宅交易价格指数
唐　山	98.6	96.1
秦皇岛	94.4	96.2
包　头	96.8	97.0
丹　东	97.2	95.8
锦　州	99.1	95.5
吉　林	99.0	94.9
牡丹江	97.3	89.9
无　锡	101.6	101.2
扬　州	100.4	97.8
徐　州	97.7	97.9
温　州	98.5	97.5
金　华	100.5	96.4
蚌　埠	98.6	97.9
安　庆	96.7	94.2
泉　州	98.3	96.7
九　江	98.0	98.2
赣　州	101.1	100.1
烟　台	98.4	98.2
济　宁	98.6	96.4
洛　阳	98.1	95.5
平顶山	98.7	97.4
宜　昌	97.6	95.0
襄　阳	96.5	96.1
岳　阳	94.0	96.4
常　德	94.9	95.0
惠　州	97.2	96.6
湛　江	93.7	95.8
韶　关	98.5	98.8
桂　林	97.0	97.1
北　海	92.7	94.5
三　亚	102.1	100.2
泸　州	95.0	97.3
南　充	95.1	98.3
遵　义	98.7	96.0
大　理	94.3	95.1

8-7 全国及各省区市城乡居民人均可支配收入和消费支出(2022年)

单位:元

地区	全体居民		城镇常住居民		农村常住居民	
	可支配收入	人均消费支出	可支配收入	人均消费支出	可支配收入	人均消费支出
全国	**36883**	**24538**	**49283**	**30391**	**20133**	**16632**
北京	77415	42683	84023	45617	34754	23745
天津	48976	31324	53003	33824	29018	18934
河北	30867	20890	41278	25071	19364	16271
山西	29178	17537	39532	21923	16323	12091
内蒙古	35921	22298	46295	26667	19641	15444
辽宁	36089	22604	44003	26652	19908	14326
吉林	27975	17898	35471	21835	18134	12729
黑龙江	28346	20412	35042	24011	18577	15162
上海	79610	46045	84034	48111	39729	27430
江苏	49862	32848	60178	37796	28486	22597
浙江	60302	38971	71268	44511	37565	27483
安徽	32745	22542	45133	26832	19575	17980
福建	43118	30042	53817	35692	24987	20467
江西	32419	21708	43697	25976	19936	16984
山东	37560	22640	49050	28555	22110	14687
河南	28222	19019	38484	23539	18697	14824
湖北	32914	24828	42626	29121	19709	18991
湖南	34036	24083	47301	29580	19546	18078
广东	47065	32169	56905	36936	23598	20800
广西	27981	18343	39703	22438	17433	14658
海南	30957	21500	40118	26418	19117	15145
重庆	35666	25371	45509	30574	19313	16727
四川	30679	22302	43233	27637	18672	17199
贵州	25508	17939	41086	24230	13707	13172
云南	26937	18951	42168	26240	15147	13309
西藏	26675	15886	48753	28265	18209	11139
陕西	30116	19848	42431	24766	15704	14094
甘肃	23273	17489	37572	25207	12165	11494
青海	27000	17261	38736	21700	14456	12516
宁夏	29599	19136	40194	24213	16430	12825
新疆	27063	17927	38410	24142	16550	12169

九 大事记（2022）

资料整理：李　静

大事记(2022)

一月

12 月 28 日至 1 月 4 日,总队组织开展耕地保护及质量提升专题调研。

1 月 4 日,总队报送的《关于全国统计工作会议精神的报告》获省长王凯和常务副省长孙守刚批示。

1 月 5 –20 日,总队组织完成教育培训机构就业情况专题调研。

1 月 5 –21 日,总队对省发改委、商务厅、农业农村厅等部门和全省 87 个集贸市场、大型商超开展了重要民生商品价格调研。

1 月 6 日,总队党组理论学习中心组召开 2022 年第 1 次学习会议暨党史学习教育专题民主生活会学习研讨。总队党组书记、总队长崔刚主持会议并作学习小结,党组成员、副总队长郭学来,党组成员、总统计师郑泽香,党组成员、党组纪检组组长吴小武,党组成员、副总队长王传健、陈建设参加学习并分别作了学习体会发言。

1 月 7 日,国家统计局党组成员、副局长毛有丰对河南总队疫情防控工作报告作出批示:“严格遵守当地疫情防控规定,统筹做好调查业务工作,保重身体为要。”

1 月 7 日,总队召开 2021 年度机关支部书记抓党建述职评议会议。总队党组书记、总队长、直属机关党委书记崔刚,总队党组成员、副总队长、直属机关党委常务副书记郭学来参加会议。

1 月 7 日,总队组织完成河南省中小微企业和个体工商户惠企政策落实情况快速调查。

1 月 7 日,总队印发《关于表彰 2021 年度国家统计局河南调查总队住户收支与生活状况调查和劳动力调查优秀辅助调查员的决定》,对 2021 年度住户收支与生活状况调查和劳动力调查优秀辅助调查员进行表彰。

1 月 10 日,总队党组成员、副总队长王传健主持召开 2022 年总队机关预算编制专题研讨会。

1 月 11 日,河南省政府办公厅印发《河南省人民政府办公厅关于进一步加强河南国家调查工作的通知》,对进一步加强河南国家调查工作提出明确要求。

1 月 11 日,总队办公室召开室务会。总队党组成员、副总队长郭学来参加会议,并对 2022 年办公室工作提出明确要求。

1 月 11 日,总队农业调查处党支部和农村调查处党支部联合开展主题党日活动。总队党组成员、副总队长郭学来以普通党员身份参加。

1 月 12 日,总队机关纪委召开 2022 年第一次全体会议。总队党组成员、党组纪检组组长吴小武出席会议并讲话。

1 月 12 日,总队党组理论学习中心组召开 2022 年第 2 次学习(扩大)会议暨党史学习教育专题民主生活会学习研讨。总队党组书记、总队长崔刚主持会议并作学习小结，党组成员、副总队长郭学来，党组成员、总统计师郑泽香，党组成员、党组纪检组组长吴小武，党组成员、副总队长王传健参加学习。

1月12日，总队住户监测处召开处务会议。总队党组成员、副总队长王传健出席会议并提出具体要求。

1月12日，总队报送的调查专报《2021年河南农产品生产者价格先增后降呈逐季回落态势》《河南耕地保护及质量提升政策效果凸显　“两大方面”制约因素不容忽视》获副省长武国定批示。

1月12－14日，总队组织完成疫情期间河南省居民生活状况及所受影响快速调研。

1月14日，总队长崔刚主持召开总队2022年第1次总队长办公会议，学习省委经济工作会议精神，传达有关保密文件要求，审议调查数据评审制度，研究其他事项。总队领导郭学来、郑泽香、吴小武、王传健出席会议。

1月14日，总队呈送的调查专报《河南中小微企业和个体工商户经营状况基本稳定　企业期盼进一步减税降费和加强金融扶持力度》获常务副省长孙守刚批示。1月16日，副省长费东斌对该调查专报作出圈阅。

1月15日，国家发展改革委副主任兼国家统计局局长、党组书记宁吉喆在总队呈报的《关于河南省政府发文加强国家调查工作的报告》上批示："抓好贯彻落实。"1月17日，国家统计局党组成员、副局长毛有丰作出批示："借好东风，抓住机会，踔厉奋发，再创佳绩。"

1月17日，总队党组召开党史学习教育专题民主生活会征求意见建议座谈会，听取总队机关干部职工代表的意见和建议。总队党组书记、总队长崔刚出席会议并讲话，党组成员、副总队长郭学来主持会议。党组成员、总统计师郑泽香，党组成员、党组纪检组组长吴小武，党组成员、副总队长王传健、陈建设出席座谈会。

1月18日，总队党史学习教育总结视频会议在郑州召开。会议系统总结了总队党史学习教育主要工作和取得成效，对巩固拓展党史学习教育成果作出了部署。总队党组书记、总队长、党史学习教育领导小组组长崔刚出席会议并讲话，党组成员、副总队长郭学来主持会议。党组成员、总统计师郑泽香，党组成员、党组纪检组组长吴小武，党组成员、副总队长王传健、陈建设出席会议。

1月18日，总队报送的调查专报《疫情期间河南居民生活状况及所受影响调研报告》获河南省政协主席刘伟批示。

1月19日，总队联合河南农业大学召开农业遥感工作推进会，总结2021年农业遥感测量工作，研讨部署2022年农业调查遥感测量工作。总队党组成员、副总队长郭学来出席会议。

1月19日，总队印发《国家统计局河南调查总队关于表彰2021年度全省采购经理调查先进调查企业和先进工作者的通报》，对2021年度河南省采购经理调查先进调查企业和个人进行表彰。

1月19日，总队党组理论学习中心组召开2022年第3次学习（扩大）会议暨党史学习教育专题民主生活会学习研讨。总队党组书记、总队长崔刚主持会议并作学习小结,党组成员、副总队长郭学来,党组成员、总统计师郑泽香,党组成员、党组纪检组组长吴小武,党组成员、副总队长王传健、陈建设参加学习。

1月20日,总队召开2021年度领导班子党史学习教育专题民主生活会。党组书记、总队长崔刚主持会议。党组成员、副总队长郭学来,党组成员、总统计师郑泽香,党组成员、党组纪检组组长吴小武,党组成员、副总队长王传健、陈建设参加会议。

1月20日,总队召开业务工作考核办法修订专题会议。总队党组成员、总统计师郑泽香出席会议并讲话。

1月21日,总队党组召开会议,传达学习习近平总书记在十九届中央纪委六次全会上的重要讲话精神。党组书记、总队长崔刚主持会议并讲话,要求坚持不懈把全面从严治党向纵深推进。党组成员、副总队长郭学来,党组成员、总统计师郑泽香,党组成员、党组纪检组组长吴小武,党组成员、副总队长王传健、陈建设出席会议。

1月21日,分析研究处党支部及时召开党史学习教育专题组织生活会。总队党组成员、副总队长陈建设以普通党员身份参加会议。

1月21日,总队财务管理处召开全体会议。总队党组成员、副总队长王传健出席会议,对财务管理工作提出了明确要求。

1月21日,制度方法处党支部召开党史学习教育专题组织生活会。总队党组成员、总统计师郑泽香以普通党员身份参加会议。

1月24日,省长王凯对总队呈送的调查专报《双减后河南教培行业转型难就业难存在问题亟待解决》作出批示"教育厅、人社厅对此问题要专题研究,理清底数,分类施策,尽最大努力化解培训机构人员再就业问题。要做好思想工作、稳定工作,要压实地方政府及培训机构法人主体责任,确保有序有效。"

1月24日,总队积极响应省直文明办"除冰雪　促畅行　送温暖"志愿服务活动倡议,组织机关青年志愿者参加义务除雪活动。

1月24－29日,总队在全省5市10县(市)开展了农民工春节后返岗意愿专题调研。

1月25日,居民收支处党支部召开党史学习教育专题组织生活会。总队党组成员、副总队长王传健以普通党员身份参加会议。

1月25日,总队组织10名青年志愿者,为驻楼单位核酸检测工作提供志愿服务。

1月26日,国家发展改革委副主任兼国家统计局局长、党组书记宁吉喆在总队呈报的《关于王凯省长对贯彻落实国务院领导同志批示精神作出批示的报告》上批示:"落实好王凯省长批示。"同日,国家统计局党组成员、副局长毛有丰作出批示:"请河南总队认真落实好宁吉喆局长和王凯省长的要求,取得更好的工作业绩。"

1月26日,综合处党支部召开了党史学习教育专题组织生活会。总队党组成员、副总队长王传健同志以普通党员身份参加会议。

1月26日,纪检监察室党支部召开党史学习教育专题组织生活会。总队党组成员、党组纪检组组长吴小武以普通党员身份参加会议。

1 月 26－28 日，总队组织开展了春节前蔬菜价格上涨情况及影响专题调研。

1 月 27 日，总队党组书记、总队长崔刚以普通党员身份参加办公室党支部党史学习教育专题组织生活会，与支部党员一起聚焦“五个带头”，交流学习体会，查找差距不足，明确整改措施，推进党史学习教育常态化。

1 月 27 日，受总队党组书记、总队长崔刚委托，总队党组成员、副总队长郭学来代表河南调查总队党组和全体干部职工亲切看望和慰问驻楼武警官兵。

1 月 27 日，农村调查处党支部召开党史学习教育专题组织生活会，总队党组成员、副总队长郭学来以普通党员身份参加。

1 月 28 日，总队组织全体干部职工集中收看警示教育片《零容忍》。

1 月 29 日，总队组织召开专题会，推进分析研究重点任务。总队党组成员、副总队长陈建设参加会议。

1 月 29 日，执法监督处党支部召开党史学习教育专题组织生活会。总队党组成员、党组纪检组组长吴小武参加会议。

二月

2 月 7 日，总队印发《关于样本粮中心标准化建设指南(试行)》，对全系统农业调查样本粮管理工作作出安排部署。

2 月 9 日，总队党组成员、总统计师郑泽香一行赴信阳督导省政府 3 号文件的落实进展情况。

2 月 9 日，总队印发《关于对住户调查大样本轮换工作进行督导的通知》，保障住户调查大样本轮换准备工作扎实有序推进。

2 月 10 日，总队党组成员、总统计师郑泽香同志率领总队第二督导组一行参加并督导信阳队领导班子党史学习教育专题民主生活会。

2 月 11 日，河南国家调查工作会议以视频形式在郑州召开。

2 月 14 日，河南省委书记楼阳生对总队报送的《中共国家统计局河南调查总队党组关于 2021 年工作开展情况的报告》批示：“充分肯定总队党组过去一年的工作，为省委决策提供了有力支持。希望在新的一年里，努力实现统计调查工作高质量发展，为‘两个确保’多作贡献。”

2 月 14 日，总队印发《河南农业调查无人机使用管理办法(试行)》，对全省国家调查队系统及粮食大县统计局农业调查无人机飞行管理工作作出安排部署。

2 月 14－15 日，总队党组成员、副总队长陈建设带领劳动力调查处有关人员赴湖南总队学习交流劳动力调查工作。

2 月 15 日，总队机关举办“我们的节日——浓浓国调情、欢乐闹元宵”联欢活动。

2 月 16 日，总队举办河南国家调查队系统 2022 年第一期调查学堂。

2 月 7－10 日，总队组织开展春节后制造业企业复工返岗情况快速调研。

2 月 7－15 日，总队开展 2022 年春节期间文娱类消费情况调研。

2 月 18 日，总队制定印发《国家统计局河南调查总队关于开展服务零售结构调查工作的通知》，对 2022 年河南省服务零售结构调查工作进行安排部署。

2 月 17 日，总队党组成员、副总队长陈建设赴卫辉开展工作调研座谈，并参加卫辉调查队党支部会。

2 月 16 – 18 日，河南国调队系统市级调查队党组书记、队长向河南总队党组述职会议分四个片区召开。

2 月 16 – 18 日，总队党组书记、总队长崔刚和其他党组成员分别带队赴各地开展冬小麦苗情调研，并检查指导样本粮中心建设。

2 月 10 – 20 日，总队开展农村居民种养收益和面临的困难快速调研。

2 月 22 日，总队党组印发《河南国家调查队系统“能力作风建设年”活动实施方案》，对“能力作风建设年”活动进行安排部署。

2 月 22 日，总队与省发展改革委召开价格形势座谈会，就物价总体形势、价格调控政策、保供稳价工作重点等进行了交流。

2 月 22 日，总队制定印发《河南农业遥感测量试点实施方案》，对河南农业遥感测量试点工作进行安排部署。

2 月 24 日，总队召开《河南调查年鉴 – 2022》编辑出版工作推进会。

2 月 28 日，总队举行新任职领导干部集体宪法宣誓仪式。

2 月 28 日，总队召开国家安全和保密警示教育会议。

三月

3 月 1 日，总队召开专题会研究短视频课题竞赛和建模大赛工作方案。

3 月 1 日，总队一篇调研专报《河南：煤电价格市场化改革加快电力市场供需企业转型升级步伐》获河南省委常委、副省长费东斌批示。

3 月 2 日，总队印发了《2022 年河南国家调查队系统统计法治工作要点》，部署 2022 年度统计法治工作

3 月 2 日，总队召开专题会议贯彻落实全国农村统计调查工作会议精神。

3 月 2 日，总队开展“做红色传人”文明实践主题日暨主题党日活动。

3 月 3 日，总队组织志愿者参加正光路社区开展的志愿服务活动。

2 月 28 日至 3 月 3 日，总队举办河南国家调查队系统新提任领导干部任职培训班。

3 月 2 – 3 日，总队党组书记、总队长崔刚一行赴平顶山督导调研。

3 月 4 日，总队组织志愿者开展“学雷锋我行动”文明实践主题日——慰问城市美容师活动。

3 月 8 日，总队机关组织妇女干部职工赴河南禹州开展“建功新时代、巾帼展风采”爱国主义教育活动。

3 月 9 日，总队组织机关志愿者赴登封市陈家门开展义务植树活动。

3 月 9 – 11 日，总队党组成员、总统计师郑泽香赴南阳队调研督导工作并讲授专题党课。

3 月 10 – 12 日，总队在信阳举办“踏红色足迹砥砺初心，聚青年合力勇毅前行”青年走基层实践教育活动。

3 月 11 日，总队开展义务植树主题实践日暨主题党日系列活动。

3 月 14 日，总队党组书记崔刚在 2021 年度党组书记抓基层党建工作述职评议考核荣获“好”等次。

3 月 14 日，总队召开专题会议部署河南

国家调查系统住户调查工作。

3月14日，总队被评选为2021年度“国家统计局创建模范机关先进单位”。

3月15日，总队举办河南国家调查队系统2022年第二期调查学堂。

3月16日，总队机关纪委研究制定《关于加强对年轻干部教育管理监督的实施方案》，强化对机关年轻干部日常教育管理监督。

3月17日，总队召开专题会议对河南国家调查队系统疫情防控工作进行部署安排。

3月17日，总队党组理论学习中心组召开2022年第5次学习（扩大）会议暨全国“两会”精神专题学习研讨会。

3月18日，总队党组成员、总统计师郑泽香参加全国扩种大豆油料工作推进电视电话会议。

3月22日，总队与河南省农业农村厅会商畜牧业生产形势。

3月22日，总队召开全省住户调查工作视频会议。

3月22日，总队印发《国家统计局河南调查总队贯彻落实〈监督意见〉任务分工》，推动《监督意见》各项改革措施落实落细。

3月24日，总队组织学习贯彻党的十九届六中全会精神专题视频讲座。

3月24日，总队党组理论学习中心组召开2022年第6次学习（扩大）会议。

3月22日，总队印发《国家统计局河南调查系统各专业业务工作考核办法》，推动调查工作提质增效。

3月23日，总队通过“河南省文明单位（标兵）”称号复查验收。

3月25日，总队党组召开会议专题研究部署河南国家调查队系统年度对口援疆工作。

3月30日，总队机关举办青年干部分享交流座谈会。

3月，总队完成了2022年河南省高校毕业生就业创业情况、农户种粮积极性、中小微商贸企业纾困政策效应与问题、生猪生产和成本收益、县乡消费市场供给情况和存在问题、农村“三变”改革情况、工伤和失业保险省级统筹情况等专题调研。

四月

4月1日，总队举办河南国家调查队系统第三期课题研究分享沙龙。

4月8日，总队召开短视频课题竞赛初赛评审会。

4月8日，总队召开河南国家调查队系统纪检工作推进视频会议。

4月8日，总队通过视频会议系统监考，在全系统组织开展了统计执法证现场闭卷模拟考试。

总队荣获2021年河南省政府系统政务信息工作先进单位、2021年度河南省法治政府建设优秀单位荣誉。

4月15日，总队开展全民国家安全教育日宣传教育活动。

4月19日，总队与省发改委、省人社厅、省统计局召开座谈会，就一季度河南省就业形势、加强就业失业统计监测等工作进行座谈交流。

4月19日，总队举办河南国家调查队系统2022年第三期调查学堂。

4月20日，总队党组成员、党组纪检组组

长吴小武一行走访了河南省纪委监委驻省发展改革委纪检监察组和河南省统计局机关纪委,与相关负责人进行了工作交流探讨。

4月21日,总队发布《河南国家调查队系统干部应知应会题库(2022版)》。

4月20日,总队举办2022年一季度经济形势分析视频会。

4月21日,总队机关组织志愿者到郑州东站参加了抗疫物资搬运志愿服务活动。

4月22日,总队召开省文明单位(标兵)创建暨模范机关先进单位创建(简称“两创”)动员会。

4月22日,总队召开2022年河南国家调查队系统党的建设工作视频会议。

4月24日,总队与省教育厅召开座谈会,就2022年河南省高校毕业生就业创业工作进行座谈交流。

4月22日,河南省委副书记、省长王凯在河南省委召开的河南省一季度经济形势分析会上,对河南住户调查大样本轮换工作提出明确要求:“居民收入数据是由抽样调查得到的,调查样本的科学性和合理性是数据准确的前提和基础。目前我省正在开展新一轮住户调查样本轮换,各地一定要高度重视、主动支持配合这项工作,确保选准选好样本,充分调动记账户积极性,真实反映出全省居民收入水平。”

4月25日,总队召开河南住户调查大样本轮换督导推进视频会议。

4月25日,国家统计局党组书记、局长康义在总队呈报的《河南调查总队关于省长王凯对河南住户调查大样本轮换工作提出明确要求的报告》上进行圈阅,随后,党组成员、副局长毛有丰作出批示:“总队要按国家局的统一部署,切实做好住户调查大样本轮换工作,确保方法的科学和数据的准确。”

4月27日,总队召开系统青年工作推进会议暨青年同志座谈会。

4月,总队组织开展河南房地产市场运行情况、农户大豆玉米带状复合种植意愿问题期盼、煤炭保供稳价情况等专题调研。

4月,总队报送的调查专报《中小微商贸企业营收恢复遇阻　超六成企业对未来发展仍抱信心》《多重因素掣肘企业发展　未来三个月预期向好》《河南:粮食价格“强势上涨”生猪价格“跌跌不休”》《畜牧业生产稳定发展　养殖效益全面下滑》《河南生产性服务业高质量发展水平参差不齐　企业经营面临诸多困难》《河南:大豆玉米复合种植意愿强预期高　相关问题需持续关注》《开源节流双向承压　生猪养殖持续亏损》《“三变”改革助力乡村振兴　破解难题亟待提速发力》《开源节流双向承压　生猪养殖持续亏损》《“三变”改革助力乡村振兴　破解难题亟待提速发力》《河南煤炭企业减产中实现效益改善　稳价保供压力犹在》《一季度全省城镇调查失业率持续高位运行　就业形势趋于严峻》获得省长王凯等多位省领导批示。

4月27日,总队向国家统计局上报了《河南调查总队关于荣获2021年度法治河南(法治政府)建设考核优秀单位的报告》,当天国家统计局局长康义圈阅,4月28日国家统计局副局长毛有丰作出批示:“祝贺!望继续保持荣誉,努力开创依法统计依法治统新局面。”

五月

5 月,《中国统计》发表总队党组书记、总队长崔刚署名文章《秉轴持钧谋发展　综合施策促提升》。

5 月 12 日,总队与省工信厅座谈采购经理调查扩样等相关工作。

5 月 12－13 日,总队机关赴社区慰问一线防疫工作者。

5 月 13 日,总队召开全省夏粮预、实产培训暨农作物对地抽样调查样本轮换工作推进视频会。

5 月 16－26 日,总队在开封、安阳、平顶山、鹤壁、许昌、漯河、南阳、周口、驻马店等地开展生猪新型保险开展情况专题调研。

5 月 17 日,总队与省人社厅座谈交流劳动力调查等工作。总队党组书记、总队长崔刚,省人社厅党组书记、厅长张国伟出席会议。

5 月 17 日,中共河南省委办公厅、河南省人民政府办公厅印发《关于更加有效发挥统计监督职能作用的通知》。

5 月 17－25 日,总队在平顶山、安阳、濮阳、商丘、新乡、南阳、驻马店等 7 个地市的 10 个县开展夏粮收购情况专题调研。

5 月 18 日,总队召开 2022 年上半年内部监督工作贯通协同机制会议。

5 月 18 日,总队举办河南国家调查队系统统计建模选拔赛。

5 月 20 日上午,总队机关组织干部职工参加省直机关无偿献血暨造血干细胞捐献志愿者招募活动。

5 月 20 日,总队与省发改委、河南能化集团召开煤炭保供稳价工作政企座谈会。

5 月 21 日,总队联合河南省新华书店等单位举办《知“食”就是力量——第八届全民营养周直播活动》。

5 月 23 日,总队党组书记、总队长崔刚向孙守刚常务副省长作专题工作汇报。

5 月 23 日,总队召开夏粮预产会商视频会议。

5 月 24 日,郭学来参加省政府第 153 次常务会。

5 月 24 日,总队召开 2022 年河南国家调查队系统统计法治工作视频会议。

5 月 24 日,总队与省发展和改革委就目前河南省疫情防控期间物价总体形势、价格调控政策、保供稳价工作重点等问题召开价格形势分析座谈会。

5 月 24－25 日,总队党组书记、总队长崔刚一行赴新乡市、鹤壁市就夏粮生产形势开展调研。

5 月 25－27 日,总队党组成员、副总队长郭学来一行赴周口市、驻马店市、漯河市开展调研,实地查看夏粮生产形势。

5 月 25－27 日,总队党组成员、副总队长陈建设一行赴南阳市、平顶山市开展调研,实地查看夏粮生产形势。

5 月 25 日,总队联合郑州调查队走访部分房地产企业。

5 月 26 日,总队党组成员、总统计师郑泽香在省政府参加全国“三夏”生产工作推进电视电话会议。

5 月 26 日,总队组织召开 2022 年统计执法监督检查行前培训视频会议。

5 月 26－29 日,总队完成建档立卡户就业增收情况专题调研。

5月26－31日，总队完成疫情对农民工就业及收入影响专题调研。

5月27日，总队组织开展河南国家调查队系统第三次统计执法资格模拟考试。

5月27日，河南省平安建设工作领导小组下发《关于2021年度全省平安建设考评情况的通报》（豫平安〔2022〕7号）文件，总队荣获2021年度全省平安建设优秀单位荣誉称号。

5月28－31日，总队党组书记、总队长崔刚参加省党代会。

5月30日，总队举办河南国家调查队系统2022年第四期调查学堂。

5月31日，总队举办短视频课题竞赛决赛。

5月，总队综合处被授予省直机关工人先锋号荣誉称号。

六月

6月1日，总队在郑州市中牟县开展夏粮实割实测主题实践活动。

6月2日，国家统计局党组书记、局长康义对总队平安建设工作情况报告进行了圈阅；6月6日，国家统计局党组成员、副局长毛有丰作出批示："祝贺！望再接再厉，驰而不息、扎扎实实搞好平安建设。"

6月7日，总队召开2022年年中党建工作部署推进会议，总队党组成员、副总队长郭学来主持会议并讲话。

6月7－8日，总队党组成员、总统计师郑泽香，总队党组成员、党组纪检组组长吴小武，总队党组成员、副总队长王传健分别带队赴舞阳、中牟、郑东新区、项城等地开展统计执法监督检查工作。

6月8－12日，总队党组成员、副总队长陈建设带队赴卫辉、长垣、获嘉开展统计执法监督检查工作。

6月7－10日，总队党组成员、副总队长郭学来一行赴濮阳、安阳、鹤壁开展夏粮和畜牧业生产形势调研。

6月9日，总队党组纪检组在安阳召开豫北片区市级国家调查队党组纪检组组长履职汇报会，总队党组成员、党组纪检组组长吴小武出席会议并讲话。

6月13－15日，总队党组成员、副总队长陈建设一行到商丘开展劳动力调查陪访回访和数据核查工作。

6月14日，总队举办河南国家调查队系统第五期调查学堂。

6月14日，总队在驻马店召开豫南片区市级国家调查队党组纪检组组长履职汇报会，总队党组成员、党组纪检组组长吴小武出席会议并讲话。

6月14日，总队召开2022年上半年畜牧业统计调查工作视频推进会。

6月14日，总队党组成员、总统计师郑泽香为总队价格调查专业讲授党课。

6月14－15日，总队在周口市举办全省国家调查队系统制度方法业务培训会议。

6月15日，总队荣获"2021年度服务河南经济社会发展优秀中央驻豫单位"。

6月16日，总队赴省住建厅座谈上半年河南省房地产市场运行情况。

6月16日，省直工委常态化联络服务第五组到总队开展专题调研，总队党组成员、副总队长、总队机关党委常务副书记郭学来陪同调研。

6月16日，总队与省生态环境厅召开工作座谈会，就畜牧业高质量发展相关环保政策开展调研交流。

6月16－17日，总队在驻马店市举办全省农业统计调查业务培训班，总队党组成员、副总队长郭学来出席会议并讲话。

6月17日，总队召开系统警示教育视频会议，总队党组书记、总队长崔刚出席会议并讲话，党组成员、总统计师郑泽香，党组成员、副总队长王传健、陈建设出席会议，党组成员、党组纪检组组长吴小武主持会议。

6月20日，总队党组书记、总队长崔刚和党组成员、副总队长郭学来分别会见鹤壁市委常委、统战部部长李晖一行，就农业、畜牧业生产形势和农作物对地调查样本轮换等工作进行深入交流。

6月20－22日，总队在郑州市举办全省综合业务培训班。

6月20－24日，总队党组成员、副总队长王传健带队赴泌阳、新蔡、西平、遂平开展统计执法监督检查工作。

6月20－24日，总队党组成员、总统计师郑泽香带队赴安阳县、滑县、内黄县开展统计执法监督检查工作。

6月21日，总队党组召开会议专题研究全面从严治党和党建工作，总队党组书记、总队长崔刚主持会议，总队党组成员、副总队长郭学来，党组成员、总统计师郑泽香，党组成员、党组纪检组组长吴小武，党组成员、副总队长陈建设参加会议。

6月22日，总队高效完成小麦整割整测试点工作。

6月23－25日，总队在安阳举办河南国家调查队系统政务管理暨网络信息培训班。党组成员、副总队长郭学来出席会议并讲话。

6月24日，总队赴洛阳开展上半年房价调查数据集中联审和研判。

6月28日，总队党组成员、党组纪检组组长吴小武为总队执法监督处、纪检监察室党支部全体党员干部讲党课。

6月，总队完成全面从严治党民意调查、2022届高校毕业生就业创业情况专题调研、养老市场商品和服务供需匹配情况专题调研、农村电商发展状况调研、疫情后工业复工复产情况专题调研、共同富裕重点民生领域中的短板和问题专题调研、农产品交易市场发展现状调研等工作。

6月，总队撰写的调查专报《全省青年群体就业压力大　存在问题需关注》《河南高校毕业生就业措施逐步显效　政策落实仍需精准发力》《五月全省城镇调查失业率持续攀升创历史新高》等3篇调查专报，获省委书记楼阳生、省长王凯等省委、省政府主要领导批示。

七月

6月30日至7月2日，总队在许昌举办2022年全省居民收支类调查业务培训班。

7月，河南机关党建杂志《先行》（2022年第3期）发表总队党组书记、总队长崔刚署名文章《锚定目标　躬身入局　为实现“两个确保”贡献河南调查力量》。

7月1日，总队组织举办“庆七一”红歌比赛。总队党组书记、总队长崔刚，党组成员、副总队长郭学来,党组成员、总统计师郑泽香,党组成员、党组纪检组组长吴小武,党组成员、副总队长王传健、陈建设出席活动。

7 月 1 日,总队召开河南国家调查队系统专题党课报告会暨总队机关“两优一先”表彰会。总队党组书记、总队长崔刚,党组成员、副总队长郭学来,党组成员、总统计师郑泽香,党组成员、党组纪检组组长吴小武,党组成员、副总队长王传健、陈建设出席会议。

7 月 4－5 日,总队党组书记、总队长崔刚赴许昌督导省政府 3 号文件落实情况,并就党的建设、班子队伍建设等工作开展调研。

7 月 4－9 日,总队党组成员、副总队长郭学来带领总队统计执法监督检查第二轮第一组对国家统计局息县调查队、潢川调查队、固始调查队以及罗山县统计局开展统计执法监督检查工作。

7 月 5－6 日,总队党组成员、副总队长郭学来一行调研督导信阳队、息县队党建工作开展情况,并到息县路口乡弯柳树村开展“四送一助力”结对帮创活动。

7 月 6 日,总队在许昌举办青年走基层实践教育活动。总队党组成员、副总队长王传健出席活动。

7 月 6－8 日,总队在新乡市举办全省畜牧业统计调查业务培训班。总队党组成员、副总队长郭学来出席会议。

7 月 7 日,总队召开巩固深化“三项清理”专项治理全覆盖检查工作动员视频会议。总队党组书记、总队长崔刚,党组成员、总统计师郑泽香,党组成员、副总队长王传健出席会议。

7 月 8 日,总队举行“光荣在党 50 年”纪念章颁发仪式,总队党组书记、总队长崔刚向部分老党员颁发了“光荣在党 50 年”纪念章。

7 月 8 日,总队举办河南国家调查队系统 2022 年第二期(总第四期)课题研究分享沙龙。总队党组成员、总统计师郑泽香,总队党组成员、副总队长王传健出席活动。

7 月 11－31 日,总队领导分别带队到各地开展“三项清理”专项治理检查工作,并对上半年党建工作进行专题督导。

7 月 12 日,总队机关联合郑州队赴省档案馆开展主题党日活动。

7 月 13－24 日,总队党组书记、总队长崔刚分别带队赴安阳、开封、许昌、漯河、郑州、信阳、鹤壁、新乡,对“三项清理”专项治理工作进行督导。

7 月 14 日,总队举办河南国家调查队系统 2022 年第六期调查学堂。总队党组成员、副总队长郭学来参加会议。

7 月 15 日,总队机关组织党员志愿者联合正光街社区辖区单位开展“炎炎夏日送清凉、慰问一线环卫工”活动。

7 月 15 日,总队开展二季度消费价格调查业务知识线上测试。

7 月 16－20 日,总队在郑州举办全省农业遥感无人机驾驶员培训班。

7 月 18 日,总队机关组织道德讲堂,开展新时代公民思想道德教育以及“传家训、立家规、扬家风”教育等活动。

7 月 18 日,总队机关开展以“依法统计、诚信调查”为主题的诚信建设学习讨论及守信签名活动。

7 月 18－20 日,总队在郑州举办河南国家调查队系统生产价格调查业务培训班。

7月19日，总队召开2022年总队机关精神文明建设工作推进会议。

7月19日，总队机关青工委举办以“喜迎二十大、读书向未来、奋进新征程”为主题的青年干部读书分享会。

7月20日，总队召开上半年经济形势分析会。总队党组成员、副总队长王传健、陈建设参加会议。

7月20日，总队新闻发言人参加省人民政府新闻发布会。

7月21－23日，河南国家调查队系统2022年半年工作推进会议在许昌召开。

7月27日，总队与省农业农村厅召开工作座谈会，就河南省肉牛、奶牛发展相关配套政策、发展形势开展调研交流。

7月27日，国家统计局农村司副司长(副厅长级)王明华在总队农村调查处上报的《2022年上半年工作汇报》上做出批示：“近年来，河南畜牧业调查工作有很多好的做法，工作很有成效，请畜牧业处阅研。”

7月27－28日，总队举办全省住户调查大样本轮换动员暨业务培训班。总队党组书记、总队长崔刚，总队党组成员、副总队长王传健参加会议。

7月28日，总队参加“文明交通专题讲座”。

7月29日，总队举办《深入学习贯彻党的十九届六中全会精神》专题视频讲座。党组成员、副总队长郭学来，党组成员、副总队长陈建设参加讲座。

7月29日，总队召开总队机关退役军人“八一”座谈会。总队党组成员、副总队长郭学来、陈建设参加会议。

7月29日，总队看望和慰问驻楼武警官兵。

5－7月，总队高质量完成2022年度上半年干部职工思想状况调查。

7月，总队高质高效完成传统百货业转型升级调研、大豆玉米带状复合种植情况调研、生产资料价格上涨对农民种粮收益影响专项调研、新冠疫情对当地畜牧业生产影响的快速调研、供应链企业发展情况专题调研、退役军人就业创业和生活情况专题调研。

7月，总队呈送的《河南农产品交易市场保供增收作用凸显　存在问题不容忽视》《河南养老服务体系逐步完善　高质量发展任重道远》《生猪新型保险助推产业发展　全面推广仍需政策支持》《关于夏粮统计调查工作情况的报告》等调查专报获副省长武国定等领导批示。

八月

8月2日，总队与省发改委、省人社厅、省统计局联合召开2022年上半年就业形势分析座谈会。总队党组成员、副总队长陈建设出席会议。

8月3－5日，总队举办河南国家调查队系统分析研究业务培训班。

8月3－5日，总队举办全省劳动力调查业务培训班，总队党组成员、副总队长陈建设出席会议。

8月3－5日，总队党组成员、副总队长郭学来带队赴济源与省农业农村厅联合开展两牛行业生产形势调研。

8月6－11日，总队完成夏季保供电专项调研。

8月8－9日，总队党组成员、党组纪检组组长吴小武带队赴驻马店对巩固深化“三项清理”专项治理全覆盖检查工作进行督导。

8月10日，总队举办第七期调查学堂，总队党组成员、党组纪检组组长吴小武，总队党组成员、副总队长陈建设出席讲座。

8月10日，总队召开2022年总队机关文明单位(标兵)迎检工作专题办公会议，总队党组成员、副总队长郭学来主持会议。

8月11日，总队与省人社厅就加强保障农民工权益与统计监测工作的衔接进行座谈交流。总队党组成员、副总队长王传健，省人社厅党组成员、副厅长王曙辉出席会议。

8月11－13日，总队赴安阳开展劳动力调查督导检查工作。

8月15－16日，总队参加2022年全国党建研究会机关专委会第一重点课题研讨会暨河南省机关党建第一课题研讨会。

8月15－17日，国家统计局城市司生产投资价格处处长王晓红一行莅临河南开展工业企业生产经营状况调研。

8月15－17日，总队举办河南国家调查队系统分析研究写作技能竞赛决赛，总队党组成员、副总队长王传健出席。

8月16日，总队召开分析研究写作培训会。

8月16－24日，总队赴许昌、开封、商丘、漯河、驻马店开展采购经理调查扩充样本核查工作督导检查。总队党组成员、副总队长陈建设参加督导。

8月17－19日，国家统计局综合司一级巡视员王文波一行莅临河南督导党建工作。

8月18日，总队开展“喜迎二十大　奋进新征程”关爱职工亲子主题活动。

8月22－31日，总队领导分别带队到各地开展住户调查大样本轮换工作督导。

8月23日，总队召开2022年巡察整改情况回访工作动员培训会。总队党组书记、总队党组巡察工作领导小组组长、总队长崔刚出席会议并作动员讲话，总队党组成员、总队党组巡察工作领导小组副组长、副总队长陈建设，总队党组成员、总队党组巡察工作领导小组副组长、党组纪检组组长吴小武出席会议。

8月25－26日，总队组织第5期科级党员干部网上党校培训班河南学员赴洛阳开展党性教育现场教学。

8月25日，总队组织召开2023年预算绩效编制工作推进会，总队党组成员、副总队长王传健出席会议。

8月26日，总队举办河南国家调查队系统2022年第三期(总第五期)课题研究分享沙龙，总队党组成员、副总队长王传健出席活动。

8月26日，总队举办河南国家调查队系统首届无人机遥感测量技能竞赛。

7－8月，总队领导班子成员带队赴各市全覆盖开展2022年上半年党建督导调研。

8月，总队呈送的《七月全省城镇调查失业率稳中有降》《河南农村居民收入低于四川的情况分析》《7月河南居民消费价格同比涨幅继续扩大》《河南：7月份生猪价格涨势强劲》《河南二季度农村劳动力从业形势暂现困境　面临问题需引起重视》《就业措施逐步显效　城镇调查失业率显著下降》《国家统计局河南调查总队关于全省住户调查大样本轮换工作开展情况的报告》《居民消费价格涨幅逐渐扩大　下半年或将阶段性超3%》等8篇报告获省长王凯、常务副省长孙守刚等领导批示。

九月

8月15日至9月9日，中共国家统计局网上党校举办第5期科级党员干部网上党校培训班，河南国家调查队系统10名学员参加了本期学习。

8月31日至9月2日，总队党组成员、副总队长郭学来带领第一督导组，先后赴洛阳、济源、新乡等地督导住户调查大样本轮换工作。

9月5日，河南省农民工工作领导小组下发《关于表彰河南省优秀农民工和农民工工作先进集体的决定》，总队住户监测处荣获“河南省农民工工作先进集体”。

9月8日，总队党组理论学习中心组召开2022年第17次学习会议。党组成员、副总队长郭学来主持会议，党组成员、副总队长王传健参加学习。

9月8－9日，总队组成联合调研督导组赴周口市及周口市淮阳区就住户调查大样本轮换、农民工监测调查、脱贫县农村住户监测调查等工作开展调研督导。

9月8－10日，总队成立采购经理核查小组分赴4市对20家企业开展采购经理调查数据质量核查抽查并督导检查采购经理调查扩充样本情况。总队党组成员、副总队长陈建设带队赴洛阳、焦作开展核查抽查和扩样督导，并调研了解企业生产经营形势。

9月9日，总队召开新一届退休干部党支部会议，总队党组成员、副总队长郭学来到会并讲话。

9月13日，总队策划编撰的《党的十八大以来河南民生领域发展成就报告》一书正式刊印完成。

9月13日，总队向对口援疆单位捐赠的防疫物资6000只口罩运抵新疆哈密调查队。

9月15日，总队组织机关党员干部到河南省博物院参观省直机关能力作风风采展。

9月15日，总队召开国家统计局赴豫基层锻炼干部座谈会。总队党组书记、总队长崔刚出席会议并讲话，总队党组成员、副总队长陈建设主持会议。

9月20日，总队组织召开河南国家调查队系统领导干部个人有关事项报告警示教育视频会。总队党组成员、副总队长陈建设出席会议并讲话。

9月20日，总队党组成员、副总队长陈建设以《深入学习贯彻习近平总书记重要论述精神　锻造忠诚干净担当的高素质专业化统计调查干部队伍》为题，为分管单位和部门党员干部讲专题党课。

9月21－22日，总队党组书记、总队长崔刚带队赴驻马店、周口开展秋粮生产形势及大豆玉米带状复合种植生产情况调研。

9月22日，总队组成联合调研督导组赴郑州市金水区就建筑物清查、摸底调查、农民工市民化调查等相关业务工作开展调研督导。

9月22日，第八届全国统计大赛圆满结束，总队代表队在107支参赛队中脱颖而出，荣获二等奖和优秀组织奖。

9月22日，总队党组理论学习中心组召

开2022年第18次学习会议。总队党组成员、总统计师郑泽香主持会议,党组成员、党组纪检组组长吴小武参加学习。

9月22－23日,总队党组成员、副总队长郭学来带队赴商丘、开封开展秋粮生产形势调研。

9月23日,总队召开分析研究报告课题研讨会,总队党组成员、副总队长王传健出席会议并提出具体要求。

9月23日,总队党组书记、总队长崔刚主持召开党组会议,听取12个市县调查队审计报告汇报,专题研究审定审计报告,并提出明确要求。

9月27日,总队联合省政府机关办公区后勤保障部共同开展总队机关安全大检查。

9月27日,总队举办全省农民工市民化进程动态监测调查工作视频培训班。

9月28日,总队联合郑州调查队开展2022年“我们的节日·重阳节”活动,组织退休老干部开展“爱在重阳　赏美景文化”主题活动。

9月30日,总队召开河南国家调查队系统安全工作专题部署视频会议。总队党组成员、副总队长郭学来出席会议并提出要求。

9月30日,总队组织机关青年赴焦作修武县开展秋粮实割实测党建实践活动。总队党组成员、副总队长王传健、陈建设出席活动。

9月30日,总队召开机关警示教育会议,传达学习中央和国家机关纪检监察工委、中央纪委国家监委驻国家发展改革委纪检监察组、国家统计局党廉办(机关纪委)和河南省纪委监委有关通报通知精神,观看廉政教育片。总队党组成员、副总队长郭学来,党组成员、总统计师郑泽香,党组成员、副总队长王传健、陈建设出席会议;总队党组成员、党组纪检组组长吴小武主持会议。

9月中下旬,河南国家调查队系统统计执法检查实战技能竞赛、纪检监察业务知识技能竞赛分别在漯河、焦作举办。

9月,总队高度重视、强化组织,队局融合、三级联动,克服疫情影响等不利因素,成功举办第十三届“中国统计开放日”系列活动。

9月,总队组织人员分赴焦作、许昌、周口和济源等地开展生产价格调查基层基础工作检查。

9月,总队先后组织开展了随迁子女义务教育情况专题调研、生猪生产形势专题调研、生猪生产和成本收益专题调研、钢铁行业生产经营情况专题调研、生活资料行业生产经营情况调研、房地产市场运行现状和纾困政策成效调研。

9月,总队呈送的调查专报《河南:8月份生猪价格继续上涨》《河南秋粮生产形势较为复杂　存在问题不容忽视》《劳动力调查工作相关情况报告》《河南大豆玉米带状复合种植稳步推进　存在问题不容忽视》《“粮”上做文章“麦”上谋新篇——扛稳粮食安全重任河南夏粮稳中有增》《河南粮食稳定增长　中原大粮仓更加充盈——党的十八大以来河南粮食生产情况》《秋粮生产形势不断向好　存在问题仍需关注》获多位省领导批示。

十月

10月9日,总队党组书记、总队长崔刚一

行到驻村帮扶点信阳市息县路口乡弯柳树村举行“乡村振兴共助力　捐赠慰问暖人心”捐赠活动。

10月10日，总队党组书记、总队长崔刚赴潢川调查队党支部联系点开展党建专题调研活动，并以《奋勇争先　走好第一方阵　共创辉煌　献礼“二十大”》为题，为潢川调查队全体干部职工上了一堂生动而又深刻的专题党课。

10月10日，总队党组书记、总队长崔刚赴信阳、潢川等地督导住户调查大样本轮换现场实施工作。

10月10－11日，总队党组成员、总统计师郑泽香赴党支部工作联系点汝南调查队，以《凝心“能力作风建设年”　聚力开创队伍新局面》为题，为全体干部职工上了一堂生动党课。期间，与汝南调查队全体党员干部进行集体谈心谈话，并深入工业生产者价格调查样本企业检查基层基础工作。

10月10－12日，总队党组成员、副总队长王传健赴漯河、驻马店调研指导住户调查大样本轮换工作。

10月13日，总队党组理论学习中心组召开2022年第19次学习会议。总队党组书记、总队长崔刚出席会议并讲话。党组成员、副总队长郭学来，党组成员、总统计师郑泽香，党组成员、党组纪检组组长吴小武，党组成员、副总队长王传健参加学习。

10月16日，中国共产党第二十次全国代表大会在北京人民大会堂隆重开幕。总队党组书记、总队长崔刚带领河南国家调查队系统全体干部职工收看开幕会盛况。

10月22日，中国共产党第二十次全国代表大会胜利闭幕。总队党组书记、总队长崔刚带领值班值守的全体党员同志，集体收看了党的二十大闭幕式直播报道，并与大家开展交流。因疫情居家办公的其他同志通过电视、网络等多渠道收听收看。

10月24日，总队召开视频会议，统筹调度疫情防控和重点工作开展情况，并对下阶段重点工作进行研究部署。党组书记、总队长崔刚现场主持会议，党组成员、副总队长郭学来，党组成员、总统计师郑泽香，党组成员、党组纪检组组长吴小武，党组成员、副总队长王传健、陈建设出席会议。

10月26日，总队党组理论学习中心组通过远程视频会议形式召开第20次学习会议暨党的二十大精神专题学习研讨。党组书记、总队长崔刚主持会议，交流学习体会并对全系统抓好传达学习贯彻提出要求。党组成员、副总队长郭学来，党组成员、总统计师郑泽香，党组成员、党组纪检组组长吴小武，党组成员，副总队长王传健、陈建设和理论学习中心组其他成员分别作交流发言。

10月27日，总队通过学习强国平台召开全省采购经理调查省级样本扩充工作视频培训会。总队党组成员、副总队长陈建设出席会议并讲话。

10月28日，在党的二十大胜利闭幕之际，总队召开廉政专题党课视频会议。总队党组书记、总队长崔刚结合学习贯彻党的二十大精神，以《旗帜鲜明讲政治　为政修德开新篇　深入学习贯彻习近平总书记关于政德建设重要论述》为题，为河南国家调查队系统全体党员干部上了一堂内容丰富的廉政专题党课。

10 月,总队先后组织开展了居民购房者对绿色建筑商品房的需求状况专题调研、大豆玉米带状复合种植收益情况调研、秋收秋种生产形势调研。

10 月中旬以来,全省多地特别是郑州市新冠肺炎疫情防控形势复杂严峻,大批干部职工生活居住区域被封控管理。总队党组高度重视,迅速启动了应急响应预案,对疫情防控和统计调查工作进行安排部署,确保了全系统上下人员安全和各项工作有序开展。

10 月,总队不断加强与对口援助单位联系沟通,充分了解受援单位业务需求,积极组织拍摄制作一批业务培训视频,开展快速精准高效的“送餐”式业务援助。

十一月

11 月 2 日,总队召开三季度经济形势分析会。总队党组书记、总队长崔刚,总队党组成员、副总队长王传健、陈建设出席会议。

11 月 4 日,总队党组理论学习中心组召开 2022 年第 21 次学习会议。总队党组书记、总队长崔刚出席会议并讲话。党组成员、总统计师郑泽香,党组成员、党组纪检组组长吴小武,党组成员、副总队长王传健、陈建设参加学习。

11 月 4 日,河南国家调查队系统青工委召开“学习二十大　永远跟党走　奋进新征程”学习交流会。会议以视频方式召开,系统青工委主任、副主任、委员和部分青年代表参加会议。

11 月 4 日,总队组织开展《中国信息报》新闻宣传工作专题培训,对总队机关各处室及各省辖市调查队联络员进行全面培训。

11 月 7 - 9 日,总队组织系统县级调查队 90 名参训学员通过钉钉统计网络平台参加 2022 年线上基层统计人员技能培训班,90 名学员全部顺利结业,完成率和完成速度名列全国前茅。

11 月 10 日,总队党组成员、副总队长王传健参加综合处处务会,就综合统计工作特别是加强分析研究工作提出明确要求。

11 月 11 日,总队以“《行政处罚法》亮点解读和行政处罚程序详解”为主题举办河南国家调查队系统第八期调查学堂,邀请陆达律师事务所王政文律师作《行政处罚法》专题讲座。

11 月 14 日,总队党组书记、总队长崔刚对总队机关新任处级领导干部开展集体任前谈话,就如何履职尽责提出希望和要求。

11 月 15 日,总队联合河南省工业和信息化厅、河南省商务厅下发《关于加强河南省重点行业制造业和非制造业采购经理调查指数编制相关工作的通知》,安排部署采购经理调查工作。

11 月 16 日,总队党组书记、总队长崔刚专题听取农业统计调查工作开展情况汇报,并对农业统计调查工作提出具体要求。

11 月 16 日,总队举办“2022 年河南国家调查队系统六大技能竞赛”之“对党忠诚　始于足下”党建知识技能竞赛,6 支市级代表队和总队机关组建的 2 支代表队云端竞技,推动党的二十大精神学思践悟。

11 月 17 日,总队党组理论学习中心组召开 2022 年第 22 次学习会议。总队党组书记、总队长崔刚主持会议并讲话。党组成员、副总队长郭学来,党组成员、党组纪检组组长吴小武，党组成员、副总队长王传健参加学习。

11 月 17 日，总队举办完善廉政风险防控工作视频培训会，传达学习国家统计局有关文件精神，对全系统完善廉政风险防控工作进行安排部署。

11 月 18 日，总队举办河南国家调查队系统第九期调查学堂，组织系统全体党员干部收看《根脉——红旗渠精神》专题片。

11 月 22 日，总队党组成员、总统计师郑泽香以普通党员身份参加制度方法处党支部专题组织生活会。

11 月 22 日，总队召开 2022 年河南住户调查年报工作布置视频会议。总队党组成员、副总队长王传健出席并讲话。

11 月 23 日，总队举办河南国家调查队系统学习宣传贯彻党的二十大精神专题培训班开班仪式。党组书记、总队长崔刚在开班仪式上讲党课，河南省委党校党建教研部主任郭献功宣讲党的二十大精神，党组成员、副总队长郭学来主持会议，党组成员、党组纪检组组长吴小武，党组成员、总统计师郑泽香，党组成员、副总队长王传健、陈建设参加学习。

11 月 23 日，总队党组成员、副总队长王传健以普通党员身份参加综合处党支部专题组织生活会。

11 月 22 日，总队党组成员、副总队长陈建设以普通党员身份参加分析研究处党支部专题组织生活会。

11 月 24 日，总队党组成员、副总队长郭学来参加农业调查处、农村调查处党支部联合举办的“学习贯彻党的二十大精神　农村统计改革怎么干”，并结合农业农村工作为两个支部的同志上了一堂专题党课。

11 月 24 日，总队党组成员、党组纪检组组长吴小武以普通党员身份参加纪检监察室党支部专题组织生活会。

11 月 24 日，总队以视频形式举办河南国家调查队系统 2022 年第十期调查学堂，邀请赴豫基层锻炼干部、国家统计局冯朝阳博士作了题为“关于统计分析研究和写作探讨”的专题讲座。

11 月 25 日，总队党组书记、总队长崔刚以普通党员身份参加所在的办公室党支部专题组织生活会，与支部党员一起深入学习习近平总书记视察安阳重要讲话精神，交流研讨红旗渠精神，检视剖析问题，明确努力方向。

10－11 月，总队先后组织开展了生猪二次育肥重点调研、农产品流通环节费用成本情况快速调研、企业应收账款情况专题调研、生猪储备情况调研、制造业外贸企业出口情况及问题调研、“人人持证、技能河南”专题调研、全省秋粮生产和市场情况专题调研、文旅企业转型发展专题调研、农业生产条件调研、村级债务情况调研。

10－11 月，总队受河南省文明办委托，克服疫情影响高效完成首批文明城市测评工作。

11 月，总队党组高度重视二十大精神的学习宣传贯彻，突出抓好“五级联动”学习机制，全方位、多层次开展学习交流，多渠道、多方式集中宣传，迅速在河南国家调查队系统掀起学习贯彻党的二十大精神热潮。

11 月，总队联合省农业农村厅印发《关于开展全省主要畜禽名录库摸底核查工作的通知》，统筹安排部署全省主要畜禽名录库摸底核查工作。

11月,总队呈送的调查专报《河南农村居民收入与山东、四川及全国比较》《10月河南CPI同比全国位次上升 食品价格涨幅连续超6%》《前三季度度河南消费价格形势分析》《“人人持证、技能河南”建设初见成效 存在隐忧需高度重视》《河南超六成企业“应收账款”处于正常水平 存在问题仍需关注》获多位省领导批示。

十二月

12月1日,总队参加世界数字论坛研讨会,与国家统计局数管中心、浙江调查总队和河南农业大学开展交流研讨。总队党组成员、副总队长郭学来参加会议。

12月1日,总队召开农业农村调查专题会议,传达贯彻全国农业农村统计调查视频培训会议精神。总队党组书记、总队长崔刚专题听取农业农村统计调查工作汇报,并就进一步做好2023年河南农业农村调查工作提出具体要求。

12月2日,总队党组巡察工作领导小组召开会议,开展专题学习。总队党组书记、总队长、巡察工作领导小组组长崔刚出席会议并讲话。

12月5日,总队举办河南国家调查队系统学习宣传贯彻党的二十大精神(红旗渠精神)网络视频培训。

12月6日,总队召开模范机关创建工作推进会。总队党组成员、副总队长郭学来出席会议并讲话。

12月6日,总队召开专题会议,研究部署河南国家调查队系统信息化建设和网络安全保障工作。总队党组书记、总队长崔刚主持会议并提出明确要求。

12月7日,总队召开河南国家调查队系统新任职领导干部集体廉政谈话视频会议。总队党组成员、党组纪检组组长吴小武出席会议,并对新任职领导干部廉洁从政、履职尽责提出希望和要求。

12月8日,总队开展以“深入学习贯彻党的二十大精神 开启依法统计依法治统新征程”为主题的系列统计普法宣传活动。

12月8日,总队对口援疆单位兵团第十三师调查队和巴里坤调查队先后寄来《感谢信》,对总队对援疆工作的大力支持表示衷心感谢和崇高敬意,对总队选派援疆的2名青年干部援疆期间的工作表示充分肯定。

12月9日,总队召开移动OA功能挖掘及向基层延伸需求征集会,进一步深入挖掘移动办公系统的应用需求。总队党组成员、总统计师郑泽香出席会议并讲话。

12月15日,总队高质量完成河南国家调查队系统辅助调查员信息库建设。同时要求各市县建立辅助调查员个人档案,对辅调员基本信息变化情况实行动态管理。

12月19日,国家统计局下发《2022年9月至11月各地网络信息采用情况通告》,总队以年度总分2024分位居全国调查队系统第二名。总队党组书记、总队长崔刚作出批示:“望再接再厉,再创佳绩!请总队领导阅。”

12月26日,总队与省发改委召开全年生产形势线上电话座谈会,就生猪存储、生猪价格、生猪成本收益等形势进行分析研判。

12月28日,总队与省农业农村厅召开全

年畜牧业生产形势线上电话座谈会，联合会商2022年全年河南省畜牧业生产形势。

12月29日，总队党组理论学习中心组召开第24次学习会议。总队党组书记、总队长崔刚主持会议并讲话，党组成员、党组纪检组组长吴小武，党组成员、副总队长王传健参加会议。

12月29日，总队召开2022年度内部监督工作贯通协同第二次会议，党组成员、副总队长郭学来和党组成员、党组纪检组组长吴小武出席会议并讲话。

12月30日，总队党组书记、总队长崔刚主持召开专题会议，学习中央农村工作会议精神，研究进一步加强农业农村统计调查工作。

12月，总队荣获“河南省基层工会规范化建设示范点”荣誉称号。

12月，总队以及17个省辖市调查队、济源调查队、郑州航空港区调查队被授予国家“节约型机关”称号。

11－12月，总队组织开展了一线医护人员状况调研、苗情专题调研、就业状况专题调研、生猪成本收益专题调研、农民工工资拖欠及权益保障情况专题调研。

12月，总队呈送的调查专报《河南村级债务整体可控　四大问题需予以关注》《生猪养殖效益良好　养殖主体理性生产》《生猪“二次育肥”热度升高　保供稳价工作需持续关注》获多位省领导批示。

《河南调查年鉴－2023》只读光盘介绍

《河南调查年鉴－2023》只读光盘是一张信息高度密集的资料载体。该光盘全面反映河南省经济社会发展情况的抽样调查资料，收录了全省和市、县（区）2022年经济和社会发展有关方面大量的调查统计数据，以及历史重要年份的全省主要调查统计数据。

光盘的主要内容分为9个部分，即1. 工作报告；2. 农业；3. 畜牧业；4. 消费价格；5. 生产价格；6. 农产品价格；7. 人民生活；8. 全国及各省区市指标；9. 大事记（2022）。第2–7部分篇末附有《主要统计指标解释》。

《河南调查年鉴－2023》光盘（CD–ROM）操作简便、功能实用，浏览时可实现各部分内容之间的切换，并附有Html文件。

本光盘所有资料的浏览查阅和计算加工，未经许可不得用于营业性用途，否则必追究其法律责任。

河南调查总队官方微信